编委会

主　　编　纪秀生　胡培安

参编人员（按姓氏音序排列）

　　　　　　郭　中　胡建刚　胡培安　洪晓婷

　　　　　　纪秀生　蒋修若　孙利萍　智红霞

汉语概论

Introduction to Chinese

纪秀生　胡培安　主　编

暨南大学出版社
JINAN UNIVERSITY PRESS

中国·广州

图书在版编目（CIP）数据

汉语概论／纪秀生，胡培安主编．—广州：暨南大学出版社，2023.5
ISBN 978 – 7 – 5668 – 3366 – 2

Ⅰ.①汉…　Ⅱ.①纪…②胡…　Ⅲ.①汉语—对外汉语教学—教材　Ⅳ.①H195.4

中国版本图书馆 CIP 数据核字（2022）第 017871 号

汉语概论
HANYU GAILUN
主　编：纪秀生　　胡培安

出 版 人：张晋升
策划编辑：杜小陆
责任编辑：潘江曼　　梁念慈
责任校对：刘舜怡　　王燕丽　　陈皓琳
责任印制：周一丹　　郑玉婷

出版发行：暨南大学出版社（511443）
电　　话：总编室（8620）37332601
　　　　　营销部（8620）37332680　37332681　37332682　37332683
传　　真：（8620）37332660（办公室）　37332684（营销部）
网　　址：http：//www. jnupress. com
排　　版：广州良弓广告有限公司
印　　刷：佛山市浩文彩色印刷有限公司
开　　本：787mm×1092mm　1/16
印　　张：23.5
字　　数：470 千
版　　次：2023 年 5 月第 1 版
印　　次：2023 年 5 月第 1 次
定　　价：69.80 元

目　录

第一章 导论

第一节 语言

世界上的语言有近六千种，一般来说，各个民族都有自己的语言。语言是一种特殊的社会现象，既不是经济基础，也不属于上层建筑；语言和社会密不可分、互相依存，语言随着人类社会的产生而产生，人类社会也不可能离开语言而独立存在。

认识语言可以从其外部功能和内部属性两个角度进行。

从外部功能而言，语言首先是人类最重要的交际工具。人类使用的交际工具很多，除了语言外，还有表情、手势、铃声、交通信号、旗语、各种代码等。但是语言可以拆解为单个的语素或词一样的单位，然后可以按照一定的规则进行多种组合，形成新的语句，从而实现用有限表达无限，然而表情、手势、铃声等都是整体的，不可随意拆解与组合；语言诉诸人自己的发音器官，非常便捷，其他交际工具相较起来则多有不便；语言使用的范围广，可以表达细致、复杂、抽象的情感，其他交际工具难以胜任；其他交际工具都只是语言的辅助手段，是在语言的基础上发挥作用的。所以我们说语言是人类最重要的交际工具。

其次，语言是人类最重要的思维工具。一般按照思维的载体可将思维分为动作思维、形象思维和抽象思维。动作思维比较直观，以具体的动作为载体推动思维发展，幼儿通过手指数数、堆积木等都是动作思维。一些动物也有动作思维，像故事中乌鸦叼着石子放进水瓶里，发现瓶子里的水位升高了一些，于是叼来更多石子放进水瓶里，最后喝到了水，这个故事反映的就是乌鸦的动作思维。成年人很少具有纯粹的动作思维，进行动作思维时（比如维修机械时）常常伴随着丰富的经验和知识。形象思维是以具体的表象为载体进行思维，人或事物的形象是这种思维的支柱。在绘画、雕塑以及文学创作、艺术设计等过程中，艺术家们要在头脑里先构思出一个画面，运用典型化或想象的方法，塑造艺术形象，反映生活，表达情感，这都是形象思维。形象思维调用形象性的材料进行思维，要么合成新的形象，要么由一个形象想象为另一个形象，这使得形象思维具有生动性、直观性和整体性的特点。抽象思维又称词的思维或逻辑思维，是用概念进行判断、推理并得出结论的过程，且概念、判断、推理等总是表现为词、短语、句子等语言形式，所以说抽象思维是以语言为载体的。抽象思维凭借科学的抽象概念对事物的本质和客观世界发展的深远程度进行反映，使人们通过认识活动获得远远超出靠感官直接感知的知识，要实现这一点，离不开人类掌握的语言。人们一旦掌握了语言，就不再有纯粹的动作思维和形象思维了。抽象思维是理性思维，语言媒介使抽象思维具有超然性、间接性和概括性的特点，抽象思维在思维过程中始终发挥主导作用，组织和制约着整体思维过程。所以说语言是人类最重要的思维工具。

当然从外部功能来说，人们对语言还可以进行很多解读。例如：

> 语言是文化现象。
> 语言是文化载体。
> 语言是人类的精神家园。
> 语言是民族的重要象征之一。
> 语言是一种生活方式。
> 对人类而言，语言是治疗苦恼的医师。
> 语言是行动的影子。
> 语言就其本质而言，是一种公众事物。
> 语言就是一架展延机，永远拉长感情。
> 思考是我无限的国度，语言是我有翅的道具。
> 语言是人类所使用的最有效果的药方。
> …………

这些理解都从不同角度反映了人们对语言的社会功用的认知，但从本质上讲，语言的社会功用在于其工具价值。

从内部属性而言，语言是一个符号系统。

符号是指代事物的标记。符号和事物的"征候"不同，征候和事物之间的联系是自然的、具有因果关系的，比如炊烟袅袅代表着那里有人家，地板上的脚印表明有人曾到过这个地方等。符号和事物之间没有必然的联系，而是人们约定的结果。任何符号都有内容和形式两个方面，用什么样的形式表示什么样的内容是社会约定俗成的。语言符号的形式是语音，内容是意义，用什么样的语音形式表示什么样的意义内容是假定的、任意的，汉语用"gǒu"这个音节表示"狗"这种动物是没有必然的道理的。相同的语义内容可以用不同的语音形式表达，汉语音节"zhū"和英语音节"pig"都表示"猪"这种动物；相同的语音形式可以表示不同的语义内容，汉语语音片段"gōng shì"可以表示"攻势""公式""公事""公示""工事""宫室"等多个意义。正因为语言符号的这种任意性特征，使人们在创造语言时也可以选择有自然联系或因果关系的语音形式来表示相应的意义内容，拟声词、感叹词的语音形式就和所指事物的声音有自然联系，如"哗哗"表示流水的声音、"鸭（yā）"仿拟"鸭"的叫声、"唉"表示叹气的声音等。也就是说拟声词、感叹词的存在不能否定语言符号的任意性，反而恰恰说明了语言符号的任意性，因为既然是任意的，那么当然是可以选择有自然联系的语音形式的。

任意性原则是基本的、不可动摇的，但这并不代表说话者可以自由选择语音形式，也不代表说话者可以对语义内容随意理解。任意性只是表明在语言产生阶段，语音形式和语义内容之间并不需要必然的联系，但一个语言符号一旦确立，获得了社会成员的认可，任何个人都不能随意改变这个符号的语音形式，也不能随意理解这个符号的意义内容。如果不经过社会成员重新约定而擅自更改，就会使语言符号丧失交际价值。语言符号一旦确立，对全体成员而言都是强制接受的。所以说，语言符号是任意性和强制性的统一。

语言符号的物质形式是语音，人们在说话时，语音单位或语言符号只能一个一个地说出来，依次呈现，不可能同时说出多个符号或语音单位，在时间序列中呈现线条特性，这就是语言符号的一个重要特性——线条性。语言符号的线条性使得我们所说出的话一个音素连着一个音素、一个音节连着一个音节、一个语素连着一个语素、一个词连着一个词，由小到大形成长短不一的组合体。但这种线性排列的语言片段并不是各个要素的简单相加，而是有着内在的层次和规则。例如：

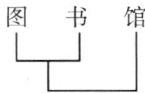

$$
\begin{array}{ccc}
\text{图} & \text{书} & \text{馆} \\
\underline{\,} & & \\
\end{array}
$$

对"图书馆"来说，"图"和"书"先组合构成"图书"，"图书"再和"馆"组合构成"图书馆"，这样"图书馆"就有两个层次。由于语言的线条性掩盖了其内在的层次性，所以说，语言是线条性和层次性的统一。

语言这种符号系统包含语音、词汇、语法三个子系统，语音是语言的物质外壳，是传播语言、感知语言的载体；词汇是语言符号的重要组成部分，如果把语言比作建筑物的话，词汇就是它的建筑材料；语法是语言的规则体系，研究构词造句的规律，相当于语言这个建筑物的结构设计。

第二节　汉语概述

一、汉语的性质

汉语因汉民族使用的语言而得名，汉语同汉民族一样具有悠久的历史。汉民族的历史可以追溯到远古时代，汉语是随着汉民族的形成而逐渐发展起来的。

汉语又称中文、华语、华文、国语、中国语，还有雅言、通语、官话、北京话、普通话等称谓。不同的称谓有不同的使用习惯或特定内涵。

一个民族有一个民族的语言，因而语言是一个民族的重要象征。汉语首先是汉民族的象征，随着中国社会的演变和发展，民族之间不断融合，中华民族逐渐形成，汉语在中华民族形成的过程中发挥了不可替代的作用，并且成了中华民族的象征。

中国是一个多民族国家，除了汉族以外还有 55 个少数民族，除汉族使用汉语外，回族、满族、畲族也基本转用汉语，虽然其他民族都有自己的语言，但他们也不同程度地转用或兼用汉语。因为历史上汉族人口一直占绝大多数，截至 2021 年，中国总人口的 91.11% 是汉族，所以，汉语成为各民族之间共同使用的交际语言，也是在国际上代表中国的语言。

改革开放以后，中国的经济得到了空前的发展，社会逐步繁荣，政治、经济、文化在世界的影响力逐步扩大，中国的国际地位日益提升，中国与世界各国的政治、经济、文化的交流不断加强，汉语的价值也得到进一步的提高，汉语受到各国的广泛重视，世界各地的人们学习汉语的热潮方兴未艾。

汉语是世界上最丰富、最发达的语言之一，在世界上具有深远的影响。汉语不仅在中国文化史上处于极其重要的地位，还对周边邻邦尤其是东亚和东南亚的语言和文化产生过极大的影响，其中受影响最深的是日本、朝鲜和越南，这三个国家的语言中吸收了大量的汉语词汇，甚至构成了这些语言基本词汇里非常大的一部分，不少汉语借词还成为这些语言构成新词的基础。

汉字是独立发展起来的表意文字，汉字也随着古代中国高度发达的科技和文化知识一起传播到这些国家。汉字至少在公元三世纪就传入了朝鲜，当时朝鲜没有自己的民族文字，汉字在朝鲜上层社会得到广泛使用，朝鲜后来创制的"吏读文"和"谚文"都有汉字的影子。日本经由朝鲜引入了汉字，这对中华文化在日本的传播和中日文化交流产生了巨大的影响，汉字渗透日本的日常生活，今天日文中还保留了1 000 多个汉字，假名也是在汉字字体的基础上创造的。汉字在西汉时期传入越南，此后长期被使用，曾经成为越南的正式文字，越南的许多历史文献或文学作品使用的都是汉字，越南的民族文字"喃字"也是在汉字基础上，即借鉴汉字的结构方式创造出来的。这些国家即使有了自己的民族文字，也没有切断与汉字的关系，朝鲜、越南在推行自己的文字后，还将汉字作为正式文字使用，日本更是将相当一批汉字融入自己的文字系统中。有汉字使用史的民族和汉民族在文化上的认同感远远超过西方民族，从而形成了特有的汉字文化圈。

汉语和英语、法语、俄语、西班牙语、阿拉伯语被列为联合国 6 种法定工作语言。

中国有悠久的海外移民历史，移民历史就是汉语海外传播的历史。现在生活在海外的华侨华人数量超过 6 000 万人，其中约四分之三生活在东南亚地区，汉语或者说华语是大多数华人的家庭或生活语言，在华人相对集中的地方，华语是当地华人的族群交际语。新加坡华人人口占总人口的 75% 左右，华语是新加坡的四种官方语言之一。改革开放以后，随着中国出国经商、学习的人越来越多，并且许多人出国以后留在当地生活，汉语由此传播到世界各地。加上中国本土使用汉语的人口，汉语是世界上使用人口最多的语言。

二、汉语的历史分期

汉语的历史分期多有争论，根据不同时期汉语语音、词汇及语法的面貌及特征，一般认为可以把汉语的历史分为四个时期。第一个时期是上古汉语，自远古时期到公元 3 世纪，包括先秦时期和秦汉时期；第二个时期是中古汉语，自公元 4 世纪到公元 10 世纪，包括魏晋、南北朝、隋唐五代；第三个时期是近古汉语，自公元 11 世纪到 19 世纪中叶，包括宋、元、明、清，以鸦片战争为标志；第四个时期是现代汉语，自鸦片战争至今。历史分期并不是那么泾渭分明的，各个时期之间都有或长或短的过渡期。

有人也提出了"当代汉语"的概念，是指改革开放以后的汉语，或者作为一个独立的汉语发展时期，或者作为现代汉语的一个下位发展阶段，与现代汉语是包含关系。当代汉语不论是作为独立的发展阶段，还是下位发展阶段，这一概念的提出都是注意到了汉语在这一时期的特有属性。1978 年以后，中国实行了改革开放基本国策，不仅解放思想，打开国门，实行市场经济，加入世贸组织，促进文化繁荣、国力增强，人民的物质生活和精神生活都有巨大的进步，同时社会观念发生了深刻的变化，新词新语、外来词语正以新的组合、新的结构、新的行文方式大量涌现，汉语迎来激烈的碰撞。尤其是进入新时期以来，全球化日益推进，电脑和网络的迅速普及使语言生态、传播媒介等出现了颠覆式的变革，这不仅改变了我们的世界，也改变了我们的思维方式和语言习惯，人们的语用态度从来没有像今天这样潇洒张扬、个性明显，语言用户从来没有像今天这样淋漓尽致地发挥创意，汉语正在迎来重大转型。由此，把当代汉语当作一个特定发展阶段去认识和研究也有其内在的合理性。

三、现代汉语的定义

现代汉语有广义和狭义之分。广义的现代汉语即大华语，是以普通话／国语为基础的全世界华人的共同语，其变体包括台湾的国语、港澳华语、新加坡及马来西亚华语、大陆的普通话和各种方言等。狭义的现代汉语即现代汉民族共同语，即以北京语音为标准音，以北方话为基础方言，以典范的现代白话文为语法规范的普通话。

以北京语音为标准音指的是普通话的语音规范。选择北京语音为标准音，这是历史发展的必然结果，话剧、电影、广播等长期采用北京语音，形成了历史惯性，在民众的心目中早已认可了北京语音的标准地位。

在确定普通话语音规范时，要注意对北京语音有所筛选，要排除一些特殊的土音成分，如普通话说"这事糊弄糊弄（hūnòng）就得了"，而北京土话说"这事糊弄糊弄（hūleng）就得了"；普通话说"逮（dǎi）着一只大耗子"，而北京土话说"逮（děi）着一只大耗子"。再如北京土话把"和"读成"旱"或"害"，"我和他"读成"我旱他""我害他"。这些土音当然需要排除。北京语音里还有很多异读词，就是同一个词读音并不一致，这些也应有所规范。如"波浪"，读成"bōlàng"，也可以读成"pōlàng"；"阁楼"读成"gélóu"，有些北京人在口语里读成"gǎolóu"；"比较"读成"bǐjiào"，也可以读成"bǐjiǎo"。像这样的异读词在北京语音里有几百个，不能都把它们当作标准，需要有所筛选或规范，普通话审音委员会对此已经做了大量的工作。另外，北京语音里，儿化和轻声特别多，贾采珠编写了一本《北京话儿化词典》，里面收录了近 7 000 条儿化词语，普通话没必要全部吸收进来，这就需要研究筛选。

以北方话为基础的方言指的是普通话的词汇规范。北方方言分布区域最广，使用人口最多，内部一致性最强，传播历史最悠久，选择北方方言词汇作为普通话的规范词汇是顺理成章的。加上长期以来北方方言作为官话通行于官方交际中，书籍、杂志、报纸、文艺表演，包括后来的广播电视等也都采用北方话，所以北方话的词汇传播相当深入，非常广泛。

虽然普通话的词汇以北方方言为基础，但并不是说北方方言中所有的词汇都是普通话词汇。北方方言内部还有很多次方言，各个地方的词汇并不完全一致，同一事物，各地区可能各有各的说法，比如玉米有"苞谷""珍珠米""棒子""苞米""棒槌子""玉豆""玉谷""玉麦""玉茭""粟米""玉蜀黍"等叫法，当然应当选择比较通行的词作为标准用词。

北方方言中有些词汇特别土俗，或带有歧视色彩，也要舍弃。例如，关于妻子的称谓有"婆姨""婆娘""老蒯""屋人""孩他娘""做饭的""屋里的""那口子"

等。这些词地方色彩浓厚，流行地域有限，过于土俗，不应该吸收到普通话词汇中来。

为了丰富普通话的词汇，弥补普通话词汇的不足，增强普通话的表现力，可以从其他方言甚至是其他华语区适当吸收一些词汇。如"尴尬""龌龊""把戏""瘪三""货色"等来自吴方言，"酒楼""埋单""水货""炒鱿鱼""爆棚"等来自粤方言，"融资""物业""自助餐""作秀""直通车""电饭煲"等来自港台华语区。这些词语有特殊的意义，常常用于书面语中，而北方方言没有相应的同义词，可以吸收到普通话词汇中来。

当然普通话词汇也可以从古代汉语、其他语言中不断吸收所需要的词。

以典范的现代白话文著作为语法规范指的是普通话的语法规范。这里面有几个关键词。一个是"典范"，是指经过时间检验的具有广泛代表性的著作，诸如名家名篇、反复斟酌修改的法律文稿或政府文件等，以这些作品的常规用例为语法规范。一个是"现代"，一般指的是 19 世纪末 20 世纪初以来的历史时期，因为语言在不断发展，更早的白话文著作如《水浒传》《三国演义》等，有些用法和现代语法不一致，不能作为规范。一个是"白话文"，是指用白话创作的作品，不是用文言创作的作品。

随着电子技术和网络技术的发展，今天现代汉语的研究者也可以借助语料库的方法来进行语法的规范性判断，也可以开展较大规模的语感调查来判断一种语言现象的可接受程度。

规范并不意味着一成不变，规范也面临着突破和创新的问题。古代汉语没有"把"字句、"被"字句，近代汉语中"把""被"语法化为介词才产生了"把"字句和"被"字句，形成新的规范，从而成为现代汉语的常见句式。21 世纪初，网络用语"被就业""被捐款""被平均""被艾滋"等用法的大量出现，使得一种新的语法现象得以产生，一种新的规范也由此形成。

四、现代汉语的形成过程

在上古前期即殷商以前的原始汉语，由于文献不足，至今还难以讲清它是怎样的一种面貌，但夏商和西周的语言，大致可以断定为属于中国西北部两大部落且极其相近的方言。可从以下三点来分析：

第一，西周的文化基本上是继承殷商的，而殷商文化又继承自夏。孔子所说"殷因于夏礼，所损益可知也；周因于殷礼，所损益可知也"（《论语·为政》）完全符合历史事实，可以理解为语言是一种社会现象。第二，语言必先于文字。现在看来，殷商的甲骨文和西周的金文，《尚书》中的《盘庚》篇等文字，都是从同一个语系演化而来的。第三，周的先代和殷人是通婚的，如《诗经·大雅·大明》云："挚仲氏任，自彼殷商，来嫁于周，日嫔于京。"殷周两族既然能够通婚，考虑到上古的现实，这也证明他们是有共同语言的。这种语言也许可以称为"华夏语"。当然，到了春秋战国时代，在华夏范围内，同时呈现着方言具有分歧的现象。孟轲曾经讽刺楚国的反儒家学派的许行是"南蛮鴃舌之人"，反映出了当时华夏语亲属方言间差异很大。《左传》中《驹支不屈于晋》载："我诸戎饮食衣服不与华同，贽币不通，言语不达。"可见当时的中国被称为"华"，这里指的是华语和亲属部落语之间仍然存在着分歧。但是不论是方言的差异，还是部落语的分歧，它们后来都通过诸夏部族融合到华语中去了。西汉以后，这种融合的语言才被称为汉语。毫无疑问，汉语的远祖华语，在上古前期正是由这个在分化和整合过程中占优势的部落语言发展起来的部族语言，但它内部又包含着相当多的区域方言。直到春秋战国时代还是这样。秦始皇消灭分裂的六国诸侯，建立专政政权，当时政治上是统一的，但语言上仍然是"文字异形，言语异声"。后来秦始皇命令李斯开展文字规范化工作，即所谓"书同文"的措施，推行秦国的小篆，废去六国的一些异体字，做到全国书面语言的完全统一。秦始皇这样做，适应了新兴的疆域辽阔的封建国家在政治、经济、文化上的需要，有利于中国社会的发展。同时，文字的统一对以后两千多年汉民族书面语言向规范化发展也起了积极的作用。

至于方言的分歧，当然不会因为文字的统一而消失。不过，尽管如此，学术界公认周秦时期也存在着一种比较有共同性的"雅言"，作为各地人们的交际工具。孔子周游中原列国，也无须别人翻译。可见"雅言"无疑是当时比较通行于交际场合的通语。

从商周到东汉时代，语言已逐渐起了变化，先秦的"雅言"已经变成了汉代的"通语"。扬雄《方言》里经常提到"通语""凡语""凡通语""四方之通语"。学者们认为当时通语的基础方言应该是当时的政治、经济、文化中心——秦晋的方言。先秦的"雅言"到汉代的"通语"，都说明汉语在分歧复杂的方言中仍然保持着自己的统一性的因素。先秦时期极其丰富的书面语，也就是后世所谓的"文言"，对于有方言分歧的中国，也起了一定程度的统一作用。

历史上有关民族的重大事变，往往也影响着语言的发展。秦朝末年的战乱、魏晋南北朝时期的五胡乱华及汉人南迁，一方面促进了粤方言、客家话等汉语方言的形成，另一方面促进了汉语和北方的各种胡语（少数民族语言）的密切接触和语言融合。

大约汉代以后，"文言"和口语的差异越来越大。这是因为生活中的语言是随着社会的发展而发展的，而书面语为方块字所局限，具有较大的稳固性，加上历代那些与生活脱节的封建文人有意仿古，"文言"就更加往脱离口语的道路发展了。"文言"学起来既不易，用起来又不是真实语言的反映，它逐渐失去了充当广大人民群众的交际工具的作用。后来，人民群众根据自己的需要，创造性地使用汉字来真实地记录自己的口语，因而就产生了"白话"，与"文言"分庭抗礼。最早的有书面根据的"白话"，可以追溯到九世纪时期的唐禅师语录，其中的"白话"，均属长安、洛阳一带的北方话方言，也正是当时北方话的粗略反映。唐代的白话文有时还用来宣传佛经的变文和俗讲（一种说唱文学的底本）。宋以后的白话主要有宋代的话本小说、元代的戏剧著作、明清的白话小说等。这种白话基本上就是开封、北京方言背景下的北方话，是和当时口语接近的书面语，此后汉语就沿着这个传统演变为现代汉语的书面语。所以我们说白话就是现代汉民族共同语书面形式的来源。

在白话文学流传的同时，以北京话为代表的"官话"也逐步传播开来，不仅成为各级官府的交际语言，而且逐渐成为各方言区之间共同的交际工具。这是因为除了北宋的都城在开封以外，南宋时期北方的金政权、元明清政权的都城都在北京，北京话因其政治影响而成为当时汉语口语的代表。元末明初时期的《朴通事》和《老乞大》这两种供朝鲜人学习汉语的会话课本都是用北京口语写的，清朝的时候，在福建、广东设有"正音书院"，专门教授官话，并且规定不会官话的人不能做官。由此可见北京话的影响力。所以我们说以北京话为代表的"官话"是现代汉民族共同语口头形式的来源。

1919 年的五四运动进行了一次空前的文化大变革。当时所提倡的废除文言文、推行白话文主张，五四运动前后的白话文运动、国语运动和注音字母运动，以及后来中华人民共和国政府领导下的推广普通话运动等，都加速了汉民族共同语的普遍发展。"白话文运动"彻底动摇了文言文的统治地位，"国语运动"给北方话以民族共同语的地位，二者结合起来，就形成了书面形式和口头形式都有了统一规范的共同语，改变了之前方言对立的局面。"推普运动"加速了普通话的发展，提高了普通话的地位。至此，人们逐渐用"普通话"代替"官话"这一旧称。台湾仍称"国语"，新加坡和海外华人称为"华语"。

五、现代汉语的方言

方言就是共同语的地域变体，现代汉语方言就是普通话的地域变体。

汉语历史悠久，通行的范围广，使用人口多，历史上汉民族的人口迁徙也比较频繁，汉族与少数民族的融合未曾间断，语言之间的接触也时有发生，加之地理上的山川阻隔，这些原因造成了汉语多种方言的产生。像一切语言的方言一样，汉语的方言也是从属于汉民族共同语的，方言和共同语虽然有明显的差异，方言与方言之间甚至可能互相完全听不懂，但由于语音上对应、规律整齐，基本词汇和语法结构也大体相同，所以它们不是同普通话并立的独立语言，而是普通话的地域变体。除了语音、词汇、语法因素外，方言的划分还要考虑一些社会因素，比如社会是否完全分化，是否有共同的文字和书面语，是否有语言认同的心理因素等。汉语的各种方言之间语音确实相差巨大，但汉语社会是一个统一体，也有共同的具有超方言意义的表意性质的汉字，操不同方言的人也有共同的语言认同心理，所以这些方言可以统一视为共同语的地域分支。泰语和老挝语在语音上是比较近似的，书写方式也有历史渊源，操两种语言的人基本上可以互通，但考虑到社会因素，一般认为它们为两种并立的独立语言。

根据教育部官方网站 2021 年 8 月 27 日发布的《中国语言文字概况》，汉语方言通常分为十大方言，它们的分布情况大致如下：

1. 官话方言

官话方言又称北方方言、北方话，以北京话为代表，内部一致性较强，是普通话的基础。分布地域在长江以北，镇江与九江之间的长江南岸的沿江地带，四川、云南、贵州、湖北（东南一带除外）、湖南西北部、广西西北部。使用人口约 8 亿，占说汉语人口的 66%。官话方言区又分为东北官话、北京官话、冀鲁官话、胶辽官话、中原官话、兰银官话、江淮官话和西南官话八个次方言。

2. 晋方言

晋方言也称晋语，是中国北方唯一的非官话方言。在山西、陕西、河南、河北、内蒙古都有分布，具体为山西大部（西南角除外）、河南黄河以北与山西交界地区、内蒙古中部集宁—呼和浩特—包头—乌海一线、陕西北部进入山西和内蒙古之间的夹角一带、河北张家口一带等，使用人口约 6 300 万，约占说汉语人口的 5.2%。晋语区别于北方官话的最大特点就是保留入声。

3. 吴方言

吴方言也称江浙话或江南话，以上海话为代表。分布区域包括江苏省长江以南镇江以东部分（不包括镇江）、南通的一部分、浙江省大部分。吴语区杭州市曾作为南宋的都城，杭州城区的吴语带有浓厚的官话色彩。吴方言使用人口约 7 400 万，约占说汉语人口的 6.1%。

4. 徽方言

徽方言也称徽语，分布在安徽南部以及浙江、安徽南部与江西交界的狭小区域，使用人口只有 330 万人，占说汉语人口的 0.27%。徽方言没有全浊音，区别于吴语；保留入声和文白异读，区别于北方官话。

5. 闽方言

闽方言也称福佬话，以福州话为代表。分布在福建省，广东省潮州、汕头一带，海南岛和雷州半岛地区，浙江省南部和台湾大部分地区。闽方言内部分歧比较大，可分为闽南、闽东、闽北、闽中和莆仙五个次方言。闽南方言以厦门话为代表，闽东方言以福州话为代表，闽北方言以建瓯话为代表，闽中方言以永安话为代表，莆仙方言以莆田话为代表。闽方言使用人口约 7 500 万人，约占说汉语人口的 6.2%。

6. 粤方言

粤方言又称广东话，当地人叫"白话"，以广州话为代表。分布在广东中部、西南部，广西东部、南部和香港、澳门两个特别行政区。华侨和华裔多说粤方言。粤方言使用人口5 800多万，约占说汉语人口的4.9%。

7. 客家方言

客家方言又称客话，以广东梅县话为代表。主要分布在广东东部、北部，福建西部，江西南部，在广西、台湾、湖南、四川等地也有少量分布。客家人从中原迁徙到南方，虽然居住分散，但客家方言仍自成系统，内部差别不大。客家方言使用人口4 200多万人，约占说汉语人口的3.5%。

8. 赣方言

赣方言又称江西话，以南昌话为代表。主要分布在江西省（东北沿江地带和南部除外）、湖北省东南部、福建省西北部、安徽省西南部和湖南省东部。赣方言使用人口约4 800万，约占说汉语人口的4%。

9. 湘方言

湘方言又称湖南话，以长沙话为代表。分布在湖南省的大部分地区和广西壮族自治区北部。湘方言使用人口3 600多万，约占说汉语人口的3%。

10. 平话土话

平话土话分布于广西北部和南部一带的城市郊区、集镇和农村，平话在各地有不同的称呼，如百姓话、土拐话、蔗园话、某某（地名）土话等，平话是统称。平话使用人口只有780万左右，约占说汉语人口的0.64%。

汉语方言在语音上的差异是最大的。就声母而言，有的方言系统保留古代浊音，有的浊音很少；有的区分舌尖前音和舌尖后音，有的不分。就韵母而言，有的有鼻音"m""n""ng"韵尾和塞音"b""d""g"韵尾，有的只有鼻音"n""ng"韵尾，有的不分"n""ng"。就声调而言，有的只有三个调类，有的多达十个调类，有时调类相同，调值也不一样。

语言词汇方面也有不小的差别。各方言都有自己的方言特征词。同一事物在不同的方言中常常有不同的名称。也有书面形式相同的词在不同的地方表示不同的意义，如北方官话区的"面汤"指煮过面条以后留下的水，吴方言区的"面汤"指热的洗脸水。

语法方面也有差别，但相对较小。如粤方言、闽方言说："这路车有去博物馆吗？"北方人则说："这路车去不去博物馆？"

六、汉语的谱系归属

语言的谱系分类是以语言的共同祖先为基础的，所以又叫发生学分类。那些由同一祖先语言分化而成的不同语言被称为"亲属语言",它们之间有共同的来源,是一种亲属关系。亲属关系越近,其间的共同点就越多,有点类似于人的基因遗传。这种分类把具有共同来源的亲属语言归为同一个语系,语系之下又根据语言间的亲疏程度进而分为若干个语族,语族之下再分为若干语支,语支之下再分为若干语种。

汉语的谱系分类自 19 世纪以来,基本已经得到公认,都认为汉语和藏缅语是具有同源关系的亲属语言,所以属于汉藏语系。虽然汉藏语系已经得到确认,但是目前汉语和藏缅语的比较研究还非常薄弱。当然这是有一定原因的,一方面,因为汉语的书写系统是汉字,汉字是表意文字,不是表音文字,并不能准确地反映古代的读音,所以很难通过汉字准确构拟出上古汉语的语音系统,而如果不能准确构拟出上古汉语的语音系统,就很难进行同源词的比较。另一方面,虽然汉语的历史有文字的记载,但藏缅语缺少一定的历史材料。

对于汉藏语系内部的分类,目前学界主要有两种不同的观点。一种观点是把汉藏语系分为四个语族,即汉语语族、壮侗语族(也称侗台语族)、苗瑶语族和藏缅语族。国内采纳这种观点的学者比较多。另一种观点是汉藏语系只有汉语语族和藏缅语族两个语族,而壮侗语族属于南岛语系,苗瑶语族属于南岛或南亚语系。持这种观点的主要是国外的一些学者,也有一些国内学者认同这种观点。

不管分歧如何,汉语作为汉藏语系中一个独立的语族这一点是确定无疑的,也是为学界所公认的。

七、汉语的类型特征

人们研究语言经常拿某一种语言与别的语言进行比较,在比较的过程中就会根据某些特征对它们进行分类,当然根据不同的研究目的,分类的角度也不一样。比如可以从语音的角度、词汇的角度和语法的角度进行分类。

从语音的角度来说,汉语在类型上属于有声调的语言,每个音节都有固定的调型,或者是平调,或者是升调,或者是曲折调,或者是降调,而且声调也是一种音位,是可以用来表示不同意义的。此外是以单音节语素为主,多音节语素是少数。这跟很多东南亚的语言相似。

从词汇的角度来说,传统语言类型学主要根据词法形态对语言进行分类,通常把语言分成孤立语(isolating language)、黏着语(agglutinative language)、屈折语(inflectional language)和多式综合语(polysynthetic language)四种。但是,这只是分类的结果,而对我们来说更重要的是分类的标准。上述分类的标准是形态(词形变化):孤立语几乎没有形态,其他三类语言都有形态;黏着语中以"黏着形态"为主,屈折语中以"屈折形态"为主,多式综合语中的"屈折形态"特别丰富和复杂。下面对这些类型进行简单介绍。

孤立语。孤立语几乎没有屈折形态，其语法手段就是语序和虚词，典型的例子有越南语。孤立语几乎每个词都由一个语素构成，即绝大多数词都是"单语素词"。不过这条标准似乎并不重要，汉语中有大量的复合词，但仍被看作比较典型的孤立语。

黏着语和屈折语。黏着语和屈折语都有形态，区别主要有两点：形态成分的独立程度和意义复杂性。

在形态成分的独立性方面，黏着形态的黏着性比屈折形态弱，或者说比屈折形态更具独立性。黏着性更大的形态是跟词根无法分开，即跟词根融合在一起的屈折形态，如英语的"men"，其中表示复数的"e"跟词根无法分开，已经"融合"在一起。由于这个原因，屈折语又称"融合语"。汉语普通话中表现出融合性质的语素有"儿化"，"儿化"这个语素可以进入所附音节的内部，可以跟所附语素融合成一个音节，如普通话"n"韵尾的词在儿化后，韵母元音"i"变为央元音"ə"，韵尾"n"就消失了，"信儿"的发音为 /ɕər/。这说明"儿化"这个语素跟词根的结合极为紧密，融为一体了。此外，一些改变意义和语法性质的声调变化，如去声的"好"表示动词"爱好"的意思，也可看作语素的融合。在意义复杂性方面，黏着形态比屈折形态的意义简单。

下面是作为典型黏着语的土耳其语和作为典型屈折语的俄语名词变格的比较。

①土耳其语"男人"的变格。

	单数	复数
主格	adam	adam-lar
受格	adam-i	adam-lar-i
属格	adam-m	adam-lar-m
与格	adam-a	adam-lar-a
处所格	adam-da	adam-lar-da
离格	adam-dan	adam-lar-dan

②俄语"桌子"（阳性名词）和"椴树"（阴性名词）的变格。

（桌子）	单数	复数	（椴树）	单数	复数
主格	stol	stol-y		lip-a	lip-y
领属格	stol-a	stol-ov		lip-y	lip
与格	stol-u	stol-am		lip-e	lip-am
受格	stol	stol-y		lip-u	lip-y
工具格	stol-om	stol-ami		lip-oj	lip-ami

| 前置格 | stol-e | stol-ax | | lip-e | lip-ax |

在土耳其语中,表复数和格的黏着形态是截然分开的。但是在俄语中,性、数和格的形态无法分开,也就是说,这些形态都是一个形式表示性、数、格三个意义。阳性名词没有专门的词尾,阴性名词在词根上加"-a",有趣的是阴性名词的复数领属格是在主格的基础上去掉阴性单数主格标志,用一个零形式表示。这可以说是融合的特殊情况。

多式综合语。其特点是一个词可以包括许多的语素,而且主要是动词性的、谓语性的,作用更像是句子,因此有"一个词相当于一个句子"的说法。下面两个例子,在原文下面的语素对译中,"3 单""1 单"分别表示第三人称单数和第一人称单数。

③Tupik 语 (一种西伯利亚爱斯基摩语)。
aŋgya-ghlla-ng-yug-tuq
船-巨称-获取-愿望-3 单
(他想得到一只大船)

其中的词尾"-tuq"表示主语是第三人称单数,类似于英语的动词词尾"-s",提示句子的主语是第三人称单数。

④Chukchi 语 (一种西伯利亚东北部语言)
tə-meyŋə-levtə-pəɤtə-ərkən
1 单主-大-头-痛-非完成式
(我头很痛)
(tə、meyŋə、levtə 和 ərkən 中首尾的 ə 是插入音)

其中最前面的"t-"表示"头痛"的主语是第一人称单数,不过,"t-"是一个前缀而不是后缀。

类似的现象在汉语中也能找到。例如:

⑤a. 瓜分国家财产犯。
b. 瓜分国家财产的罪犯。
⑥a. 在这次会议上,"经济过热需要政府干预派"与"经济非过热是社会不平衡派"发生了激烈冲突。
b. 在这次会议上,主张经济过热需要政府干预的学派与主张经济非过热是社

会不平衡的学派发生了激烈冲突。

　　例⑤a 中的"财产犯"和例⑥a 中的"经济过热需要政府干预派""经济非过热是社会不平衡派"理论上都应该看作复合词。粗看之下，它们之所以成为复合词，是因为其中的核心"犯"（作为名词性语素而不是动词性语素）和"派"都是黏着语素。但是同样也是复合词的"瓜分国家财产的罪犯"中的核心"罪"，虽然可以是自由语素，但整个结构体仍应看作复合词。又如"白云、大车"中的构词语素都可以是自由的，但是我们仍然把这两个组合看作复合词。可见能否看作复合词主要取决于一些结构因素。如果把例⑤a 和例⑥a 分别改为例⑤b 和例⑥b，虽然意义基本相同，但就不再是复合词了。

　　在多式综合语中，一个动词可以有多个屈折形态，它们指示了句子内容的种种信息。由于一个词中"收编"了许多类似于句子成分的信息，因此多式综合语又称为"收编语"。

　　上述的四种类型不是绝对的，一种语言可以具有不同类型的表现。如有些语言在归类上难以确定，处于某种中间状态，因此有人采取一种连续统的处理方法，把没有形态的语言看作典型的分析性语言，把形态极其丰富的语言看作综合性语言，多数语言都处在这个连续统中的某个位置。汉语更多偏向于分析性语言。不过，这两个极端的地位是不对称的，有典型的分析性语言，但是没有典型的综合性语言。

　　以上讲的是形态的分类，但从句法的角度来看，当代语言学的研究不太看重这种整体形态上的分类，而更看重一些局部特征的分类，特别是以语序为主，这不是简单的分类，更重要的是寻找不同类型特征之间的关联性。语序最基本的特征当然是主语（S）、谓语（V）和宾语（O）之间的顺序问题，这是每种语言都会面临的问题。从逻辑上来看，这三者形成的语序一共有六种：SVO、SOV、VSO、VOS、OSV、OVS。但是在世界语言中，这六种语序是不平衡的，据统计，SOV 型的语言在全世界是最多的，有 565 种，占 41%，汉语属于这种；SVO 型的语言其次，有 488 种，占 35.4%；VSO 型的语言排第三，有 95 种，占 7%；VOS 型的语言排第四，有 25 种，占 1.8%；OVS 型的语言排第五，有 11 种，占 0.8%；OSV 型的语言最少，只有 4 种，占 0.3%。此外，还有 189 种语言没有占优势的语序，也意味着它们的语序相当自由，这一类语序占 13.7%。

　　除了主语、谓语和宾语的语序之外，还有一些语序特征也是值得注意的，比如形容词和所修饰的名词的语序，介词的语序（是使用前置词还是后置词），领属语和名词的语序，指示词和名词的语序，关系小句和名词的语序，动词和旁置词短语的语序，状语从句和主句的语序等。这些语序跟这种语言的主语、谓语和宾语的基本语序是相关联的，尤其是谓语和宾语的语序。比如大部分的 VO 语言，其形容词和名词的语序是 NA，领属语和名词的语序是 NG，关系小句和名词的语序是 NRel，汉语普通话虽然属于 VO 语言，但是这些语序参项却刚好相反，形容词和名词的语序是 AN，如"漂亮的衣服"，领属语和名词的语序是 GN，如"我的书"，关系小句和名词的语序是 RelN，如"小张昨天买的书"。汉语普通话为什么会呈现出这样的语序类型特征？需要我们进一步研究。

第三节　汉语的特点

特点是通过比较得出的，我们这里讲的汉语特点主要是与印欧语系相比较得出的，主要表现在语音、词汇、语法等方面。

一、汉语语音的特点

古代汉语和现代汉语的语音系统差异巨大，自古至今，不论是声母系统，还是韵母系统和声调系统，都发生了巨大的变化。古代汉语有相对完整的清浊对立，有塞音结尾的入声系统，甚至有复辅音现象存在；现代汉语普通话浊音只保留了鼻音和边音，复辅音和入声全部消失。语音的历时演变非常显著，因此现代汉语北方方言区和其他保留古音成分相对较多的方言区的沟通障碍也主要表现在语音方面。下面总结的语音特点主要是针对普通话而言的。

汉语语音的第一个重要特征是具有音乐性，表现在以下几个方面：

（1）汉语语音系统中元音音素占优势。尽管汉语的元音音素只有 10 个，而辅音音素多达 22 个，但元音的使用频率高，因而语音系统中的整体表现是元音占绝对优势。比如汉语音节可以没有辅音，但不能没有元音，汉语许多音节全由元音组成，是没有辅音的。如"衣、屋、鱼、啊、喔、哦、唉、儿"等由单元音音素组成的音节，"爱、奥、欧、呀、也、哇、我、月、要、有、外、为"等由多元音音素组成的音节，如果再加上声调变化和同音音节，这个数目是巨大的。再比如汉语语音元音可以连用，而辅音不可以连用，"ia、ie、ua、uo、üe、ai、ei、ao、ou、iao、iou、uai、uei"等都是元音音素连用的韵母，汉语辅音音素在一个音节中不能连用，不会出现英语词"black、star、space、result、construction"中"bl、st、sp、lt、str"等辅音连用的现象。元音是音波振动形式规则的音，悦耳动听，是乐音；辅音是音波振动形式不规则的音，因阻碍、摩擦而产生，刺激性强，乐感不足。汉语语音元音占优势，因而汉语优美动听，朗朗上口。

（2）音高在汉语中发挥着特别重要的作用。汉语是有声调的语言，声调的性质决定于音高，即声调就是音的高低升降曲直的变化，具有区别作用。现代汉语普通话音节的声调分为四种：高平调（阴平）、中升调（阳平）、曲折调（上声）和全降调（去声）。汉语每个音节内部都有高低升降曲直的变化，主要指声音振动频率不同，也就是音高不同。音高和音乐的音阶性质完全相同。换句话说，汉语的一个语句不同音节的声调变化其实和音乐的音阶变化是一样的。因此汉语的有声语言形式抑扬顿挫、韵律性强、富有节奏感，听起来像音乐旋律。

（3）汉语每个音节的尾音音素要么是元音，要么是辅音"n"和"ng"，其他辅音不可以出现在音节的结尾。元音是不受阻碍的音，可以自由延长；辅音"n"和"ng"虽是鼻音，但发音时只有阻碍，没有摩擦，气流由鼻腔通过，也可以自由延长。也就是说，汉语语音的每个音节都是可以延长的。我们知道除了打击乐和说唱风格的音乐以外，音乐以可延长性为特征，所以用汉语创作或演唱歌曲，创作者或演唱者可以自由发挥，不受语言的约束。像英语这样的语言，由于经常出现塞音作为词语的尾音，不能自由延长，创作或演唱英文歌曲就会受到语言本身语音特点的约束。我们以著名的加拿大民歌《红河谷》为例，歌词是这样的：

From this valley they say you're going, I will miss your bright eyes and sweet smile, for they say you are taking the sunshine, that has brightened our pathway a while. I've been thinking a long time my darling, of the sweet words you never would say. Now, at last, must my fond hopes all vanished. For they say you are going away. Come and sit by my side if you love me. Do not hasten to bid me adieu. But remember the Red River Valley, and the one who has loved you so true.

其中有些单词是以不能延长的塞音结尾的，这就与音乐的可延长性相矛盾，演唱时只好采用变通的办法来解决这个矛盾，有两种：一种办法就是前一音节的尾音与后一音节的起音连读，如歌词中的"bright eyes、loved you"等；另一种办法就是对那些无法连读的塞音采用省读、弱读、吞音等方法处理，如"sweet、that、would、fond、sit、side、not、bid、but、red、and"等单词中的塞音。舍弃语言的完整性，追求音乐的完美性是演唱英文歌曲无可奈何的办法，而演唱汉语歌曲则不会出现这种问题，音乐可以得到最完美的体现。当然这不是说英文歌曲不优美，而是说英文的塞音现象需要特殊处理。

此外，汉语语音还有一些特殊的押韵、平仄、叠音现象以及属于语言共性的快慢、高低、轻重、抑扬等节奏手段，这些都对汉语语音的音乐性起到了重要的作用。由此我们可以说汉语是世界上音乐性最强、最动听的语言之一。

汉语语音的第二个重要特征是音节界限清晰，且音节交际时长基本相等，音节、语素、汉字基本一一对应，这些特征造成了大量特有的汉语言文化现象。

汉语音节界限清晰，这与其结构特点密切相关。汉语音节最少 1 个音素，最多 4 个音素，其中辅音一般只出现在音节的开头，只有"n"和"ng"两个辅音音素可以出现在音节的结尾，再加上前面提到过的辅音音素不可以连用这一特点，人们判断汉语音节的起始和结束是非常容易的。

"汉语音节交际时长"是我们自己提出来的一个概念，指的是汉语音节不论包含几个音素，在进入交际的语句中所占用的时间长度是基本相同的。"依"的音节只有 1 个音素，"黄"有 4 个音素，但说话者说出这两个音节的时间长度是一样的。"白日依山尽，黄河入海流"上下两句都有 5 个音节，每个音节包含的音素数量是不同的，但由于每个音节交际时长相同，上下两句总的交际时长也是相同的。也就是说，只要音节数目相等，交际时长也相等。这一特点对汉语诗词曲赋等韵文体的表现形式和表现力所起的作用是巨大的。

汉语音节、语素、汉字基本一一对应，三位一体。一个音节基本上就是一个音义结合体，即一个语素；每一个语素又对应一个书写单位，即汉字，这样一个音节对应一个语素，也对应一个汉字。音节是语音单位，表现在听觉；语素是语言单位，表现在知觉；汉字是书写单位，表现在视觉。三者对应，实际上就是听觉、知觉与视觉的对应，这是许多汉语韵文体等特有的文化现象产生的语言及文字基础。

正是汉语音节、语素、汉字的一一对应，汉语的文学创作特别容易形成整齐的韵文体形式。《诗经》是四言体："关关雎鸠，在河之洲。窈窕淑女，君子好逑。"《楚辞》以六言为主："惟草木之零落兮，恐美人之迟暮。不抚壮而弃秽兮，何不改乎此度?"汉乐府以五言为主："行者见罗敷，下担捋髭须。少年见罗敷，脱帽著帩头。"骈体文也称"四六文"："鸢飞戾天者，望峰息心；经纶世务者，窥谷忘反。"唐宋近体诗以七言或五言为主："天长地久有时尽，此恨绵绵无绝期。""墙角数枝梅，凌寒独自开。"宋词的形式以词牌而定："昨夜雨疏风骤，浓睡不消残酒。试问卷帘人，却道海棠依旧。知否，知否? 应是绿肥红瘦。"（如梦令）诗词曲赋这些独特的韵文体成为中国文学对世界文学特有的奉献。

汉语语音的第三个重要的特征是汉语同音现象异常丰富。

同音现象乃语言共性，不唯汉语独有，但就同音的比例而言，恐怕无出汉语之右者。汉语语音同音现象丰富主要原因是汉语音节结构十分简单。汉语音节有声母、韵母和声调三个部分。其中声调是贯穿于整个音节的，主要是音节的音高变化，即声音振动频率的变化，和音节的音质没有关系，所以宽泛意义上的同音可以不考虑声调因素。这样汉语音节结构就只有声母和韵母两个成分，声母只有 1 个音素，而且许多音节是没有声母的；韵母最多有 3 个音素，只有主要元音是必有的，韵头和韵尾都可以没有。也就是说汉语存在大量的由 1 个音素、2 个音素、3 个音素组成的音节。一个音节最多只有 4 个音素，而汉语的辅音音素为 22 个，元音音素为 10 个。如果不考虑声调，汉语的音节数量只有 414 个，即使考虑声调因素，理论上的带调音节（声调与音段结合）的数量有 414×4＝1 656 个，因为有些音节四种声调不全，实际的带调音节有 1 200 多个。用这 1 200 多个带调音节对应数以万计的语素或汉字，同音字数量可见一斑。综合来看，汉语不可避免地存在大量的同音音节或对应的同音语素。

据马显彬统计，《信息交换用汉字编码字符集》（GB2312 – 80）收字 6 763 个，没有同音字的汉字只有 16 个，其他汉字都有同音字，其中最多的达 116 个。根据统计《普通话水平测试大纲》（1994 年版）和中国社科院语言所编《现代汉语词典》（第四版），两部分词语共计 23 951 个，用字 3 957 个，其中单字同音率达 72%，一字词的同音率达 48.36%，整个词汇的同音率达 23.3%（不考虑声调），相较于英语 1% 的同音率，差异巨大。

语言作为一个民族特有的文化现象，依托语言各个要素所创造出来的文化常常是最具有民族特色的。如基于汉语语音的特征而形成了以下几个汉语特有的文化现象。

（1）押韵。又称压韵，是指在韵文的创作中，某些句子的最后都使用韵母相同或相近的字。押韵使朗诵或咏唱时，产生铿锵和谐感。这些使用了相同或相近韵母字的地方，称为韵脚。由于古代汉语或现代汉语韵母的数量都是有限的，而且押韵对韵母的韵头没有要求，对韵尾的要求是相同或相近，所以押韵的"韵"的数量是有限的，有"十三辙"和"十八韵"之说。由于有大量的同韵的语素或词可以选择，追求押韵就显得相对容易，汉语的韵文体文学特别发达，成为中国文学的一大特点，从早期的《诗经》《楚辞》以及汉赋、汉乐府民歌，到魏晋南北朝时期的骈文、赋体，再到唐诗、宋词、元曲，一直到今天的现代诗歌，中国文学的韵文传统绵延不断。总结音韵规律的韵书，指导创作押韵文学的十三辙、十八韵等文献也蔚为壮观。甚至普通人也可以很容易创作出类似打油诗或顺口溜一类的作品。

（2）平仄。汉语的每个音节都有声调，古代声调分平、上、去、入四大类，平声大致相当于今天的阴平和阳平，也就是"平仄"的"平"，上声、去声、入声就是"平仄"的"仄"。古诗词中平仄的使用讲究一定的格式，即所谓的"格律"。平仄要么在同句交替使用，要么在对句中形成对立，"平仄"使得语言抑扬顿挫，读起来朗朗上口，节奏鲜明，富有美感。

（3）谐音。谐音文化是语言共性的表现之一，但由于汉语同音现象异常丰富，汉语的谐音文化也异常发达，表现形式多种多样。本音和谐音的双关是谐音现象具有丰富表现力的基础，"东边日出西边雨，道是无晴却有晴（情）"既是对自然现象的准确描写，也是对男女情愫的一种含蓄表达，这种现象在汉语中俯拾皆是，构成了汉语表达的独特景观。

歇后语是汉语特有的表达形式，许多歇后语的构成基础就是谐音双关，如"秃子打伞——无发（法）无天""三分面粉七分水——十分糊涂"等语表与语里巧妙结合，相映成趣。

谐音是华文文学重要的修辞手段，是语言魅力的体现之一，谐音对于人们对文学作品的理解有重要的作用。《红楼梦》是中国文学的经典，大量利用谐音手段屈折表意是其重要特点，人名谐音、诗词谐音、谜语谐音等多彩纷呈，解读《红楼梦》离不开谐音解读。如"甄士隐"谐音"真事隐"，"贾雨村"谐音"假语存"，"元春、迎春、探春、惜春"谐音"原应叹息"等，举不胜举。

中国绘画、手工艺术品及日常器具上的图案中常有佛手（"佛"谐音"福"）、葫芦（谐音"福禄"）、猫蝴蝶（谐音"耄耋"，寓意长寿）、石榴［因其籽多，谐音"多子（嗣）"]、鱼（谐音"余"）等。这是一种独特的视觉艺术表达形式，是中华民族留给世界文化的独特艺术遗产，中华文化崇尚含蓄、内敛、顿悟，表现形式婉转、多样、雅致，谐音和象征的表达效果正是化直露为含蓄，避粗俗而成典雅。由于吉祥的意味通常功利性较强，直来直去为人所不齿，因此通过谐音寓意的手段将其表现于图像之中，则图尽美，意尽善，达到了审美与功利的双重效果。

（4）对偶。对偶是汉语特有的修辞手法，有时又称为"对仗"或"对对子"。构成对偶的上下两句结构相同，字数相等，意义对称，严格的对偶还要求平仄相对。

云对雨，雪对风，晚照对晴空。来鸿对去雁，宿鸟对鸣虫。三尺剑，六钧弓，岭北对江东。人间清暑殿，天上广寒宫。

两岸晓烟杨柳绿，一园春雨杏花红。两鬓风霜，途次早行之客。一蓑烟雨，溪边晚钓之翁。

这首《声律启蒙·一东》就是教孩童学习平仄对仗知识的。对偶因其形式工整、意义精警、短小精悍、韵律协调、易于诵读、便于记忆，深受人们的喜爱。在对偶的基础上，春节贴对联习俗、亭台楼阁楹联景观以及文人学士雅对游戏等文化现象出现。

二、汉语词汇的特点

汉语词汇的第一个特点是语素与音节基本对应，双音词在现代汉语中占据优势，而且词汇发展有明显的双音化趋势。

语素是最小的音义结合体，汉语的语素基本上和音节对应，也就是说一个语素只包含一个音节，一个音节常常也和意义结合形成一个语素。如"身体"是一个词，这个词由"身"和"体"两个语素组成，读音上体现为"shēn""tǐ"两个音节；"语言"是一个词，由"语"和"言"两个语素组成，读音上体现为"yǔ""yán"

两个音节。当然，单音节词"人"，也是由"人"这个语素组成的，读音上体现为"rén"这样一个音节。汉语只有联绵词、外来词和一些特殊口语词的语素和音节不对应。比如"伶俐、忐忑、参差、逍遥、叮咛、汹涌、妯娌、玛瑙、芙蓉、猩猩、娓娓、潺潺"等是联绵词，单个音节（如"伶""俐"等）没有意义，不是语素，合起来（如"伶俐"）才有意义，组成一个最小的音义结合体，两个音节记录一个语素，语素和音节不对应；又比如"溜达、囫囵、蘑菇、嘀咕、吩咐"等口语词，并不是古代汉语中流传下来的联绵词，但它们和联绵词的性质相似，也都是两个音节记录一个语素；再比如"克隆、咖啡、雷达、萨其马、迪斯科、华尔兹、奥林匹克、可口可乐、布尔什维克"等是外来词，是用音译的形式直接从外国语或其他民族语言中引进的，这些词都只有一个语素，但音节却有两个、三个、四个或者更多，语素和音节并不对应。上述这种语素与音节不对应的现象并不普遍，所占比例也非常低。

古代汉语以单音节词为主，通过不断演变，汉语的双音词越来越多，形成一种明显的趋势，现代汉语以双音节词为优势。根据《现代汉语频率词典》的统计，在使用度排在前面的 9 000 个汉语词汇中，单音节词 2 400 个，双音节词 6 285 个，其他是多音节词。词汇量越大，单音词的比例越小，双音节词和多音节词的比例越大。古代汉语的许多单音节词通过复合的方式变成了双音节词，如"思想、道路、朋友、语言、身体；琢磨、斟酌、矛盾、风浪、窗户；始终、往来、是非、反正、横竖"等词是通过同义并列、相关并列或反义并列的方式复合成双音节词；"黑板、火车、热爱、鲜红、难听；出席、示例、注意、开心、合法；扩大、降低、削弱、提高、说明；年轻、雪崩、地震、月亮、霜降"等词是通过偏正、述宾、述补、主谓等方式复合而成的双音节词；"不论、何必、还是、否则、因而"等是通过跨层组合的方式演变为双音节词；"桌子、阿姨、作者、老虎、石头"等是通过附加的方式复合成双音节词。当然也有"星星、仅仅、刚刚、渐渐、妈妈"这样通过重叠的方式复合成的双音节词。

汉语对音译外来词的吸收也尽量双音化，尤其是外语中单音节形式，会通过增加类义语素的方法形成双音节词。比如"beer"在汉语中的意思是"啤酒"，"啤"是音译形式，"酒"是增加的类义语素，从而形成双音节词，类似的还有"卡车、卡片、阀门、激光"等。如果外来词本身就是双音节的，那就不用加类义语素，如"芭蕾、沙发、吉他、基因、克隆"等。

汉语的简称也以双音化为主，比如"春节联欢晚会"简称"春晚"，"学生家长委员会"简称"家委"，"华侨大学"简称"华大"等，再如"科研、教研、延毕、彩电、超市、花生、机枪"等。

双音节词语在现代还有一种韵律的要求，两个音节构成一个韵步，读起来有一种朗朗上口的感觉，单音节或三音节受韵律的限制有时显得不那么自由。称呼一个人用单音节的姓，如"胡""王""张"就没有"老胡""小王""阿张"感觉好；双音节姓"欧阳""上官""西门"就不能随意改为"老欧阳""小上官""阿西门"。农历春节是大年"初一""初二""初三"一直到"初十"，再往下只能说大年"十一""十二"，不能说大年"初十二"。"一衣带水"的结构是"一衣带/水"，但读音的节律是"一衣/带水"；"狐假虎威"的结构是"狐/假虎威"，但读音的节律是"狐假/虎威"，这也间接说明了韵律加强了双音化的优势。

汉语词汇的第二个特点是广泛利用词根复合法造词，这和形态变化丰富的印欧语系有明显的不同。

从类型学来讲，汉语是孤立语，词的形态变化不丰富，或者说缺乏严格意义上的形态变化，因此像"桌子、作者、阿姨、老张、老婆"等这样的"词根＋词缀"的派生词相对较少，占比很低，而"词根＋词根"这样的复合法造词占比很高，类型丰富。例如：

联合式：	思想	道理	斗争	裁判	鲜艳	丰富	眉目	矛盾	手足	风浪
	东西	始终	往来	横竖	国家	窗户				
偏正式：	火车	壁画	宣纸	黑板	官场	草图	热爱	狂欢	朗读	鲜红
	狂热	笔直	函授	空投	面谈	直播				
述宾式：	出席	得罪	革命	带头	放心	提纲	司令	顶针	理事	垫肩
	动人	逼真	及时	过瘾	开心	合法				
述补式：	扩大	降低	削弱	揭露	改正	推翻	压缩	提高	说明	
主谓式：	霜降	面熟	年轻	性急	胆怯	肉麻	心虚	口红	地震	
量补式：	纸张	人口	房间	花朵	车辆	布匹	物件	米粒	钢锭	
重叠式：	爸爸	仅仅	刚刚	恰恰	宝宝	星星	偏偏	明明	常常	

三、汉语语法的特点

汉语语法的第一个重要特点：语序是重要的语法手段。语序不同，语法结构、语法意义或者语用意义可能大相径庭。比如"强烈要求张三当班长"是述宾关系，"张三强烈要求当班长"是主谓关系，因语法结构不同导致意义差异巨大；"客人来了"是主谓关系，"来客人了"是述宾关系，意义上有微妙的区别；"紧握""快点儿走"是状中关系，"握紧""走快点儿"是补充关系，语法意义也有相应的区别；"屡战屡败""屡败屡战"都是连谓关系，但语序不同，意义大异。

语序的变化实际上表现在语法、语义和语用三个方面，看下面的例子：

①a. 跳在马背上。
　b. 在马背上跳。
②a. 一瓶酒喝十个人。
　b. 十个人喝一瓶酒。
③a. 轻轻地，我走了。
　b. 我轻轻地走了。

例①是语法的语序变化，语序改变，语法关系也变了，语义也跟着发生变化。其中 a 是补充关系，表示动作的结果，"跳"发生在前，"在马背上"发生在后；b 是状中关系，表示动作进行的处所，"在马背上"发生在前，"跳"发生在后。例②是语义的语序变化，词语顺序的变化虽没有引起句法结构关系的变化，但语义明显不同了，a 是以酒的数量配比人的数量，b 是以人的数量配比酒的数量，尽管最终结果相同，但角色关系发生了变化。例③是语用的语序变化，即我们平常所说的倒装句和移位句，语法关系和语义关系虽都没有发生变化，但语用特色有所不同，a 是移位句，状语"轻轻地"移至句首，突出了"走"的情态，由此可以强调说话人的某种心境，b 是常规句，更偏重于平实的表达。

汉语语法的第二个特点：虚词也是重要的语法手段。"我和爸爸"与"我的爸爸"，虚词不同，结构关系不同，意义也完全不同；"三斤鱼"和"三斤的鱼"，不论有"的"无"的"，都是偏正结构，"三斤鱼"表示鱼的重量，不论大小如何；"三斤的鱼"指鱼的属性，特指三斤一条的鱼，可见有无"的"，对意义的影响很大；"这本书我看了三天"和"这本书我看了三天了"，前者有可能表示"书看完了"，后者多了一个句末的"了"，反而表示"书没有看完"，究竟是什么原因，很值得我们研究。

汉语语法的第三个特点：词类具有多功能性。印欧语系中，一种词类往往只能充当一种句法成分，词类和句法成分之间的关系简单明晰，如名词对应于主语或宾语，动词对应于谓语，形容词对应于定语，副词对应于状语等。但是汉语的词类跟句法成分的关系就非常复杂，除了副词基本上对应于状语以外，其他词类都有多功能性。看下面的例子：

④a. 历史是任人打扮的姑娘。（作主语）
　b. 我们要用严谨的态度书写历史。（作宾语）
　c. 这一切都是历史的选择。（作定语）
　d. 应当历史地看待一个人的功过是非。（作状语）
⑤a. 他笑了。（作谓语）

b. 把孩子逗笑了。（作补语）

c. 他笑着解释了刚才发生的事情。（作状语）

d. 弗洛伊德也研究了笑的心理机制。（作定语）

e. 笑是生活的解药。（作主语）

f 这个人特别喜欢笑。（作宾语）

例④名词"历史"分别充当了主语、宾语、定语、状语，例⑤动词"笑"充当了六种基本句法成分，这些情况在汉语中并不罕见。

汉语语法的第四个特点：词和短语的结构规则基本一致。看下面的对应关系：

	词			短语		
联合式：	道路	开关	兄弟	方向和路径	开门关门（时间）	姐姐弟弟
偏正式：	皮鞋	雪白	面授	鳄鱼皮鞋	当面沟通	像笔杆一样直
述宾式：	出席	革命	开心	主持会议	改变命运	收获一个好心情
述补式：	推翻	改正	降低	审核清楚	调整到位	攀爬上去
主谓式：	面熟	地震	霜降	面容姣好	政坛震荡	秋叶飘落

以上实例说明，词和短语在联合、偏正、述宾、述补、主谓等基本结构关系类型方面高度一致，一个合成词可以在不改变结构类型的情况下扩展成为一个短语。词和短语在重叠构造、连谓结构方面也有一致性，例如：

	词			短语		
重叠构造：	星星	仅仅	偏偏	山山水水	研究研究	漂漂亮亮
连谓结构：	审批	签发	筹建	讨论通过	验证放行	筹款建设

汉语离合词的存在是词和短语结构一致的有趣证明：

合（词）			离（短语）		
洗澡	革命	提高	洗个热水澡	革了保守派的命	提得很高

当然，合成词和短语的结构也有一些不一致的表现。如词有"阿姨、老师、盼头、尖儿、记者"等"词根＋词缀"的派生构词方式，但短语层面很少见；短语层面有双宾、兼语、同位等较为复杂和特殊的结构，合成词没有。但这样的差异比例小，也比较特殊。

汉语语法的第五个特点：量词十分丰富。当汉语的数词和名词组合时，一般需要在数词的后面加量词，如"一个人、一头牛、一扇窗户、一盏灯"等。这些量词有许多是专用量词，如"个、位、只、头、口、匹、件、条、根、颗、枚、粒、张、面、本、册、盏、台、扇、套、帮、串、捆、点儿、些"等，这些是专用名量词。再如"次、回、趟、下、气、阵、通、场、遍、把"等，这些是专用动量词。

除了专用量词以外，汉语还可以临时借用名词、时间词、动词等充当量词，称为借用量词，这种借用非常广泛。例如：

借用名量词：一架子书　一脸汗　一床衣服　两口袋面　那篮子菜　一车人
　　　　　　一肚子学问　满脑子主意　一身泥巴　一屋子粮食
借用动量词：看一眼　打一拳　踢一脚　住一年　走半个小时　看三天
　　　　　　放一枪　打二十鞭子　砍一刀　唱一嗓子　喊一声　走两步
　　　　　　看一看　瞧一瞧　摸一摸

第二章 汉语的听觉形式——语音

第一节 语音概述

一、语音和语音学

语音是人类通过发音器官发出的负载一定意义的声音，是语言的物质外壳，语音的目的是用来进行社会交际。人类是通过语音来感知、理解语言的，学习和分析一种语言，都要从语音开始，词汇和语法都要通过语音来表现。因此，语音是语言的基础，没有语音也就没有了语言。

语音学是语言学的一个部门，它研究的是语言的声音方面。语言的声音本身是一种物理现象，但是它跟一般自然界的声音性质不同，因为语言的声音常常是跟意义紧密联系着的。所以我们在语音学的基础上研究语言的声音，也就与物理学家研究一般自然界的声音有所不同。物理学家研究一般自然界的声音是以声音本身为目的，我们在语音学的基础上研究语言的声音却要把它当作解决语言学问题的手段。因此我们可以说：语音学是一门以语言的声音及其与语言上其他现象的关系为研究对象的科学。

语音学可以大致分成描写语音学和历史语音学两种。

描写语音学的目的是要就生理学观点、物理学观点和语言学观点来分析各种语言的声音，描写它们的特点以及研究它们是怎样组合起来表达不同的意义和可能发生的变化。描写语音学可以涉及许多种语言的声音，也可以只涉及一种语言的声音。总之，它是静态的而不是动态的、是共时的而不是历时的，它所关心的是语言某一时期的发音，而不是语言的声音于不同时期的演变，所以又叫静态语音学。

历史语音学是将一种语言的不同时期的发音加以比较，或将有亲属关系的不同语言或方言的发音加以比较，其目的是要研究这些语言声音的演变和发展，进而确定它们的演变规律。历史语音学是动态的而不是静态的、是历时的而不是共时的，所以又叫动态语音学。历史语音学通常以描写语音学为出发点。它可以是自上而下的，即以某一古代的状态为出发点往下追到现代的状态；也可以是自下而上的，即以现代或某一近代的状态为出发点往上追到古代以至史前的状态。在后一种情况下就有所谓的"语音的重建"。

无论是描写语音学还是历史语音学，只要把研究的结果加以概括成为一般理论就成为普通语音学。因此普通语音学既包括描写语音学，也包括历史语音学，它的范围不只限于某一种具体语言的声音，而是牵涉一切语言的声音。

二、语音的属性

语音同自然界的其他声音一样，由物体的振动产生声波，因此具有物理属性。语音是由人的发音器官发出的，因此具有生理属性。语音要表达一定的意义，语音形式和意义内容之间的联系是使用该语言的全体社会成员约定俗成并共同遵守的，所以语音又具有社会属性。社会属性是语音的本质属性。

（一）物理属性

声音都是由物体振动而产生的，语音也不例外。发音体振动使周围的空气或其他媒介产生声波。声波作用于人耳，使鼓膜发生相应的振动，刺激听觉神经，于是人们就感觉到了声音。

每一个声波都包含着振幅、周期和频率三个物理量。振幅即振动的幅度，指空气粒子离开平衡位置最大的偏移量。周期即振动的周期，指空气粒子完成一个全振动（来回一次）所需要的时间。频率指空气粒子在一秒钟内完成全振动的次数。

语音和其他声音一样，具有物理上的音高、音强、音长和音色四个要素，这四个要素都要用振幅、周期和频率这三个概念来说明。

1. 音高

音高指声音的高低，取决于声波的频率。在一定时间内，声波振动的次数多，频率就高，声音也就高；反之声音就低。语音的高低又与声带的长短、厚薄、松紧有关。长、厚、松的声带振动慢，频率低，声音就低；短、薄、紧的声带振动快，频率高，声音就高。一般男性声音低、女性声音高；老人声音低、小孩声音高，这是因为男性声带长而厚，女性声带短而薄；老人声带松弛，小孩声带紧绷。同一个人的声音可以有高低，是因为人在发音时能控制声带的松紧，形成不同的音高。音高在语音中的主要作用是构成声调和语调。

2. 音强

音强指声音的强弱，取决于声波的振幅。振幅大，声音就强；振幅小，声音就弱。语音的强弱与发音时的用力大小有关，发音时用力大，呼出的气流多，对发音器官的冲击力强，声波的振幅大，声音就强；反之声音就弱。音强在语音中的主要作用是构成重音和轻音。

3. 音长

音长指声音的长短，取决于声波持续时间的久暂。发音体振动，声波持续时间久，声音就长；反之就短。音长在某些语言和方言中具有区别作用，如汉语方言广州话就有长短元音的区别：三［sa：m⁵⁵］、心［sam⁵⁵］。

4. 音色

音色又叫音质，指声音的特色，是一个声音区别于其他声音的根本特点。音色的不同主要有以下三方面原因：

第一，发音体不同。笛子和胡琴的声音不同是因为发音体不一样。语音的发音体主要是声带，每个人的声带都是独一无二的，因此每个人都有自己独特的音色。

第二，发音方法不同。同一把胡琴发音，用弓拉和用手指弹，会产生不同的音色。发音方法的不同主要体现在辅音的发音上，如语音中塞音"g"和擦音"h"的音色不同是由于前者用爆发方法发音，后者用摩擦方法发音。

第三，共鸣器的形状不同。笛和萧同属管乐器，发出来的音色却不一样，这是因二者的共鸣器的形状不同所造成的。共鸣器形状造成音色的不同主要体现在元音上，如元音［A］和［i］音色的差异就是由口腔形状的差异造成的，发［A］时口腔打开得大，发［i］时口腔打开得小。

（二）生理属性

语音是由人的发音器官发出的，发音器官可以分为呼吸器官、喉头和声带以及口腔、鼻腔和咽腔三大部分。

1. 呼吸器官

主要由鼻、喉、咽、肺、支气管、气管组成。呼和吸形成的气流是语音的动力，肺是语音发音产生气流的动力器官，支气管、气管是传输气流的器官。只有由呼吸器官提供气流推动声带的振动，才能发出声音。

2. 喉头和声带

喉头是由四块软骨构成的一个圆筒形的筋肉小室，下面是一块环状软骨，和气管相连，上面是一块甲状软骨和一对勺状软骨。

声带是主要的发音体，位于喉头筋肉小室的中部。声带是两片富有弹性的肌肉，前端联结甲状软骨，后端联结勺状软骨。两片声带之间的空隙叫声门。勺状软骨可以在肌肉的作用下活动，带动声带，使声门开合。呼吸或发出噪声时，声带放松，声门大开，气流可以自由通过。发音时，声带靠拢，声门闭合，气流从声门的窄缝里挤出，颤动声带，发出声音。

3. 口腔、鼻腔和咽腔

口腔、鼻腔和咽腔都能使共鸣器扩大声音。通过口腔肌肉和舌头的活动，可以改变共鸣器的形状而发出各种不同的语音。口腔和鼻腔之间由软腭和小舌隔开，软腭和小舌上升时，鼻腔闭塞，口腔畅通，这时发出的声音在口腔中共鸣，就形成口音，如"b、a、i"等。软腭和小舌下垂时，口腔阻塞，气流只能从鼻腔呼出，这时发出的音主要在鼻腔中共鸣，就形成鼻音，如"m、n"和"ng"等。如果口腔无阻碍，气流同时从鼻腔和口腔呼出，发出的音在口腔和鼻腔共鸣，就形成鼻化音（也叫半鼻音或口鼻音），如"ã、õ"等。咽腔下接喉头，上边是口腔和鼻腔两条通道，都能产生共鸣。

（三）社会属性

语音不仅具有物理属性、生理属性，还具有社会属性。语音能够传达一定的意义，作为语言的物质外壳，语音是一种社会现象。社会属性是语音区别于其他声音的本质属性。语音的社会属性主要表现在以下两个方面。

首先，可从语音表示意义的社会性看出来。用什么声音与表示什么意义之间本没有必然的联系，而是随着社会、民族、地方的发展产生了不同差异，由使用一种语言的全体社会成员约定俗成。同样的语音形式在不同的语言社会中往往表示不同的意义，如〔iaŋ〕在汉语中表示"羊"，在英语中表示"年轻（young）"；同样一个意义，在不同的语言或方言中可用不同的语音来表示，比如"五"，在普通话中是〔u^{214}〕，在苏州话中是〔$ŋ^{31}$〕，在英语中是 five〔faiv〕。

其次，语音的社会属性还表现在语音的系统性上。

不同的语言或方言有不同的语音系统。不同的语音系统所包含的音位及其数目都是不同的。如汉语塞音中的不送气塞音 b〔p'〕与送气塞音 p〔p〕分属两个不同的语音单位，"bɑ（爸）"中的"b"与"pɑ"（怕）中的"p"不同。英语塞音中的不送气音和送气音却属于同一语音单位，如"spring"中的"p"念不送气音，"pen"里的"p"念送气音，不同的塞音在词典里用一个音标"p"表示，说明在英语中送气与否无区别作用。即使是同一种语言，不同方言的语音系统之间也存在差别，如汉语有不少方言不区分辅音〔n〕和〔l〕，将"难"和"蓝"发成同样的音，但在普通话中，这两个辅音有区别的。

三、语音单位

（一）音素

音素是从音色的角度划分出来的最小的语音单位。从音色角度对音节进一步划分直到不能再划分为止，所得到的最小的语音单位就是音素。如"chɑng（长）"这个音节就可以进一步划分为"ch""ɑ""ng"三个音素。在《汉语拼音方案》中，音素多用一个字母表示（如"b、p、o"等），有的用双字母表示（如"ch、ng、er"等）。在普通话里，一个音节可以是一个音素，如"啊（ā）"，也可以是两个及以上的音素，如"古（gǔ）""街（jiē）""房（fáng）"等，但最多只能有四个音素，如"鸟（niǎo）""窗（chuāng）"。

根据发音时气流在口腔中是否受到阻碍，可以把音素分成元音和辅音两大类。气流在口腔中不受阻碍，畅通无阻地发出来的音是元音，又叫母音，如"ɑ、o、i"。气流通过口腔时受到阻碍或产生明显摩擦，这样发出的音是辅音，又叫子音，如"b、f、s"。

元音和辅音的区别主要有以下四点：

（1）从受阻与否看：发元音时，气流通过发音部位不受阻碍；发辅音时，气流通过发音部位时受到某个部位的阻碍。这是元音和辅音最主要的区别。

（2）从紧张度看：发元音时，发音器官各部位保持均衡的紧张状态；发辅音时，只有发音器官成阻部位会比其他部位紧张。

（3）从气流强弱看：发元音时，气流较弱；发辅音时，气流较强。

（4）从响亮度看：发元音时，声带一定振动，声音比较响亮；发辅音时，声带不一定振动，清辅音不振动，浊辅音振动，声音一般不响亮。

（二）音位

音位是某一语言或方言里能够区别意义的最小语音单位。音位用双斜线"//"表示。

音位和音素是两个不同的概念。音素是从语音的物理属性和生理属性划分出来的最小语音单位。音位是从语音的社会属性划分出来的最小的能够区别意义的语音单位。人类能发出的音素非常多，但在一种具体的语言或方言系统里，能够区别意义的音素却是有限的。音位就是在一种语言或方言说出的所有音素的基础上，根据区别意义的功能归纳出来的语音单位。因此，音素是人类语言共通的，音位是属于具体语言的。音位与音素是集体和成员、一般和个别的关系，一个音位是由几个音素构成的一个集体。这个集体中的音素是集体的成员。因此，音位的数量少，音素的数量多。

（三）音节

音节是听觉上自然感觉到的语音单位。如"快（kuài）"和"酷爱（kù'ài）"，前者是一个音节，后者是两个音节。音节由一个或几个音素组成。一般来说，汉语中一个音节用一个汉字来表示，只有儿化音节是将两个汉字读成一个音节，如"花儿（huār）""活儿（huór）"。

汉语音节主要由声母、韵母和声调三个部分构成。声母指音节开头的辅音，如"dà（大）""xué（学）"的声母分别是"d""x"。有的音节开头没有辅音，叫作零声母音节，如"i（爱）"。韵母指音节中声母后面的部分，由元音或者元音加辅音构成，如"dà（大）""家（jiā）"中的"a""ia"。声调指依附在音节上的超音段成分，主要由音高构成。

四、记音符号

（一）《汉语拼音方案》

《汉语拼音方案》是在中华人民共和国成立不久后制订出来的。经中国文字改革委员会广泛收集各方面意见，于 1958 年 2 月由第一届全国人民代表大会批准作为正式方案公布推行。《汉语拼音方案》是在过去各种记音法的基础上发展起来的，它比过去设计的各种记音法更为完善、优越，并得到了联合国的认可和使用。1982 年，国际标准化组织（ISO）开始采用《汉语拼音方案》。

《汉语拼音方案》是依据音位分析设计出来的。从生理的角度来看，人类可能发出来的音素非常多，但一种语言可使用的音素是有限的，而且说话时产生的语音差异如果不影响对意义的理解，就常常会被认为是同一个音，如把普通话"大哥"中的"哥"从 $[k\gamma^{55}]$ 说成 $[g\partial^{55}]$，听话的人一般都不会理解成其他词，因为普通话里的 $[k]$ 和 $[g]$、$[\gamma]$ 和 $[\partial]$ 这些音素之间不区别意义。$[\gamma]$ 和 $[\partial]$ 是不同的音素，但属于同一个音位，都用字母"e"表示。而 $[ts]$ 和 $[t\underline{s}]$ 是不同的音位，就需要分别为它们制定字母。不弄清楚一种语言的音位系统，就不可能为它设计和制定一套切实可行的拼音字母。

（二）国际音标

国际音标（International Phonetic Alphabet，简称 IPA）是 19 世纪末欧洲的语言学家们制定的一套记音符号，经国际语音协会修订多次于 1888 年公布。国际音标的特点是精确、通用和开放。它的制定原则是"一音一符，一符一音"，即一个音素只用一个符号表示，一个符号只表示一个音素。这套国际音标以拉丁字母为基础，加入一些别的字母作为补充，主要字母有一百多个，还有不少附加符号，具有极强的精确性。国际音标可以用来记录各国的语音，还可以根据需要按照国际语音协会规定的原则加以修改或增删，具有通用性和开放性。在用国际音标记录汉语语音时，我国语言学家增加了舌尖元音等音标，还编制了《中国通用音标符号集》（GF 3007—2006）。

国际音标是语言工作者必须掌握的记音工具。现在的语音学工作，如调查记录各种语言方言的语音、比较各类语音的异同等，都采用国际音标。

表 2－1　辅音国际音标简表

发音方法			发音部位									
			双唇	唇齿	舌尖前	舌尖中	舌尖后		舌面前	舌面中	舌面后	喉
			上唇下唇	上齿下唇	舌尖齿背	舌尖上齿龈	舌尖硬腭前	舌叶	舌面前硬腭前	舌面中硬腭	舌面后软腭	
塞音	清	不送气	p			t	t		$\textç2$	c	k	ʔ
		送气	pʰ			tʰ	tʰ		tʰ	cʰ	kʰ	
	浊		b			d	ɖ		ɖ		g	

（续上表）

发音方法			双唇 上唇下唇	唇齿 上齿下唇	舌尖前 舌尖齿背	舌尖中 舌尖上齿龈	舌尖后 舌尖硬腭前	舌叶	舌面前 舌面前硬腭前	舌面中 舌面中硬腭	舌面后 舌面后软腭	喉
塞擦音	清	不送气		pf	ts		tʂ	tʃ	tɕ			
塞擦音	清	送气		pfʰ	tsʰ		tʂʰ	tʃʰ	tɕʰ			
塞擦音	浊				dz		dʐ	dʒ	dʑ			
鼻音	浊		m	ɱ		n	ɳ		ȵ	ɲ	ŋ	
闪音	浊						ɾ					
边音	浊					l						
擦音	清		ɸ	f	s		ʂ	ʃ	ɕ	ç	x	h
擦音	浊		β	v	z		ʐ	ʒ	ʑ	j	ɣ	ɦ
半元音	浊		w ɥ	ʋ						j（ɥ）	（w）	

表2-2　元音国际音标简表

舌位高低 / 类别		开闭	舌尖元音 前 不圆	舌尖元音 前 圆	舌尖元音 央 自然	舌尖元音 后 不圆	舌尖元音 后 圆	舌面元音 前 不圆	舌面元音 前 圆	舌面元音 央 不圆	舌面元音 央 自然	舌面元音 央 圆	舌面元音 后 不圆	舌面元音 后 圆
高	最高	闭	ɿ	ʮ		ʅ	ʯ	i	y				ɯ	u
高	近高									ɪ				ʊ
中	半高	半闭						e	ø				ɣ	o
中	正中										ə			
中	半低	半开						ɛ	œ				ʌ	ɔ
低	近低							æ			ɐ			
低	最低	开						a		A			ɑ	ɒ

第二节　汉语的元音和辅音

音素可以分为元音和辅音两大类。元音是气流振动声带发出声音经过口腔、咽头不受阻碍而形成的音素，又叫母音，如"ɑ、o、e、i、u"等；辅音是气流经过口腔或咽头受阻碍而形成的音素，又叫子音，如"b、m、f、d、k、zh、s"等。

一、汉语的元音

汉语普通话的元音分为单元音（10 个）和复元音（13 个）两类。

（一）单元音

单元音就是发音时口形（包括舌位、唇形、开口度）始终不变的元音。它有三类（见表 2 - 3）。

表 2 - 3　普通话单元音发音表

舌位高低 / 口腔开闭 / 类别 / 舌位前后 / 唇形圆展		舌面元音					舌尖元音		卷舌元音
		前元音		央元音	后元音		前元音	后元音	央元音
		不圆	圆	自然	不圆	圆	不圆	不圆	不圆
最高元音	最闭元音	i [i]	ü [y]			u [u]	–i [ɿ]	–i [ʅ]	
半高元音	半闭元音				e [ɤ]	o [o]			
正中	元音								er [ər]
半低元音	半开元音	ê [ɛ]							
最低元音	最开元音			ɑ [A]					

1. 舌面元音

普通话的舌面元音有七个，即 ɑ、o、e、ê、i、u、ü。舌面单元音的不同主要是由不同的口形及舌位造成的。舌头的升降伸缩、唇形的展扁圆敛以及口腔的开闭都可以造成不同的共鸣器，因而形成各种不同音色的元音。

发音时，舌头可抬高降低，也可伸前缩后，唇形可圆可不圆。可以根据以下三个方面来观察元音（见图 2 - 1）。

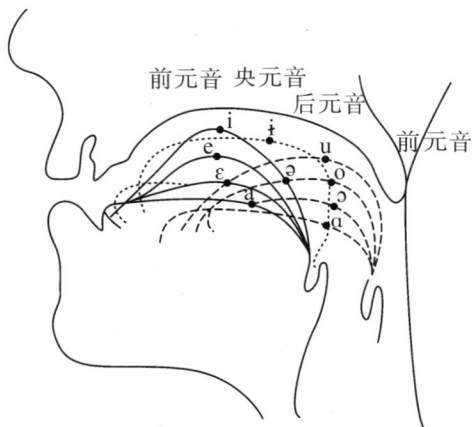

图 2 - 1　舌面元音舌位示意图

　　第一，舌位的高低。舌位的抬高和降低同口腔的开闭（即开口度的大小）有关，舌位越高开口度越小，舌位越低开口度越大。根据舌位的高低和开口度的大小可以把元音分为最高元音（即最闭元音，如 i、u、ü）、半高元音（即半闭元音，如 e、o）、半低元音（即半开元音，如 ê）、最低元音（即最开元音，如 ɑ）等。

　　第二，舌位的前后。可以分为前元音（如 i、ü）、央元音（如 e ［ə]）、后元音（如 u、ɔ）。

　　第三，唇形的圆展。可以分为圆唇元音（如 ü、o）、不圆唇元音（如 i、e）。

　　舌面元音的三个方面发音情况综合起来如图 2 - 2 所示。

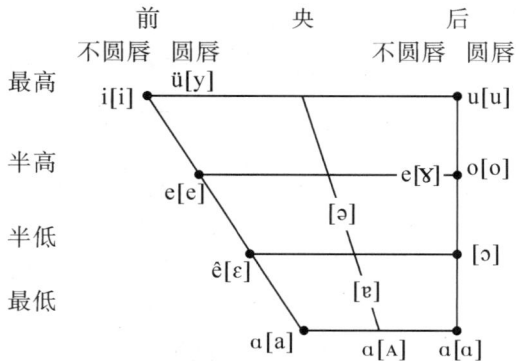

图 2 - 2　舌面元音发音情况

　　下面逐个介绍舌面单元音的发音状况（见图 2 - 3）。

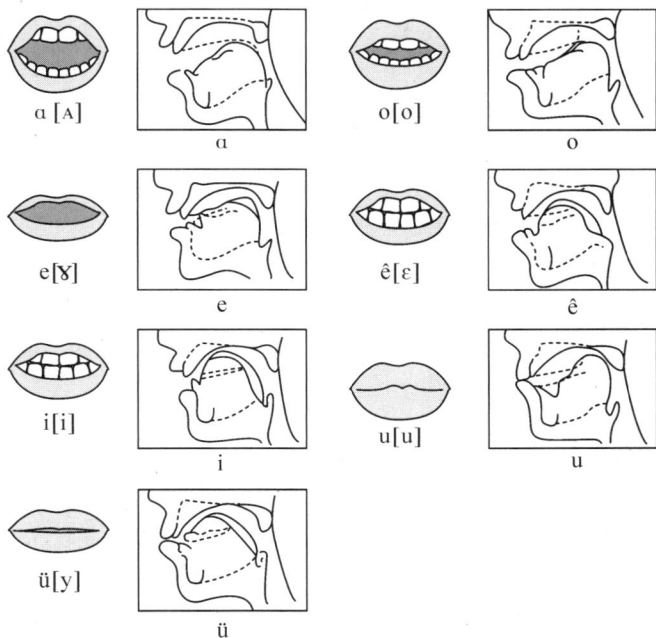

图 2 - 3　舌面元音唇形舌位图

　　（1）ɑ [A]。舌面、央、低、不圆唇元音发音时，口大开，舌位低，舌头居中央（不前不后），嘴唇展开。如"发达（fādá）""打岔（dǎchà）""蛤蟆（háma）""喇叭（lǎba）"里的"ɑ"。

　　（2）o [o]。舌面、后、半高、圆唇元音发音时，口半闭，舌位半高，舌头后缩，嘴唇拢圆。如"薄膜（bómó）""婆婆（pópo）""泼墨（pōmò）""摸摸（mōmō）"里的"o"。

　　（3）e [ɤ]。舌面、后、半高、不圆唇元音发音状况与 o [o] 基本相同，但嘴唇要自然展开。如"合格（hégé）""色泽（sèzé）""车辙（chēzhé）""割舍（gēshě）"里的"e"。

　　（4）ê [ɛ]。舌面、前、半低、不圆唇元音发音时，口半开，舌位半低，舌头前伸使舌尖抵住下齿背，嘴唇呈扁平状。在普通话中只有"欸"这个字念 ê（零声母）。

　　（5）i [i]。舌面、前、高、不圆唇元音发音时，嘴唇呈扁平状，舌头前伸使舌尖抵住下齿背。如"集体（jítǐ）""厘米（límǐ）""旖旎（yǐnǐ）""霹雳（pīlì）"里的"i"。

（6）u［u］。舌面、后、高、圆唇元音发音时，嘴唇拢圆，留一小孔，舌头后缩，使舌面后接近软腭。如"朴素（pǔsù）""出租（chūzū）""故土（gùtǔ）""复苏（fùsū）"里的"u"。

（7）ü［y］。舌面、前、高、圆唇元音发音状况与 i［i］基本相同，但嘴唇拢圆。如"区域（qūyù）""女婿（nǔxu）""旅居（lǔjū）""须臾（xūyú）"里的"u"。

2. 舌尖元音

－i［ɿ］舌尖前、高、不圆唇元音发音时，舌叶前伸接近上齿背，气流通路虽狭窄，但气流经过时不发生摩擦，唇形不圆。如"自私（zìsī）"里的"－i（前）"，叫舌尖前元音。又如"赐死、字词"。

－i［ʅ］舌尖后、高、不圆唇元音发音时，舌尖上翘接近硬腭前部，气流通路虽狭窄，但气流经过时不发生摩擦，唇形不圆。如"知识（zhīshi）"里的"－i（后）"，叫舌尖后元音。又如"日食、迟滞"。

［ɿ］［ʅ］和［i］的舌位比较如图 2－4 所示。

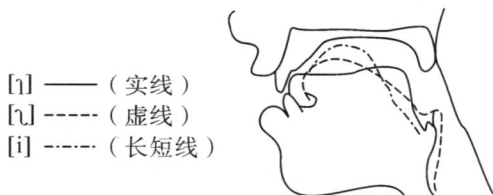

```
［ɿ］——（实线）
［ʅ］-----（虚线）
［i］-·-·-（长短线）
```

图 2－4　［ɿ］、［ʅ］和［i］舌位比较图

舌尖元音 －i［ɿ］和 －i［ʅ］的发音状况不同（见图 2－5），音值也不同。用普通话念"兹"并拉长，字音的后面部分便是 －i［ɿ］；用普通话念"知"并拉长，字音后面的部分便是 －i［ʅ］。这两个单元音都不形成字音，舌尖前元音 －i［ɿ］只出现在辅音声母"z、c、s"的后面，舌尖后元音 －i［ʅ］只出现在辅音声母"zh、ch、sh、r"的后面。它们跟舌面元音 i［i］出现的条件不同，舌面元音 i［i］绝不出现在"z、c、s"或"zh、ch、ch、r"的后面。因此，《汉语拼音方案》用 i 同时表示 i［i］、－i［ɿ］、－i［ʅ］，也不至于发生混淆。

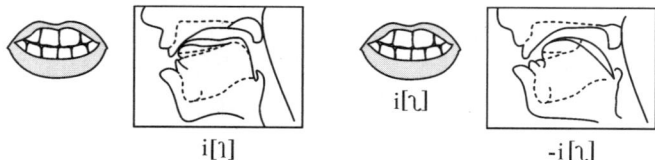

i［ɿ］　　　-i［ʅ］

图 2－5　舌尖元音唇形舌位图

３．卷舌元音

er［ər］为卷舌、央、中、不圆唇元音。er 是个舌尖上翘带有卷舌色彩的央元音 e［ə］。发音时，口形略开（开口度比［ɛ］略小），舌位居中，舌头稍后缩，嘴唇不圆，在发 e［ə］的同时，舌尖向硬腭卷起。《汉语拼音方案》中的"r"用在"er"中不代表音素，它不是韵尾，只是一个表示卷舌动作的符号，所以"er"虽用两个字母标写，仍是单元音，不能将"r"视为辅音。普通话中只有"儿、而、耳、饵、尔、迩、二、贰"等为数有限的字是由"er"这个单元音形成的字音（见图 2 - 6）。

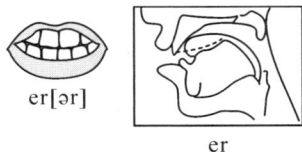

er［ər］

er

图 2 - 6　卷舌元音唇形舌位图

（二）复元音

普通话共有 ɑi、ei、ɑo、ou、iɑ、ie、uɑ、uo、üe、iɑo、iou、uɑi、uei 这 13 个复元音（见表 2 - 4）。

复元音指的是发音时舌位、唇形都有变化的元音。也就是说，复元音的发音是由甲元音的发音状况（开口度、舌位、唇形）快速滑向乙元音，或由乙元音再快速滑向丙元音。因此复元音并不止一个元音（即不止一个音素）。例如，"ɑo"不是一个元音音素，也不是两个元音音素的简单相加，它中间没有停顿，是两个音之间存在一连串的过渡音。因此，复元音是多个元音的复合体。

复元音的发音特点是从一个元音的发音状况快速向另一个元音的发音状况过渡，舌位的高低前后、口腔的开闭、唇形的圆展，都是逐渐变动的，但不是突变的、跳动的，中间有一连串过渡音；同时气流不中断，中间没有明显的界线，发的音围绕一个中心形成一个整体。在复元音中，前后音素互相影响，造成韵腹、韵尾的音素开口度、舌位前后发生变化（特别是韵尾），应加以注意。

复元音发音时元音的响度不同。前音响亮的叫"前响复元音"，如"ɑi、ou"；后音响亮的叫"后响复元音"，如"iɑ、uo"；中音响亮的叫"中响复元音"，如"iou、uɑi"（见表 2 - 4）。

表 2-4　普通话复元音总表

前响复元音	ɑi［ai］	ei［ei］	ɑo［ɑu］	ou［ou］	
后响复元音	iɑ［iA］	ie［iɛ］	uɑ［uA］	uo［uo］	üe［yɛ］
中响复元音	iɑo［iɑu］	iou［iou］	uɑi［uai］	uei［uei］	

1. 前响复元音

前响复元音共有四个：ɑi［ai］、ei［ei］、ɑo［ɑu］、ou［ou］。发前头开口度较大、舌位较低的元音立刻滑向后头开口度较小、舌位较高的元音，后者音值含混，只表示舌位滑动的方向。如"开采（kāicǎi）""配备（pèibèi）""高潮（gāocháo）""守候（shǒuhòu）"［见图2-7（a）］。

2. 后响复元音

后响复元音共有五个：iɑ［iA］、ie［iɛ］、uɑ［uA］、uo［uo］、üe［yɛ］。发前头开口度较小的元音立刻滑向后头开口度较大的元音，前头的元音轻且短，只表示舌位从那旦开始移动，后头的元音清晰响亮。如"架下（jiàxià）""贴切（tiēqiè）""瓜花（guāhuā）""陀螺（tuóluó）""雀跃（quèyuè）"［见图2-7（b）］。

3. 中响复元音

中响复元音共有四个：iɑo［iɑu］、iou［iou］、uɑi［uai］、uei［uei］。发音时开口度从较小变成较大，再变成较小；舌位从较高变成较低，再变成较高。前头的元音轻且短，中间的元音清晰响亮，后头的元音音值含混，只表示舌位滑动的方向。如"巧妙（qiǎomiào）""悠久（yōujiǔ）""摔坏（shuāihuài）""归队（guīduì）"［见图2-7（c）］。

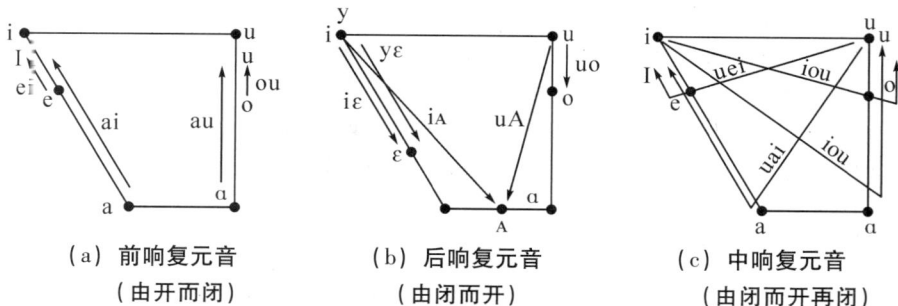

（a）前响复元音　　　　（b）后响复元音　　　　（c）中响复元音
（由开而闭）　　　　　　（由闭而开）　　　　　（由闭而开再闭）

图2-7　复元音舌位活动图

二、汉语的辅音

辅音发音的不同是由发音部位和发音方法不同决定的。普通话中 22 个辅音及其发音情况如表 2 – 5 所示。

表 2 – 5 普通话辅音总表

辅音声母 / 发音方法 \ 发音部位			唇音				舌尖前音		舌尖中音		舌尖后音		舌面前音		舌面后音	
			双唇音		唇齿音											
			上唇	下唇	上齿	下唇	舌尖	齿背	舌尖	上齿龈	舌尖	硬腭前	舌面前	硬腭前	舌面后	软腭
塞音	清音	不送气音	b [p]						d [t]						g [k]	
		送气音	p [pʻ]						t [tʻ]						k [kʻ]	
塞擦音	清音	不送气音					z [ts]				zh [tʂ]		j [tɕ]			
		送气音					c [tsʻ]				ch [tʂʻ]		q [tɕʻ]			
擦音	清音				f [f]		s [s]				sh [ʂ]		x [ɕ]		h [x]	
	浊音										r [ʐ]					
鼻音	浊音		m [m]						n [n]						ng [ŋ]	
边音	浊音								l [l]							

（一）辅音的发音部位

发音时，气流受到阻碍的位置叫作发音部位。按发音部位的不同，普通话辅音可以分为七类。

（1）双唇音（b、p、m）。由上唇和下唇阻塞气流而形成。

（2）唇齿音（f）。由上齿和下唇接近阻碍气流而形成。

（3）舌尖前音（z、c、s）。由舌尖抵住或接近齿背阻碍气流而形成，又称平舌音。

（4）舌尖中音（d、t、n、l）。由舌尖抵住上齿眼阻碍气流而形成。

（5）舌尖后音（zh、ch、sh、r）。由舌尖卷起，抵住或接近硬腭前部阻碍气流而形成，又称卷舌音或翘舌音。

（6）舌面前音（j、q、x）。由舌面前部抵住或接近硬腭前部阻碍气流而形成，又简称舌面音。

（7）舌面后音（g、k、h、ng）。由舌面后部抵住或接近软腭阻碍气流而形成，又称舌根音。

（二）辅音的发音方法

辅音有不同的发音方法。辅音的发音方法指的是发音时喉头、口腔和鼻腔节制气流的方式和状况。可以从阻碍的方式、声带是否振动、气流的强弱三个方面来观察。

1. 阻碍的方式

根据形成阻碍和解除阻碍的方式的不同，可以将普通话声母分为塞音、擦音、塞擦音、鼻音、边音五类。

（1）塞音（b、p、d、t、g、k）发音时，发音部位形成闭塞，软腭上升，堵塞鼻腔的通路，气流冲破阻碍，迸裂而出，爆发成声。

（2）擦音（f、h、x、sh、r、s）发音时，发音部位接近，留下窄缝，软腭上升，堵塞鼻腔的通路，气流从窄缝中挤出，摩擦成声。

（3）塞擦音（j、q、zh、ch、z、c）发音时，发音部位先形成闭塞，软腭上升，堵塞鼻腔的通路，然后气流向堵塞部位冲开一条窄缝，从窄缝中挤出，摩擦成声。先破裂，后摩擦，结合成一个音。也就是说，塞擦音的前一半是塞音，后一半是擦音，前后两半结合紧密，成为一个语音单位。需注意的是，塞擦音是一个单独的辅音，而不是两个辅音的复合（复辅音）。

（4）鼻音（m、n、ng）发音时，口腔中的发音部位完全闭塞，软腭下降，打开鼻腔通路，气流振动声带，从鼻腔通过发音。

（5）边音（l）发音时，舌尖与上齿龈接触，但舌头的两边仍留有空隙，同时软腭上升。阻塞鼻腔的通路，气流振动声带，从舌头的两边或一边通过。

2. 声带是否振动

发音时声带振动的是带音，又叫浊音；声带不振动的是不带音，又叫清音。浊音共有"m、n、ng、l、r"五个，其余辅音都是清音。

3. 气流的强弱

塞音与塞擦音有送气音和不送气音的分别。发送气音时，肺部（声门以下）呼出的气流比较强，共有"p、t、k、q、ch、c"6个；发不送气音时，肺部呼出的气流比较弱，共有"b、d、g、j、zh、z"6个。

第三节　汉语的声母和韵母

一、汉语的声母

（一）声母概况

声母是指音节开头的辅音。普通话里的 22 个辅音有 21 个可以用来作声母，它们是 "b、p、m、f、d、t、n、l、g、k、h、j、q、x、zhi、chi、shi、r、z、c、s"。其中 "n" 还可以充当韵尾，第 22 个辅音是后鼻辅音 "ng"，只能充当韵尾，不能当作声母。

1. 声母的本音和呼读音

声母有 "本音" 和 "呼读音" 之分。本音，指完全按照辅音的发音原理发出的声母的读音。呼读音，指由于普通话声母中多数是清辅音声母，其本音发音不响亮，为了称说和教学的需要，在《汉语拼音方案》中根据注音字母传统的读音在声母后面加上一个响亮的元音来呼读，这就是声母的呼读音。声母呼读音的发音规律有以下五条：

第一，在 "b、p、m、f" 的后面加上元音 "o"，读成 "bo（玻）、po（坡）、mo（摸）、fo（佛）"。

第二，在 "d、t、n、l、g、k、h" 的后面加上元音 "e"，读成 "de（得）、te（特）、ne（讷）、le（勒）、ge（哥）、ke（科）、he（喝）"。

第三，在 "j、q、x" 的后面加上元音 "i"，读成 "ji（基）、qi（欺）、xi（希）"。

第四，在 "zh、ch、sh、r" 的后面加上舌尖元音 "-i[ʅ]"，读成 "zhi（知）、chi（吃）、shi（诗）、ri（日）"。

第五，在 "z、c、s" 的后面加上舌尖元音 "-i[ɿ]"，读成 "zi（资）、ci（雌）、si（思）"。

呼读音和字母表的读音多数不相同。呼读音并不是辅音和元音的结合，只用来呼读、称说，便于辅音音素教学，在声母和韵母拼合成一个音节时，必须丢掉辅音后面所加的元音，仍用其本音。

2. 零声母

零声母音节是指没有辅音开头的音节，例如：

额 é	二 èr	矮 ǎi	欧 ōu	澳 ào	肮 āng
衣 yī	夜 yè	眼 yǎn	银 yín	央 yāng	硬 yìng
吴 wú	外 wài	文 wén	弯 wān	网 wǎng	瓮 wèng
鱼 yú	玉 yù	月 yuè	云 yún	远 yuǎn	

这说明某些音节并不需要辅音充当声母，而是韵母独自形成音节。汉语拼音中"y、w"两个字母只出现在零声母音节的开头，但它们不是真正的声母，而是具有隔开音节作用的字母，如"羊（yang）""温（wen）""圆（yuan）"这3个音节实际上是"iang、uen、üan"3个韵母独自充当音节，属于零声母音节。严格地说，这些元音起头的音节在发音时韵头仍然带有轻微的摩擦成分，在语音学上称为半元音。《汉语拼音方案》规定用"y、w"加在"i、u、ü"开头的音节前或替代"i、u、ü"，这既是一种书写方法，起到了隔音符号的作用，在发音上也标志了零声母音节开头半元音成分的存在。

（二）声母的发音原理

全部声母根据发音部位可以分成七类：双唇音、唇齿音、舌尖音、舌根音、舌面音、舌尖后音和舌尖前音；根据发音方法可以分成五类：塞音、塞擦音、擦音、鼻音和边音。这两类可综合在一起，列成一张普通话的声母总表（见表 2 – 6）：

表 2 – 6 普通话原声母总表

发音方法			发音部位						
			双唇音	唇齿音	舌尖音	舌根音	舌面音	舌尖后音	舌尖前音
塞音	清音	不送气	b [p]		d [t]	g [k]			
		送气	p [p']		t [t']	k [k']			
塞擦音	清音	不送气					j [tɕ]	zh [tʂ]	z [ts]
		送气					q [tɕ']	ch [tʂ']	c [ts']
擦音	清音			f [f]		h [x]	x [ɕ]	sh [ʂ]	s [s]
	浊音							r [ʐ]	
鼻音	浊音		m [m]		n [n]				
边音	浊音				l [l]				

声母发音的全面描写：

（1）b［p］。双唇、不送气、清、塞音。发音时，双唇闭合，软腭上升，堵塞鼻腔通路，声带不振动，较弱的气流冲破双唇的阻碍，迸裂而出，爆发成声。如"标兵（biāobīng）"里的"b"，又如"冰雹、卑鄙、褒贬"。

（2）p［p'］。双唇、送气、清、塞音。发音和 b［p］相比，只是气流较强，其余都相同。如"批判（pīpàn）"里的"p"，又如"乒乓、匹配、澎湃"。

（3）m［m］。双唇、浊、鼻音。发音时，双唇闭合，软腭上升，鼻腔畅通。气流振动声带，从鼻腔通过形成鼻音；阻隔解除时，余气冲破双层阻碍，发出清微的塞音。如"美妙（měimiào）"里的"m"，又如"秘密、埋没、麦苗"。

（4）f［f］。唇齿、清、擦音。发音时，下唇接近上唇，形成窄缝，软腭上升，堵塞鼻腔通路，气流不振动声带，从唇齿间的窄缝中挤出，摩擦成声。如"丰富（fēngfù）"里的"f"，又如"芬芳、仿佛、非法"。

（5）z［ts］。舌尖前、不送气、清、塞擦音。发音时，舌尖轻轻抵住下齿背，软腭上升，堵塞鼻腔通路，声带不振动，较弱的气流把舌叶与上齿背的阻碍冲开一道窄缝，并从中挤出，摩擦成声。如"粽子（zòngzǐ）"里的"z"，又如"藏族、自尊、栽赃"。

（6）c［ts'］。舌尖前、送气、清、塞擦音。发音和 z［ts］相比，只是气流较强，其余都相同。如"猜测（cāicè）"里的"c"，又如"曹操、参差、苍翠"。

（7）s［s］。舌尖前、清、擦音。发音时，舌尖抵住下齿背，软腭上升，堵塞鼻腔通路，声带不振动，较弱的气流冲破舌尖的阻碍，迸裂而出，爆发成声。如"琐碎（suǒsuì）"里的"s"，又如"色素、松散、思索"。

（8）d［t］。舌尖中、不送气、清、塞音。发音时，舌尖抵住上齿龈，软腭上升，堵塞鼻腔通路，声带不振动，较弱的气流冲破舌尖的阻碍，迸裂而出，爆发成声。如"电灯（diàndēng）"里的"d"，又如"大地、蹲点、导弹"。

（9）t［t'］。舌尖中、送气、清、塞音。发音的情况和 d［t］相比，只是气流较强，其余都相同。如"团体（tuántǐ）"里的"t"，又如"坍塌、淘汰、图腾"。

（10）n［n］。舌尖中、浊、鼻音。发音时，舌尖抵住上齿龈，软腭下降，打开鼻腔通路，气流振动声带，从鼻腔通过发音；阻碍解除时，气流冲破舌尖的阻碍，发出轻微的塞音。如"奶牛（nǎiniú）"里的"n"，又如"男女、袅娜、泥泞"。

（11）l［l］。舌尖中、浊、边音。发音时，舌尖抵住上齿龈，软腭上升，堵塞鼻腔通路，气流振动声带，从舌头两边或一边通过。如"浏览（liúlǎn）"里的"l"，又如"凛冽、靓丽、磊落"。

（12）zh［ʂ］。舌尖后、不送气、清、塞擦音。发音时，舌尖上翘，抵住硬腭前部，软腭上升，堵塞鼻腔通路，声带不振动，较弱的气流把舌尖的阻碍冲开一道窄缝，并从中挤出，摩擦成声。如"正直（zhèngzhí）"里的"zh"，又如"褶皱、忠贞、住宅"。

（13）ch［tʂ'］。舌尖后、送气、清、塞擦音。发音的情况和 zh［tʂ］相比，只是气流较强，其余都相同。如"长城（chángchéng）"里的"ch"，又如"蟾蜍、惆怅、叉车"。

（14）sh［ʂ］。舌尖后、清、擦音。发音时，舌尖上翘，接近硬腭前部，形成窄缝，软腭上升，堵塞鼻腔通路，声带不振动，气流从舌尖和软腭前部形成的窄缝中挤出，摩擦成声。如"手术（shǒushù）"里的"sh"，又如"赏识、闪烁、杀生"。

（15）r［ʐ］。舌尖后、浊、擦音。发音情况和 sh［ʂ］相近，只是摩擦较弱，同时声带振动，气流带音。如"柔软（róuruǎn）"里的"r"，又如"荏苒、荣辱、如若"。

（16）j［tɕ］。舌面前、不送气、清、塞擦音。发音时，舌面前部接近硬腭前部，软腭上升，堵塞鼻腔通路，声带不振动，较弱的气流把舌面前部的阻碍冲开一道窄缝，并从中挤出，摩擦成声。如"结局（jiéjú）"里的"j"，又如"军舰、焦急、究竟"。

（17）q［tɕ'］。舌面前、送气、清、塞擦音。发音的情况和 j［tɕ］相比，只是气流较强，其余都相同。如"确切（quèqiè）"里的"q"，又如"秋千、蜷曲、亲戚"。

（18）x［ɕ］。舌面前、清、擦音。发音时，舌面前部接近硬腭前部，留出窄缝，软腭上升，堵塞鼻腔通路，声带不振动，气流从舌面前部和软腭前部形成的窄缝中挤出，摩擦成声。如"雄心（xióngxīn）"里的"x"，又如"休息、闲暇、行星"。

（19）g［k］。舌面后、不送气、清、塞音。发音时，舌面后部抵住软腭，软腭后部上升，堵塞鼻腔通路，声带不振动，软弱的气流冲破阻碍，爆发成声。如"改革（gǎigé）"里的"g"，又如"尴尬、桂冠、梗概"。

（20）k［k'］。舌面后、送气、清、塞音。发音的情况和 g［k］相比，只是气流较强，其余都相同。如"开阔（kāikuò）"里的"k"，又如"慷慨、坎坷、刻苦"。

（21）h［x］。舌面后、清、擦音。发音时，舌面后部接近软腭，留出窄缝，软腭上升，堵塞鼻腔通路，声带不振动，气流从舌面后部和软腭形成的窄缝中挤出，摩擦成声。如"辉煌（huīhuáng）"里的"h"，又如"好汉、红火、黄昏"。

（三）辅音和声母的关系

辅音能作为声母，但声母不一定都是辅音。声母和辅音是两个完全不同的概念，声母是从分析音节结构的角度提出来的，而辅音是从分析音素性质的角度提出来的。

声母是汉语音节开头的辅音，使用在韵母前面的辅音，声母和韵母一起构成一个完整的音节。虽然声母由辅音充当，但有的辅音不作为声母，只作为韵尾，如"n、ng"。可见辅音的范围比声母大。

二、汉语的韵母

（一）韵母的结构

普通话韵母可分为韵头、韵腹、韵尾三部分。其中韵腹是核心，是韵母必不可少的部分。

韵腹是韵母的主干，比起韵头、韵尾，声音最清晰响亮，所以也叫"主要元音"。所有元音都能单独出现在韵腹的位置上。

韵头指韵腹前的元音，因它们介于声母与韵腹之间，又叫介音，普通话中的韵头只有"i、u、ü"三个高元音可以充当。

韵尾指韵腹后的元音或辅音，它位于韵母的最后，表示主要元音发音的滑动方向或归结所在，普通话的韵尾仅限于"n、ng、i、u"四个。

普通话韵母的结构大致有以下六种类型：

第一种为韵腹（元音）。如：衣（yī）、乌（wū）、鱼（yú）

第二种为韵头+韵腹（元音+元音）。如：蛙（wā）、窝（wō）、牙（yá）、越（yuè）。

第三种为韵腹+韵尾（元音+元音）。如：爱（ài）、澳（ào）、欧（ōu）。

第四种为韵腹+韵尾（元音+辅音）。如：恩（ēn）、因（yīn）、昂（áng）、英（yīng）。

第五种为韵头+韵腹+韵尾（元音+元音+元音）。如：药（yào）、由（yóu）、外（wài）、位（wèi）。

第六种为韵头+韵腹+韵尾（元音+元音+辅音）。如：文（wén）、万（wàn）、养（yǎng）、翁（wēng）。

（二）韵母的分类

韵母是指一个音节声母后面的部分。普通话的韵母共39个，主要由元音构成，或由元音加鼻辅音构成。韵母按结构可分为单元音韵母、复元音韵母和带鼻音韵母三类；按韵母开头的元音发音口形，又可分开口呼、齐齿呼、合口呼、撮口呼四类，简称"四呼"；还可以按韵尾分类。如表2－7所示，可以看出各类都有哪些韵母。

表 2 - 7　普通话韵母总表

按口形分 韵母 按结构分	开口呼	齐齿呼	合口呼	撮口呼	按韵尾分类
单元音韵母	-i [ʅ] -i [ɿ]	i [i]	u [u]	ü [y]	无韵尾韵母
	ɑ [A]				
	o [o]				
	e [E]				
	ê [ɛ]				
	er [ər]				
复元音韵母		iɑ [iA]	uɑ [uA]		
			uo [uo]		
		ie [iɛ]		üe [yɛ]	
	ɑi [ai]		uɑi [uai]		元音韵尾韵母
	ei [ei]		uei [uei]		
	ɑo [au]	iɑo [iau]			
	ou [ou]	iou [iou]			
带鼻音韵母	ɑn [an]	iɑn [iɛn]	uɑn [uan]	üɑn [yan]	鼻音韵尾韵母
	en [ən]	in [in]	uen [uən]	ün [yn]	
	ɑng [aŋ]	iɑng [iaŋ]	uɑng [uŋ]		
	eng [əŋ]	ing [iŋ]	ueng [uɤŋ]		
			ong [uŋ]	iong [yŋ]	

　　由一个元音构成的韵母叫单元音韵母，普通话中单元音韵母有 10 个：ɑ [A]、o [o]、e [E]、i [i]、u [u]、ü [y]、ê [ɛ]、-i [ʅ]、-i [ɿ]、er [er]。由两个或三个元音组合而成的韵母叫复元音韵母，包括前响复元音韵母（ɑi、ei、ɑo、ou）；中响复元音韵母（iɑo、iou、uɑi、uei）；后响复元音韵母（iɑ、ie、uɑ、uo、üe）。由元音与鼻辅音"n"或者"ng"组合而成的韵母叫带鼻音韵母，包括前鼻韵母（ɑn、en、in、ün、iɑn、uɑn、üɑn、uen）；后鼻韵母（ɑng、eng、ing、ong、iɑng、uɑng、 iong、ueng）。

按韵母的情况进行分类，没有韵尾的叫无韵尾韵母，如"a、er、i、ia、ua、uo、ie、üe"等15个；有元音"i、u"作韵尾的叫元音韵尾韵母，如"ai、iao、ou、iou"等8个；有鼻音"n、ng"作韵尾的叫鼻音韵尾韵母，如"an、ang"等16个。

（三）四呼

所谓四呼就是按韵母开头的元音口形分类。韵母开头的元音按唇形和舌位的不同，分为开、齐、合、撮四呼。

开口呼：开头不是"i、u、ü"的韵母属于开口呼，共15个。

a、o、e、ê、ai、ei、ao、ou、an、ang、en、eng、-i、-i、er。

齐齿呼：开头是"i"的韵母属于齐齿呼，共9个。

i、ia、ie、iao、iou、ian、iang、in、ing。

合口呼：开头是"u"的韵母属于合口呼，共10个。

u、ua、uo、uai、uei、uan、uang、uen、ong、ueng。

撮口呼：韵母开头是ü的韵母属于撮口呼，共5个。

ü、üe、üan、ün、iong。

（四）韵母和元音的关系

韵母和元音不是同一个概念。韵母是就音素在音节中的位置而言的，元音是就音素的性质而言的。韵母是指一个音节声母后面的部分。元音可以单独作韵母，如"a、o、e、i、u、ü"等，有些韵母是由复合元音充当的，如"ai、ao、ou、iu"等，有些韵母是由元音带鼻辅音韵尾构成的，如"an、en、in、ün"等。由上面的例子可以看出，凡是元音都可以作为韵母或作为韵母的一个组成部分，但韵母不全是元音，辅音"n、ng"也可以和元音结合起来作为韵母。可见韵母的范围比元音大。

第四节　汉语的声调

一、什么是声调

声调是指依附在音节上的超音段成分，主要由音高构成。声调主要具有区别意义的作用。在普通话里，同一个音节［pA］有时可以念成四种音高格式，如［pA^{55}］（巴）、［pA^{35}］（拔）、［pA^{214}］（把）、［pA^{51}］（坝），这四个音段结构相同，都是由辅音声母［p］和元音韵母［A］两个音素构成，其音高格式由于有平升曲降的不同，得以形成表示不同意义的语素，所以声调具有区别意义的作用。汉语是有声调的语言，这是汉语区别于其他语言的重要特征之一。

声调与音长、音强都有一定的关系，但它的性质主要决定于音高，音高又是由发音时声带的松紧决定的。发音时声带越紧，在一定的时间内颤动的次数越多，声音就越高；声带越松，在一定的时间内颤动的次数越少，声音就越低。在发音的过程中，声带可以自始至终保持一样的松紧度，也可以先松后紧，或先紧后松，也可以松紧相间，这样产生的种种不同的音高变化，就构成了各种不同的声调。

汉语的声调包括调值和调类两个方面。

二、调值和调类

调值是声调的实际音值或读法。调值有两个语音特点：第一，调值是由音高决定的，声调的音高是相对音高。人们发音时靠控制声带的松紧来调节声音的高低，但人们的声带各不相同，用仪器记录下来的绝对音高会有差异。如不同性别、不同年龄的人发"大（dà）"这个音时，如果用精密仪器来测量，他们起点和终点的频率即绝对音高肯定是不同的，但是每个人都是从最高音降到最低音，下降的幅度大体一致，也就是说相对音高是相同的。汉语声调的调值就是由这种相对音高决定的。第二，构成调值的相对音高在读音上是连续的、渐变的，中间没有停顿，没有跳跃。

描写调值一般采用赵元任创制的"五度标记法"。它将声调的相对音高分成五度：低、半低、中、半高、高，依次用数字 1、2、3、4、5 表示，1 度最低，5 度最高。通常是画一条竖线作为比较线，分作四格五度，再在比较线的左边用横线、斜线、曲线表示声调的音高变化。普通话的四个声调用五度标记法表示分别为 55、35、214 和51（见图 2－8）。

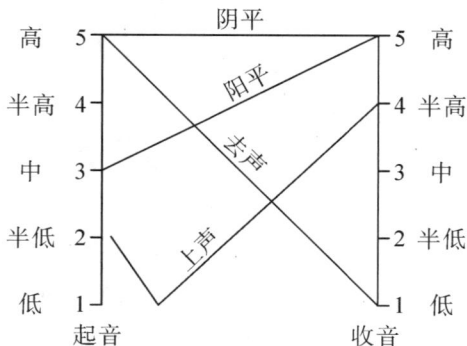

图 2－8　普通话声调调值的五度标记

调型是高低升降变化相似的调值类别。现代汉语声调最基本的调型有平调、升调、降调、降升调、升降调五种。55 为高平调型，35 为中升调型，214 为降升调型，51 为全降调型。

调号是标注声调的符号，即标写声调所用的简单明了的符号。它把五度标记法的图形简化为一种不标刻度的声调符号，便于书写和学习。《汉语拼音方案》使用"ˉ、ˊ、ˇ、ˋ"，分别表示"阴平、阳平、上声、去声"四个声调，一般标在韵母的主要元音上。语音记录为了直观起见，往往将具体调值标注在音节的右上方，即调值数码法。

调类是声调的种类，就是把调值相同的字归纳在一起所建立的类别。在一种语言或方言中，有几种基本调值，就可以归纳成几种调类。汉语方言的声调非常复杂，就目前掌握的方言调查材料来看，调类少的有三个，多的有十余个，调值则更是五花八门。

三、普通话的声调及古今调类的比较

（一）普通话的声调

普通话中所有字音可以分为四个调类，有四种基本调值。

第一种调类是阴平（第一声），调值是 55。从 5 度到 5 度，高而平，又叫高平调或 55 调。如"青、春"的声调。

第二种调类是阳平（第二声），调值是 35。从中音 3 度升到高音 5 度，又叫中升调或 35 调。如"前、途"的声调。

第三种调类是上声（第三声），调值是 214。由半低音 2 度起，先向下降至最低的 1 度，再上升至半高音 4 度，是一个先降后升的曲折调，又叫降升调或 214 调。如"美、好"的声调。

第四种调类是去声（第四声），调值是 51。从最高音 5 度降到最低音 1 度，又叫全降调或 51 调。如"亮、丽"的声调。

普通话四种基本声调的调型可以简单归结为一平、二升、三曲、四降。《汉语拼音方案》中的调号就反映了这四种调型。

（二）古今调类的比较

普通话的调类系统来自古代汉语的调类系统。在我国南朝齐梁之际，就有人把古汉语声调分为四类，即"平、上、去、入"四声，也就是有四个调类。后来语音发展变化，又按声母的清浊各分为阴调和阳调两类，清声母字归阴调，浊声母字归阳调。这样，古四声实际上分化演变为"阴平、阳平、阴上、阳上、阴去、阳去、阴入、阳入"八类。现代汉语各方言的调类差别虽然很大，但都和古汉语的声调系统有直接关系，今天在称呼各方言的调类时，一般仍沿用"平、上、去、入"的名称。

古今调类的演变规律如下：

第一，平分阴阳。古汉语的清声母平声字（即古汉语的"阴平"）演变为普通话的阴平，浊声母平声字（即古汉语的"阳平"）演变为普通话的阳平。

第二，浊上变去。古汉语的全浊上声从原上声中分化出来，并入普通话的去声。

第三，入派三声。在普通话中，古汉语的入声消失，分别归入平声（即普通话的阴平和阳平）、上声和去声。

古声调同普通话声调的关系，如表2-8所示。

表2-8　古今调类比较表

古调类	古清浊声母		阴平	阳平	上声	去声
平声	清声母		夫汤妻诗			
	浊声母	次浊		门难牛油		
		全浊		符糖齐时		
上声	清声母				府短酒纸	
	浊声母	次浊			米老藕有	
		全浊				妇稻旱似
去声	清声母					富对去试
	浊声母	次浊				慢浪岸用
		全浊				附盗汗寺
入声	清声母		哭桌出瞎	革国博节	谷铁北百	客阔必式
	浊声母	次浊				木绿日叶
		全浊		白敌学直		

普通话中的阴平声字，大致跟古清声母的平声字相当；阳平声字，大致跟古浊声母的平声字相当。上声字包括古清声母上声字和次浊声母上声字；去声字包括古去声字和古全浊声母上声字。古代入声调类在普通话里已经消失了，古清声母入声字分别读成阴平、阳平、上声或去声，古次浊声母入声字读成去声，古全浊声母入声字读成阳平。

现代汉语的声调系统是继承古汉语的声调系统而来的。古汉语有"平、上、去、入"四声，后来又以声母的清浊等不同为条件发生了分化。凡是古清音声母字的声调属阴调，古浊音声母字的声调属阳调。

　　这个声调系统在现代汉语各方言中的分合情况是不尽相同的。普通话和各方言的调类可以用第一声、第二声、第三声、第四声等名称来表示，也可以沿用古调类的名称来称述，以后者居多。因此，我们经常可以看到这样的情况：不同方言里调类名称相同的，调值却往往不同；调值相同的，也不一定属于同一种调类。如普通话和汉口话的声调。

第五节　汉语的音节

　　音节是听觉上最容易分辨的最小语音片段。当我们听到"我去图书馆"这样一句话的时候，会很自然地把它划分成五个语音片段，也就是五个音节，写成文字就是上面这五个汉字。可见音节是说某个语言的母语者可以直接凭听觉就能划分出来的，并不需要学习专门的语音学知识。

　　在汉语普通话中，一般情况下一个汉字代表一个音节，但是汉字是书写单位，不是语音单位，所以不能根据书写单位来给语音单位划分音节，而且有时一个汉字并不代表一个音节，比如"花儿"是两个汉字，但是只代表一个音节。

一、汉语的音节结构

　　汉语普通话的音节结构由声母、韵母和声调三个部分构成。声母和韵母两者处于同一层面，是相互拼合的关系，在发音时占据一定的线性时间片段，所以也可以叫音段。大部分情况下，声母都是由汉语中的 21 个辅音充当的，但是当没有任何辅音出现在声母的位置时，我们称之为"零声母"。韵母结构又分韵头、韵腹和韵尾三个部分，这三个部分不是每个音节都全部具备，但其中韵腹是必不可少的，韵头和韵尾则可有可无。声调是汉语音节必不可少的成分，并贯穿于音节发音的全过程，所以也叫超音段。普通话中没有声调的音节是不存在的。所以按传统的音节分析法，汉语的音节结构可以表示为：

声调

音节＝声母（零声母）＋（韵头）＋韵腹＋（韵尾）

　　汉语普通话的音节最少由一个且最多由四个音素组成。在一般的音节里，元音处于核心地位，辅音在元音的前面或者后面，依附于元音。由元音和辅音构成的音节共有以下四种基本类型：V、CV、VC、CVC。V 代表元音，C 代表辅音。V 型和 CV 型不以辅音结尾，称为"开音节"；VC 型和 CVC 型以辅音结尾，所以被称为"闭音节"。大多数语言都同时具备这四种类型，只不过具体某种类型的多少不一样。汉语普通话的音节也具备这四种基本的类型，并且在这四种基本类型的基础上扩展出更复杂的情况，具体如下：

音节结构	例子
V	阿 [a]
VV	压 [ia]
VVV	要 [iau]
CV	大 [ta]
CVV	到 [tau]
CVVV	调 [tiau]
VC	按 [an]
VVC	碗 [uan]
CVC	但 [tan]
CVVC	段 [tuan]

在汉语普通话的这些音节结构类型中，需要注意的是，因为普通话的音节最多只能由四个音素组成，所以超过四个音素的音节结构都是不允许的，如 CVVVC 这样的音节结构在汉语中是不存在的。此外，最后的辅音只能是鼻辅音，不能是其他的辅音。因此，根据以上结构方式，我们可以把汉语音节结构归纳成下面的框架：

$$（C）＋（V）V（V）＋（N）$$

这个结构的唯一限制条件是 N 之前不能出现三个元音连在一起的情况，因为三个元音出现在辅音之前的 VVVC 结构，在汉语普通话中是不存在的。

二、声母和韵母的配合规律

在汉语普通话中，并不是任何一个声母都可以随意跟任何一个韵母组合构成一个音节，它的组合是有一定规律的。具体如下：

第一，"n"和"l"的组合能力最强，跟所有四呼的韵母都能相拼。零声母音节的四呼也都齐全。

第二，双唇音"b、p、m"和舌尖中音"d、t"能与开口呼、齐齿呼、合口呼三类韵母拼合（合口呼只限于"u"韵母），不能与撮口呼韵母拼合。

第三，舌尖前、舌尖后和舌根三组声母都能与开口呼、合口呼韵母拼合，不能与齐齿呼、撮口呼韵母拼合。而舌面"j、q、x"声母恰恰相反，只能与齐齿呼、撮口呼韵母拼合，不能与开口呼、合口呼韵母拼合，从而形成多重互补格局。

第四，唇齿音"f"的组合能力最弱，只能与开口呼的韵母和合口呼的韵母"u"拼合。

从总体上看，普通话开口呼韵母的配合能力最强，除3个舌面音声母外，和其他声母都能配合，开口呼韵母的数目本来就多，几乎达到韵母出现总频率的一半。撮口呼韵母本来只有5个，又只能与6个声母相拼，因此出现频率很低，不到总频率的百分之五。我们可以把声母和韵母的具体拼合关系列成表2-9，更加一目了然：

表2-9　普通话声韵配合简表

配合情况　　　韵母 声　母		开口呼	齐齿呼	合口呼	撮口呼
双唇音	b、p、m	+	+	+（只跟u拼）	
唇齿音	f	+		+（只跟u拼）	
舌尖音	d、t				
	n、l	+	+	+	+
舌面音	j、q、x		+		+
舌根音	g、k、h	+		+	
舌尖后音	zh、ch、sh	+		+	
舌尖前音	z、c、s	+		+	
零声母	Ø	+	+	+	+

注："+"表示全部或局部声韵能相拼，空白表示不能相拼。

表2-9只能说明普通话声韵配合关系的概况，并没有反映出每个声母和每个韵母配合的细节。例如："er"虽然是开口呼韵母，但不能和任何声母配合，只有零声母音节；-i〔ʅ〕和-i〔ɿ〕也属于开口呼韵母，却只能分别与同部位的"zh、ch、sh"和"z、c、s"声母配合。

普通话中21个辅音声母，再加上零声母，与39个韵母相拼的话，可以组合成405个基本音节。如果再配以四个声调，理论上讲应该有1620个音节，但有些组合不是四个声调都具备，实际上有意义的音节只有1200多个。表2-9并没有反映出声、韵、调三者相配合的情况，只反映了声韵相配合的情况。

三、汉语音节的拼写规则

汉语普通话的拼写规则在《汉语拼音方案》中有明确的规定，具体如下：

（一）隔音规则

由于汉语的音节结构特点是一个音节可以没有辅音声母，也可以是韵母没有辅音韵尾，而汉语又不是按音节分写的，这就导致在某些情况下汉语的两个音节之间界限不清，容易混淆。如"jian"的拼音，没有隔音符号的话，就既可能是表示"吉安"，也可能是表示"间"，所以需要隔音规则来规范这种界限不清的情况。

（1）隔音字母。根据《汉语拼音方案》的规则，拼音字母"y"和"w"并不是声母，而是隔音字母，它只起明确音节界限的作用。

韵母表的"i"行韵母，在零声母音节中，如果"i"是韵头，一律把"i"改写为"y"，如"ya、ye、yao、you、yan、yang、yong"，如果"i"是韵腹，就在其前面加上"y"，如"yi、yin、ying"。

韵母表的"u"行韵母，在零声母音节中，如果"u"是韵头，一律把"u"改写为"w"，如"wa、wo、wai、wei、wan、wen、wang、weng"，如果"u"是韵腹，就在其前面加上"w"，如"wu"。

韵母表的"ü"行韵母，在零声母音节中，不管"ü"是韵头还是韵腹，一律在其前面加上"y"，且加上"y"后"ü"上面的两点要省略，如"yu、yue、yuan、yun"。

（2）隔音符号。以"a、o、e"开头的零声母音节连接在其他音节后面的时候，如果音节的界限发生混淆，就用隔音符号"'"隔开。例如：

xiar（先）—xi'an（西安）	dangan（单干）—dang'an（档案）
kua（快）—ku'ai（酷爱）	fanan（发难）—fan'an（翻案）

（二）省写规则

（1）"ü"上两点的省略。"ü"跟"n""l"以外的所有能相拼的辅音声母以及零声母相拼的时候，都需要省略上面两点。例如：

j + ü ⟶ jù	q + ü ⟶ qù
x + ü ⟶ xù	j + üan ⟶ juàn
x + üan ⟶ xuàn	q + ün ⟶ qún

但是跟"n"和"l"相拼的时候不能省略上面两点，省略的话会跟"u"混淆，因为"u"本身是可以跟"n、l"相拼的，不像"j、q、x"本身是不能跟"u"相拼的，所以省略两点也不会混淆。例如：

nǔ（努）—nǚ（女） lú（炉）—lǘ（驴）

（2）"iou、uei、uen"的省略。韵母"iou、uei、uen"前面有辅音声母的时候，省略中间的元音"o"和"e"，写成"iu、ui、un"。例如：

l + iou→liú（留） n + iou→niú（牛）
q + iou→qiú（球） s + uei→suì（岁）
g + uen→gǔn（滚） ch + uen→chūn（春）

（三）标调规则

声调符号原则上应该标在音节的主要元音（韵腹）上面。如果一个音节只有一个元音，声调符号就标在这个元音上；如果一个音节有两个以上元音，声调符号就标在开口度最大、舌位最低、声音响亮的那个元音上。

省写的音节就标在最后面的一个元音上。调号正好在"i"上的时候，要去掉"i"上的小圆点，但是在"ü"上标调号时其上面的两点不能去掉。轻声不标调。

（四）词语的连写与分写及大写规则

（1）词语的连写与分写。

以词为拼写单位，如果是双音节词和三音节词，则音节之间连写，但是词与词之间分写，四个音节以上的词语按词分开连写，不能按词划分的全部连写。例如：

shū（书） kāi（开） hǎo（好）
wénzhāng（文章） piàoliang（漂亮） fēnshǒu（分手）
túshūguǎn（图书馆） huǒchēzhàn（火车站） duìbuqǐ（对不起）
bǐjìběn diànnǎo（笔记本电脑） āsīpǐlín（阿司匹林）

重叠的时候，如果是单音节词则连写，如果是双音节词则分写，如果是重叠并列式结构则中间加短横。例如：

tiāntiān 天天 yánjiū yánjiū 研究研究
gāngān-jìngjìng 干干净净 láilái-wǎngwǎng 来来往往

（2）大写。以下几种情况需要大写：一是句子开头的字母和诗歌的每一行开头的字母需要大写；二是表示人名、地名等专有名词的开头的字母需要大写。例如：

Wǒ bù zhīdào. 我不知道。

Chuángqián míngyuèguāng 床前明月光

Wáng Míng 王明　　　　Zhāng xiǎojiě 张小姐

Xiàmén Shì 厦门市　　　Huáqiáo Dàxué 华侨大学

第六节　汉语的音位

一、音位概说

音位是某一语言或方言中能够区别意义的最小的语音单位。音位是根据语音的社会属性划分的，有同等使用价值的一组音素可归并为一个音位。

（一）音位的归纳

1. 音位的类别

在一种语言或方言中，人们发出的音素非常多，在使用中可以随便相互替换且不会使意义发生改变的一组音素可以归并为一个音位，比如普通话中"关上啊！"[kuan ʂaŋ ŋA] 表示韵腹的三个主要元音是三个不同的音素（前 [a]、后 [ɑ]、央 [A]），三者可以随便替换，也不会使意义发生改变，所以这三个音素可以归并为一个 /a/ 音位。而有些音素的不同，比如"大地"[tA ti] 中的 [A] 和 [i]，能起区别意义的作用，就要将其看作两个不同的音位。归纳音位的方法，通常是把一些音放在相同的语音环境中进行替换比较，看它们是否能够区别意义，凡属能够区别意义的音，就分别归纳成不同的音位，否则就是同一个音位了。其中从辅音中归纳出来的音位叫"辅音音位"；从元音中归纳出来的音位叫"元音音位"；从声调中归纳出来的音位叫"声调音位"，简称"调位"。

辅音音位和元音音位都是由音素成分构成的，音素之间的差异是音质的差异，所以由音素成分构成的音位也叫作"音质音位"，又因为音质音位出现在固定的音段上，所以也称作"音段音位"。声调音位主要是由音高特征构成的，音高不是音质，所以属于"非音质音位"。非音质音位不受音段的局限，所以又称作"超音段音位"。

2. 音位归纳的标准

用国际音标非常严格地记录下来的一段语流，其中所包括的不同的元音和辅音一定非常多，如果不从语言的交际功能出发进行音位的整理，不仅难以显示这种语言的语音系统面貌，而且词汇和语法的面貌也不可能十分清晰。归纳音位的目的是要把语言里数目繁多的音素归并为一套数目有限的音位系统，其基本方法是通过比较与替换，看不同的音之间有无区别意义的功能，以确定最小的对立体。音位划分的基本标准有以下三个。

（1）对立。如果在相同的语音环境中，两个音素互相替换后会产生意义的差别，那么这两个音素就是对立的。对立的音素必定属于两个不同的音位。比如［l］与［n］是两个不同的辅音音素，将这两个音素放在同一个语音环境［__ián］中，就会产生不同的意义，比如"连"和"年"，在两个音节的比较中我们发现两者的韵母相同、声调相同，唯一不同的是［l］和［n］，所以我们判定辅音音素［l］和［n］在普通话中有区别意义的作用，因而它们就是各自独立的音位。在音位分析中，类似［lián］和［nián］这种只涉及一个音素差别的对立体叫作"最小对立体"。归纳一种语言里的全部音位，实际上就是不断寻找最小对立体的过程。对立是归纳音位最重要的标准。

（2）互补。两个音素如果不能出现在相同的语音环境里，而它们的分布条件又是互相补充的，这两个音素就形成了互补分布关系，形成互补关系的音素可以归纳成一个音位。属于同一音位中的不同音素称为"音位变体"，归纳在一个音位里的各个变体用同一个音位符号标写，变体的不同读音由不同的语音环境决定。例如，前面说的"前［a］、后［ɑ］、央［A］"这3个音素，在普通话中，前［a］只出现在［i］和［n］之前，后［ɑ］只出现在［u］和［ŋ］之前，央［A］只出现在无韵尾的音节，三者从不可能出现于相同的语音环境并起到区别意义的作用，所以［a］、［ɑ］、［A］三个音素是互补关系，只是同一音位/a/在三个不同条件下的变体。

（3）音感差异。互补分布是把若干音素归并为一个音位的必要条件，不是充足条件，属于同一音位的各个变体在语音上还应是近似的，至少本地人听起来比较近似。如果两个音的音感差异明显，即使是互补关系也不能归并为一个音位。例如，普通话中的［m］只能出现在音节开头作声母，［ŋ］只能出现在音节末端作韵尾，从整个鼻辅音系统来看，［m］和［ŋ］存在互补关系，但它们在北京人的音感中有明显的差异，来源也不同，没有人认为它们是一个音，因而可分别归纳为［m］和［ŋ］两个音位。这就是说，在运用互补分布来归纳音位的时候，还应根据当地人的音感来进行。音感差异也是归纳音位重要的语音标准。

对立、互补以及音感差异是归纳音位的基本标准。除此以外，划分音位还要考虑其他条件，如归纳出来的全部音位应该力求构成一个较为整齐的系统，音位的分合应该尽量照顾本地人的音感和语音发展的历史情况等。由于这些标准之间有时会产生矛盾，侧重点不同，因此所归纳的音位系统就可能有一定的差异，但总体来看是大同小异的。

（二）音位变体

属于同一音位中的不同音素称为"音位变体"。音位变体一般分为两类，即"条件变体"和"自由变体"。

1. 条件变体

受语音环境制约的音位变体叫作条件变体，属于同一音位的各个不同的音素只出现于各自不同的条件与语音环境中，彼此形成互补关系的称为"条件变体"。常见的条件变体是由于音位所处位置不同而产生的变体，如北京话里/e/处在［i］之前读［e］（即韵母［ei］），处在［i］之后读［ɛ］（韵母［iɛ］），［e］和［ɛ］就是/e/音位的两个变体。还有受语流音变的影响而产生的变体，如语流中由于同化作用而产生的音变就属于条件变体。

2. 自由变体

不同的音素在同一语音环境里可无条件地自由变读称为"自由变体"。如果不同的音素在相同的语音环境中自由出现，不受语音条件的限制，也不构成互补关系，且变读不产生意义区别，就属于同一音位中的自由变体。比如［l］和［n］在普通话中是两个对立的音位，"连"和"年"不能混读，但在湖北、四川的一些方言中"连"与"年"读音一样，无论将声母读成边音［l］还是鼻音［n］，当地人在听感上觉得没有任何意义上的区别，可见［l］和［n］两个音素在这些方言中是同一个音位，可任意变读的［l］和［n］就是该方言同一音位中的两个自由变体。

有些自由变体受地区、职业、年龄、性别、文化教养等外在条件的制约。如北京话音位/u/处在音节开头时，既可以读成［w］也可以读成［v］，属于完全自由变体，但远郊地区读成双唇半元音［w］的居多，城区和近郊区读成唇齿擦音［v］的占大多数，这种自由变体就受到地区条件的制约。

超音质成分同样可以根据上述标准归纳成超音质音位。一种语言里的音高、音强和音长只要能起区别意义的作用，就都可以归纳成不同的音位，可以分别称为"调位""强位"和"时位"，汉语声调调类的区别实质上就是调位的区别，连读变调所产生的种种不同调值，实质上就是调位的不同变体。

二、汉语普通话音位

（一）元音音位

发音器官可以发出的元音数目很多，但元音音位数目总是有限的。普通话中有十个元音音位：/a/、/o/、/e/、/ɤ/、/i/、/u/、/y/、/ɿ/、/ʅ/、/ər/。

普通话常见的元音音位变体如下：

（1）/a/——主要音位变体有［a］、［A］、［ɑ］、［ɛ］。

［a］。出现在韵尾"-i、-n"之前，如在"班、拍、观、帅"等字的韵母"ɑn、

ɑi、uɑn、uɑi"中作主要元音。

[A]。如在"八、家、华"等字的韵母"ɑ、iɑ、uɑ"中作主要元音。

[ɑ]。出现在韵尾"-u、-ng"之前，如在"刚、江、黄、熬、姚"等字的韵母"ɑng、iɑng、uɑng、ɑo、iɑo"中作主要元音。

[ɛ]。出现在"i"和"n"之间，如在"尖、冤"等字的韵母"iɑn、üɑn"中作主要元音。

（2）/o/——音位变体仅有[o]。

（3）/e/——主要音位变体有[e]、[ɛ]。

[e]。出现在韵尾"-i"前面，如在"被、为"等字的韵母"ei"中作主要元音。

[ɛ]。作韵腹、无韵尾时，如在"姐、觉"等字的韵母"ie、ue"中作主要元音。

（4）/ɤ/——主要变体有[ɤ]、[ə]。

[ɤ]。出现在单韵母中，如在"哥、特"等字中作韵母。

[ə]。出现在鼻韵母中作轻音节韵腹，如"文、很"等字的韵母"uen"中。

（5）/i/——主要音位变体有[i]、[ɪ]、[j]。

[i]。作韵腹，如在"即、金"等字的韵母中作主要元音。

[ɪ]。作韵尾，如在"开、给"等字的韵母"ɑi、ei"中作主要元音。

[j]。作韵头，如在"要、也"等字的韵母"iɑo、ie"中作主要元音。

（6）/u/——主要音位变体有[u]、[ʊ]、[w]。

[u]。作韵腹，如在"古、共"等字的韵母中作主要元音。

[ʊ]。作韵尾，如在"好、后"等字的韵母"ɑo、ou"中作主要元音。

[w]。作韵头，如在"晚、为"等字的韵母"uɑn、uei"中作主要元音。

（7）/y/——主要音位变体有[y]、[ɥ]。

[y]。作韵腹，如在"去、群"等字的韵母中作主要元音。

[ɥ]。作韵头，如在"月、元"等字的韵母"yue、yuɑn"中作主要元音。

（8）/ɿ/——主要音位变体只有/ɿ/。

（9）/ʅ/——主要音位变体只有/ʅ/。

（10）/ər/——主要音位变体有[ɚ]、[ɐr]。

[ɚ]。出现在"er"音节阳平、上声音节中，如韵母中的"儿、尔"。

[ɐr]。出现在"er"音节去声中，如韵母中的"二"。

（二）辅音音位

根据音位归纳的基本标准，通过全面的比较与替换，得出普通话的 22 个辅音音位，而且没有明显的辅音音位变体。

/b/、/pʻ/、/m/、/f/、/d/、/tʻ/、/n/、/l/、/tɕ/、/tɕʻ/、/ɕ/、/ts/、/tsʻ/、

/s/、/tʂ/、/tʂ'/、/ʂ/、/ʐ/、/k/、/k'/、/x/、/ŋ/。

下面介绍明显的音位变体。

（1）当不送气清塞音、清塞擦音出现在轻声音节中时，由于读音弱，受前、后元音的影响，有时变成了相应的浊辅音。例如：

音位	音位变体	例字
/p/	[b]	尾巴 [bA]
/t/	[d]	你的 [də]
/k/	[g]	三个 [gə]

（2）大多数辅音音位（除/f/等少数辅音外）在与后面的圆唇元音相拼时都双唇拢圆，即产生各种圆唇音的音位变体。如"都 [du]、努 [nu]、苏 [su]"等辅音发音时双唇都拢回了。

（3）舌尖中音/t/、/t'/、/n/、/l/跟齐齿呼韵母拼合时，会出现带有腭化音色彩的音位变体。

（4）舌根音/k/、/k'/、/x/与 [ei] 相拼时，由于受到 [ei] 韵母中半高前元音 [e] 的影响，发音部位前移，如"给、尅、黑"中的辅音实际音值就是这样。

（5）鼻音/n/除了前面介绍的圆唇音之外，还有两个音位变体，一个是声母 [n-]，有鼻音发音的成阻期、持阻期、除阻期三个阶段，持阻期、除阻期都发音；一个是韵尾 [-n]，持阻期发音，除阻期不发音，有人称它为"唯闭音"。

（6）鼻音/ŋ/有两个音位变体。一个是韵尾 [-ŋ]，持阻期发音，除阻期不发音，是唯闭音；一个是音节开头的辅音 [ŋ-]，有鼻音发音的三个阶段，但只出现在后续语气词"啊"的开头，"啊" [A] 与前面有韵尾 [-ŋ] 的音节连读时，因同化作用，常增有这种 [ŋ-] 辅音。

（三）声调音位

普通话音系中有阴平、阳平、上声、去声四个声调，调值分别是 55、35、214、51，且都具有区别意义的功能，所以同样能归纳出四个不同的音位，即/55/、/35/、/214/、/51/，简称"调位"。

第七节 汉语的音变

一、语流音变

我们平时交际的自然口语往往比书面文字符号丰富得多，比如"音变"现象。普通话的音变可分两类：一类是词语规范所要求的音变，主要表现为轻声词和儿化词读音音变，如"钥匙"（yàoshi）中的"匙"（shi）必须读作轻声音节 [ʂ̩⁰]；儿化词"门儿"（ménr）必须读作 [mər³⁵]。另一类是语流连读中所发生的自然音变，如连读变调与连读变音，我们称之为"语流音变"。比如两个上声调相连，前一上声音节读似阳平；干吗（gànmá）一词连读，"干"因受后一音节声母的逆同化，实际发音往往不这样读。常见的语流音变有同化、异化、增音、弱化（脱落）、减音、合音等。

同化是由于声音和声音组合，互相影响而发生变化，假如本来是两个不同的声音，其中一个因受另一个的影响而变成跟它相同或相近的声音，这种变化就叫作同化。声音的同化在各种语言中是一个极常见的现象。比如北京话中的"棉/mian/""面/mian/"中的/n/在"棉袍""面包"中变成了/m/，这是被"袍""包"的声母/pʻ/、/p/在部位上同化的结果。又比如北京土话把"榆钱儿"说成/y tɕʻyanr/，是/i/受前一音节中/y/的同化也变成了/y/。英语中的/t/ [tʻ] 在后接舌面中半元音/j/时腭化为舌面前的 [tɕʻ]，如"don't you?"快速口语中为 [dun tɕʻjᵘu]；而弱读音节"to"中的/t/在前接"n"时可以同化为"n"，如"want to go"在快速口语中变为 [wannə go]，不少口语教材甚至也改写作"wanna go"。以上语流音变都是跨语素、跨词界发生的。

异化现象不像同化那么频繁，但也比较常见，它是和同化相反的音变现象：两个本来相同或相近的音位，如果连着发音有困难，则其中一个发生变化，变得跟邻近的音不同或不相近。这两个音中，不起变化的音叫作异化音，起变化的音叫作被异化音。比如北京话的上声是个发起来比较费力的低曲折调，两个上声字相连时，第一个上声要变成阳平（"土改"调同"涂改"），这是调位的异化。俄语中的 кто（谁）、доктор（博士），有人发成 хто、дохтор，因为"к"和"т"都是塞音，连发有困难，"к"被异化成擦音"х"。

我们在说话的时候，在一个词或句子里，有时由于强调发出某些声音，其间的过渡音逐渐增长，有时为了避免发音上的困难，在两个声音之间也会增添出一个声音来。这种现象叫作声音的增加。增音的原因很多，有的是为了分清音节界限，有人把北京话"这儿、那儿、哪儿"说成"这合儿、那合儿、哪合儿"，在"儿 [ər]"之前增添舌根辅音［x］，两个音节界限清楚；有的是为了发音方便，英语"athlete［æθli：t］"（运动员）往往读成［æθəli：t］，在［θ］和［l］之间增添［ə］，避免发音部位过快变化；有的则是语音同化产生的结果，福州话"中央［tyŋ yɔŋ］"要读成［tyŋ ŋyɔŋ］，"旷野［k'uoŋ ia］"要读成［k'uoŋ ŋia］，原来零声母增添成［ŋ-］，显然是前面音节［-ŋ］韵尾同化的结果。

我们在说话的时候，一个句子里的声音有些强，有些弱，各不相同。一个声音之所以强，一半决定于其本身的性质，一半决定于其在音节和句子里所处的地位和发音的条件。就声音的性质来说，清辅音强于浊辅音，闭塞音强于间隙音，短元音强于长元音，重读元音强于非重读元音，高声调的元音强于低声调的元音。在发音中，一个较强的声音由于某种关系变成了一个较弱的声音，这就叫作声音的弱化。弱化有程度的不同，表现也是多种多样。弱化通常发生在轻声（汉语）或弱读（重音型语言）音节中。从元音来说，弱化最常见的表现是：复元音单化，单元音（高元音/i/、/u/、/y/除外）央化。比方北京话口语中"木头/mu t'ou/"化成/mut'o/，"妈妈/ma ma/"化成/ma mə/；英语"American"一词中起首的弱读音节的"A"音质为［ə］。随着弱化程度的加深，还往往会进一步造成某些音位的脱落。

语流中某些应该有的音但没有发出声来称为"减音"。减音现象最常出现在语速较快的语言环境。比如北京话"四个、五个"里的"个"，"不知道"里的"知"快读时，声母［k］和［tʂ］都可以不读出来，这就是一种减音现象；英语在语速较快时，如"asked［ɑ：akt］"（问的过去时）可以去掉［k］读成［ɑ：st］，"factory［fæktəri］"（工厂）可以去掉［ə］读成［fæktri］，这些也属于减音现象。有些减音和语速已经没有直接关系，如北京话"两个、三个"不但去掉"个"的声母［k］，连［k］后面的［ə］和前面"两""三"的鼻音韵尾也都去掉了，"两个"读成［lia］写成"俩"，"三个"读成［sa］可以写成"仨"，这种读法已不大受语速变化的影响。

两个音或两个音节在语流中合成一个音或一个音节称为"合音"。北京话前响复元音"ɑi、ei、ɑo、ou"在轻音音节中可以变读成单元音［ɛ］、［e］、［ɔ］、［o］，这就是一种合音现象，如"明白"的"白"读轻音，韵母ɑi可以读成［ɛ］，"木头"的"头"读轻音，韵母ou可以读成［o］。两音节合成一音节的合音现象在语言里很常见，一般多出现在少数常用词语中，如北京话"不用［bùyòng］"合成"甭"［béng］，广州话"乜野［mat jɛ］"（什么）合成［mɛ：］，英语"can not［kæn nɔt］"（不能）合成can't［kænt］以及"it is［it iz］"（它是）和"it has［it hæz］"（它有）都合音成为it's［its］。汉语中有不少方言的"儿"音节和它前面的音节合音成为一个音节，形成一套儿化韵母，如北京话的"花儿（huār）""盘儿（pánr）"等，这种儿化合音是成系统的，合音往往同时包含减音现象，如北京话的韵母［ou］轻读合音成［o］，实际也是去掉了［u］；"两个"减音读成"俩"，也是两音节合成一个音节的合音现象。

二、变调

普通话的调类只有四个，它们的基本调值是 55、35、214、51。在语流里，由于音节和音节相连时相互发生影响，基本调值会发生变化。通常把一个音节单念时的调值叫本调，音节相连时本调发生了变化就叫变调。音节变调多数是受后一个音节声调的影响引起的。在普通话中，最常见的变调有下列几种：

（一）上声的变调

变调的现象在普通话的四个调类里都是存在的，以上声的变调最为突出。这是因为阴平、阳平、去声的变调，调型并未发生很大变化，与本调相比，只有高低度的差别，变化并不明显。上声的变化却不同，不仅调型改变了，而且在实际语言里经常出现的就是变调，本调反而不常出现。

上声音节单念时调值是 214，在语流的末尾时调值不变，在下列情况下，调值变成 35 或 21。

（1）两个上声紧相连，前一个调值从 214 变成 35，与阳平相同（如"土改＝涂改"）。又如：

214 + 214→35 + 214　　　　水果　了解　领导

要注意，由上声变读为轻声的音节前头，则有两种不同的变调。
①214 + 轻声→35 + 轻声：

捧起　想起　等等　讲讲　哪里　晌午　小姐　老鼠

②214 + 轻声→21 + 轻声：

姐姐　奶奶　嫂子　毯子　耳朵　马虎　痒痒　指甲

（2）三个上声相连，前两个上声的变调视词语内部的语义停顿而定。可分两种：
①前两个上声音节语义紧凑，语义停顿在第二个音节后，可称之为"双单格"。前两个音节都变成 35。例如：

（214 + 214） + 214→35 + 35 + 214　　　　展览馆　手写体　洗脸水

②后两个音节语义紧凑，语义停顿在第一个音节后，可称之为"单双格"。两个音节有 21 + 35 的变化。例如：

214 + （214 + 214）→21 + 35 + 214　　　　纸老虎　有理想　很勇敢

这种单双格的三个上声字相连，如不产生歧义，也可读作"35 + 35 + 214"，如产生歧义，则必须读作"21 + 35 + 214"。如李厂长（黎厂长）、鲁小姐（卢小姐）等。

下面一句话，可帮助记忆：上连上，前字读35；上连非上，前字读21，向末上，读214。

（3）如果连着念的上声字不止三个，要根据词语的语法结构和语义紧密度划分出语义停顿来，由此确定出语义段，再根据上述规律进行变调。如"理想/美好"划分两段，读作"35 + 21 + 35 + 214"。再如：

彼此/友好　买把/雨伞
种马场/养有/五百匹/好母马

（4）在非上声（阴平、阳平、去声）的前面，调值由 214 变 21，在由非上声变读为轻声的音节前，变调情况也相同。例如：

在阴平前首都　北京　统一　女兵
在阳平前祖国　海洋　语言　改良
在去声前解放　土地　巩固　鼓励
在轻声前尾巴　起来　宝贝　里头

（二）"一、不"的变调

（1）"一、不"单念或用在词句末尾，以及"一"在序数中，声调不变，读原调：阴平"一"念55，去声"不"念51。例如：

一、二、三　十一　第一　统一　划一　唯一　万一　不　偏不

（2）在去声前，一律变35。例如：

一样　一向　一定　一块儿　不怕　不够　不看　不像

（3）在非去声（阴平、阳平、上声）前，"一"变51，"不"仍读51。例如：

一般　一边　一年　一成　一手　一两（变读51）
不吃　不开　不同　不详　不管　不想（仍读51）

（4）"一、不"嵌在相同的动词的中间，读轻声。例如：

想一想　拖一拖　管一管　谈一谈
来不来　肯不肯　找不找　开不开

（5）"不"在可能补语中读轻声。例如：

做不好　来不了

（三）"七、八"的变调
"七、八"在去声前调值可以变35，也可不变，其余场合读阴平原调值55。例如：

七岁　七块　七路　八岁　八块　八路（读35或55）
七天　七成　七亩　八支　八篮　八两（仍读55）

三、轻声

（一）轻声的性质
普通话的每一个音节都有它的声调，可是在词或句子里许多音节常常失去了原有的声调而读成一个较轻、较短的调子，这就是轻声。比如"头"，原来是阳平，可是在"木头"这个词中，失去了原来的声调，读得比"木"轻得多，成为一个轻声音节。普通话里读轻声的字大都有它原来的声调，在词句中总是轻读的轻声字很少，而且单说时往往有个非轻声的读法。例如，"们"在词句中总是读成轻声，可是单念时仍要读成阳平。因此，我们不必把轻声看作是一种独立的调类，而把它看作是连读时产生的一种音变现象。

　　轻声音节的变化与语音的四种物理属性都有关系，主要表现在音长变短。语图仪实验的结果表明，轻声音节比非轻声音节短一半，音色也变化不定，听感上显得又短又模糊；音强一般变弱。轻声音节因受前一字音声调不同的影响而造成音高不固定。一般来说，上声字后头的轻声字的音高比较高，阴平、阳平字后头的轻声字偏低，去声字后头的轻声字最低。如用五度标调符号表示，大致的情况如下：

　　阴平字 + 轻声字 → ^{2}（半低）　跟头　狮子　蹲下　金的　妈妈
　　阳平字 + 轻声字 → ^{3}（中调）　石头　桃子　爬下　银的　爷爷
　　上声字 + 轻声字 → ^{4}（半高）　里头　李子　躺下　铁的　奶奶
　　去声字 + 轻声字 → ^{1}（最低）　木头　柿子　坐下　镍的　爸爸

　　轻声音节不仅引起音长、音高、音强的变化，有时还引起声母、韵母中辅音、元音音色的变化。例如：

　　哥哥〔kɣ^{55}gə^2〕（清塞音声母〔k〕变浊塞音〔g〕，后元音韵母〔ɣ〕变央元音〔ə〕）
　　耳朵〔ɚ^{21}duo^4〕（清声母〔t〕变成浊声母〔d〕）
　　鼻子〔pi^{35}dzə^3〕（清声母〔ts〕变成浊声母〔dz〕，韵母舌尖前元音变成央元音）
　　棉花〔miɛn^{35}xuə^3〕（低元音韵母〔A〕变成央元音〔ə〕）
　　尖子〔tɕiɛn^{55}dzə^2〕（〔tʂɿ〕变成〔dzə〕，声母清音变浊音，韵母变成央元音）
　　豆腐〔tou^{51}f^1〕（韵母〔u〕脱落了）
　　咱们俩〔tsan^{35}m^{2}liA^{214}〕（韵母〔ən〕脱落了）

以上说明轻声和音强、音长、音高、音色四要素都有关系。

（二）轻声词

轻声词分"语法轻声词"与"口语轻声词"两种：

（1）语法轻声词。这类词有较强的规律性，这些词或语素在词句里必须读成轻声。

①语气词。例如：

来吧　对吗　他呢　好啊

②助词"的、地、得、着、了、过"等。例如：

小的　轻轻地　说得好　看着　走了　来过

③名词与某些代词的后缀"子、头、们"等。例如：

桌子　椅子　木头　石头　我们

④用在名词、代词后的方位词"里、上、下、面、边"等。例如：

屋里　那里　墙上　山下　里面　上边　水池边

⑤用在动词后面表示趋向，或用在形容词后面表示变化的趋向动词"来、去、起来、下去"等。例如：

起来　出去　想起来　坐下去

⑥动词重叠或一些叠音名词的后一个音节。例如：

听听　看看　走走　妈妈　宝宝　蝈蝈　猩猩

⑦量词"个"。例如：

这个　那个　三个

⑧数词"一"夹在重叠动词之间；否定词"不"夹在动词或形容词之间，或在可能补语结构中，常常轻读。例如：

试一试　走一走　去不去　好不好　说不清　走不开

（2）口语轻声词。由于长期的口语习惯而必须读轻声，口语使用频率很高。例如：

脑袋　胳膊　头发　钥匙　消息　月亮
麻烦　快活　机灵　扎实　认识　凑合

（三）轻声的音变

轻声作为一种音变现象，只能在词语或者句子中体现出来。轻声的调值短促，书面上轻声不标调号。轻声音节的实际调值取决于其前面那个音节的调值。

（1）当前面音节的声调是阴平、阳平或去声时，轻声音节的调值是一个短促的低调。阴平、阳平之后的轻声落点稍高，大约 2 度，去声之后的轻声落点最低，大约 1 度。例如：

> 阴平 + 轻声［2］：先生　哥哥　他的　桌子
> 阳平 + 轻声［2］：学生　婆婆　馒头　房子
> 去声 + 轻声［1］：相声　弟弟　运气　柱子

（2）当前面音节的声调是上声时，轻声音节的调值是一个短促的高调，大约 4 度。例如：

> 上声 + 轻声［4］：伙计　奶奶　老实　椅子

轻声音节的音长较短，音值往往也受到一定的影响，音节里的声母或韵母有时会发生变化。如果声母是不送气的清塞音"b、d、g"，或是清塞擦音"j、zh、z"，往往会发生浊化。例如，"嘴巴"的"巴"，声母有时会变成浊塞音［b］；"舍得"的"得"，声母有时会变成［d］；"风筝"的"筝"，声母有时会变成［dʐ］。轻声对韵母元音的音色影响更为明显，往往向央元音靠近。例如：

> 棉花［xua］→［xuə］　　　　银子［tsɿ］→［tsə］
> 出去［tɕʻy］→［tɕʻiə］　　　师傅［fu］→［fə］

某些以擦音为声母的轻声音节在极度轻读的情况下，往往会脱落韵母，只剩声母。例如：

> 意思［sɿ］→［s］　　豆腐［fu］→［f］　　东西［ɕi］→［ɕ］

（四）轻声的作用
有些轻声音节具有区别词义和区分词性的作用，例如：

> ①他的孙子在工厂当工人。
> ②古代的孙子是一位军事理论家。

　　这两句中的"孙子"都是名词，但词义不同。前句的"孙子"是指儿子的儿子，"子"是虚语素，读轻声。后句的"孙子"是春秋时代军事家孙武的别称，这个"子"在中国古代表示对人的敬称，不是虚语素，读上声。再如：

③包子——一种带馅儿的面食（轻声）
④孢子——一种低等动植物的细胞
⑤盲人——丧失视觉能力的人（轻声）
⑥虾子——虾的卵
⑦笼头——套在骡马等头上的驭具（轻声）
⑧龙头——龙的头
⑨本事——本领（轻声）
⑩本事——文学作品主题所根据的故事情节

　　有时，轻声区别了意义，也区别了词性。例如：

⑪办事情不能大意。
⑫这篇文章的段落大意很清楚。

　　例⑪的"大意"是"疏忽"的意思，是形容词，"意"读轻声；例⑫的"大意"指的是"主要的意思"，是名词，"意"读去声。又如：

⑬利害——剧烈，凶猛（轻声，形容词）
⑭利害——利益和损害（名词）

　　轻声还可以增强语言的节奏感。语流中轻声的轻、短、模糊和四声的重、长、清晰构成了错落有致、富于变化的节奏，增强了语言的音乐性。朱自清的散文《春》，全文633个字音中，有178个轻声字，读起来优美动听，若字字读原调值，则显得平板、呆滞、僵硬，既折磨听者，也使原文的优美荡然无存。

四、儿化

（一）儿化的性质

　　在普通话中，某些词在口语中往往要带上一个词尾"儿"，以表示某种语义色彩或相关功能。作为词尾的"儿"不自成音节，也并不是一个音素，只作为词尾所在音节发音时的一个伴随性的翘舌动作，这一语言现象叫"儿化"。例如："座儿""门儿"。被"儿化"的音节叫"儿化音节",又称为"儿化韵"。要区别的是"儿化音节"与韵母"er"不是同一个概念。用汉语拼音字母拼写儿化音节,只需在原来的音节之后加上"r"(表示卷舌作用)就可以了。例如:芽儿—yár,馅儿—xiànr,味儿—wèir,爷们儿—yémenr,瓜子儿脸—guāzǐr liǎn。字母"r"不表示音素,只表示卷舌动作。

(二)儿化韵的发音规律

普通话里除了"ê"和"er"外,其余的韵母都可以儿化。儿化韵的发音特点在于韵母的翘舌色彩。在发音上,主要决定于"儿"前一音节韵母主要元音的发音与翘舌动作是否有冲突。如果没有冲突,儿化时就直接在主要元音发音的同时附加一个翘舌动作;如果有冲突,就要在发翘舌的同时变更原来韵母里韵腹、韵尾的音值,使之方便于儿化发音。儿化时由于舌头上翘(俗称"卷舌"),致使舌位又高又前的韵尾音(-i、-n)发不成而丢失,同时使韵腹元音受影响而"央化"(或把非央元音变成央元音,或增添一个央元音),还使后鼻音韵尾(-ng)丢失而使韵腹元音"鼻音化"(使元音带鼻音色彩),现用表2-10说明儿化音变的规律。

表2-10 儿化音变规律简表

韵母	儿化时的变化规律	举例	国际音标	
			儿化前	儿化时
无韵尾或有u韵尾	只加卷舌动作	小车儿 小鸟儿	①tʂ'ɤ——tʂ'ɤr ②niɑu——niɑur	
有-i、-n韵尾	卷舌时使韵尾丢失,有的要改变韵腹或增音	一块儿 一点儿 没准儿 背心儿	③k'uai——k'uɐr ④tiɛn——tiɐr ⑤tʂuən——tʂuɐr ⑥ɕin——ɕiɚr	
有高元音i、ü韵腹的	加央元音ə	小鸡儿 有趣儿	⑦tɕi——tɕiər ⑧tɕ'y——tɕ'yər	
有舌尖元音韵母[ɿ][ʅ]的	变成ə	瓜子儿 树枝儿	⑨tsɿ——tsər ⑩tʂʅ——tʂər	
有-ng韵尾的	卷舌时使韵尾丢失,元音鼻化,有i韵腹的要加ə	帮忙儿 花瓶儿	⑪mɑŋ——mɑ̃r ⑫p'iŋ——p'iə̃r	

（三）儿化的作用

儿化不是单纯的语音现象，它跟词汇、语法和修辞都有密切的关系，具有区别词义、区分词性和表示感情色彩的作用。

（1）区别词义。有的词儿化后具有不同的意义，例如：

头（脑袋）—头儿（领头的）
眼（眼睛）—眼儿（小孔）
火星（行星）—火星儿（极小的火）

（2）区分词性。动、名兼类词或形容词，儿化后就固定为名词；有的名词、动词儿化后借用为量词。例如：

画（名词、动词）　　画儿（名词）
尖（形容词）　　　　尖儿（名词）
手（名词）　　　　　一手儿（量词）
堆（动词）　　　　　一堆儿（量词）

此外，有些代词、副词、动词和重叠的形容词也有儿化现象。比如"那儿、顺便儿、玩儿、好好儿、慢慢儿"。

（3）表示感情色彩。有的词儿化后就带有表示细小、轻松或表示亲切喜爱的感情色彩，也叫作"小称义"。比如"小皮球儿、勺儿、头发丝儿、红嘴唇儿、小王儿、小熊猫儿"。

五、"啊"的音变

用在句尾的语气词"啊"（a），由于受到前面一个音节末尾音素的影响，常常发生"同化""增音"等音变现象。规律如下：

（1）前面的音素是"i、ü"时读"ya"，写成"呀"。例如：

①你打哪儿来呀（láiya）！
②会不会下雨呀（yǔya）？

（2）前面的音素是"u"（包括"ao、iao"）时读"wa"，写成"哇"。例如：

① 你在哪儿住哇（zhùwa）？

② 写得多好哇（hǎowa）！

（3）前面的音素是"n"时读"na"，写成"哪"。例如：

① 这花多鲜艳哪（yànna）！
② 真是个不知疲倦的人哪（rénna）！

（4）前面的音素是"ng"时读"nga"，仍写成"啊"。例如：

① 大家尽情地唱啊（chàngnga）！
② 这样做行不行啊（xíngnga）？

（5）前面的音素是"-i［ʅ］"时读"ra"，仍写成"啊"。例如：

① 多么好的同志啊（zhìra）！
② 这究竟是怎么回事啊（shìra）？

（6）前面的音素是"-i［ɿ］"时读［za］，仍写成"啊"。例如：

① 这是谁写的字啊［tsɿza］？
② 你到北京去过几次啊［tsʻɿza］？

以上几种都是把前一音节末尾的音素或近似音素加在"啊"的前面。还有一种则是加上跟前一音节末尾音素并不相近的音素，前面的音素是"a、o（ao、iao 除外）""e、ê"，就在语气词"啊"之前加上一个"i"，成为"ya"（写成"呀"）。例如：

① 我说的就是他呀（tāya）！
② 怎么给我这么多呀（duōya）！
③ 天气好热呀（rèya）！
④ 这里凝聚着他毕生的心血呀（xuèya）！

以上规律可以归纳成表 2 - 11：

表 2 - 11　语气词"啊"音变规律表

"啊"前面音节的韵母	"啊"前面音节末尾的音素	"啊"的音变	汉字写法	举例
i、ai、uai、ei、uei、ü	i、ü	ya	呀	鱼呀
u（包括 ao、iao）、ou、iou	u	wa	哇	好哇
an、ian、uan、üan、 en、in、uen、ün	n	na	哪	难哪
ang、iang、uang、eng、 ing、ueng、ong、iong	ng	nga	啊	唱啊
-I〔ʅ〕	-i〔ʅ〕	〔za〕	啊	孩子啊
-I〔ʅ〕	-i〔ʅ〕	ra	啊	是啊
a、ia、ua、o、uo、 e、ie、üe	a、o、e、ê	ya	呀	鹅呀

学习普通话应该正确掌握语气词"啊"的音变规律。用汉语拼音方案拼写音节时，一般都是按照"啊""呀""哇""哪"等汉字的读音来拼写，不必一一写出音变的情况。

第八节　汉语的韵律

韵律是运用言语的节奏和语音规律正确体现语言结构关系、语义关系与逻辑关系的一种表达手段。韵律受语义、语法的制约，它将相互关联的语言材料组合成既彼此层次分明，又连接有序的表达单位，是言语过程中不可或缺的表达手段。如"史书/记千古"与"史书记/千古"两者就是运用不同的韵律组合成不同的语法结构单位，显示不同的语义，以供表达题旨的需要。韵律的体现形式是语音，但韵律的语音形式不同于声母韵母等可以独立存在的音素成分，表现韵律的语音形式不能单独存在，它附加于语言建筑材料之上，是对具体语言建筑材料的组合运用，以体现具体的语义、语法与语用功能。

汉语的韵律形式是多样的，常用的韵律形式主要是停延、重音与句调。

一、停延

"停延"是指语言单位之间的停顿分割和连延组合，有人也称为"断连"或"停顿"。停延其实是语言结构关系的语音标志形式。语句中的某些语言单位间的结构关系可以用相应的标点显示（标点本身就是断连节律的书面标志），但充当语法成分的某些词或短语往往没有标点显示，即使如此，由语言结构关系所规定的停顿与连延依然客观存在。停延主要出现在短语与句子中。

（一）短语的停延

为了说明方便，以下我们以单斜杠作为语言结构单位中第一层停顿的标志（时间稍长），以双斜杠作为第二层停顿的标志（时间稍短），以下划线作为连延的标志。

以下例子中的 a、b 两式在书面形式上没有任何区别性标志，被称为"歧义短语"，在实际口语交际中，人们不会有判断上的误会，凭借的正是停延节律的语音区别表征：

①a. 无烟/厂　　　　　　　（偏正短语）
　b. 无/烟厂　　　　　　　（述宾短语）
②a. 设计学院的/大楼　　　（偏正短语）
　b. 设计/学院的大楼　　　（述宾短语）
③a. 没有买票的　　　　　　（"的"字结构）
　b. 没有/买票的　　　　　（述宾短语："的"字结构，"买票的"充当宾语）
④a. 穿/破//衣服　　　　　（述宾短语：宾语为偏正短语）
　b. 穿//破/衣服　　　　　（述宾短语：宾语为词）
⑤a. 一个/教师的//感想　　（偏正短语：中心语为偏正短语）
　b. 一个/教师的/感想　　　（偏正短语：中心语为名词）
⑥a. 他们/三个//一组　　　（主谓短语：谓语为主谓短语）
　b. 他们//三个/一组　　　（主谓短语：谓语为数量结构）
⑦a. 打//死/老虎　　　　　（述宾短语：谓语为名词）
　b. 打/死//老虎　　　　　（述宾短语：谓语为偏正短语）
⑧a. 再不/适当//提高　　　（偏正短语："再不"限定"适当提高"）
　b. 再/不适当//提高　　　（偏正短语："再"限定"不适当提高"）

（二）句子的停延

单句组合成分间的停延与相应的短语基本一致，如"这样做/不好"是偏正短语作谓语，"这样/做不好"则是动补短语作谓语。在书面形式上，句间、句末的某些停顿，现代汉语已具备了一套符号表征系统，那就是相应的标点。这些停顿标点的应用依据，同样是实际语言中的节律规定，只不过在形式上换成了书写符号而已（以下用丨号表示分句间停顿，单斜杠表示句子第一层停顿标志，双斜杠表示第二层次停顿标志）。

　①a. 不要/走到此处//大小便！　　　　（单句："到"为介词）
　　b. 不要走丨，到此处‖大小便！　　　（复句："到"为动词）
　②a. 我/说//他不会生气。　　　　　　（单句："他不会生气"为全句宾语）
　　b. 我/说丨，他/不会生气。　　　　　（复句：前后分句主语分别是"我"
　　　　　　　　　　　　　　　　　　　　　　与"他"）
　　c. 我/说他，不会生气。　　　　　　（复句：两个分句主语均为"我"）
　③a. 男人/离开了女人，丨就活不成。　（复句：后一分句主语承前省略）
　　b. 男人/离开了，丨女人/就活不成。（复句：前后分句不同主语）

　　就一般规律而言，句号、问号、叹号后面的停顿时间比分号、冒号长；分号、冒号后面的停顿时间比逗号长；逗号后面的停顿时间比顿号长（符号"/"表示"并列"，"＞"表示"时值长于"）：

　　。　/　？　/　！　＞　；　/　：　＞　，　＞　、

　　至于省略号或是破折号，停顿的时间宜视具体语意而定。段落之间的顿断时间一般又比句末顿断要长。我们不仅要重视有标点符号所显示的"标志停顿"，而且也应当对那些在书面形式上尚没有符号标志，但是在表达实践中确有结构表征作用与语义区别功能的汉语停延予以相应的重视，它们在正确的表达过程中同样是不可或缺的。

二、重音

　　在实际话语里，因语义、语法的需要，往往有些音节或词语读得重一些，有些读得轻一些，重读的音节就叫重音。重音和轻音是相对而言的，重音一般都是重要语义的负载所在。单音节的实词不存在结构类型，所以不存在轻重读；单音节的虚词（如助词"着、了、过、的、地、得"）因语义的虚化，不可能重读。语音实验结果表明，体现重音的主要成分是音长和音高，音强的作用是次要的，因命名的习惯，我们仍然沿用"重音"一词。

（一）语法重音

　　语法重音又叫基本重音，它是在不受上下文或具体语境规定下，由语言单位自身

的结构关系、语义内涵所规定的重音。换句话说，语法重音是体现语言单位结构关系与话义关系的重音，所以比较有规律，也相对稳定。语法重音是言语表达首先必须掌握的重音，它关系到表达者对语义的理解与把握，所以比较重要。语法重音呈现在词、短语与句子三级语言单位中，尤以前两者为主。

1. 词重音

指双音节或多音节词的基本轻重格式。词的不同轻重读音格式主要依据于词的结构形式与口语化的程度。词的重读音直接落在构成词的相关语素（音节）上。普通话词的轻重格式按音节多寡的不同可分为以下几种情况：

（1）双音节词的轻重格式主要有两种。

①中·重：凡非纯口语化的词一般都读"中重"。例如：

国家　法律　治疗　卡车　音乐　司令

②重·轻：凡以彻底虚化的语素（如"子""头"等）为后缀的词、词根重叠的词或口语化程度极高的常用词，一般都读"重轻"。例如：

石头　孩子　妈妈　星星　黄瓜　暖和　照顾

（2）三音节词有三种格式，其中以"中轻重"和"中重轻"两种格式为多。

①中·轻·重。例如：

差不多　西红柿　摩托车　巧克力　星期天

②中·重·轻。例如：

为什么　老太太　胡萝卜　小伙子　不由得

③重·轻·轻。例如：

朋友们　姑娘家　孩子们

（3）四音节词因结构的多样，轻重格式较为复杂，常见的有两种。

①中·轻·中·重。例如：

稀里糊涂　老老实实　一举两得

②中·轻·重·轻。例如：

丫头片子　绣花枕头　外甥媳妇

2. 短语重音

这是区别不同短语类型的重要形式标志。短语的重音落点与短语的语法结构类型密切相关，不同结构、不同语义关系的短语一般均有相对固定的重音位置。短语是由词构成的，所以短语的重音要落在具体的词上；负担短语重音落点的具体词在体现该短语重音时，仍然要遵循该词基本的轻重读音格式。如"买西瓜"是个述宾短语，该短语的重音要落在宾语"西瓜"上；"西瓜"一词为"重轻"读音格式。所以，该短语的重音最后实际叠加在词重音"西"语素（音节）上。短语重音的力度较为自然，只是在词重音的基础上稍加凸显，不宜读得过重。按结构类型与语义关系的不同，短语的重音模式大体可分为七类：

（1）主谓短语，重音一般落在谓语上。例如：

天气热　灯亮着　太阳升起来　今天星期天

（2）述宾短语，重音一般落在宾语上。例如：

开车　承认错误　有希望　是扬子江

（3）偏正短语的重音落点分两种情况：

①表示性质、方式、情态、程度、范围、处所、时间等修饰或限定内容的修饰语，一般都是新的、具体信息的负载成分，所以重音一般落在修饰语上。例如：

假话　外科医生　借来的钱　广东产　慢慢儿说
从现在开始　很累　都红了　相当麻烦

②以人称代词、人名、亲属称谓词构成的领属性修饰语以及表示概数的数量结构

修饰语，因不负载语义焦点，所以重音一般落在中心语上。例如：

她爹　我爸爸　你的舅舅　姥姥的哥哥　一些东西　几个哥们儿

（4）述补短语的重音落点分两种情况：

①补语表示情态、结果、数量、程度时，所追加的是必要的详细信息，所以重音一般都要落在补语成分上。例如：

忙得团团转　（情态补语）　　听腻了　（结果补语）
跑了三趟　　（数量补语）　　饿极了　（程度补语）

②补语表示趋向、可能时，重音要落在述语成分上。由于补语、趋向补语的语义虚化程度比较高，所以没有重读形式，重音一般落在中心语上。例如：

满上　　回去　　唱起来　　（趋向补语）
写得好　受不了　马虎不得　（可能补语）

（5）同位短语的重音落点分两种情况：

①以常用职务、职称、称呼加特指名构成的同位短语，因语义焦点在更具体的特指内容，故重音落在特指部分上。例如：

周恩来总理　鲁迅先生　莎菲小姐　王力教授　雷锋叔叔

②属概念加具体的种概念的同位短语，因种概念是具体概念，语义一般凸显的都是具体的种概念，故重音落在种概念部分。例如：

首都北京　动物大猩猩　小说《红楼梦》

（6）兼语短语的重音一般落在前后谓语的中心语上，如果后一中心语还带宾语，则重音由述宾结构承担。例如：

请你上来　逼着他检讨　赶鸭子上架　催学生交作业

谓语通常要负载语法重读音，这是一般规律。将兼语短语的前后两个谓语相比，后一谓语成分是更具体的语义说明所在，所以处于两个谓语中心语间的兼语成分虽是前一谓语的宾语（在独立的述宾短语中负载重读音），但更是后一谓语的主语，所以不能负载语法重音。

(7) 联合短语、连谓短语因短语各部分不分主次，均是语义焦点所在，所以重音并列。例如：

北京、上海、广州　老师和学生　又大又甜　讨论并通过 （联合短语）
出门/买东西　搬梯子/上房/捡漏　　　　　　　　（连谓短语）

结构复杂的多层短语，其语法重音分布的基本规律与简单短语相同，整个短语的重音落点按第一层结构的类型确定，相应的下位结构的重音按相应的规律类推。而语句的语法重音与构成语句的基本成分或短语类型大体相同。

（二）逻辑重音

由具体上下文语义与特定语境所规定的重音叫"逻辑重音"。逻辑重音又称强调重音，是在具体的交际情境中对需要凸显或特别强调的语义所施加的重音，也就是说，具体的交际语义指向什么，逻辑重音就凸显什么，所以它不像语法重音那样受相对固定的规律制约。相对于语法重音而言，逻辑重音又被称为临时重音，其只能出现在语句中，不能出现在无独立表达功能的词与短语中。逻辑重音旨在强调，在重音的力度上明显强于语法重音。

试比较"我在家看书"这句话的语法重音与逻辑重音：

语法重音：我在家看书。

逻辑重音却可以根据语义的不同而变化：

①（谁在家看书？）我在家看书。（省略式回答：我。）

②（你在哪儿看书？）我在家看书。（省略式回答：在家。）

③（你在家做什么？）我在家看书。（省略式回答：看书。）

④（你在家看什么？）我在家看书。（省略式回答：书。）

同样一句话，因为上下文规定与具体表达语义指向的不同，逻辑重音就有不同的落点，可见逻辑重音与语法重音的区别是明显的。上面四个例句中，第③句的逻辑重音与语法重音重叠。由于逻辑重音表现力度比语法重音强，所以，即使发生两类重音的叠加，也不影响逻辑重音的显现。

在具体的交际话语中，有些上下文语境是明显的，有些上下文语境是隐含的，无论是哪一种情况，只要上下文语境是客观存在的，都会对逻辑重音的落点形成制约。例如：

①桂林的山真奇啊，……桂林的山真秀啊，……桂林的山真险啊，……

②古时候一个人，一手拿着矛，一手拿着盾，在街上叫卖。

③骆驼很高，羊很矮。骆驼说："长得高多好啊！"羊说："不对，长得矮才好呢。"

例①②与例③分别显现的是并列和对比关系。再如：

④你若不去，我也不去。

⑤起初他只是好吃懒做，后来才发展到偷窃。

⑥他不但会喝酒，而且爱喝，有阵子甚至是无酒不下饭。

例④⑤⑥例分别显现的是条件、承接与递进关系。

重音与断连两种节律形式常常一起使用，且往往能使表达功能更加显豁。例如：

①a. 已/经过了 （偏正短语："经过"是一个动词）

　b. 已经/过了 （偏正短语："已经"是一个副词）

②a. 关于/鲁迅的杂文 （介词短语：关于……杂文）

　b. 关于鲁迅的/杂文 （偏正短语：关于鲁迅……）

③a. 广东/产龙眼。 （主谓句）

　b. 广东产/龙眼 （偏正短语）

④a. 他们/说不来。 （主谓句：词"说不来"作谓语，即说不到一起）

　b. 他们/说//不来。 （主谓句：述宾短语"说不来"作谓语）

三、句调

句调是指整句话的声音高低升降的格式，是语句音高运动的模式。声调也是音高变化形成的格式，但声调只指一个音节（字）的音高格式，所以又叫"字调"。句调在句末音节上表现得特别明显，但它是贯穿在整个句子中的，所以它从属于超音段成分，不同于音素、音节等音段成分。超音段成分是依附在音段成分身上的。声调依附在声韵结构上，形成了字音（汉语的音节）；句调依附在短语上，形成了句子。句调与字调的关系是音阶叠加的"代数和"，而不是调型叠加的"代数和"。它们相互依存，彼此制约。声调受句调的调节，声调调型虽然相对稳定，但其音阶必须随句调升降而上浮或下沉。句调离不开声调，通过声调的浮沉得以实现。两者是全局与局部的关系，是大波浪与小波浪的关系。

（1）升调。调子由平升高，常用来表示反问、疑问、惊异、号召等语气。例如：

①难道我是个小孩？（反问）
②王小萌来了吗？（疑问）
③这件事，是他办的？（惊异）

（2）降调。调子先平后降，常用来表示陈述、感叹、请求等语气。例如：

①我们一定要实现四个现代化。（陈述）
②天安门多雄伟啊！（感叹）
③王老师，您再给我们讲个故事吧。（请求）

（3）平调。调子始终保持同样的高低，常用来表示严肃、冷淡、叙述等语气。例如：

①烈士们的英名和业绩将永垂不朽！（严肃）
②少说闲话，随你处理吧。（冷淡）
③大伙儿都说张老头儿是个厚道人。（叙述）

（4）曲调。调子升高再降，或降低再升，常用来表示含蓄、讽刺、意在言外等语气。例如：

哎呀呀，你这么大的力气，山都会被你推倒呢。（讽刺）

句调属于语句的范畴，声调属于音节的范畴，但两者在句末往往会发生一定的牵连关系。就总体格局而言，句调贯穿于全句的始末，它不受制于声调调型的升降，当在句末时，句调的升降趋势对处于句末的音节可能会产生一定的影响。例如：

①他是小杨？↑
②他不去？↑

当句调为升调时，例①"杨"的声调调值升得稍高，例②"去"的声调降得稍少。

③他是小杨。↓

④他不去。↓

当句调为降调时，例③"杨"的声调比原调值稍低些，例④"去"的声调降得较低。

句调对音节声调的影响主要表现为改变音节声调的相对音高，以服从句调的基本走势。如果句末音节的声调与句调的升降走向一致，句调就会使声调的高低声域相对扩大；如果句末音节的声调与句调的升降走向不一致，句调就会使声调的高低声域相对缩减，但不会因此完全改变句末音节的基本调型。句调不仅有区别语气的作用，而且有表达情感与语义分寸的作用，所以它不但与音高有关系，而且与音长、音强也有密切的关系。例如：

①他不在家？↑（一般疑问，以单上升箭头表示。时值与升幅相对较短）

②他不在家？↑↑（强烈疑问，以双上升箭头表示。时值与升幅相对较长）

③他不在家。↓（一般陈述，以单下降箭头表示。时值与降幅相对较短）

④他不在家。↓↓（恳切陈述，以双下降箭头表示。时值与降幅相对较长）

第九节　汉语语音的类型特征

一、引言

通过前面几节的学习，我们对汉语普通话的语音系统已经有了一个基本的了解，但是这种了解我们只是从汉语内部的视角来看的，如果想要对汉语的语音系统有一个更加全面的了解，那么应该跳出汉语的范围，从人类语言的普遍视角来看，进行一些横向的比较，能使我们更加深刻地了解汉语的特点。看下面的例子：

①我太想吃饭啦。

a. ／uo^{214}　$t'ai^{51}$　$\varphi ia\eta^{214}$　$t\varsigma'\upsilon^{55}$　fan^{51}　lA／

b. *／uo^{214}　tai^{51}　$\varphi ia\eta^{214}$　$t\varsigma\upsilon^{55}$　fan^{51}　lA／

c. *／uo^{214}　$t'ai^{51}$　$\varphi ia\eta^{214}$　$t\varsigma'\upsilon^{55}$　van^{51}　lA／

d. *／uo^{214}　$t'ai^{51}$　$\varphi ya\eta^{214}$　$t\varsigma'\upsilon^{55}$　fan^{51}　lA／

这句话从句法和语义来说是完全合法的，没有任何问题，但是下面的注音只有①

a 是对的，①b、①c 和①d 都不符合这句话的普通话发音。①b 中的 / tai⁵¹/和/t ʂʅ⁵⁵/虽然符合汉语的发音规则，汉语普通话中也确实有这两个音，但并不是"太"和"吃"的音，它与①a 的区别在于，这两个音节的辅音部分在发音方法上没有送气，即在汉语普通话中辅音的送气与否是具有区别意义作用的，汉语的/ tai⁵¹/和/ t'ai⁵¹/，/t ʂʅ⁵⁵/和/t ʂʻʅ⁵⁵/是两个完全不同的词。①c 中的问题就更大了，/ van⁵¹/这个音节在汉语普通话中是不存在的，因为汉语普通话中没有/v/这个辅音音位。而①d 中错误的音是/ ɕyɑŋ²¹⁴/，这个错误跟上面两个又不一样，属于另一种类型，即属于拼读的问题，在普通话中/y/和/ɑŋ/的音都是有的，只是它们不能组合在一起。但是在汉语中不能组合不意味在别的语言里也不能组合。

如果我们只着眼于汉语普通话，可能会觉得这些就是汉语的特点了。但是如果我们把眼光放远一点，从世界语言来看，这些都不算特殊。比如送气与不送气具有区别语义的作用有很多语言都有，我们看以下例子：

②a. /taa/眼睛　　　　　　　　泰语
　b. /t'aa/涂抹
③a. /pal/ 想要　　　　　　　　印地语
　b. /p'al/水果
④a. /pjè/减少（不及物动词）　　缅甸语
　b. /p'jè/使……减少（及物动词）

从上面的例子分析我们可以看到，汉语的语音与别的语言的语音既有共性，也有个性。而在像英语这样的语言里就不太一样，英语里的送气和不送气不具有区别意义的作用，也就是送气音和不送气音属于同一个音位，因为在英语中送气音和不送气音出现在互补的环境中：当出现在一个音节的开头位置且后面直接跟一个重读元音的话，则一般读为送气音，如 peer［p'ir］，否则读为不送气音，如 spear［spiər］。以英语为母语的人不会觉得/stɑ：/和/st'ɑ：/是两个不同的单词，最多只是觉得后者的发音不太标准音，具有某种口音。

二、语音形式的选择

语音是一个语言基本的物质外壳，那么一个语言如何选择语音形式，选择哪些语音形式呢？这并非随意的，而是有一些共性规律制约的，这就是这个语言的词语必须是可以发音的。因此如果一种语言中只有辅音，是无法发音的，如［kptsm］这个语音片段是无法发音的。所以在所有语言中，所有的词语都必须包含至少一个元音音段。

通过前面的学习，我们知道汉语普通话的语音系统中的音段音位一共有 22 个辅音音位和 10 个元音音位。在这些语音的选择上，汉语跟其他语言相比较，有共性也有差异。最大的共性就是，所有的语言都有元音和辅音。

首先，在数量上，不同语言的音位数量差异很大，但是又在一定的数量范围之内，这是因为我们人类的发音器官都是一样的，所以根据发音原理能发出来的音的数量总体上是有限的。根据语言学家对 566 种语言的统计，人类语言辅音音位的平均数量在 22（22±3）左右，普通话辅音音位的数量正好是平均值，这是与其他语言的共性。在元音系统方面，据语言学家调查统计，世界语言元音最少的语言是 2 个［伊马斯语（Yimas），一种巴布亚新几内亚的塞皮克语言］，最多的有 14 个（德语）。这之间差异很大，但是从平均值的角度来看，人类语言的元音数量大概是 6 个，而世界上大概有 51% 的语言元音数量接近平均值，31% 的语言元音数量大于平均值，16% 的语言元音数量少于平均值。在基本元音的数量上，人类语言也表现出一种数量上的倾向性，大部分语言的基础元音都在 7 个左右，比如日语有 5 个元音，英语有 7 个元音，阿拉伯语有 8 个元音，汉语普通话则是 7 个元音（即 7 个舌面元音）。从元音和辅音的总体情况看，世界语言语音库藏数量最少的是 12 个［罗托卡特语（Rotokas）有 6 个辅音 6 个元音］，最多的有 100 多个。所以在数量方面，汉语普通话的元音和辅音表现出了很大的共性。

其次，从具体的语音选择上来看。在辅音方面，人类语言中较为典型的辅音主要是［p、b、t、d、g、k、ʔ、m、n、ŋ、f、s、ʃ、ʧ、l、r、w、j、h］等，其中有的普通话中有，有的普通话中没有。从发音部位来看，最常见的辅音是双唇音，如［p］和［m］。从发音方法来看，大多数语言都有塞音，普通话也不例外，塞音有清音和浊音两大类，而普通话只有清辅音，没有浊辅音。由此可以看到一些汉语普通话的个性特点，同时遵循一些共性。比如从发音方法上来说，浊辅音比清辅音多一个发音特征，所以是更难的，因此可以推断出一个蕴含共性：如果一种语言中有浊辅音，那么这种语言也一定会有清辅音，反之则不一定。而普通话的辅音情况正好是这个共性的一个极佳例子。

在元音的选择方面，人类语言最常见最基本的元音是［a、i、u、e、o］，这几个也是汉语普通话中的基本元音的一部分，前面提到大部分语言的基础元音都在 7 个左右，而汉语正好 7 个，可见在元音的选择上汉语具有非常强的语言共性。此外，元音的选择还与某些概念的表达之间存在一些相似性，这可看作是倾向共性。比如表示形体外观较小的对象常用前高元音来表达，而表示一些形体外观较大的对象则倾向于用低元音来表达，形体上比较圆的对象则多用圆唇元音来表达，汉语中也有类似的现象，如"笔、隙、疵、径、尖、小"等都是前高元音，"圆、洞、棍、碗、锅"等都是圆唇元音。当然，这只是一种倾向性，而且是充分不必要条件，不能反过来说。再如指示代词中表示远指的一般用低元音，而表示近指的则多用高元音，英语中的"this"和"that"，汉语中的"这"和"那"都符合这个共性。

三、超音段音位类型特征

超音段音位指的是具有表达不同意义功能的贯穿于整个音段音位的语音上的高低升降变化，广义来看包括声调和句调。声调是通过加在音节和词之上的语音高低升降的变化来表达词汇意义的变化，而句调则是通过加在一个短语或者句子之上的音调变化来表达说话人的主观情态意义。人类语言根据有无声调可分为两大类型：声调语言和非声调语言。

在传统观念中，认为汉语是有声调的语言，这是汉语区别于其他语言的一个最大的特点之一。但是随着世界语言学的发展和对越来越多的语言的调查描写，语言学家发现，世界上有60%~70%的语言是有声调的语言。声调语言从分布上来看，包括非洲次撒哈拉地区、东亚、东南亚和中美洲的大部分语言，北美、南美和太平洋地区的许多土著语言，以及欧洲的瑞典语和某些荷兰方言。这与传统观念差别很大。这主要是因为以前人们对世界语言的了解不够，只把汉语跟印欧语进行比较，而印欧语大都是非声调语言，因而认为汉语的声调比较特殊。但是从现代语言类型学的角度来看，其实汉语的声调没有那么特殊，反倒是属于多数的情况。

声调语言根据声调的高低和变化情况，大致可以分为四种类型：平调语言、斜调语言、曲折调语言和混合调语言。

平调又可以分为三类：低平调、中平调和高平调。比如约鲁巴语的每个音节都可以有高调、中调和低调三个调。非洲除闪米特和柏柏尔语族外的大部分语言都属于平调。汉语普通话的阴平（第一声）就属于高平调。

斜调包括两种：上升调和下降调。只不过不同语言在上升或者下降时的起点和长度不一样。汉语普通话的阳平（第二声）属于上声调，去声（第四声）属于下降调。

曲折调主要有升降调和降升调。汉语普通话的上声（第三声）就属于曲折调中的降升调。

混合调是指某种语言中既有平调，也有斜调和曲折调。汉语普通话就是属于典型的混合调语言类型，因为这三种调都有。标准泰语也属于混合调语言类型，它有高平、中平、低平、升调和降调。

在句子层面上，人类语言中常见的句调类型主要有：降调、升调和曲折调。世界大多数语言用降调来表达陈述句功能，用升调来表达疑问句或请求。某些语言用曲折调来表达某些特定的语气，如强调等。汉语普通话的句调主要有降调和升调。

四、音节结构特征

按照传统的分析，汉语普通话的音节从结构上来说包括声母、韵母和声调三个部分。普通话的 22 个辅音中，有 21 个辅音都可以充当声母。而所谓声母，即整个音节的开头的辅音，而声母后面的部分是韵母。在汉语普通话的音节中，是可以存在没有辅音开头的音节，即零声母的情况，但是不存在只有声母而没有韵母的情况。汉语普通话中的韵母可以分为韵头、韵腹和韵尾三个部分，其中韵腹是核心，是韵母必不可少的部分，韵腹都是由元音充当的。一个音节可以只由一个元音构成，但是不能只由一个辅音构成。所以在汉语普通话的音节结构中，元音是最重要的，是必不可少的。

那么从世界不同语言的音节结构来看，汉语有什么共性和个性特征呢？我们在第五节中讲到在一般的音节里，元音处于核心地位，辅音在元音的前面或者后面，依附于元音。由元音和辅音构成的音节共有以下四种基本类型：V、CV、VC、CVC。

V 代表元音，C 代表辅音。V 型和 CV 型不以辅音结尾，称为"开音节"；VC 型和 CVC 型以辅音结尾，称为"闭音节"。这四种基本音节结构类型具有跨语言的普遍性，大多数语言都具备其中的某几种类型，或者同时具备这四种类型，只不过具体某种类型的多少不一样。从跨语言的角度来看，CV（辅音＋元音）模式是人类语言最常见的音节结构，根据麦迪森的研究，他统计了 486 种语言发现，CV 音节结构是在跨语言中最普遍的一种音节结构，在某些语言（如 Hawaiian、Mba 语）中甚至是唯一合法的类型。而且这四种基本结构类型的 V 和 C 是可以扩展的，不同语言的扩展方式不一样。例如，英语的最复杂音节结构 CCCVCCCC 就是由 CVC 扩展而成的，典型的有单词 strengths [streŋkθs]。汉语普通话的音节也具备这四种基本的类型，并且可以在这四种基本类型的基础上扩展出更复杂的音节结构，汉语普通话最复杂的音节结构 CVVV 和 CVVC 分别是由 CV 和 CVC 结构扩展而来的，典型的有 niǎo [niɑu²¹⁴]（鸟）和 nián [niɛn³⁵]（年）。

除了上述整体的音节结构之外，在音节结构的各个位置上允许出现哪些音位，不允许出现哪些音位，各语言间也呈现出差异，比如在汉语普通话的 CV 结构及其扩展而成的 CVV 和 CVVV 结构中，C 的位置如果是 /j/tɕ/、/q/tɕʻ/、/x/ɕ/ 中的任意一个辅音音位，则后面的 V 只能是以 /i/ 或 /y/ 开头的元音。再比如普通话音节末尾的辅音则严格受限，只能是 /n/ 和 /ŋ/ 两个鼻辅音，其他辅音都不可以出现在这个位置，而像英语和维吾尔语等语言音节末尾的位置可以出现的辅音却相当自由。

此外，刘丹青在《汉藏语言的音节显赫及其词汇语法表征》一文中认为汉藏语言属于典型的音节显赫型语言。首先，汉语音节内部结构高度模式化，音节之间的组合边界分明，没有模糊地带。除了"啊"的音变之外，很少出现像英语中连读的情况。其次，汉语的声调使得音节之间的界限更加清晰。以汉语为母语的人对小于音节的语音单位感知模糊，而对音节的感知是最自然的。在日常生活中，人们经常用"字"来指称一个音节，而对小于音节的音素则没有相应的词语来指称，因为在汉语中，大体上一个音节对应于一个汉字，而这种书写系统又使得音节的独立性得到了强化。再次，汉语的音节具有强大的扩张力，比如音节的多少跟词类之间存在联系，普通话中的动词是单音节，名词是 2～3 音节，性质形容词大体介于两者之间。最后，音节数成为一些特殊习语类别和特殊句法格式的主要韵律特征。例如，惯用语以三音节为首要特征，以"1+2"动宾式为典型形式，如"走后门、挖墙脚、拍马屁、唱高调"等。成语则以四音节为最显著特征，如"胸有成竹、一泻千里"等，而且以对称四字格式为典型形式，如"水落石出、走马观花、赏心悦目、浅酌低唱、朝三暮四"等。

五、韵律特征类型

什么是韵律？《牛津语言学词典》对此解释为：传统的韵律学研究的是诗歌的格律，而语言学中的韵律一般指言语中的节奏和语调。《语言与语言学词典》中的解释是：韵律就是诸如重音、语调、数量、停顿等语言学特征，言语中的韵律研究主要关注比音位更大的单位，包括话语的节拍和节奏。

人类语言的韵律结构可以用"韵律层级结构树"来表示。理论上所有语言的语音结构都可以在结构树中得到体现。在这个结构树上，自底层逐级向上分别是：韵素（mora）—音节（syllable）—音步（foot）—韵律词（prosodic/phonological word）—黏附组（clitic group）—音系短语（phonological phrase）—语调短语（intonational phrase）—韵律/音系话语（prosodic/phonological utterance）。其中的每一个上级单位都是由下一级的一个或几个单位组成。韵素是韵律学中最小的单位，也被翻译成"莫拉"，一般用希腊字母"μ"来表示，它是构成音节里"韵"的元素，并用来确定音节重量。重音节由两个韵素构成，轻音节由一个韵素构成。因此，一个短元音相当于一个莫拉，一个长元音以及一个复合元音相当于两个莫拉，某些成音节辅音也可以是一个莫拉，如果是长辅音则相当于两个莫拉。但是所有音节开头的辅音都不构成独立的莫拉，而是跟后面的元音合在一起构成一个莫拉，在重读音节中的后一个辅音是一个莫拉，如英语中的"pig"是两个莫拉。

日语是典型的以莫拉为基本单位编码的语言，日语中最常见的 CV 音节结构都是一个莫拉。在英语中，一般情况下一个词需要至少两个莫拉构成。而汉语普通话是以音节为基本单位编码的语言，也就是音节显赫型语言。所有语言根据基本单位的时间属性特征，可以分为"莫拉节拍语言""重音节拍语言""音节节拍语言"三种类型。日语和东部班图语是典型的莫拉节拍语言，英语和德语等是典型的重音节拍语言，而汉语、法语和西班牙语则是典型的音节节拍语言。音节节拍语言的一个重要特征是每个音节具有大致相等的时长，普通话就呈现出这样的特征。现代汉语普通话是以双音节词为主，因此具有双音节节奏组的特征。所以，如果是一个三音节短语，则很容易处理为"1＋2"组合或者"2＋1"组合，但实际上这里的"1"占据的发音时长几乎与"2"相等。

韵律特征具体的表现包括音高、响度（也称音量）和时长，对应语音物理属性中的音高、音强和音长，而在具体语言中则表现为与音高相关的声调和语调、与音长有关的长音和短音、与音响相关的重音和轻音等。在声调上，汉语普通话则属于声调语言，普通话通过四种不同的声调来区别词的意义，如"被子"和"杯子"的音色完全相同，只是声调不同，造成了意义不同。此外，声调还具有区分词类的作用，如"好人"中的"好"读第三声，是形容词，而"好这一口"中的"好"读第四声，是动词。在语音的强弱轻重方面，汉语普通话也有非常丰富的轻声，轻重对比很明显，如"东西（左重）"和"东西（右重）"，二者轻重不一样，意义也不一样。在语音的长短方面，普通话也是有区别的，比如"报—报纸""桌—桌子"前后的意义和语法属性基本一致，但由于音节长短不一，会影响到其能否独立成词，说明汉语对语音音节长短比较敏感。

在汉语中，韵律不仅仅只是语音层面的，还和语法之间存在互相制约的关系。一方面，语法会制约韵律形式，另一方面，韵律也会制约词法和句法。例如：

①展览馆—小诊所—小、好、美
②皮鞋厂—＊鞋工厂　　折扣店—＊折商店
③写汉字—＊书写字　　擦地板—＊擦洗地

例①中同样是三个上声连读，但是"展览馆"要求前两个音节都变为阳平调，整个的调值为 35＋35＋214；"小诊所"却要求第一个音节变为半上声，第二个音节变为阳平，整个的调值为 21＋35＋214；而"小、好、美"则都读原调，调值为 214＋214＋214。之所以这三者的变调模式不一样，是因为三者的语法结构不一样，"展览馆"为 2＋1，"小诊所"为 1＋2，而"小、好、美"则为 1＋1＋1。例②中的两组词前后语法结构和语义内容基本一致，但是出现对立，2＋1 合法，而 1＋2 不合法，这说明汉语的复合词构词受到韵律中音步组向规则的制约。例③中的情况则完全相反，1＋2 的"写汉字""擦地板"合法，而 2＋1 的"书写字""擦洗地"不合法，但是这里的是短语，不是复合词，这说明缺主语，什么受到制约在句法层面同样受到韵律的制约。

第三章 汉语的构成材料——词汇

第一节 汉语词汇概说

一、汉语词汇

词汇是语言的建筑材料，是所有的词与固定短语的集合体。现代汉语词汇，即现代汉语所有的词与固定短语的集合体。现代汉语词汇的范围有广义和狭义两种理解。广义的现代汉语词汇，指现代汉民族各方言的所有的词与固定语；狭义的现代汉语词汇，只指现代汉民族共同语——普通话所有的词与固定语。

现代汉语的固定短语主要由熟语与专用短语两大类组成。熟语主要包括成语、惯用语、歇后语、谚语四类。成语如"朝三暮四""秦晋之好""天长地久"；惯用语如"打秋风""踢皮球""钻空子"，歇后语如"泥菩萨过江——自身难保""芝麻开花——节节高""竹篮打水——一场空"，谚语如"久晴大雾阴，久雨大雾晴""路遥知马力，日久见人心""世上无难事，只怕有心人"。

专用短语主要包括专名词语、术语、行业语三类。专名词语，主要包括国名、政党名、地名、机构名、书刊名等，例如"中华人民共和国""中国共产党""东南丘陵""华侨大学""华侨大学学报"。术语包括数学、化学、物理、生物、经济学、法律、医学、文艺学、语言学等各学科所使用的专门用语，例如"一元一次方程""感光材料""固体力学""光合作用""通货膨胀""有期徒刑""心脏起搏器""动态心电图""文献综述""话语蕴藉""舌面元音"。行业语，指某一行业集团所用的词语，如"自由体操""花样滑冰""三分球""刀马旦""闺门旦""文明驾驶"。

任何语言的词汇都不是一成不变的。现代汉语词汇是对上古、中古、近代汉语的继承与发展。随着时代、社会的不断发展，随着人类生产实践与对世界认识的不断发展、变化，词汇也是在不断地发展变化。大量新词不断地产生，有一些旧词则逐渐被闲置，而同时，词的语义与语音也在发生着变化。

词汇能够反映社会发展与语言发展的状况。一种语言的词汇越丰富发达，语言本身也就越丰富发达，表现力也就越强。同样地，一个人的词汇量越丰富，他的语言表现力相应地提高，越能准确、细腻地表达思想，所以应当有意识地、自觉地积累个人的词汇量。

　　积累汉语词汇的方法，第一要深入中国的生活，在丰富的语言生活中有意识地搜集、记录各种词汇；第二要大量地阅读中文作品或观看中文影视作品，有意识地整理、记录各种词汇，培养汉语语感；第三要加强汉语口语与写作实践，有意识地运用平时积累的词汇；第四要查词典，对不理解的词语，认真查明它的意义、读音和用法。总之，要多听、多读、多看、多记、多说、多写，来丰富自己的汉语词汇量，从而提高对汉语的理解与表达能力。

二、汉语词汇的单位

（一）语素

　　语素是语言中最小的音义结合体。这句话有两个方面的含义：①语素是最小的语言单位，是比短语、词小的语言单位；②语素是音义结合体，由一定的语音形式跟一定的意义相结合。对一个语言片段，不断地进行切分，得到的最小的音义结合体，就是语素。如"我/喜/欢/厦/门/的/天/气"就有八个语素。

　　一般来说，一个语素就是一个音节，书面上就是一个汉字，有时还是一个词。但是音节是语音单位，文字是语言的书面记录符号，语素则是语言中构词的基本成分，而词是音义结合的能够独立运用的最小语言单位。

　　一个音节可以代表不同的语素，如音节"yī"可以代表"一""衣""医""依"等语素。一个语素也可以是两个甚至更多的音节，即多音节语素，如"仿佛""嘀咕""巧克力""马拉松""歇斯底里"。

　　一个汉字可以记录不同的语素，例如汉字"花"，可以是名词"植物的繁殖器官"的"花"，即"开花"的"花"，也可以是动词"用掉"的"花"，即"花钱""花时间"的"花"；汉字"乐"，可以是形容词"快乐"的"乐（lè）"，也可以是名词"音乐"的"乐（yuè）"。同一个汉字有时记录的是语素，有时只是记录音节，例如"沙子""沙滩"中的汉字"沙"记录的是语素，而"沙拉""沙龙""沙发"中的汉字"沙"记录的只是音节。一个语素也可能由两个或更多汉字记录，多音节语素就由多个汉字记录，如上文的"仿佛""嘀咕""巧克力""马拉松""歇斯底里"。

　　一个词可以由一个语素构成。成词语素就可以独立构成一个单词，如"我""读""书""好"。一个词也可以由多个语素构成，如"烦恼"由两个语素构成，"显示器"由三个语素构成。

　　语素可以从不同的角度进行分类：

1. 单音节语素和多音节语素

　　语素按照音节可分为"单音节语素"和"多音节语素"。单音节语素，由一个音节构成，如上文的"我""喜""欢""的""天""气"。多音节语素，由两个或两个以上的音节构成，如"犹豫""马达""巧克力"。

2. 成词语素和不成词语素

语素根据是否能独立成词，可分为"成词语素"和"不成词语素"。成词语素能够独立成为一个单词，包括实词和虚词。因此，"我""米""爱""美"等这样的实词是成词语素，"的""了""被""吗""与"这样的虚词也是成词语素。不成词语素，不能独立成为一个单词，也就是说，它只是合成词的一个组成部分，比如民（心）、（儿）童、幻（想）、（住）宿、朗（读）、疲（累）、（严）肃，括号内的是成词语素，括号外的是不成词语素。

3. 定位语素和不定位语素

语素根据构词的位置，可分为"定位语素"和"不定位语素"。定位语素在跟其他的语素组合时的位置总是固定的，如"老虎""老板""老师"的"老"总是在前面，"帽子""盖子""钉子"的"子"总是在后面。不定位语素在跟其他的语素组合时的位置是不固定，如"民心""民意""人民""市民"。

（二）词

词是语言中可以独立运用的最小的音义结合体。这句话有三个方面的含义：

1. 词是比语素大，而比短语小的语言单位

先由语素构成词，再由词构成短语。例如："我喜欢厦门的天气。"可以切分为"我/喜/欢/厦/门/的/天/气"八个最小的语言单位——语素，其中"我""的"这两个语素独立成词，语素"喜"和"欢"构成词"喜欢"，语素"厦"和"门"构成词"厦门"，语素"天"和"气"构成词"天气"。而"厦门的天气"则是由"厦门""的""天气"这三个词组合成的短语。

2. 词是可以独立运用的最小语言单位

词有一定的语法功能，可以单独回答问题，或者单独成句，也可以跟其他词语自由组合。很多实词在对话的情况下能单说。例如：

这是什么？——灯
去不去？——去

有一些实词不能单说，但是能用作句子的主要成分，如充当主语、谓语、宾语、定语、状语、补语。例如："房"不能单说，一般要说"房子"，但在"他刚买了房"中"房"充当宾语。要注意，能否用作句子的主要成分，以现代汉语一般的口语、书面语为根据，不能以文言、固定短语的用法为根据。例如，不能根据文言用法的"救民于水火"、固定短语"民不聊生"，确定"民"是现代汉语的词。

语素不能独立运用。例如"人民"，其中"民"不能独立运用，也不能自由地跟

其他词语组合。"民"是不成词语素，需要与其他语素一起构成词，作为词才可以独立运用。"人"似乎可以独立运用，实际上"人"是成词语素，可以独立构成单词，是作为词而独立运用。

3. 词是音义结合体

词是音义结合体，有固定的语音形式，有与该语音相匹配的完整而明确的意义。词的语音形式是固定的，这不仅是指一个词的声韵调是固定不变，而且也指词的内部结合紧密，不允许有停顿出现。例如，"保卫国家安全"应该读成"保卫/国家/安全"，而不能读成"保/卫国/家安/全"。语素也是音义结合体，有固定的语音形式，但是意义不太明确，也不太稳定，如"努力"，其中语素"努"和"力"单独的意义就不太好理解，但作为一个完整的词，"努力"的意思就比较完整而明确。

（三）短语

短语是由词构成的。如"花红""柳绿""山南""水北"。汉语的词与短语的界限没有那么分明。两者的区别主要表现在以下三个方面。

1. 语音

从语音形式上，单音节词不存在与短语相混的问题。多音节词与短语在语音形式上的差别在于：词的语音结构具有整体性，内部结合紧密，不允许有停顿出现，而短语则内部结构相对松散，可以有停顿出现。比如"头痛"一词比喻感到为难或讨厌，"这个狡猾的毒贩子真是让警察头痛"。其中的"头痛"中间不能有停顿，但是"最近我的头痛得厉害"。其中的"头痛"中间却可以有明显的停顿，可以念成"最近/我/的/头/痛/得/厉害"。

2. 意义

从意义上来说，词的意义是凝固性、专指性、综合性的，往往不是语素义的简单相加；而短语的意义却往往可以从构造成分和意义关系上进行解释。例如，"手足"并不是简单地指手和足，而是比喻兄弟关系；"黑板"并不是简单地指黑色的木板，而是指一种专门的教具；"屏风"不是指挡住风，而是指一种挡风的家具，现在更多成为一种装饰性的家具；"眼红"不是眼睛红了，而是比喻看见别人有名有利或有好的东西时非常羡慕、忌妒，自己也想得到。可见语素与语素构成词的过程中，语素意义已经发生了质的变化，产生了融合，这属于"综合性"，一旦这种新的意义凝固下来，新词就诞生了。

而短语的意义却是分析性的，词构成短语时，词的意义上仍具有相对独立性，短语的意义往往是词义的简单相加。比如"松柏"就是松树和柏树，"灰猫"就是灰色的猫。有些固定短语的意义也是凝固的。比如成语、惯用语，其意义并不是各组成成分意义的简单相加，从词汇的角度看，诸如成语、惯用语这类意义具有凝固性、专指性的固定短语相当于词，也可以看作"短语词"。要注意的是，词与短语的界限并不总是很分明的，尤其是从语言的发展变化的角度来看更是如此。因此，也不能只通过意义来判断是不是词，还需要参照更多的标准。

3. 语法功能

由于词的意义是凝固性和专指性的，所以词在语法功能上不具有扩展性，而短语的意义是分析性的，因而短语的结构是可以扩展的。因此，"扩展法"常常被用来检测一个语言结构到底是词，还是短语。试比较下面两组词：

A. 原式	扩展式	B. 原式	扩展式
白菜	*白的菜	白猫	白的猫
肉麻	*肉很麻	腿麻	腿很麻
提纲	*提了纲	提货	提了货
改正	*改得正	改好	改得好
心血	*心和血	血肉	血和肉

通过扩展比较，可以发现，A 类是词，它们大多无法进行扩展，有的虽然可以扩展，但是扩展以后语义发生了变化；B 类是短语，它们都可以扩展，而且扩展前后的语义基本不变。如"眼红"，看似也可以扩展为"眼很红"，但是扩展后就不是"看见别人有名有利或有好的东西时非常羡慕、忌妒，自己也想得到"的意思了，而变成"眼睛很红"的意思。也就是说，表示忌妒心理的"眼红"是词，可以说"很眼红"，但是不能说"眼很红"。而表示眼睛红的"眼红"是短语，可以扩展为"眼很红"，但不能说"很眼红"。

总的来说，词和短语之间的界限并不是那么截然分明的，必须综合多个参照标准来判断。

（四）词汇单位之间的转化

1. 词转化为语素

词转化为语素，或者说词降级为语素。严格来说，是成词语素转化成了不成词语素，因为成词语素可以单独构词，所以看起来也像是词降级成了语素。一个语素是成词语素，还是不成词语素，并不是一直不变的。古代汉语单音词比较多，有不少现代汉语中的不成词语素，在古代汉语中是成词语素，可以单独构词。

例如，"民"在现代汉语中是不成词语素，而在古代汉语中是成词语素。从《孟子·滕文公下》中的"救民于水火之中"，可以看出"民"是成词语素，可单独构成词，独立运用，在句子中充当动词"救"的宾语。成语常常保留古代汉语的痕迹，如"爱民如子""救民水火""民不聊生""民心所向"中，"民"是成词语素，可单独构词。再如，房屋义的名词"舍"在现代汉语中是不成词语素，不能单独成词，需要与其他语素结合，如"宿舍""校舍""旅舍"，但是在古代汉语中是成词语素，可以单独构词。杜甫《客至》中的"舍南舍北皆春水"，"舍南""舍北"即房子的南面、北面。

2. 词与短语的转化

词与短语之间也并不是存在不可跨越的鸿沟。从语言发展变化的角度来说，很多词也是短语固化而来的，不少联合式合成词便是如此。例如"手足"一开始也就是短语，指手和脚，经常用来比喻兄弟，后来这个意思使用多了，使用广了，凝固下来，也就成了词。现代汉语中也存在词和短语相互转化的情况：

（1）离合词。词转化成短语的一种典型情况就是离合词。某些合成词在使用中往往可以拆开，在中间插进别的成分，变成了短语。这种结合在一起时是词，中间插进别的成分时是短语的合成词，叫"离合词"。离合词主要有两类：

①动宾式合成词。例如：

理发→理了发→理了个发
打架→打了一架→打起架来
生气→生了气→生他的气→生了一个下午的气
见面→见了面→见谁的面→见上面→见不上面→见上一面
帮忙→帮了忙→帮她的忙→帮上忙→帮不上忙→帮一个大忙

也有少数联合式合成词、偏正式合成词，例如：

睡觉→睡了一觉　　洗澡→洗了一个澡　　同学→同过四年学

②述补式合成词。例如：

推翻→推得/不翻　　达到→达得/不到　　打垮→打得/不垮

（2）简称。短语简缩为简称，并进而凝结为词，这是一种重要的造词方法。短语简缩是为了满足交际中的"经济"的原则，即省时省力。短语简缩的方式主要有如下五种：

①分段简称：把全称分段，每段提取一个成分。
abcd→ac 式，前后分两段，每段取第一个成分。例如：

研究讨论→研讨　　房屋贷款→房贷　　安全检查→安检

文学艺术→文艺　　科学普及→科普　　网络购物→网购
高速铁路→高铁　　家庭教师→家教　　彩色打印→彩印
环境保护→环保　　节约能源→节能　　环境卫生→环卫

abcd→ad 式，前后分两段，取前段的第一个成分和后段的最后一个成分。例如：

公共汽车→公车　　高等院校→高校　　职业院校→职校
外交部部长→外长　　军人家属→军属　　空中小姐→空姐
保证价值→保值　　扫除文盲→扫盲　　整顿作风→整风
工商银行→工行　　建设银行→建行　　中国银行→中行

也有前后分两段，取前段的最后一个成分和后段的最后一个成分。例如：

国风离骚→风骚　　品德教育→德育　　审美教育→美育

②截段简缩：截取全称中最有区别性特征的成分。例如：

中国北极黄河站→黄河站　　　　中国人民解放军→解放军
国民革命军第八路军→八路军　　　清华大学→清华

③综合简缩：既采取截段简缩，又采取分段简缩。例如：

全国人民代表大会→人民代表大会→人大
中国人民政治协商会议→政治协商会议→政协
联合国安全理事会→安全理事会→安理会

④省同存异：省略相同的成分，保留不同的成分。例如：

中学小学→中小学　　教员职员→教职员　　理科工科→理工科
青年少年→青少年　　病害虫害→病虫害　　工业商业→工商业

⑤数字概括：用数字概括相同的成分或相同的类，省略不同的成分。例如：

平声、上声、去声、入声→四声　　　包修、包换、包退→三包

我国东北、西北、华北→三北　　　　胸围、腰围、臀围→三围

东西南北→四方　　　　　　　　　　蝎、蛇、蜈蚣、壁虎、蟾蜍→五毒

春夏秋冬→四季　　　　　　　　　　金、木、水、火、土→五行

《大学》《中庸》《论语》《孟子》→四书

《诗经》《尚书》《礼记》《周易》《春秋》→五经

农业现代化、工业现代化、国防现代化、科学技术现代化→四化

通过简缩短语而形成的简称，有的结构不够凝固，形成词与短语的中间物，但有些简称用多了、用久了，语义、形式都比较固定，就转化成词，如现代的"工会"不一定是"工人联合会"或"工人协会"的简称，在"教育工会""学校工会"中，"工会"的含义具有凝固性、专指性了，已经是词了，不能看作简称了。

三、汉语词汇的特点

现代汉语词汇主要有以下特点：

（一）语素以单音节为主，词以双音节为主，但单音节词使用频率更高

现代汉语的语素以单音节语素为主，多音节语素较少。多音节语素主要有两个来源，一是继承自古代汉语，如"仿佛""犹豫""蝴蝶"，二是来自其他语言，如"麦克风""巧克力""冬不拉"。现代汉语的词以双音节词为主。根据《现代汉语频率词典》统计，使用度最高的前 9 000 个词中，单音节词有 2 400 个，占 26.7%，多音节词有 6 600 个，其中双音节词就有 6 285 个，占 69.8%，三音节词及三音节以上的多音节词有 315 个，仅占 3.5%。汉语的词汇量越扩大，多音节词所占的比例就越大。但在使用频率上，单音节词依然占据优势。上面同样的材料显示，6 285 个双音节词的使用频率平均为 60 次，而 2 400 个单音节词则高达 350 次。而且越是常用词中，单音节词的使用频率越高。

（二）词语呈现明显的双音节化趋势

汉语的词汇发展呈现一个明显的趋势即"双音节化"，主要原因有如下三个：

（1）汉语从古至今的语音发展整体趋势是简化，汉语的音节数目有限。单音节词容易造成大量的同音词，这会给交际带来一定的困难，而双音节词有利于避免这种情况。

（2）汉语的单音节词大多数是多义词，因而有时语义难以明确。双音节词增强了词义的区别性，使得词义的表达更为明确、精准，也有助于更加全面深入地表述概念。

（3）双音节词具有对称性，比较符合汉民族的追求平衡、中允的心理。

汉语的词双音节化的途径主要有如下七种：

（1）单音节语素的前面或后面加上一个辅助性的相关成分。例如：

前加：笔—毛笔　雁—大雁　泪—眼泪　涕—鼻涕
后加：松—松树　花—花朵　眼—眼睛　睫—睫毛

（2）单音节语素的前面或后面加上一个没有实体意义的附加成分。例如：

前加：鼠—老鼠　姨—阿姨
后加：石—石头　桌—桌子

（3）单音节语素重叠。例如：

星—星星　妈—妈妈　刚—刚刚　渐—渐渐

（4）意义相同或相近的单音节语素联合起来使用。例如：

牙齿　皮肤　寻找　停止　善良　美好　刚才　首先

（5）单音节词替换成与原语素无关的双音节词。例如：

口—嘴巴　箸—筷子　菘—白菜　凫—野鸭

（6）三音节词省略其中一个语素。例如：

照相机—相机　电冰箱—冰箱　玫瑰花—玫瑰

（7）四音节以上的词语采用缩略法。例如：

彩色电视机—彩电　　超级市场—超市　家用电器—家电
汉语国际教育—汉教　社会科学—社科　北京大学—北大

（三）以复合词为主，复合词的内部构造跟短语的构造大体一致

汉语的构词方式以复合词为主。复合词的内部构造主要有联合式、偏正式、主谓式、述宾式、述补式五种，其中又以偏正式、联合式最为常见。汉语的短语类型也主要有联合短语、偏正短语、主谓短语、述宾短语、述补短语这五类。汉语的复合词与短语的内部构造基本一致，缺少形态变化，因而词与短语之间的界限也比较模糊。

第二节　汉语词汇的系统与组成

一、汉语词汇的系统

作为语言建筑材料的词汇表面看似杂乱无章，如同一盘散沙，但实际上是一个立体交叉、多层次的系统网络，而且还是一个不断在变化生成的开放型系统网络。词汇系统不是单一层次的，而是多层次的。

一种语言的词汇系统性表现在词与词之间、词自身内部的联系上。这些联系主要可以概括为音、形、义三方面，即语音上的联系、书写形式上的联系、意义上的联系。这些联系形成了不同的系统，或者说不同的类聚：

根据语音上的联系而形成的系统——同音词；根据书写形式上的联系而形成的系统——同形词；根据意义上的联系而形成的系统——上下位词、同位词、近义词和反义词。

（一）同音词、同形词

同音词是指几个语音相同而意义完全不同的词。同音词包括如下两类：

1. 同形同音词

同形同音词，即书写形式相同，语音形式相同，而意义不同的词。例如花朵的"花"和花钱的"花"，前者是名词，后者是动词，两者之间意义完全不同，只是同形同音。

值得注意的是，这一类按其产生的原因又可以分为三种：

第一种是意义上毫无关联，纯粹是偶然原因造成的同形同音词。例如上面举的"花"，两词偶然同音，动词"花"同时借用了名词"花"的字形。又如，"丈夫"的"丈"和"一丈长"的"丈"，前者是男性配偶，后者是一种长度单位，偶然同音同形。再如，"一粒米"的"米"和"一米长"的"米"，前者是大米的米，后者是一种长度单位，是由英语 meter 音译过来的，前一个音节相似，就借用了大米的"米"表示。

第二种实际上是由多义词分化而造成的同形同音词。两个词原先是有意义关联的，但是随着时间的流逝，后人感觉不到它们之间的意义关联了，于是变成同音词。例如：

"白"在《汉语大词典》中分成了白¹、白²、白³、白⁴，当作四个词，其实有的

本来是有意义关联的，如白³与白¹：

白¹：①（形）像霜或雪的颜色（跟"黑"相对）。②某些白色或近似白色的东西。③（形）光亮；明亮。④清楚；明白。⑤没有加上什么东西的；空白。⑥（副）没有效果；徒然。⑦（副）无代价；无报偿。⑧象征反动。⑨指丧事。⑩（动）用白眼珠看人，表示轻视或不满。⑪（名）姓。

白³：①说明；告诉；陈述。②戏曲或歌剧中在唱词之外用说话腔调说的语句。③指地方话。④白话。

白³的"说明；告诉；陈述"义与白¹的"清楚；明白"义，原本是有意义关联的，"使……清楚、明白"，要说明，要陈述，便由形容词"清楚；明白"引申为动词"说明；告诉；陈述"。王力先生《古汉语字典》中就将两者处理成有意义相关性的义项：

明显。《荀子·儒效》："则贵名白而天下治也。"动词。弄清楚，说明白。《史记·张耳、陈余列传》："公等皆死，谁白王不反者！"又为告白，禀告。《史记·滑稽列传》："烦三老为入白之。"《后汉书·孔融传》："敕外自非当世名人及与通家，皆不得白。"

时间久了，后人感觉不到白³与白¹之间的意义关联了，就干脆处理成两个词，当作是两个意义无关的同音词。

第三种情况是汉字简化造成的同形同音，有些词原本只是同音，但并不同形。这些词的词意之间没什么关联，虽然同音，但不容易混淆，在汉字简化过程中，简化成同一字形。例如，"后来"的"后"原本写作"後"，简化后与"皇后"的"后"同形。"稻谷"的"谷"原本写作"穀"，简化后与"山谷"的"谷"同形。"面条"的"面"原本写作"麵"，简化后与"脸面"的"面"同形。"几个"的"几"原本写作"幾"，简化后与"茶几"的"几"同形。例如：

皇后—后（後）来 山谷—稻谷（穀） 脸面—面（麵）条 茶几—几（幾）个

2. 异形同音词

异形同音词，即语音形式相同，而书写形式和意义都不同的词。这时，汉字实际上起到了区别不同词语的作用。例如：

公示—公事 事物—事务 人士—人事 人参—人身 意义—异议

还有一种特殊的异形同音词，是由多义词或同源词分化而来，语音形式相同，为了区别意义，特意从书写形式上作了区别。例如：

"避"与"辟"原本同音同形。躲避、避免的"避"原先也写作"辟"（bì），是表示法度的"辟"的一个引申义，后来为了区别意义，加了走之底，从书写形式上把这两个意义区别开。久而久之，人们感觉不到它们之间的意义关联，也就成为两个异形同音的词。

"竟"与"境"原本同音同形。《说文·音部》："竟，乐曲尽为竟。""竟"的本义为（演奏）乐曲终止，引申为国土的终止国界，后来为了区分这两个意义，国界的"竟"加了土旁，作"境"。现在，"竟"的本义已经不用了，人们也就很难意识到"竟"与"境"之间的意义联系，也就成了两个异形同音的词。

（二）上下位词、同位词

语言的词汇系统与人类的概念系统存在一定的对应关系。人类的思维中有反应客观世界的概念系统，相应地，人类语言的词汇中就有实词系统。实词系统的数量极其巨大。从纵向来看，实词系统对应于客观世界概念的种属关系，进而形成了上下位词子系统；从横向来看，实词系统对应于客观世界概念的类聚关系，进而形成了同位词子系统。

1. 上下位词

所谓上下位词，就是具有上下位关系的词。上位词和下位词具有种属关系，种和属的关系本质上是一般和个别的关系。例如"鸡"对于"鸟"来说是个别，"鸟"对于"动物"来说是个别，"动物"对于"生物"来说是个别；反过来说，"鸟"对于"鸡"来说是一般，"动物"对于"鸟"来说是一般，"生物"对于"动物"来说是一般。

2. 同位词

所谓同位词，就是指具有同位关系的词。同位词属于相同的类。例如"鸡"和"鸭"具有同位关系，都属于"鸟"；"鸟""鱼""虫""兽"具有同位关系，都属于"动物"；"动物""植物"具有同位关系，都属于"生物"。

同位词表示同一类事物，同位关系和上下关系是一个问题的两个方面，从纵向看是上下位词，从横向看是同位词。例如：

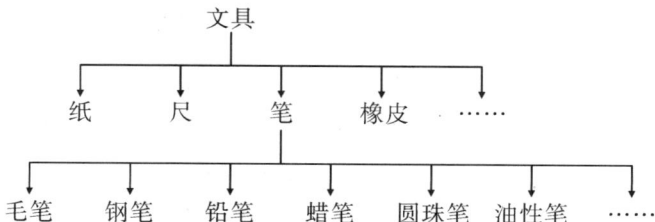

　　"文具"是"纸、尺、笔、橡皮"的上位词，"纸、尺、笔、橡皮"是同位词，都是"文具"的下位词；"笔"是"毛笔、钢笔、铅笔、蜡笔、圆珠笔、油性笔"的上位词，"毛笔、钢笔、铅笔、蜡笔、圆珠笔、油性笔"是同位词，都是"笔"的下位词。

　　上下位词、同位词既有严格的科学分类，也有非严格的日常运用。后者与人类日常的表情达意关系密切，具有强烈的文化特征和民族色彩。例如，中国人认为"金木水火土"可以算是同位词，都是上位词"五行"的下位词。

（三）近义词、反义词

1. 近义词

　　近义词是指意义相同或相近的词。近义关系和同位关系一样，都是词与词之间在意义上的一种横向联系。根据语言的"经济"与"适量"原则，按理来说，意义与用法完全相同的，严格意义上的同义词，又称为等义词，是不存在的。但是汉语历史悠久、中国疆域广阔，地域差异大，普通话中保留了一些古语词，并融合了一些方言词，且随着对外交流的深入，还吸收一些外来词，所以也会出现一些意义与用法几乎完全相同的词。

　　例如，"凫""雉"是古语词，现在说"野鸭""鸡"；"买单"来自粤语，现在已进入了普通话，"结账"是普通话原有的词；"麦克风"是外来音译词，后来又意译为"话筒"。这些词在意义与用法上几乎完全相同，但是在语体色彩上存在不同。

　　再如，同素逆序词，构成语素完全相同，只是语素的次序排列不同，构词结构相同的同素逆序词，大部分意义相同。例如：

情感—感情　夜宵—宵夜　力气—气力　士兵—兵士
斗争—争斗　补贴—贴补　代替—替代　寻找—找寻
健康—康健　缓和—和缓　演讲—讲演　相互—互相

　　近义词是随着社会生产生活、文化水平的不断发展而产生的。人们对客观世界错综复杂的事物、现象以及人类主观世界的认识越来越精细、深刻、详尽，对语言的要求也不断地丰富发展，这样才能适应、满足人类更精确、更细致、更灵活地反映现实表达思想感情的需要。

　　例如，形容长相的"好看"，人们就根据不同的语义侧重点、不同的交际场合而创造出了"美丽、漂亮、标致、俊俏、俊美、绝美、绝色、柔美、秀美、秀雅、清秀、秀丽、清丽、娴丽、端丽、俏丽、靓丽、艳丽、明艳、美艳、妩媚、娇俏、娇媚、娇美、倾城、国色"等一大批近义词。

　　意义与用法完全相同的等义词还是少数。大部分近义词还是存在一些差异的。近义词的辨析，一般可以运用三种方法，从七个方面来进行：

（1）色彩分析法。

第一，感情色彩，主要是褒贬色彩，分为褒义、贬义、中性三种。例如：

成果（褒）—后果（贬）—结果（中）
爱护（褒）—袒护（贬）—保护（中）
自信（褒）—骄傲（贬）　谦虚（褒）—自卑（贬）

第二，语体色彩，主要分为口语与书面语，方言与普通话，音译词与意译词三类。例如：

①口语与书面语：

妈妈—母亲　油水—好处　到达—抵达　丢掉—摒弃

②方言与普通话：

晓得—知道　闹热—热闹　地瓜—红薯　买单—结账　脚踏车—自行车

③音译词与意译词：

巴士—公共汽车　　麦克风—话筒　　士多—商店
因特网—互联网　　的士—出租车　　镭射—激光
士多啤梨—草莓　　奇异果—猕猴桃　车厘子—樱桃

（2）意义分析法。

第一，语义轻重。例如：

失望—绝望　无情—绝情　机密—绝密　高兴—兴奋　准确—精准
沉重—惨重　生气—愤怒　损坏—毁坏　批评—批判　成绩—功绩

以上词组，后一词的语义比前一词的语义重。如"失望"，失去希望，而"绝望"，"绝"可以表示程度最高，"绝望"就表示失望到了极点，毫无希望，比"失望"的程度就高了很多。"成绩"指工作或学习的收获，"学习成绩""工作成绩"，而"功绩"指的是功劳和业绩，"功绩卓著""不可磨灭的功绩"，"功绩"比"成绩"要更高一些，"功绩"本身是一种"成绩"，是特别突出的成绩，不是所有的"成绩"都能称为"功绩"。语义轻重往往形成阶梯式，例如：

　　良好—优良—优秀—优异　婉拒—谢绝—拒绝　请求—恳求—乞求—哀求

　　第二，范围大小。例如：

　　战斗—战役—战争　时期—时代　死亡—伤亡　战术—战略　天气—气候

　　后者的范围比前者的范围更大。一次次的"战斗"组成了"战役"，大大小小的"战役"组成整个"战争"，比如"抗日战争"的十大战役。"天气"是一个地区一天甚至某个具体时间的气象情况，如"今天下午两点厦门的天气"，而"气候"是一个地区甚至更大范围的长期以来比较稳定的气象情况，如"全球气候变暖"。还有一类集合名词跟个体名词，也可以看作语义范围大小的近义词。例如：

　　树木—树　花卉—花　车辆—车　马匹—马　人员—人　书籍—书

　　第三，有相当一部分近义词，构词的两个语素中有一个相同，另一个不同。这样的近义词，由于一个语素相同，另一个语素不同，在辨析时可以采用比较简便的"语素比较法"，着重辨析不同的语素之间意义的差异。例如：

帮助—救助　颤抖—颤动　困难—艰难　感谢—感激　报答—报恩
贫穷—贫苦—贫困　清丽—俏丽—艳丽　保护—维护—守护

　　语素之间的意义差异使整个词的语义的侧重点也不太一样。例如："清丽—俏丽—艳丽"，都有"美丽"的意思，但是侧重点不同。
　　清丽：清雅美丽，侧重的是清雅之美，清新淡雅的美。
　　俏丽：俊俏美丽，侧重的是俊俏之美，灵活娇俏的美。
　　艳丽：鲜艳美丽，侧重的是鲜艳之美，耀眼夺目的美。
　　构词语素的不同，往往也造成语义上的轻重差异。上文所举的"失望—绝望""无情—绝情""沉重—惨重""帮助—救助"，后者的语义比前者的语义重。
　　构词语素的不同，常常也造成搭配对象的不同。如"报答"与"报恩"都表示用实际行动表示感谢，"报答"后面可以加宾语，"报答父母""报答恩情"，"报恩"本身已经是"报答恩情"的意思，后面不能再加宾语。

（3）功能分析法。

第一，搭配对象不同。例如：

面临—面对　丢失—失去　尊敬—尊重　改进—改正　相信—信任　发布—宣布

"尊敬"只能搭配表示人的名词、代词，而且一般是下对上的，对方的地位或辈分较高，"学生尊敬老师""年轻人尊敬长辈"；"尊重"可以搭配表示人的名词、代词，但地位相对平等，还可以是上对下，"老师要尊重学生""老板要尊重员工"，还可以搭配不是表示人的名词，"尊重科学""尊重知识""尊重事实""尊重（你的）意见"。"改进"是在原有的基础上改得更好，一般是搭配方法、工作等，"改进方法""改进方案""改进工作""改进设计"；"改正"是原来有错误，现在修改正确，一般是搭配缺点、错误，"改正缺点""改正错误"。

第二，词性不同。例如：

聪明（形）—智慧（名）　　偶然（形）—偶尔（副）
突然（形）—忽然（副）　　适合（动）—合适（形）
重复（动）—反复（副）　　轻松（形）—轻易（副）
假设（动）—假如（连）　　导致（动）—以致（连）
负担（名、动）—压力（名）

这几组词意义相近，词性不同。词性不同，用法自然也存在差异。"突然""忽然"意思几乎一样，都可以作状语，"一只狗突然跑了出来"，也可以换成"忽然"，但是"突然"是形容词，可以说"这件事太突然了，我一点准备也没有"，这里就不能换成"忽然"，因为"忽然"是副词。"假设""假如""如果"都可以表示假定某种情况，不少情况下三者可以换用，比如"假设1本书卖20块钱，10本书就能卖200块钱"，这里"假设"可以换成"假如""如果"。"假设"是动词，后面可以加宾语，比如说"我们假设以下几种情况"，这里"假设"就不能换成"假如""如果"。

2. 反义词

反义词是意义相反或相对的一组词。反义关系也是词与词在语义上的一种横向联系，也属于词汇系统的一种子系统。从逻辑的角度来说，构成反义词的一对词或一组词必须属于同一个意义范畴，如长度、重量、时间、处所、速度、颜色、面积、体积等，否则无法形成一个意义的类聚。例如，"长、短"表示长度，"早、晚"表示时间，"内、外"表示处所方位，"快、慢"表示速度，"黑、白"表示颜色，"大、小"表示面积、体积。也就是说，一对或一组反义词里的词都必须同属于一个上位概念，所以"蠢笨"和"天才"、"白天"和"黑夜"虽然具有反义性，但是不属于同一个上位概念，不能构成一组反义词。名词、形容词、动词都存在反义词。

名词中的反义词：

福—祸　水—火　早—晚　东—西　古—今　主—仆　警—匪　姐—妹
天才—疯子　天堂—地狱　天使—魔鬼　君子—小人　理想—现实

形容词中的反义词：

深—浅　高—低　甜—苦　善—恶　好—坏　美—丑　明—暗　胖—瘦
紧张—轻松　陌生—熟悉　伟大—渺小　高大—矮小　骄傲—谦虚

动词中的反义词：

开—关　来—回　得—失　进—退　哭—笑　问—答　聚—散　买—卖
前进—后退　表扬—批评　喜欢—讨厌　上升—下降　增加—减少

其他词类中的反义词：

此—彼　这—那　你—我　永远—暂时　至多—至少　来得及—来不及

单音词有反义词，双音词也有，多音词、固定短语也存在反义词，如：

唯物主义—唯心主义　狼吞虎咽—细嚼慢咽　喜笑颜开—愁眉苦脸

反义词的类型有两种：

（1）绝对反义词，一组词所表达的概念意义在逻辑上有矛盾关系，肯定一方就必须否定另一方，否定一方必须肯定另一方：

是—非　真—假　生—死　动—静　有—无　这—那　男—女　白天—晚上
权利—义务　拥护—反对　怀疑—相信　清醒—糊涂　仔细—马虎

（2）相对反义词，一组词所表达的概念意义在逻辑上处于反对关系的两个极端，肯定一方必否定另一方，但否定一方不能肯定另一方，因为有第三方的可能：

春—秋　老—少　南—北　黑—白　大—小　上—下　喜—怒　父—母
平地—高山　开始—结束　光明—黑暗　胜利—失败　进步—退步

二、汉语词汇的组成

词汇是一个庞大的、动态的集合体。根据对词汇认识的深度、语言研究与应用的需要，人们对现代汉语词汇有着不同角度、不同标准的分类：

第一种，根据词在词汇构成的地位作用所作的划分，即基本词汇与一般词汇。

第二种，根据词在历史上出现的时间所作的划分，即古语词、传承词、新词。

第三种，根据词在两类最重要的交际场合的运用上所作的划分，即口语词与书面语词。

第四种，根据词的运用的地域所作的划分，即标准语词与方言词。

第五种，根据词的运用的民族或国别所作的划分，即本族语词与外来语词。

（一）基本词汇与一般词汇

1. 基本词汇

语言中存在基本词汇。基本词汇的数量占词汇总量的比例不大，但是它们的生命更为长久，是从古代到现代，在语言运用中必不可少的词，表达的是人们交际运用中最不可缺少的概念，也是构成新词的基础。

基本词汇的词的特点主要有：

（1）普遍性，从共时角度而言，它是普遍使用的、常用的概念。

（2）稳固性，从历时角度而言，它存在很长的时间，而且在长时间里它的指示范围是稳固的，如上古的天、地、人、山、水、鸟、鱼、牛，今天还是同样的指示对象。这种稳固性不是说它的语音形式和意义完全没有变化，它的语音形式从上古音变为今音，它的概念义很多也随着人们对客观世界及主观世界认识的深化而发生一些变化。如"电"，古代是指自然界的闪电，而现代除了指闪电，更多的指通过化学的或物理的方法获得的一种可以使灯发光、机械运转的能量。

（3）构词能力强，是构成新词的基础，它可以作为根词，是构造新词的主要力量。例如，以"人"作为根词构成的词语：

人才、人潮、人海、人流、人称、人次、人道、人丁、人犯、人格、人工、人祸、人际、人家、人间、人精、人均、人口、人类、人力、人伦、人性、人心、人马、人脉、人们、人民、人生、人士、人事、人名、人命、人品、人情、人气、人权、人群、人人、人日、人瑞、人参、人身、人世、人手、人寿、人体、人梯、人望、人头、人为、人文、人物、人像、人选、人烟、人样、人鱼、人影、人员、人缘、人造、人渣、人证、人质、人治、人中、人丹、人种、人大、人民币、人贩子、人力车、人行道、人情味、人生观、人身权、人马座、人口学、人类学、人来疯、人工湖、人工降水、人工授精、人工智能、人造卫星、人海战术、人工呼吸、人肉搜索、人体炸弹、人民政府、人民法院、人民公社、人身自由、人文科学、人间蒸发、人定胜天、人地生疏、人杰地灵、人困马乏、人仰马翻、人老珠黄、人面兽心、人命关天、人莫予毒、人模狗样、人情世故、人山人海、人声鼎沸、人寿年丰、人微言轻、人心不古、人云亦云、人民检察院、人民代表大会

2. 一般词汇

除基本词汇以外的词汇，统称一般词汇。基本词汇与一般词汇的关系是：

第一，基本词汇中的词派生的词，即构成的新词，绝大多数是一般词汇，如上文所举"人"一词所构成的合成词，大都是一般词汇。

第二，一般词汇中有些词，随着社会生产、生活的发展，它所表示的概念和事与人们的生活关系变得更加密切，具备了基本词汇的三个特点，它就进入了基本词汇的行列。例如，机器的"机"在古代算是一般词汇中的词，因为中国古代社会轻视机械发明，把这些看作是"奇技淫巧"。而在现代社会，随着科学、科技的不断发展，机器、机械在人们的社会生产、生活中的作用越来越重要，关系越来越密切，其构词能力也极大地提高。由"机"为词根构成了大量合成词，"飞机、客机、机场、机群、机舱、机长、机试、机师、机降、机器、机械、机电、机车、机床、机房、机井、机件、机动、机枪、机洗、机位、机务、机修、机芯、机油、机子、机组、机顶盒、机器人、电视机、洗衣机"，"机"已经进入了基本词汇。

第三，基本词汇中有些词，随着社会生产、生活的发展，它所表示的某些事物、某些概念，在人们的生活中已经显得不那么重要，甚至成为过时的东西，丧失了基本词汇中的词的三个特点，它就退出了基本词汇，变为一般词汇中的词。例如"神"，在古代与人们社会生活、精神世界密切相关，"神"也构成了"神仙、天神、神女、神人、神明、神灵、神话、神物、神器、神山、神坛、神庙、神童、神探、神通、神采、神秘、神奇、鬼神、山神、花神、精神"等大量的词，但是现在，它与人们的社会生活、精神世界的关系已经没有那么密切，退出了基本词汇，成为一般词汇中的一员。

（二）古语词、传承词、新词

现代汉语词汇是历代积累下来的大量词语和不断产生的大量词语组合而成的集合体。

1. 古语词

汉语词汇从出现的时间上可以划分为古代汉语词汇、现代汉语词汇。古语词存在于历史长河的上游，它可以分为两类：

（1）历史词语。历史词语指的是历史上曾经存在过、现在已经不存在的事物、行为或现象。有的历史词语现在已经成了遗迹、文物，有的是神话传说中的名称。这类词在日常交际中极少应用到，只是在说明、解释历史事物、人物、事件、现象等时用到，特别是学术专著中运用到。例如：

①古代器物的名称有：瑱、珥、珰（耳饰），褙子、蔽膝（服饰），圭、琮、玦（玉器），埙、尺八（乐器），爵、斝（酒器），鬲、甑、鼐（炊具），阙（建筑）。

②古代典章制度的名称有：禘、袷、蚕礼（祭祀名）、黥、刖、膑、腰斩、凌迟（刑罚）、丁忧、孝廉、门阀、九品中正、科举、乡试、殿试。

③古代职官的名称有：司空、司马、司徒、太尉、太傅、太师、太史、御史、刺史、中书、宰相、丞相、尚书、侍郎、员外郎、舍人、阁老、大学士、太医。

④古代官署的名称有：太史寮、御史台、尚书台、中书省、门下省、枢密院、翰林院、宗人府、鸿胪寺、大理寺、光禄寺、国子监、钦天监、著作局、浣衣局。

（2）文言词语。历史词语所指称的事物、行为、现象，在现代社会中已经不存在，有些只是作为文物、遗迹存在，现代汉语中并没有对应的词语存在。而文言词语是指古代汉语中用过的，尤其是书面语中使用过的，但是现代汉语口语一般已经不使用了，而它所指称的事物、概念，现实中依然存在，只是用了其他词语来指称。文言词语一般有对应的现代汉语词语存在。例如：

目—眼睛　首—头　卒—士兵　妪—老妇人　凫—野鸭子　炙—烤肉
浴—洗澡　沐—洗头　觅—找　缄—封闭　抱恙—生病　叩首—磕头
馁—饿　葳蕤—茂盛　吾—我　汝—你　之—的　于—在　矧—况且

2. 传承词

传承词，也是历史上很早就产生的，并在现代汉语口语中仍然得到继承，而且使用依然活跃的词。传承词大多属于基本词汇。例如：

天、地、人、日、月、星、云、山、水、田、石、花、树、草、国、家、身、手、腿、脸、鼻、鸟、牛、羊、鸡、鸭、马；吃、喝、看、听、走、跑、跳、打、叫、学、教、笑、说、飞；大、小、高、方、圆、长、短、美、好、坏、黑、白；

我、你、他、这、那；的、把、被、在；与、和；土地、国家、民族、江河

传承词在从古至今的传承、延续中，词义、语法功能、使用频率等方面也会发生一些变化。比如，"走"在古汉语中指"跑"，"儿童急走追黄蝶"，现代汉语中则指"步行"。"脸"在古汉语中指"脸颊"，现代汉语中则指整个面部。"把"古汉语中多用作动词，"把酒言欢""把酒问青天"，现代汉语中多用作介词，"我把他打了"。"江河"古代多专指长江、黄河，现代汉语则泛指河流。

3. 新词

新词所指的对象或代表的概念是新的，同时它的形式是新的。新词极大地丰富了汉语的词汇量。新词的"新"其实是相对，是相对于语言已有的词汇系统而言的一个概念，每个时期有每个时期的新词语。新词从本质上说是一种过渡性词语，它是有时限性的，任何一个词都不可能永远是"新"的，过了一定的时限，人们失去了新鲜感，这"新"词就不再是"新"词。

新词是社会的一面镜子，是社会的"晴雨表"，最能反映社会生产、社会生活的新现象、新变化、新热点。社会变化发展越快，新词产生得越多，新与旧的更替就越快。

国家语言资源监测与研究中心从 2005 年开始，对我国的新词进行监测与研究，并且以年度为单位，定期公布年度新词语。例如，2019 年度十大新词语是：夜经济、5G 元年、极限施压、止暴制乱、接诉即办、夸夸群、基层减负年、冰墩墩/雪容融、杀猪盘、乡字号/土字号。

夜经济，指从当日 18 时至次日凌晨所发生的，以当地居民、工作人群、游客为消费主体，以购物、餐饮、娱乐、休闲等服务消费为主要形式的经济活动。

5G 元年，指的是 2019 年 5G 开始真正走进人们的生活。

极限施压，指的是施加最高限度的压力，指中美贸易战以来，美国通过加征关税等方式对我国施加压力，进行贸易霸凌。

止暴制乱，国家主席习近平在巴西利亚出席金砖国家领导人第十一次会晤时，就当前香港局势明确指出，止暴制乱、恢复秩序是香港当前最紧迫的任务。

接诉即办，指北京市为促进基层民生服务而采取的一种重要举措和创新机制，即以 12345 市民服务热线为主渠道的群众诉求快速响应机制。

夸夸群，指一种以"全方位地用华丽的辞藻疯狂地夸奖吹捧"为主要内容的微信群。

基层减负年，2019 年 3 月，中共中央办公厅印发的《关于解决形式主义突出问题为基层减负的通知》，将 2019 年作为"基层减负年"，旨在贯彻落实习近平总书记重要指示批示精神，解决一些困扰基层的形式主义问题，切实为基层减负，激励广大

干部担当作为、不懈奋斗。

冰墩墩/雪容融，2022 年北京冬奥会和冬残奥会吉祥物。

杀猪盘，一种网络诈骗方式。指诈骗分子在以恋爱交友为手段获取被害人信任后，伺机将其拉入博彩理财等骗局，骗取受害人钱财。不同于其他骗局的"短、平、快"，杀猪盘，最大的特点是放长线，这个过程犹如把猪养肥后再宰杀。

乡字号/土字号，特指乡村特色产品品牌。2019 年 6 月，国务院在《关于促进乡村产业振兴的指导意见》中明确提出，要实施农业品牌提升行动，鼓励地方培育品质优良、特色鲜明的区域公用品牌，引导企业与农户等共创企业品牌，培育一批"土字号""乡字号"产品品牌。

新词语从音节来看，以多音节词居多，从构词法来看，基本符合汉语原有的构词方式，以合成词居多。

（三）口语词与书面语词

口语和书面语没有绝对的界限。很多情况下，口头能说的词在书面中也能运用，书面中运用的词在口头上也能说，绝大部分词在口语和书面语中是通用的。但是也不能说词语的使用在口语与书面语上全然没有差异，还是有比较明显的倾向性的。有些词常用于口语，称为口语词；有些词常用于书面语，称为书面语词。

值得注意的是，口语词并非指出现在口头语上的词，而是侧重于指日常、通俗、随意的交际场合所使用的词语。书面语词也并非就是指书面写作上出现的词，而是侧重于正式的、严肃的、庄重的交际场合所使用的词语。

比如，新闻播报、新闻发言或机关单位工作汇报，这些语言也是口头上说的，但是就不能算是口语，其语言还是比较正式、严肃、庄重的，用词还是偏书面的。再如，文学作品如小说、戏剧等，虽然是书面写作，但是有的故事情景非常生活化，其语言也是比较通俗、浅显的，用词还是偏口语的。

口语中一般说"爸爸、爸"，"父亲"则多于书面语或比较正式的场合。口语中说"玩、玩耍"，"嬉戏"则多出现于书面语。口语中说"挨个儿"，书面语则多用"逐一"。"不光"多见于口语，书面语则常用"不止"。口语中用介词"在"，书面语则常用"于"。口语中说"不带"，书面语一般则说"不允许、不容许"。口语中一般说"一天比一天……"，书面语则改用"日趋、日益、日渐"。

（四）标准语词与方言词

标准语即一个民族从政治上认定的共同语，对于汉语来说就是普通话。普通话是以北方话为基础方言，以北京音为标准音，以典范的白话文著作为语法规范的词语。普通话的词汇即标准语词汇。方言词，指限于某一些方言地域内使用的词语，它既指普通话以外的各个方言的区域性词语，也指作为普通话基础方言的北方话中一些地域性词语。

仅限于某一些方言地域内使用的方言词，《现代汉语大词典》通常是不收录的，例如，闽语的"侬"（表示人）、"囝"（表示孩子）、"东司"（表示厕所）、"蚵仔"（蚝）、"古早味"（表示传统味道）。

方言词与标准语词的最主要区别在于使用范围的大小不同。方言词与标准语词之间不存在不可跨越的鸿沟。这样的例子在汉语史上非常多。中国古代没有标准语的概念，暂称为"通语"。方言词可以进入通语，成为通语词；通语词也可能失去通语的性质，成为方言词。比如，《尔雅》中"两婿相谓为娅"，晋代的郭璞注"今江东人呼同门为僚婿"，姐姐的丈夫和妹妹的丈夫之间的亲戚关系，《尔雅》时期叫"娅"，晋代叫"同门"，晋代的江东方言叫"僚婿"，现代普通话叫"连襟"。"同门"在晋代还是一个通语词，而且现在已经成为一个闽方言词。普通话的"同门"已经指的是受业于同一个老师的人。

当一个方言词在全社会流行，而不再仅限于某一些地域使用时，它就逐渐具有了普通话词语的性质，现代汉语词典也收录这类词，同时会明确标注是方言。例如"埋单"，又作"买单"，付款的意思，原为粤方言词，《现代汉语词典（第6版）》收录时，就标注为〈方〉，说明其方言来源，并指出已经传入北方话地区。

这类词，如果进一步流传并稳定下来，以至于人们逐渐淡忘其方言词性质，不再把它看作是方言词，就会成为标准语词汇中的一员，现代汉语词典收录时，有时就不再标注是方言。如"的士"这个词原本来自粤方言，普通话叫"出租车"，《现代汉语词典（第6版）》收录"的士"，就没有标注为〈方〉，而标注为〈口〉，同时还收录了由"的士"衍生出来的词语"打的""摩的""的哥""的姐"。

（五）本族语词与外来语词

本族语词指的是本民族语言的词语。外来语词指的是从外国语言或本国其他民族语言中连音带义吸收进来的词，又叫外来词、借词。要特别注意的是，意译词不是外来词。

我国是一个历史悠久的文明古国，也是一个多民族的大国，在长期的历史发展中，在与各国人民长期交往、与国内各兄弟民族长期相处的历史过程中，汉语吸收了不少外来语词。早在汉代，汉语中就有了不少来自西域、匈奴的外来词，例如：可汗、单于、阏氏、石榴、葡萄、苜蓿、琉璃、琵琶、骆驼等。佛教传入中国后，汉语又吸收了一批佛教词语，如佛、菩萨、罗汉、僧、沙门、比丘、魔、塔、刹、禅等。近代在学习西方文化科学技术的过程中，汉语又吸收了大批的外来词，其中以从日语、英语借来的居多。

汉语吸收的不同民族语言的外来词。例如：

英语：逻辑　摩登　沙发　鸦片　雪茄　尼龙　比萨　基因　雷达

法语：芭蕾　模特　香槟　蒙太奇　洛可可　贝雷帽　沙文主义

德语：纳粹　马克　海洛因　阿司匹林　阴丹士林

俄语：苏维埃　布尔什维克　布拉吉　卢布　伏特加

满语：萨其马　贝勒　福晋　格格

蒙语：胡同　站（车站义）　戈壁　浩特　那达慕　敖包

藏语：哈达　喇嘛　糌粑

维语：冬不拉　阿訇

汉语吸收外来词的几种形式。例如：

音译：酷（cool）　克隆（clone）　沙龙（salon）　巴士（bus）
　　　咖啡（coffee）

音译加意译：冰激凌（ice cream）　啤酒（beer）　酒吧（bar）
　　　　　　霓虹灯（neon）　吉普车（jeep）　爵士乐（Jazz）
　　　　　　保龄球（bowling）　迷你裙（mini-skirt）

音意兼译：可口可乐（Coca-Cola）　奔驰（Benz）　宜家（Ikea）
　　　　　舒肤佳（Safeguard）　黑客（hacker）　香波（shampoo）
　　　　　香槟（champagne）　俱乐部（club）

字母词：IQ（智商）　EQ（情商）　UFO（不明飞行物）　VIP（贵宾）
　　　　CPU（中央处理器）　IP（网际协议）　CEO（首席执行官）
　　　　DIY（自己动手做）

字母加汉字：B超　X光　IP卡

汉语从日语吸收词语，往往直接用汉字字形，不借读音。例如：

国际　革命　封建　共和　社会主义　资本主义　方针　政策　原则　经济
科学　商业　交通　干部　教授　美术　哲学　抽象　法律　纪律　理论　服务
组合　组织　手续　人选　民俗　玄关　写真　亲子　茶道　宅（宅男、宅女）

第三节 汉语词的构造

一、汉语词的构词法

词是由语素构成的，语素构造成词的方法就是构词法。汉语的构词类型可以从不同角度进行认识。一般先区分单纯词和合成词，合成词再分成派生词和复合词，复合词再分成偏正、述宾、述补、联合、主谓等类型。由于现代汉语以双音节词为主，所以双音节词的构造也是词汇研究的重点之一。构词法的对象是词语，属于词汇问题，但因为同时涉及词的内部结构，所以也属于语法问题。掌握构词法，不仅有助于对词语结构的了解，而且对词义的理解也有显著的作用。

二、基本的构词法

词是由语素构成的，根据参与构成词的语素在词的结构中的地位与意义是否具体实在，语素可以分为两大类：词根和词缀。参与构词的语素，在词的结构体中充当基本构成部分，意义比较实在的，称为词根。例如，"手机"中的"手"和"机"、"椅子""斧头"中的"椅"和"斧"。参与构词的语素，在词的结构体中充当附加部分，且意义比较虚化，主要起构词作用的，称为词缀。词缀还可以根据它在构词时出现的位置，再分为前缀、后缀和中缀三类。例如：

前缀：老鹰　老虎　老公　老总　阿姨
后缀：木头　甜头　梯子　瓶子　盖儿　活儿
中缀：糊里糊涂　土里土气　灰不溜秋　傻不愣登

从构词法的角度看，现代汉语的词可以分为以下几大类：

（一）单纯词

单纯词是指由一个语素构成的词。汉语中一个语素往往是一个音节，因此，单音节词都是单纯词。例如：人、花、树、跑、坐、躺、好、坏、美、最、很、常、不、在、可。

除此之外，还有一些比较特殊的情况，也就是说，一个语素可能有两个以上的音节。这主要有如下两类：

1. 联绵词

由一个双音节的语素构成的词。这两个音节合起来表示一个整体的意义，单个音节没有意义。这两个音节之间大多有双声、叠韵或叠音的关系。例如：

A.　双声：鸳鸯　弥漫　犹豫　踌躇　坎坷　惆怅　忐忑　参差　褴褛
B.　叠韵：从容　叮咛　逍遥　佝偻　烂漫　霹雳　蹉跎　徘徊　须臾
C.　非双声非叠韵：芙蓉　蝴蝶　蝙蝠　麒麟　凤凰　妯娌　马虎
D.　叠音：猩猩　隆隆　潺潺　关关

2. 音译词

用音译的方式直接从外语引进的外来词。例如：

胡同　琵琶　葡萄　沙发　咖啡　雷达　夹克　寿司　萨其马　巧克力
幽默　基因　探戈　模特　芭蕾　三明治　海洛因　比基尼　可口可乐

（二）合成词

两个或两个以上的语素构成的词叫合成词。从构造上看，合成词也有不同的类型。

1. 重叠词

由语素重叠而成的词，或者说词根重叠而成的词。它有两类：

（1）AA 式。例如：

星星　爷爷　奶奶　爸爸　妈妈　哥哥　姐姐　弟弟　叔叔　伯伯
偏偏　刚刚　仅仅　明明　渐渐　常常　恰恰　频频　缓缓　暗暗

重叠词与前面的叠音联绵词的区别在于：首先，叠音联绵词，或叫叠音词，是单纯词，而重叠词是合成词；其次，叠音词是语音层面的重叠，同一音节重叠构成一个语素，实际上是一种语音构词，而重叠词是语素层面的重叠，同一语素重叠构成一个词；最后，叠音词中单独一个音节不代表意义。

例如，"猩猩、潺潺、隆隆"中的"猩、潺、隆"没有意义，不能单独表意，只是代表音节。而重叠词中单独一个语素也是有意义的，如"偏偏、刚刚、仅仅、常常"中的"偏、刚、仅、常"是有意义的，也可以单独成词。

重叠词、叠音词与"吃吃""走走""看看"这类词也不同。后者是词层面的重叠，属于语法上的重叠，是一种构形变化，附加了新的语法意义，没有产生新词。重叠词是语素重叠，与构词的语素相比，没有产生附加新的语法意义。

（2）AABB 式。例如：

花花绿绿　密密麻麻　形形色色　大大咧咧　轰轰烈烈　蹦蹦跳跳

　　这类 AABB 重叠式合成词，其特点是没有与之对应的 AB 式，属于重叠式构词。而"清楚、匆忙、慌张、大方"的重叠形式"清清楚楚、匆匆忙忙、慌慌张张、大大方方"则附加了"程度加强"的语法意义，因此属于语法上的重叠构形变化，没有产生新词。

　　2. 联合式

　　两个意义相近、相关或相反的语素并列组合而成。根据两个词根之间的意义关系，可以分为如下四类：

　　（1）近义联合词。意义相近、相同的两个语素联合成词，两个语素可以互为补充、说明。例如：

道路　泥土　波浪　语言　思想　储蓄　睡眠
品尝　追求　赠送　选择　重复　种植　沐浴
美丽　良好　善良　潮湿　端正　新鲜　炎热

　　（2）类义联合词。意义相关的两个语素联合构成一个新的词。例如：

笔墨　手足　口舌　干戈　矛盾　规矩　心腹　人马
跋涉　权衡　照看　敲打　清凉　残疾　重大　清白

　　（3）反义联合词。意义相反、对立的两个语素联合构成一个新的词。例如：

开关　左右　动静　是非　恩怨　消息　春秋　寒暑
始终　反正　往返　买卖　轻重　长短　早晚　深浅

　　（4）偏义复词。意义相关或相反的两个语素联合构成一个新的词，但是只有其中一个语素的意义起作用。例如：

兄弟　人物　窗户　国家　质量　忘记　干净　好歹　利害

　　3. 偏正式

　　前一个词根修饰、限制后一个词根，整个词义以后一个词根为主，前一个为辅。

　　（1）类似定语和中心语的关系，前后词根之间在语义上形成修饰与被修饰关系，这类构词一般为名词性的。例如：

油画　棉衣　草莓　书房　月薪　电梯　　（名 + 名）
美食　黑板　真相　蓝图　彩票　优点　　（形 + 名）
存款　订金　爱情　飞机　生日　教室　　（动 + 名）

（2）类似状语和中心语的关系，这类构词一般为谓词性的，可分为动词和形容词两类。例如：

微笑　深思　热爱　面谈　重谢　精读　轻视　蜗居　　（动词）
高级　冰冷　火热　雪白　野生　笔直　飞快　美观　　（形容词）

（3）偏正式，构词为虚词性的。例如：

八成　无论　何必　不论　不光　不必　不管　未曾　万分　还是

这里需要注意三点：

第一，名词的修饰性词根可以是名词性语素，如"油画""电梯""书房"，可以是形容词性语素，如"美食""黑板""真相"，也可以是动词性语素，如"飞机""存款""订金"，这就需要与动宾式，如"签字""放心""播音"，加以区别。

第二，谓词前面的修饰性语素，一般是动词性或形容词性的，如"飞快""轻视"，但也可以是名词性的语素，如"冰冷"是指"像冰一样冷"，"火热"是指"像火一样热"，"野生"是指"在野外生长"，"蜗居"是指"像蜗牛一样居住在窄小的房屋里"，这就需要与主谓式，如"心疼""冬至""眼红"，加以区别。还可以是副词性的语素，如"不满""不足""不安""不乏""不便"。

第三，后一个词根是名词性语素，也可以构成谓词，如"细心""低级"。

4. 述宾式

述宾式又称动宾式。前后词根之间是支配与被支配的关系。前一语素表示动作、行为，后一语素表示动作、行为支配的对象。它主要构成动词，也可以构成名词、形容词。例如：

伤心　失明　理财　犯罪　录音　知情　整容　动员　留心　（动词）
司仪　提纲　理事　屏风　护膝　知音　主席　主厨　围脖　（名词）
及时　动人　合理　专心　用功　知名　有限　无心　过瘾　（形容词）

5. 述补式

后面一个词根作为一种结果状态补充说明前面一个动词性词根，这类主要构成动词。例如：

缩小　刷新　减弱　增强　改正　说服　提高　降低　推翻（动词）

6. 主谓式

前后词根是陈述与被陈述的关系。例如：

地震　海啸　霜冻　耳鸣　口红　冬至　霜降（名词）
心服　心悸　心跳　心动　心疼　头痛　身故（动词）
嘴甜　眼热　心寒　胆小　手软　肉麻　人造　年轻　性急　理亏（形容词）

7. 量补式

后面一个词根作为计量单位，补充说明前面一个名词性词根。这类复合词都是名词，不能受数量词的修饰。例如：

马匹　船只　车辆　纸张　布匹　米粒　物件　书本　诗篇　枪支（名词）

合成词分为复合词、派生词两大类，以上七种构词方式属于复合词。

8. 派生词

又称附加式，是由词根与词缀组合而成的词。主要分为三类：

（1）前缀＋词根。例如：

老鼠　老虎　老鹰　老板　老师　老公　老婆　阿姨

（2）词根＋后缀。例如：

面子　桌子　椅子　筷子　钉子　板子　果子　梨子　鸭子　燕子　厨子　胖子
瘦子　木头　石头　年头　手头　甜头　苦头　猫儿　花儿　鸟儿　盖儿　味儿
劲儿　绊儿　伴儿　头儿

（3）词根 + 中缀 + 词根。例如：

古里古怪　糊里糊涂　土里土气　傻里傻气

汉语中的词缀有典型的与非典型的区别。词缀是从词根演变而来的，典型的词缀的意义已经明显虚化。典型的前缀如"老、阿"。"老鼠、老乡"的"老"并没有"年老"义，可以说"小老鼠、小老乡"，显然不同于"老人、老大爷"中表示年纪大的"老"。"阿姨"的"阿"也没有具体的意义。典型的后缀如"子、儿、头"。"钉子、锤子"中的"子"也不同于"莲子、儿子"中的"子"，"盖儿、味儿"中的"儿"也不同于"婴儿、女儿、男儿"中的"儿"，"石头、年头"中的"头"也不同于"摇头、点头"。而且典型的后缀"子、儿、头"在语音形式上与作为词根的"子、儿、头"是存在明显的对立的，后缀的"子、头"要读成轻声，后缀的"儿"要儿化。

非典型的词缀又可以称为"类词缀"，根据具体位置的不同，可以分为"类前缀""类后缀"。类词缀的语义开始虚化，但是，还没有达到典型词缀那样明显虚化的程度，它们或多或少跟词根还有一些联系，语音形式上也不存在明显对立。

类前缀，例如：

反：反季节、反批评、反社会、反人性、反科学、反作用、反比例、反革命
非：非凡、非法、非人、非农、非典、非卖品、非常规、非金属、非处方药
超：超常、超标、超纲、超编、超短裙、超链接、超音速、超媒体、超一流
可：可惜、可恨、可憎、可耻、可恶、可喜、可悲、可取、可行、可疑、可信、可观、可怜、可爱、可笑、可贵、可心、可口、可人

类后缀，例如：

者：记者、学者、编者、患者、长者、作者、读者、笔者、劳动者
家：画家、作家、专家、名家、收藏家、思想家、艺术家、政治家
员：职员、演员、店员、船员、会员、伤员、官员、售货员、服务员
手：水手、旗手、棋手、枪手、歌手、凶手、对手、选手、新手、坦克手
师：教师、医师、厨师、理发师、化妆师、造型师、设计师、园艺师
化：美化、丑化、恶化、绿化、淡化、深化、净化、老化、现代化、规范化
然：忽然、突然、徒然、陡然、竟然、虽然、果然、当然、必然、淡然

三个或三个以上语素结合而成的复合词结构比较复杂，要注意内部的层次关系。例如：

理　发　师	沐　浴　露	黑　板　报	人　造　卫　星	修　正　液
偏　　正	偏　　正	偏　　正	偏　　正	偏　　正
述　宾	联　合	偏　正	主　谓　偏　正	述　补

第四节　汉语词的意义

一、词义的内容

词有语音形式，又有书写形式。语音形式和书写形式，相对词所代表的对象来说是符号。这里包含两个意思：第一，词是某个对象的代表物；第二，词本身同它的代表对象没有必然的联系，它是人规定的。符号同其代表对象发生联系，它所代表的对象就是该符号的意义。词的语音形式同其代表对象发生联系，它所代表的对象就是词的语音形式所代表的意义，即词义。词义是词的内容、主体，由词的形式所代表的意义都属于词义的范围。词义的内容很丰富，它以概念义为基本内容，还含有附属义，如感情色彩、雅俗色彩、语体色彩等。词的概念义与附属义是根据词义成分中与客观事物存在的直接和间接关系来划分的。

（一）词的概念义

词的语音形式联系的是词的概念内容。词的概念内容，称为词的概念义，又可以称为客观义、理据义、指称义。概念义是词义中反映客观事物自身的内容，简单来说，概念内容是客观事物的反映，但词不等于概念本身。它们的主要区别有：

①概念是一种思维形式，词是一种语言单位；②概念不仅存在、表现在词中，还存在、表现在短语中，如"教育的重要性""课程的安排"也各表示一个概念；③有一些词不表示概念，如语气词"啊、吗、呢、吧"和拟声词"砰、叮咚、哗哗"等，它们只是相应的语气和声音的代表；④词除了概念义，还有附属义，有一定的"感情色彩"，如"鸟"和"鸟儿"的概念义是一样的，但"鸟儿"还有喜爱、亲切的感情色彩；"死亡"和"去世"的概念义是一样的，但"去世"还有委婉、敬意的"感情色彩"。

词的概念义对客观事物的反映，取决于人们当时的认识水平和方法。如"心"，东汉许慎《说文解字》中对"心"的解释是"心，人心。土藏，在身之中"，反映的是古代人对"心"的认识，心是人的心脏，五行属土的脏器，在身躯的中部。而《现代汉语词典（第6版）》对"心"的解释是："人和高等动物身体内推动血液循环的器官。人的心在胸腔的中部，稍偏左方，呈圆锥形，大小约跟本人的拳头相等，内部有四个空腔，上部两个是心房，下部两个是心室。心房和心室的舒张和收缩推动血液循环全身。也叫心脏。"这明显反映了现代人对"心"有了更科学、更准确、更细致的新认识，而且这些新认识是建立在科学进步的基础上。

再如，"萤火虫"的"萤"，《玉篇·虫部》："萤，夜飞，腹下有光，腐草所化。"古人对萤火虫的解释包括它的生活习惯"夜飞"，虫体特征"腹下有光"，而且认为萤火虫是由腐烂的草变成的。而《现代汉语词典（第6版）》对"萤"的解释为："昆虫，身体黄褐色，触角丝状，腹部末端有发光的器官，能发带绿色的光。白天伏在草丛里，夜晚飞出来。"这是对"萤"的解释，既有继承传统的部分，如生活习惯"夜晚飞行，虫体腹部发光"，又加入了新认识，明确了分类"昆虫"，增加了虫体颜色的描写"身体黄褐色，触角丝状"，对发光的原因也有了新的认识，纠正了以前"腐草所化"的错误认识，而是腹部末端有发光的器官，对光的颜色也进行了描写，即"绿色"。再如"启明星"与"长庚星"，古代人不知道早晨出现于东方天空的金星和黄昏出现于西方天空的金星，实际上是同一颗星，于是分别取名，早晨出现的星叫作"启明星"或"明星"，黄昏出现的星叫作"长庚星"。

（二）词的附属义

词的附属义，反映了人们的主观认识，主要指词的感情色彩、语体色彩、形象色彩等。词的附属义，有着重要的传情达意作用。

1. 感情色彩

在词的各种附属义中，对概念义影响最大的就是感情色彩。人们在认识客观事物或作用于客观事物的时候，难免会对客观事物产生一定的态度体验。人们感受到的这个态度就是感情。感情有两大类型：肯定的和否定的。这两大类型又有不同的深浅程度。例如，肯定的感情可以有：狂喜、很高兴、高兴，热爱、爱、喜欢、有好感之分；否定的感情可以有：愤恨、憎恨、怨恨、恨，厌恶、讨厌，惨痛、悲痛、悲哀、伤心、伤感之分。这样的感情在语言和词中也有记录。

（1）一些词语的概念义，本身就是对感情内容类型的说明。人的感情的各种类型、状态分别反映在一个个词中。如"爱、恨；喜、怒、哀、乐、愁、高兴、悲伤"等。

虽然有的词不是对感情内容的直接说明，但它的概念义能影响到词的感情色彩。词的概念义为正面的、肯定的，感情色彩一般为褒义，词的概念义为负面的、否定的，感情色彩一般为贬义。如英雄、珍品、奉献、牺牲、高大、温柔，词义正面、肯定，感情色彩为褒。如懦夫、赃款、逃犯、巴结、贿赂、丑陋、蛮横、卑鄙，词义负面、否定，感情色彩为贬。

（2）一部分叹词表示感情。如"唉"表示伤感或惋惜："唉，他年纪轻轻，就得了这样的病。""啊"表示惊讶："啊！他们离婚了?!""啊"还可以表示赞叹："啊！这里真是太美了!""哼"表示不满意或不相信："哼！他又迟到!"

（3）与概念义同时存在，附着在词上，成为词的感情色彩。例如："嘴脸"，面貌、脸色，贬义，如"我看不惯他那嘴脸"。"嘴皮子"，嘴唇，指说话的技巧或口头表达能力，但多含贬义，如"耍嘴皮子"。"家伙"，指成年人时，多带有轻视、讥讽义，贬义，如"就那家伙也配"。"自封"，自命，多含贬义，如"他自封专家"。

词典中注释感情色彩一般只分褒义、贬义两大类型。一般只标注有强烈鲜明的感情色彩的词。大部分词不带固定的感情色彩，是中性词。口语中，说话人通过词的语音、说话语调的高低、强弱、快慢的变化也能表示不同的感情色彩，使中性词也表示出褒、贬的感情色彩，甚至改变一些词原本的感情色彩。

2. 语体色彩

语体色彩指不同的词适用于不同的社会交际场合、不同的语体。很多词能在不同的交际场合，不同的语体中通用，但有一些词更适用于某一交际场合、某一语体，而不太适用于另一交际场合、另一语体。语体不同用词不同，不同的词适用于不同的语体。

语体色彩大致可分为两大类：书面语的和口语的，词典中一般标注为：〈书〉〈口〉。书面语词多用于书面写作或比较正式、庄严的交际场合。口语词多用于日常谈话或比较通俗、随意的交际场合。例如：现代汉语的连—介词，北京口语里最常用的是"跟"，而书面语却是"和、与、同"。汪维辉统计："在 2013 年的政府工作报告中，这样的'跟'一个也没有，连词主要用'和'，而'与'和'同'则主要用作介词，这可以代表当代汉语正规书面的用词情况。"再如，介词"于"多用于书面写作或较正式、庄重的交际场合，"教务处与外国语学院将于 10 月 21 日至 28 日举办大型活动"，"孔庙建成于 1306 年"。而介词"在"多用于口语。我们再举几组对比的例子，每组左边的词为书面语词，右边的词为口语词：

自裁—自杀　拔擢—提拔　庇佑—保佑　交流—聊天　罪尤—罪过
白首—白发　半子—女婿　比年—近年　悲怆—悲伤　逼仄—狭窄
欣然—愉快　比比—到处　比及（连词）—等到

有一部分词既带有一定感情色彩，又多用于书面语，用于一些正式、庄严的人事应酬的交际场合，这类表示敬辞、谦辞、婉辞等。

（1）敬辞，感情色彩为褒义，抬高对方，表示对对方的尊敬。例如：

"令"可用于敬称对方的家属，"令尊""令严""令慈""令堂""令郎""令爱""令兄""令妹"。

"垂"加动词，既是书面语词，又是敬辞。用于别人（多是长辈或上级）对自己的行动，如"垂爱"，敬称对方（多指长辈或上级）对自己的爱护，多用于书信；"垂怜"，敬称对方（多指长辈或上级）对自己的怜爱或同情；"垂念"，敬称对方（多指长辈或上级）对自己的关心挂念；"垂问"，敬称对方（多是长辈或上级）对自己询问。

"拜"加动词，可作为敬辞，用于人事往来，如"拜托""拜访""拜见""拜望（探望）""拜领（接受赠品）""拜读（阅读）""拜别、拜辞（告别）""拜服（佩服）""拜贺（祝贺）""拜识（结识）""拜谢（感谢）"。

"宝"加名词，可作为敬辞，用于称对方的家眷、铺子等，如"宝刹"，敬称僧尼所在的寺庙；"宝地"，敬称对方所在的地方；"宝号"，可敬称对方的店铺或对方的名字；"宝眷"，敬称对方的家眷。

"大"加名词，可作为敬辞，用于称与对方有关的事物，如"大驾"，敬称对方，"恭候大驾"；"大庆"，敬称老年人的生日；"大寿"，敬称老年人逢十的生日；"大作"，敬称对方的著作。

"呈正"，可作为敬辞，把自己的作品送请别人批评改正。

（2）谦辞，感情色彩稍带贬义，通过压低自己，表示自我的谦虚和对对方的尊敬。例如：

"寒舍"，谦辞，对人称自己的家。"请光临寒舍一叙。"

"贱"，可作谦辞，称有关自己的事物。"您贵姓？贱姓李。"

"后学"，后进的学者或读书人，用于谦称自己。

"家"可用于对别人谦称自己的辈分高的或同辈年纪大的亲属，"家父""家严""家母""家慈""家兄"。

"舍"可用于对别人谦称自己的辈分低的或同辈年纪小的家属，"舍亲""舍妹""舍弟"。

"菲"，既是书面语词，又是谦辞，如"菲仪""菲敬"，菲薄的礼物；"菲酌"，不丰盛的酒饭。

"敢"加动词，既是书面语词，又是谦辞，表示冒昧地请求别人，如"敢问""敢请"。

"过奖"，谦辞，过分地表扬或夸奖，用于对方赞扬自己时的回答。"见笑"，谦辞，被人笑话。"我汉语说得不好，见笑，见笑。"

"告罪"，谦辞，请罪。"来晚了，向大家告罪。"

"斗胆"，谦辞，形容大胆。"我斗胆说一句，这件事您做错了。"

"管见"，谦辞，浅陋的见识。"请容我略陈管见。"

（3）婉辞，以含蓄、委婉的言辞表达一些负面、消极的事情，避免直言不雅，让对方尴尬，同时也表示对对方的礼貌。例如：

"作古""不讳"，既是书面语，又是婉辞，表死亡。"百年""长眠""永眠""归天""仙逝""羽化""谢世""闭眼""不在了"，婉辞，都指死亡。

"寿材"，婉辞，指生前准备的棺材。

"方便""净手"，婉辞，指排泄大小便。

"富态"，婉辞，多指成年人身体胖。

"清减"，婉辞，指人消瘦。

"欠安"，婉辞，称人生病。

"违和"，婉辞，称别人身体有病。

"谢绝"，婉辞，拒绝。

3. 形象色彩

词能在人脑中生出所反映对象的形貌这种情况，称为词的形象色彩。例如：

咚　嘟　砰　咣　咣当　滴答　扑通　叽喳　嘎吱　叮咚　叮当　咕噜　咯噔
咯咯　哈哈　嗖嗖　喃喃　哗啦啦　稀里哗啦　噼里啪啦　叽里咕噜　叽里呱啦　丁
零当啷

金黄　蜡黄　雪白　雪亮　灰白　煞白　湖蓝　蔚蓝　血红　通红　火红　焦黑
漆黑　墨绿　浑圆　溜圆　火烫　冰凉　滚烫　灼热　精光　通明　油亮　板硬
笔直　冰冷　笔挺　鲜红　碧绿　碧蓝　湛蓝　锃亮　惨白　簇新　飞快　粉碎　山
响　乌亮　稀烂　油光

红扑扑　绿油油　明晃晃　亮晶晶　金灿灿　软绵绵　空荡荡　急匆匆　懒洋洋
娇滴滴　紧巴巴　静悄悄　乱哄哄　火辣辣　毛茸茸　水汪汪　雾蒙蒙　笑眯眯
麻麻亮　蒙蒙亮　团团转　呱呱叫　喷喷香　稀巴烂

坑坑洼洼　星星点点　唯唯诺诺　骂骂咧咧　稀稀拉拉　熙熙攘攘　忙忙叨叨
密密麻麻　嘻嘻哈哈　神神道道　羞羞答答　偷偷摸摸　吞吞吐吐　歪歪扭扭　灰不
溜秋　黑不溜秋　酸不溜丢　黑咕隆咚　稀里糊涂　稀里马虎　怪里怪气　老实巴交
曲里拐弯　吊儿郎当

以上几组词具有鲜明的形象色彩，词的语素或直接表示了某种形象，或以语素义描绘了某种形象。如①组是拟声词，本身就是模拟某种声音，直接代表了某种具体声音的形象。③组是三字格，主要是 ABB 式、AAB 式，④组是四字格，主要是 AABB 式，②③④组，统称为"状态词"，是形容词的附类，表示人或事物的状态。带有鲜明的描绘色彩，比普通的形容词更加生动、形象，而且本身自带程度义，一般前面不能再加程度副词修饰，后面不能再加程度补语。比如"血红"，就是像血一样红，"雪白"像雪一样白，非常形象。而且红的程度像血，白的程度像雪，前面不能再加"很""十分""非常"这类的程度副词，后面也不能再加"得很""极了"这样的补语。

有的状态词既具有形象色彩，又带有鲜明的感情色彩，如"红不棱登"，指红，含有厌恶意，"这件蓝布上衣染得不好，太阳一晒变得红不棱登的"。"花不棱登"，形容颜色错杂，含有厌恶意，"这件衣服花不棱登的，我不喜欢"。"花里胡哨"，形容颜色过分鲜艳繁杂，含有厌恶意，"他穿得花里胡哨的，真难看"。

二、词义的系统

语言的词汇系统性不仅表现在词与词之间的联系，也表现在词自身内部的联系上。词义的最小单位叫义素。能独立运用的最小词义单位是义项，也称为义位。词可以按照义项的多少分为单义词和多义词。单义词只有一个义项。多义词有多个义项。汉语中有大量的多义词，多个义项之间存在着某种联系，呈现系统性。多义词的各个义项的性质并不完全相同，有的是本义，有的是基础义，有的是引申义。

（一）本义

词的本义是文献记载的该词最初的意义。例如，"汤"的本义是热水、开水，《论语·季氏》："见不善如探汤。""毕"的本义是田猎用的网，《说文·畢部》："毕，日网也。"段玉裁注，"谓田猎之网也"。"兵"的本义是兵器，《左传·隐公元年》："缮甲兵，具卒乘。""走"的本义是跑，《孟子·梁惠王上》："兵刃既接，弃甲曳兵而走。""竟"的本义是乐曲演奏终止，《说文·音部》："竟，乐曲尽为竟。""脸"的本义是"颊"，《集韵·琰韵》："脸，颊也。"唐代白居易《昭君怨》诗"眉销残黛脸销红"，眉上（涂）的黛褪色了，脸颊上（涂）的红粉褪色了。

词的本义往往可以从早期的字形看出来。如"毕"甲骨文的字形是 ¥，与《说文解字段注》："《月令》注：'网小而柄长谓之毕。'"正相符合，它的本义是打猎用的带长柄的小网。"惊"的繁体字是"驚"，"敬"表示其读音，"马"表示其相关的意义，"惊"的本义是马因害怕而狂跑不受控制，这个本义现在还在用，"马惊了"。

成语常常保留了词的早期意义。成语"扬汤止沸"，把锅里开着的水舀起来再倒回去，使它凉下来，不沸腾；成语"赴汤蹈火"，沸水敢蹚，烈火敢踏，这两个成语中的"汤"不是基本义"菜汤"，而是本义"热水、开水"。"兵不血刃"，兵器上没有沾血；"短兵相接"，刀剑等短兵器近距离交战，这两个成语中的"兵"不是基本义"士兵"，而是本义"兵器"。成语"奔走相告"，有重大的消息时，人们奔跑着相互转告，不是"走"的基本义"人或鸟兽的脚交互向前移动"，而是本义"跑"。

有些词的本义现在已经不用，现代汉语的词典中，也不再列出该义项了。如《现代汉语词典（第6版）》中已经不列出"竟""毕""脸"的本义。

（二）基本义

词的基本义指该词在现代汉语中最常用的、最主要的义项。词的基本义是从使用频率角度来说的，与本义、引申义不是一个标准下的分类。

词的基本义可能是本义，即本义与基本义一致的情况，如"颈"的本义与基本义都是脖子，《史记·鲁仲连邹阳列传》："刎颈而死。""叫"的本义与基本义都是"人或动物的发音器官发出较大的声音"，《诗经·小雅·北山》："或不知叫号。""清"的本义与基本义都是"液体纯净、没有杂质"，《诗经·魏风·伐檀》："河水清且涟漪。"

基本义与本义不一致的情况也非常多。如上文所举的"汤""兵""走""毕""竟""脸"的基本义都不是其本义，而是其引申义。现代汉语的词典中一般将词的基本义列为该词的第一义项。以《现代汉语词典（第6版）》为例：

惊：①由于突然来的刺激而精神紧张：惊喜｜胆战心惊。
　　②惊动：惊扰｜打草惊蛇。
　　③骡马因害怕而狂跑不受控制：马惊了。

第①义项为"惊"的基本义，第③义项为"惊"的本义。
但也有不列为第一义项的情况，如：

竟：①完毕：未竟之业。
　　②从头到尾；全：竟日｜竟夜。
　　③〈书〉副词，终于：有志者事竟成。
　　④副词，表示出于意料：真没想到他竟敢当面撒谎。
　　⑤名词，姓。

第④义项为"竟"的基本义。"竟"的本义未列出。

（三）引申义

"引申"这个术语来自中国传统小学。孙雍长认为比徐锴早700多年的郭璞是古代汉语词义变化研究中第一个具有"引申"观念的。段玉裁是公认的古代汉语词义引申研究的集大成者,在他著作《说文解字注》中就常用到"引申"这个术语。

词的引申义是词在原有词义的基础上引申发展出来的意义。引申的心理机制是联想,可大致分为相关性联想和相似性联想。引申的认知机制是隐喻和转喻。

如"兵"由本义"兵器"引申指使用兵器的"士兵"。"毕"的本义是古代田猎用的长柄小网,引申指与网有关的动作,用长柄网捕取禽兽,《诗经·小雅·鸳鸯》:"鸳鸯于飞,毕之罗之。""脸"由本义"脸颊"引申指"整个面部"。这几个词的引申义都是与本义的相关性的,基于一种相关性联想。

如"颈"本义是脖子,引申指物体像脖子的部位,"瓶颈""壶颈"。"爪牙"本指"动物的利爪、尖牙或人的指甲、牙齿",引申指"保卫国家的武将"。"心腹"是"心"和"腹"的并称,进而引申指"亲信,亲近信任的人"。"咽喉"是"咽"和"喉"的并称,进而引申指关键的地区或部门。"疙瘩"是指具体的球状或块状的东西,比喻不容易解决的问题。"担子"是指扁担和挂在两头的东西,引申指担负的责任、负担。这几个词的引申义都是与本义相似的,基于一种相似性联想。

上文所举的例子大都是从本义发展出来的引申义。词的引申义是词在原有词义的基础上引申发展出来的意义。这个原有的词义可以是本义,也可以是引申义。例如"烧",本义是使东西着火,"指人发热、发烧"是其本义的引申义,又在这个引申义的基础上,引申指"比正常体温高的体温",也就是发烧时人体的温度,如"烧退了"。"网"本义是用绳线等结成的捕鱼捉鸟的工具,引申指用网捕捉的动作,"网着了一只鸟",又在这个引申义的基础上,引申指像网一样笼罩着,"眼里网着红丝"。

一个词的引申义可以再发展新的引申义。一个词可以有一个以上的引申,但词的本义只有一个,词的基础义在一定的时期内通常也只有一个。

有一种观点把比喻义与引申义并列,单独作为词义演变发展的一种方式。另一个观点是把比喻(或称相似)和借代(或称相关)处理成引申的内部的两种方式。罗正坚(1996)认为,把"转义(引申词义)"分为引申意义和比喻意义是不在同一个标准分类,比喻引申和借代引申都是词义引申中的一种,比喻引申和借代引申才是在一个平面上相互平行的,用同一个标准分类的。我们认同后者的观点,比喻义与词的本义密切相关的,本质上也是词的引申义的一种,其心理机制是相似性联想,其认知机制是隐喻。

三、词义的演变

由于社会的发展及人们思想认识的改变,以及语言内部各种因素的相互作用,词义处于发展变化之中。词义演变主要有以下几种类型:

（一）词义的扩大

指词的指称对象范围的扩大。例如：

河，本来专指黄河，后来泛指一切河流。

江，本来专指长江，后来泛指一切江河。

习，本来专指鸟儿反复练习飞行，后来泛指练习、学习。

收获，本来专指农业方面的收成，后来泛指一切行为的所得。

（二）词义的缩小

指词的指称对象范围的缩小。例如：

汤，本来泛指一切热水，后来专指肉汤、菜汤。

谷，本来泛指各种粮食作物，"百谷、五谷"，后来专指谷子、粟（脱壳后称小米）。

臭，本来泛指一切气味，后来专指不好闻的气味。

丈夫，本来泛指男性，"生丈夫，二壶酒，一犬；生女子，二壶酒，一豚"（《国语·越语上》），后来专指女性的配偶。

肌肉，本来是皮和肉的统称，后来专指肉。

学者，本来泛指求学的人，后来专指学术上有一定成就的人。

（三）词义的转移

指词指称对象的转移、改变。例如：

股，本来指大腿，"头悬梁，锥刺股"，后来指屁股。

涕，本来指眼泪，"痛哭流涕"，指的是流眼泪，后来指鼻涕。

走，本来指跑，后来指行走。

牺牲，本来指为祭祀而宰杀的牲畜，后来指为了正义的目的而舍弃自己的生命，"在战场上牺牲了"，或为了某些目的而放弃、损害自己的某些利益，"牺牲休息时间"。

这三个类型主要是针对一个词的某个义位的演变而言。这三种类型的词义演变，一般后来的义位会取代原本的义位。比如"股"在普通话中就几乎不指"大腿"了，而是指"屁股"；"走"也不指"跑"了，就是指"行走"。

这三个类型主要是词指称的概念义的演变。还有一种情况是附属义，主要是感情色彩义发生变化的情况，这种情况其实也伴随着概念义的一定变化。例如，"爪牙"本来是褒义的，指辅佐、保卫国家的武将，后来变成贬义的，指帮助坏人的党羽、帮凶；"勾当"从中性的"事情"，变成了贬义的"坏事"。

词义演变还有另一方面的情况，一个词的义位数量增加或减少。在词义的演变历史中，词的义位数量的增加是主流。大部分多义词的多个义位不是一下子同时出现的，而是随着时代增加的。词的义位数量增加到一定程度，有时也会出现相反的情况减少。例如，名词的"信"在古代有"使者""消息"和"书信"三个义位，现在"使者"这个义位已经不用了，义位的数量减少了。

第五节　汉语的熟语

　　熟语是现代汉语词汇的重要组成部分，是固定语中的一个大类，是相沿习用的固定结构。

　　熟语可以像词一样，作为语言的建构材料直接使用，它的特点是具有结构的定型性、意义的融合性、功能的整体性及文化的民族性。结构的定型性是指熟语的构成成分与结构关系一般是固定的，不能随意更改。意义的融合性是指熟语的意义不等于其构成成分意义的简单相加，而是融合在一起的，表达一个完整的意义。功能的整体性是指熟语可以用一定的语法规则进行组织，构成句子。文化的民族性是指相比一般的词汇单位，熟语受各民族的文化传统的影响更深刻，具有特别鲜明的民族性。总的来说，熟语相当于词的等价物。

　　现代汉语的熟语系统主要包括成语、惯用语、歇后语和谚语。其中，成语、惯用语、歇后语的语言形式一般是固定短语，而谚语一般是句子。从语体色彩来说，成语的书面语色彩较强，惯用语、歇后语、谚语的口语色彩较强。下面，我们分别对这几类熟语进行具体说明。

一、成语

　　成语是历史上沿用下来或人们长期以来习用的、简洁精辟的定型词组或短句。汉语的成语历史悠久，文化底蕴深厚，多由四个字组成，一般都有出处。

（一）成语的来源

　　成语大多是历史沿袭下来的。成语的来源主要有如下几类：来自神话故事、寓言故事、历史故事、古典诗文、口头俗语。

　　（1）来自神话故事的成语。例如：开天辟地、女娲补天、后羿射日、嫦娥奔月、夸父逐日、精卫填海、刑天争神、沧海桑田、牛郎织女、天衣无缝、八仙过海、鸡犬升天、含沙射影，等等。

　　（2）来自寓言故事的成语。例如：守株待兔、揠苗助长、亡羊补牢、刻舟求剑、掩耳盗铃、塞翁失马、朝三暮四、愚公移山、鹬蚌相争、狐假虎威、呆若木鸡、惊弓之鸟、螳臂当车、螳螂捕蝉、邯郸学步、自相矛盾、买椟还珠、郑人买履、南辕北辙、黄粱一梦、黄粱美梦、坐井观天、杞人忧天，等等。

　　（3）来自历史故事的成语。例如：完璧归赵、负荆请罪、围魏救赵、鸡鸣狗盗、毛遂自荐、退避三舍、纸上谈兵、东施效颦、卧薪尝胆、讳疾忌医、孟母三迁、指鹿为马、破釜沉舟、暗度陈仓、四面楚歌、一诺千金、入木三分、闻鸡起舞、风声鹤唳、草木皆兵、三顾茅庐、草船借箭、七擒七纵、乐不思蜀，等等。

（4）来自古典诗文的成语。例如：窈窕淑女、投桃报李、桃之夭夭、逃之夭夭、之子于归、宜室宜家（《诗经》）；青梅竹马（唐代李白《长干行》）；清新俊逸（唐代杜甫《春日忆李白》）；豆蔻年华（唐代杜牧《赠别》）；心有灵犀（唐代李商隐《无题》）；万紫千红（宋代朱熹《春日》）；金针度人（金代元好问《论诗》）；柔情似水（宋代秦观《鹊桥仙·纤云弄巧》）；无穷无尽（宋代晏殊《踏莎行·祖席离歌》）；悲欢离合（宋代苏轼《水调歌头·明月几时有》）；水落石出（宋代欧阳修《醉翁亭记》）；羽化登仙（宋代苏轼《前赤壁赋》）；等等。

（5）来自口头俗语的成语。例如：七上八下、七嘴八舌、乱七八糟、三心二意、说三道四、颠三倒四、半斤八两、鸡毛蒜皮、大手大脚、粗心大意、粗枝大叶、百里挑一、胡搅蛮缠，等等。

了解成语的来源，对于准确理解成语的意思十分重要。例如"邯郸学步"，邯郸是战国时赵国的都城，学步是学习走路的意思，仅从字面上看，很难看出这个成语是什么意思，需要知道这个成语的由来，知道背后的故事，才能明白它的意思。"邯郸学步"出自《庄子·秋水》里的一个寓言故事："且子独不闻夫寿陵余子之学行于邯郸与？未得国能，又失其故行矣，直匍匐而归耳。"说的是燕国寿陵的一个少年，到赵国邯郸去学习走路的步法，不仅没有掌握邯郸人走路的独特技能，还忘记了自己原来走路的步法，结果只好爬着回家了。因此，这个成语就用来比喻模仿别人不到家，反而把自己会的东西忘了。

（二）成语的结构

成语大多数是四个音节的，也有更多音节的。例如：

五个音节：二桃杀三士　知子莫若父　铁杵磨成针　先下手为强
六个音节：百思不得其解　五十步笑百步　高不成低不就　毕其功于一役
　　　　　人心齐，泰山移　既来之，则安之
七个音节：置之死地而后生　置之死地而后快　知人知面不知心
　　　　　树欲静而风不止
八个音节：青出于蓝而胜于蓝　千里之行，始于足下　螳螂捕蝉，黄雀在后
　　　　　鹬蚌相争，渔翁得利　塞翁失马，焉知非福
九个音节：士别三日，当刮目相待
十个音节：先下手为强，后下手遭殃　工欲善其事，必先利其器
　　　　　鞍不离马背，甲不离将身

整体而言，成语还是以四个音节的居多，有的一开始就是四个音节，有的是由更多音节简缩成四个音节的。比如"鹬蚌相争，渔翁得利"简缩成"鹬蚌相争"，"螳螂捕蝉，黄雀在后"简缩成"螳螂捕蝉"，"塞翁失马，焉知非福"简缩成"塞翁失马"，"青出于蓝而胜于蓝"简缩成"青出于蓝"。

四字格式的成语结构可以从语法构造和意义关系上进行分析。这也有助于理解和掌握成语的意思。例如：

主谓结构：	螳螂捕蝉	鹬蚌相争	柔情似水	塞翁失马	精卫填海	风度翩翩
偏正结构：	惊弓之鸟	无稽之谈	世外桃源	如期而至	蜂拥而上	纸上谈兵
述宾结构：	感人肺腑	震撼人心	明察秋毫	横扫千军	博览群书	博览古今
述补结构：	重于泰山	疲于奔命	工于心计	老于世故	胜人一筹	逍遥法外
兼语结构：	请君入瓮	引狼入室	引人入胜	引人注目	养虎为患	逼良为娼
并列结构：	沧海桑田	万紫千红	牛郎织女	清新俊逸	无穷无尽	悲欢离合

二、惯用语

惯用语来源于口语，是人民群众在长期的劳动生活中口头创造出来的一种习用的固定语，大多为三音节的固定词组，具有一定的灵活性，口语色彩鲜明。

（一）惯用语的结构

惯用语大部分为三音节动宾结构。例如：

钻空子　开小灶　踢皮球　穿小鞋　走后门　炒鱿鱼　炒冷饭　挖墙脚
打头阵　背黑锅　碰钉子　戴高帽　戴绿帽　泼冷水　跑龙套　吃老本

也有少数不是动宾结构的惯用语。例如：

马后炮　夹生饭　半桶水　硬骨头　拖油瓶　老油条　台柱子　顶梁柱
香饽饽　主心骨　空架子　单打一　鬼画符　灯下黑　满堂红　一刀切

也有少数字数是多于三个字的惯用语。例如：

揭不开锅　半瓶子醋　捅马蜂窝　八字还没一撇　八九不离十　八竿子打不着
蚂蚁啃骨头　生米煮成熟饭　各打五十大板　不管三七二十一

惯用语的结构比成语灵活，允许一定的结构变化，但是它表示的意义在常规结构、变形结构中都是一样的。例如：

碰钉子：我找她帮忙，碰钉子了。我找她帮忙，碰了好几次钉子。
走过场：他们来调查也就是走过场而已。他们来调查也就是走走过场而已。
坐冷板凳：他在公司就是坐冷板凳的。他在公司坐了十年冷板凳。

在常规结构、变形结构中，"碰钉子"都是表示被拒绝，"走过场"都是表示敷衍了事，"坐冷板凳"都是表示不受重视。

（二）惯用语的特点

惯用语口语色彩鲜明，简明生动活泼，趣味性强。它的意义不是构成成分的简单相加，大多通过比喻等修辞方法获得意义。例如：

夹生饭：米饭半生不熟，比喻做事情不彻底，没有很好完成。
戴高帽：给别人戴上高帽子，比喻恭维别人。
吊胃口：用好吃的东西引起人的食欲，比喻让人产生某种欲望或兴趣。

三、歇后语

歇后语也是人民群众在长期的劳动生活中创造出来的一种特殊的固定语，由两个部分组成，前半部分是隐喻、比喻或陈述，后半部分是解释说明，中间用破折号连接。在语言运用中，可以说出前半部分，"歇"去后半部分不说，故称"歇后语"。歇后语带有隐语的性质，风趣幽默，耐人寻味，是一种俏皮话。

（一）歇后语的种类

（1）隐喻比喻：前一半是隐喻、比喻，后一半是解释说明。例如：

白毛乌鸦——与众不同　刘姥姥进大观园——大开眼界
乌龟垫床脚——硬撑　水仙不开花——装蒜
画蛇添足——多此一举　秋后的蚂蚱——蹦跶不了几天

（2）谐音双关：前后两部分利用语音相同、相近的关系，达到一语双关的效果。例如：

外甥打灯笼——照舅（旧）　腊月里穿裙子——美丽冻（动）人

老公拍扇——凄（妻）凉　孔夫子搬家——净是输（书）
百日不下雨——久情（晴）　炒了的虾米——红人（仁）

（二）歇后语的结构

歇后语由两个部分组成，前半部分是形象的隐喻、比喻或陈述，像谜面，后半部分是对前半部分的解释说明，像谜底，这种解释说明一般是约定俗成的。例如：

茶壶里煮饺子——心里有数（不是倒不出来）
瞎子点灯——白费蜡（不是看不见、浪费钱）
兔子尾巴——长不了（不是很短、短短）

有时后半部分也有多个解释，但也是约定俗成、普遍认可的说法，例如：

刘姥姥进大观园——眼花缭乱/洋相百出/看花了眼/少见多怪/大开眼界/满载而归

四、谚语

谚语也来自民间，是民间口耳相传的一种通俗简练形象，又是饱含深刻社会经验或生产经验的固定语句。

（一）谚语的种类

谚语按照内容一般可分为农谚、气象谚、讽颂谚、规诫谚、风土谚、生活常识谚等。

（1）农谚，总结农业生产经验的谚语。例如：

春雷响，万物长。
庄稼一枝花，全靠肥当家。
麦盖三层被，来年枕着馒头睡。
谷雨前，好种棉；谷雨后，好种豆。

（2）气象谚，总结气候变化规律的谚语。例如：

燕子外迁，地旱天干。
早霞不出门，晚霞行千里。
日晕三更雨，月晕午时风。

蚂蚁搬家蛇过道，老牛一吼雨就到。

（3）讽颂谚，歌颂或揭露某些社会现象的谚语。例如：

富人四季穿衣，穷人衣穿四季。
只许州官放火，不许百姓点灯。
衙门口，朝南开，有理没钱别进来。
鱼不能离水，雁不能离群，群众不能没领导，领导不能没人民。

（4）规诫谚，对为人处世提出劝告或劝诫的谚语。例如：

病从口入，祸从口出。
若要人不知，除非己莫为。
单丝不成线，独木不成林。
一寸光阴一寸金，寸金难买寸光阴。

（5）风土谚，反映地方风土人情特点或特产等的谚语。例如：

湖广熟，天下足。
上有天堂，下有苏杭。
南甜北咸，东辣西酸。
东北有三宝：人参、貂皮、乌拉草。

（6）生活常识谚，总结衣食住行等方面经验的谚语。例如：

伤筋动骨一百天。
急走冰，慢走泥。
饭后百步走，活到九十九。
冬吃萝卜夏吃姜，不劳医生开药方。

（二）谚语的特点

谚语在内容上，言简义丰，富于哲理性与教育性；在形式上，措辞简练，句式整齐，对仗工整，音调和谐，充分使用各种修辞，便于口耳相传与记忆。

谚语有单句的。例如：

海上无风三尺浪。
苍蝇不叮无缝蛋。
没有不透风的墙。

谚语有紧缩复句的。例如：

众人拾柴火焰高。
敬酒不吃吃罚酒。
狭路相逢勇者胜。

谚语有两句的，大都句式整齐，讲究押韵。例如：

大路朝天，各走一边。
别看人衣服，要看人肺腑。
良药苦口利于病，忠言逆耳利于行。

谚语充分利用比喻、暗喻、夸张、双关、对仗、反问、顶针等各种修辞手段。例如：

隔行如隔山。（比喻）
收麦如救火。（比喻）
人是铁，饭是钢。（暗喻）
勤是摇钱树，俭是聚宝盆。（暗喻）
只要功夫深，铁杵磨成针。（夸张）
谷子栽得稀，不够喂小鸡。（夸张）
书山有路勤为径，学海无涯苦作舟。（对仗）
黑发不知勤学早，白首方悔读书迟。（对仗）
杀鸡焉用宰牛刀？（反问）
人非草木，孰能无情？（反问）

官出于民，民出于土。（顶针）

千日行善，善犹不足；一日行恶，恶自有余。（顶针）

（三）汉语中的外来谚语

汉语词汇中有不少外来语词，汉语的谚语中也有不少外来谚语。例如：

条条大路通罗马。（《罗马典故》）

闪光的不都是金子。（莎士比亚《威尼斯商人》）

吃不到葡萄说葡萄酸。（《伊索寓言》）

第四章 汉语的组织规则——语法

第一节 语法概述

一、汉语的语法

（一）什么是语法

语法是语言的结构规则，包括词法和句法两大部分。词法是指词的构成规则，句法是指短语和句子的构成规则。汉语语法是指汉语的词、短语和句子的构造规则及其变化规律。

语言由语音、词汇、语法三部分组成，其中语音是语言的物质外壳，词汇是语言的建构材料，语法则是语言的结构规则。例如："王刚""是""华侨大学研究生"按顺序排列共有六种情况，分别是：

①王刚是华侨大学研究生。
②＊王刚华侨大学研究生是。
③＊华侨大学研究生王刚是。
④＊华侨大学研究生是王刚。
⑤＊是华侨大学研究生王刚。
⑥＊是王刚华侨大学研究生。

例①至例⑥的六种排列，只有例①的"王刚是华侨大学研究生"构成了合乎汉语语法要求的"主语＋谓语＋宾语"结构，其他五种组合排列方式则都不符合汉语语法的结构规则。这清楚表明，汉语语法是有规则的，而不是任意的、无序的。

我们常说的"语法"这一概念，具有三种不同的含义：

第一，指语言中客观存在的语法规律，如"语法错误"。

第二，指学者们研究语言时归纳出来的语法规则，是人对语法的主观认识，如"学习汉语语法"。

第三，指学者们的语法著作或者语法教材，如《语法讲义》《现代汉语语法研究教程》中指出"语法是语言的规则"。

（二）语法的特征

语法是语言的结构规则。因此，语法研究的不是个别的词、个别的句子，而是具有相同特点的同类词、同类短语或者同类句子的共同规则。这些规则并不是语法学家自我生造的，而是语言在长期使用过程中约定俗成的。基于此，语法具有以下特征：

1. 抽象性

从规则出发，语法需要从无限多的具体的语言事实材料中抽象出具有概括性的结构格式来。例如：

⑦吃饭 学法律 开飞机 喝咖啡 上网课
⑧出去锻炼 买张报纸看 起来学习 骑摩托送快递

例⑦中，不管是"吃饭"，还是"喝咖啡"，都是"动词＋名词"结构，语法上就称之为述宾短语。例⑧中，不管是"出去锻炼"，还是"骑摩托送快递"，都是"动词性词语＋动词性词语"，语法上就把它称作连谓短语或者连动短语。所以，我们可以看到，语法规则主要关心的是语法类别或者抽象出来的语法结构格式，而实际使用中的每一个具体的词语或者句子，则不是语法所要重点关注的。语法具有抽象性特征。

2. 民族性

民族性是语法的显著特征之一。一种民族语言的语法，必然会在很多方面不同于另一种民族语言的语法。各个民族语言的语法往往具有不同的特点。最典型的例子就是，跟英语语法相比，汉语语法在复数的表达、动词时态变化等多个方面表现出不同于英语的民族性特征。例如：

drink （喝）
drinks （第三人称单数、一般现在时）
are drinking （第二人称或者第三人称复数、现在进行时）
drank （一般过去式）
drunk （过去完成时）

与英语动词相比，汉语的动词，在语法方面，既没有人称和数的变化，时的范畴也不突出。正是由于民族性的存在，才使得世界上各种语言在语法特点上充满着差异性，也是人类文化丰富性的重要内容。

3. 稳固性

在构成一种语言的语音、词汇、语法这三要素中，语法稳固性最强，最不容易发生大的变化，而语音和词汇则是相对容易发生变化的。任何一种语言的语法，把它同过去相比，都会发现它跟以前的差别不太大，变化也不大。最典型的是古代汉语中的"SVO"句型，在 2 000 多年后，依然是现代汉语的核心句型。例如：

①陈涉太息曰："嗟乎，燕雀安知鸿鹄之志哉！"（《史记》，司马迁，西汉时期，约公元前 100 年）

②2012 年 11 月 15 日，在新当选的党的十八届中央政治局常委与中外记者见面会上，习近平总书记庄严承诺："我们一定要始终与人民心心相印、与人民同甘共苦、与人民团结奋斗，夙夜在公，勤勉工作，努力向历史、向人民交出一份合格的答卷。"（《新时代 面对面》，学习出版社，人民出版社，2018 年）

从例①中的"陈涉太息曰：……"到例②中的"习近平总书记庄严承诺：……"，虽历史已发展了 2 000 余年，但是汉语的常用句型，汉语中主语、谓语、宾语的排列顺序，显然没有发生变化，二者都使用的是"S + V + O"句型。"陈涉太息曰：……"中的主语为"陈涉"，谓语为"曰"，宾语为"嗟乎，燕雀安知鸿鹄之志哉"；"习近平总书记庄严承诺：……"中的主语为"习近平总书记"，谓语为"承诺"，宾语为"我们一定要始终与人民心心相印、与人民同甘共苦、与人民团结奋斗，夙夜在公，勤勉工作，努力向历史、向人民交出一份合格的答卷"。以上两个不同时代的例句在语序排列上对应极为整齐。可见稳固性是语法的重要特征之一。

4. 系统性

语法的系统性特征集中表现在语言事实的组合规则和聚合规则上。

组合规则就是语法单位一个接着一个组合起来的规则。例如：

①很可爱　　老师和学生　　一张桌子　　　走吧
　　副形　　　名连名　　　数量名　　　　动助
②很桌子　　一张可爱　　　老师一个可爱　吧游泳
　　副名　　　数量形　　　名数量形　　　助动

例①中，"副词 + 形容词""名词 + 连词 + 名词""数词 + 量词 + 名词""动词 + 语气助词"等就是合乎语法的组合规则。而例②中，"副词 + 名词""数词 + 量词 + 形容词""名词 + 数词 + 量词 + 形容词""语气助词 + 动词"就是不合乎汉语语法的组合规则，或者说就不是组合规则。

聚合规则就是语法单位归类的规则。例如：

三个苹果	非常凉快	看过《红楼梦》
六碗汤	极其舒服	去了鼓浪屿
七根线	很郁闷	买了啤酒
九位教授	相当兴奋	吃了烧烤
…………	…………	…………
数量名	副形	动助名

我们通过替换，发现"数＋量＋名""副词＋形容词""动词＋助词＋名词"组合中，能够进入某一个位置的词语都具有相同的句法特点，可以类推。能够类推出来的这一类词，就是词类。词类就是某些具有相同语法特征的词语的聚合。

人们在运用语言时，组合规则提出某一种语言的组合具体要求，聚合规则则提供可能，以便对组合中的各个位置上可能出现的词语进行替换，从而持续造出不同的新句子来。组合和聚合，是从不同的角度出发去研究语言现象，总结规则。语法的聚合是一座仓库，把能重复使用的语言单位按照组合的功用分门别类储存在仓库中。而一旦交际需要，从仓库中选出的适用单位，在组合规则的作用下，服从组合规则运作，就能生成合乎语法的句子。

5. 递归性

递归性是指同样的语法结构，可以一层一层地不停地套在一起使用，从而生成表达所需要的句子。例如：

①李明游了开元寺。
②李明在泉州游了开元寺。
③李明昨天在泉州游了开元寺。
④李明昨天跟父母一起在泉州游了开元寺。
⑤李明昨天跟父母一起很开心地在泉州游了开元寺。

例①"李明游了开元寺。"是 SVO 结构。"李明"是主语，"游"是述语，"开元寺"是宾语。而例②则在同样的 SV 结构中增加了地点状语"在泉州"。例③增加了时间状语"昨天"。例④则增加了对象状语"跟父母一起"。例⑤增加了程度状语"很开心地"。但以上例句总体结构都仍是 SVO。这是最为典型的一种递归方式，即在同一个句法位置上可以不断地增加同一性质的成分。

语法规则的递归性和语法结构的层次性关系密切。语法结构的层次性在很大程度上是由递归性造成的，而语法结构的层次性则为语法规则的反复使用（递归性）提供了可能。语法结构中的一个单位，例如词，若可以不断地被一个同功能的短语替换，结果就会使一个基本结构里的一个简单的项不断扩展成具有复杂层次的结构，但句法功能可以保持不变。

（二）汉语语法的特点

语法具有鲜明的民族性特点，因此，跟其他民族的语言比较，汉语语法也具有自己的特点。当然，所谓事物的特点，都是在与其他事物的比较中产生的。与目前全球使用最为广泛的英语比较，汉语在语法方面表现出以下一些特点。

1. 语序具有重要作用

汉语中，语序的变化，也就是句子中词语顺序的变化，既可能改变句子的语法结构关系，也可能使句子的语义随之发生变化。例如：

①客人来了。来客人了。
②他笑　笑他

例①中相同的三个词语"客人、了、来"，因为语序发生了变化，其内部的结构关系也发生了变化。"客人来了"是主谓结构，而"来客人了"则是述宾结构。这种语序变化可以被称作语法的语序变化，即语序变化导了句法结构的改变。例②"他笑"和"笑他"也是属于语法的语序变化，前者属于主谓结构，后者语序发生变化后就属于述宾结构了。

有时，句子中词语语序的变化，不会导致句子的结构关系发生变化，但是句子的语义变化了。例如：

①经理批评员工。员工批评经理。
②我们都没去。我们没都去。

例①中相同的三个词语"经理、员工、批评"，不同的语序组合成的句子，不管是"经理批评员工"，还是变化成"员工批评经理"，其结构关系都是主谓结构，没有发生变化。但是在语义上，二者有差别。在"经理批评员工"中，"经理"是动作"批评"的发出者，语义角色是施事；而"员工"则是动作"批评"的对象，语义角色是受事。但在语序变化后的句子"员工批评经理"中，动作"批评"的施事变成了"员工"，"经理"则成了"批评"的对象，成为受事。这种语序变化就被称为语义的语序变化，即语序变化导致句子语义的改变。

例②中的"我们都没去"是指"我们没有一个人去"，而在语序发生变化，"都没"变成"没都"后，"我们没都去"则指的是"我们当中去了一部分人"。这也是因为语序变化而导致句子语义改变的典型现象。

有的句子语序的变化，则既是句法的语序变化，也导致句子的语义发生变化。例如：

鸡不吃了。不吃鸡了。

"鸡不吃了。"在句法结构上是一个主谓句，语义上则是一个歧义句，既可以指"鸡不吃东西了"，也可以指"某人/物不吃鸡肉了"。而在语序发生变化，变成"不吃鸡了"后，其在句法结构上则是一个省略了主语的述宾结构句，语义上也不再有歧义，就是指"某人/物不吃鸡肉了"。

2. 虚词的运用影响语法结构和语法意义

在汉语语法中，虚词的运用对语法结构和语法意义有着十分重要的作用。汉语里丰富的虚词，对汉语语法的影响主要体现在以下几个方面：

（1）影响句法结构。汉语的句法结构里，有无虚词，结构关系和语义会发生很大的变化。例如：

①爸爸妈妈——爸爸的妈妈
②点菜——点的菜

例①中，当没有使用虚词"的"时，"爸爸妈妈"是联合结构，是指两个人，爸爸和妈妈；当使用了虚词"的"后，"爸爸的妈妈"就是定中式偏正结构，且指一个人了，即"奶奶"。例②没有使用虚词"的"时，是述宾关系，使用了"的"后就是定中式偏正关系了；前者指"点菜"这一动作行为，后者指点过的那些菜，如："点的菜都上完了。"

（2）影响语义表达。在某些汉语的句法结构里，有无虚词，或者使用了不同的虚词，句法结构关系不会发生变化，但是对语义的影响很大。例如：

①华侨大学——华侨的大学／厦门大学——厦门的大学
②喝着咖啡／喝了咖啡
③是吗？／是啊。

例①中，"华侨大学"是一个专有名词，专指1960年建校于泉州，国家领导人廖承志先生担任首任校长的这所大学。而"华侨的大学"则是一个定中式偏正结构，可以指所有跟华侨有关的大学，如海外第一所由华侨华人创办的南洋大学、中国第一所华侨高等学府——暨南大学，都可以被称为"华侨的大学"。同理，"厦门大学"是一个专有名词，"厦门的大学"则是指坐落在厦门的所有的大学。

例②中因为使用了不同的助词，二者的语义也就不同。"喝着咖啡"是进行体，而"喝了咖啡"则是完成体。例③中，语气词使用不同，句子的语义也就不同。"是吗？"中用了"吗"，为一般疑问句；而"是啊"中用了不同的语气词"啊"后，在句类上就是陈述句了。

3. 词类和句法成分之间不是一一对应关系

在印欧语里，词类和句法成分之间往往存在着一种简单的对应关系，大多是一对一，少数是一对二。如形容词 beautiful 只能作定语，或者与 be 动词一起构成谓语部分；其副词形式 beautifully 只能作状语；名词形式 beauty 只能作主语或宾语。但是，在汉语里，词类跟句法成分之间的关系就比较复杂，除了副词基本只能作状语外，其余的词类与句法成分之间都是一对多的关系，即一种词类可以作为多种句法成分。如汉语"美丽"的以下用法：

①美丽的清源山也是道教圣地。
②傍晚的集美学村很美丽。
③美丽也是一种资本。

"美丽"在汉语中是一个形容词。在例①"美丽的清源山"中，"美丽"修饰"清源山"，在句中充当定语。例②"很美丽"中的"美丽"在句中充当谓语中心语。例③中，"美丽"充当主语。

汉语中，一种词类可以充当不同的句子成分。同时，一种句子成分可以由多种词类来充当，如状语，既可以由副词充当，也可以由名词、形容词充当。例如：

①哈尔滨的冬天非常冷。
②舞蹈老师潇洒地转了一个圈。
③我们星期三进行毕业论文答辩。

例①中的状语"非常"是副词，例②中的状语"潇洒"是形容词，例③中的状语"星期三"则是时间名词。

4. 短语结构跟句子结构以及词的结构基本一致

汉语中的多音节词很多由短语的临时性组合发展而来，所以词的结构和短语的结构大体一致。而汉语的句子与词和短语之间为实现关系，也就是说，汉语的词和短语，当加上语气语调后，能够表达一个完整的意义时，就可以实现为句子。这样的话，句子的结构类型就与词、短语基本相同。例如：

	词	短语	句子
主谓关系：	地震	地球震动	我们出发。
联合关系：	愉悦	健康幸福	痛并快乐着！
偏正关系：	微信	细微的变化	一碗米饭！
述宾关系：	司机	管理公司	发钱了？
述补关系：	玩儿完	吃完	喝完了。

在以上例子中，"地震"是词，"地球震动"是短语，"我们出发。"是句子，但是就其结构关系类型来说，"地震""地球震动""我们出发。"都是主谓关系。类似的如"微信"是一个词，结构上是定中式偏正关系；"细微的变化"是一个短语，结构上也是定中式偏正关系；"一碗米饭！"是一个祈使句，但其结构上仍然是定中式偏正关系。"玩儿完"是一个口语词，表示垮台、失败的意思，"吃完"是一个短语，"喝完了。"是一个表示陈述语气的句子，但从结构关系上来说，"玩儿完""吃完""喝完了。"都是述补结构。因此，我们可以说，汉语语法中，词、短语、句子的结构基本一致。

当然，词的结构类型与短语的结构类型也存在不一致的地方。重叠是汉语构词的一种重要方式，如奶奶、哥哥，短语中没有这一结构。汉语中的附加式构词法，如前加词头（老师、老板）、后加词尾（椅子、甜头）等，也是短语中不具备的。

二、汉语的语法学

（一）汉语语法学的体系

1. 传统语法

传统语法又被称为"规范语法"或"学校语法"，从语法学产生时就形成了，在教育界影响深远。传统语法的主要特点是：

（1）分为词法和句法两大部分，并以词法为主，详细讲解各类词在句子中的形态变化和语法作用。句法往往比较简单，主要为词法服务。

（2）划分词类主要依据形态变化。如果某一个词缺乏形态变化，那就主要根据该词语在句子中充当了什么句子成分来划分词类。有时，干脆依赖意义来给词划分词类。

（3）注重对书面语进行语法分析，较少甚至不考虑口语中的变化。

（4）把语法规则看作一种规范和标准，要求学习者遵守。

2. 描写语法

描写语法又被称为"结构主义语法",它是基于对传统语法批判而形成的。描写语法的创始人为瑞士语言学家索绪尔,经典著作是《普通语言学教程》,该书提出了一整套的结构主义语言学理论。描写语法发展为三个分支学派:布拉格学派、哥本哈根学派和美国描写语言学派。其中又以美国描写语言学派的影响最大,代表人物是描写语言学家布龙菲尔德(Bloomfield),其经典著作是《语言论》。描写语法主要有以下一些特点:

第一,区分语言和言语,认为语言学要研究的是语言,而不研究言语;区分语言的共时和历时,认为语言学家要关心的是共时的客观记录和描写,可以不考虑历史发展的因素。

第二,语言是一个严密的结构系统,语言学要重点研究语言结构内部各个成分之间的结构关系,提出"组合关系"和"聚合关系"这两大结构关系。

第三,注意语言的特征,强调形式的描写与分析,提出根据"分布特征"来划分词类的标准,总体排斥意义的作用。

第四,强调语言结构内部的层次性,提出"直接成分分析法",对句法结构进行层次分析。

3. 转换生成语法

转换生成语法又叫"形式语法"。转换生成语法基于对描写语法理论的批判而形成,创始人为美国著名语言学家乔姆斯基(Chomsky),代表作为《句法结构》和《句法理论要略》。转换生成语法理论的提出,被视为"语言学史上的一场革命"。经过多次修正与补充,转换生成语法理论主要包含以下内容:

第一,人脑好像一部电脑,具备一种天生的能力,当输入一定的语言材料,它就会自动识别并加工出一套规则系统来,然后用这套规则系统产生出无数新的合法句子。

第二,语言学家要研究的是这种语言能力。语法就是要对这种语言生成的能力进行描写,其描写不仅是静态的,而且是动态的,要立足于探索语言是如何产生的。

第三,把语言结构分为"深层结构"和"表层结构"两部分,并且始终致力于找出从深层结构如何转换为表层结构的规则以及制约转换的相关条件。

第四,强调建立适用于世界各种语言的"普遍语法",各种语言中的语音差异只是"参数"不同而已。在这一基础上,建立起一个独特的语法规则系统:基础部分的规则是"重写规则",它包括"范畴部分""次范畴部分"以及"词库"。而从深层结构到表层结构运用的是"转换规则",对深层结构进行解释的是"语义规则",对表层结构进行解释的则是"语音规则"。

4. 功能语法

功能语法强调交际是语言的基本功能。功能语法的这一语言观决定了它注重语言的实际交际，注重语言的社会性，强调研究语法、解释说明语法规则都必须而且主要得从语义、语用方面去找因素，要联系外部世界来考察、研究语言。功能语法有诸多流派，其中影响比较大的有英国语言学家韩礼德提出的系统功能语法等。系统功能语法把功能又进一步区分为"概念功能""人际功能"和"语篇功能"。其主要内容有：

（1）语言结构不是任意的，一切都可能在语言的使用中得到解释。语法研究的重心不是语言结构本身，而是实实在在的言语活动。

（2）以功能为基础，而不是以形式为基础。语言从本质上讲，是一个意义系统，每一个功能下面还可以分出若干个子功能系统。

（3）概念功能包括及物性系统、语态系统、归属系统以及度量系统；人际功能包括语气系统、情态系统以及语调系统；语篇功能包括主位系统、信息系统和衔接系统。

除了以上几种之外，比较重要的语法理论还有格语法、切夫语法、蒙太古语法、关系语法、语义语法、词汇功能语法、认知语法等。

（二）汉语语法学发展简史

汉语语法学的建立，一般以1898年马建忠《马氏文通》的出版为标志。语法研究历时一百多年，总体上可以分为前五十年和后六十年，以1949年中华人民共和国成立为前后界限。其中，前面的五十年又可以将其分为以下两个阶段：

第一阶段为前三十年。这一阶段的发展重点在于汉语语法体系的构拟。《马氏文通》是以古代汉语的语法为研究对象的，它仿照拉丁语法建立了第一个以"字"（即"词"）为本位的语法体系。该体系虽然相当粗糙，但毕竟是第一次真正建立起了汉语的语法体系，具草创之功。到了1924年，黎锦熙先生在商务印书馆出版了《新著国语文法》。该书以现代汉语的语法为研究对象，仿照"纳氏文法"建立了一个句本位的汉语语法新体系，这一体系对中学语文教学产生了重要影响。

第二阶段为后二十年。这一阶段的重点是进行中国文法革新运动，并形成了语法学界所谓的"京派"和"海派"。其中海派以方光焘和陈望道为代表，发起了中国文法革新讨论，这场讨论实际上是结构主义语法理论对传统语法发起的一次挑战。京派的主要成就体现为20世纪40年代出版的三本重要语法著作：王力在商务印书馆出版的《中国现代语法》；吕叔湘在商务印书馆出版的《中国文法要略》；高名凯在开明书店出版的《汉语语法论》；京派是汉语语法学界的主流派。

后面的六十年也可以将其分为两个阶段：

第一阶段为前三十年。在这一阶段前二十年中，汉语语法发展成就显著：第一，语法知识在全社会得到了大普及；第二，汉语词类划分问题、主语宾语区分问题和单句复句的划界问题这三次大讨论，极大地推进了汉语语法发展；第三，制定了"中学教学语法暂拟系统"。以上发展成就给了汉语语法学快速发展的空间，尤其是描写语法学派在汉语语法研究中得到了长足发展。这一发展以吕叔湘和朱德熙的研究为代表，尤其是朱德熙先生的研究，对汉语语法学界产生了深远影响。后十年为"文革"期间，在这一期间汉语语法研究基本上为一片空白。

第二阶段为后三十年。这一阶段，国家进入改革开放时期，汉语语法研究空前繁荣。其中，前十年是后结构主义语法研究一统天下，以朱德熙先生为代表的结构主义语法思想占据着语法研究的主导地位，其主要特点为：第一，提出了"短语本位"，强化短语研究，大大提高了短语在汉语语法学中的地位。第二，指出语法研究的最终目的是弄清楚语法形式和语法意义之间的关系，从而大大加强了语义在句法研究中的作用。第三，指出需要加强横向的方言语法研究以及纵向的历史语法研究。

这一时期，胡裕树和张斌先生共同提出的"句法、语义、语用"三个平面的语法思想，在学界也很有影响力。

后二十年，汉语语法研究呈现出多元化的态势。形式语法、功能语法、语义语法、认知语法等陆续进入汉语语法研究领域，且都八仙过海，各显神通，针对不同的语法现象，表现出各自的解释力。语法学理论的多元与互补、个性与交融成为这一时期汉语语法研究的突出特征，对语法研究的根本目标认识也越来越清晰：语法研究和学习的最终目标应该是揭示语义的决定性、句法的强制性、语用的选择性以及认知的解释性。

从模仿性地构拟汉语语法体系，到借鉴先进的理论与方法来深入分析汉语事实，再到从汉语语法特点出发挖掘出具有中国特色的汉语语法研究的理论和方法，100多年来，汉语语法研究一路走来，成果斐然。

第二节　汉语的语法单位

能够在一定组合位置上进行替换的单位，叫语法单位。汉语的语法单位包括四级：语素、词、短语、句子。

一、语素

1. 语素的含义

语素是最小的语音语义结合体，也是最小的语法单位。语素是一个语音语义结合体，既有读音，也具有意义。既没有读音，也没有语义的成分；或者有读音，但是没有语义的成分就都不是语素。语素还是最小的语法单位，其本身不能被再次分割。如

"水、咖啡、马虎"。

"水"是一个语素，有读音"shuǐ"，有语义：

①最简单的氢氧化合物，即氧化氢，化学式是 H_2O。是无色、无味、无臭的液体，在标准大气压（101.325 千帕）下，冰点 0℃，沸点 100℃，40℃时密度最大，为 1 克/毫升。

②河流：汉水、淮水。

③指江、河、湖、海洋：水陆交通、水上人家。

④稀的汁：墨水、药水。

⑤指质量差：新买的手机太水，没用几天就坏了。

⑥指附加的费用或额外的收入：贴水；汇水。

⑦用于洗衣物等的次数：这衣裳洗几水也不变色。

⑧姓。

综合以上，"水"，有音有义，"水"是一个语素，而且是一个具有多义项的能单独成词的语素。

"咖啡"是一个语素，有读音"kā fēi"，也分开有语义：

①常绿小乔木或者灌木，叶子长卵形，先端尖，花白色，有香气，结浆果，深红色，内有两颗种子。种子炒熟制成粉，可以做饮料。生长在热带和亚热带地区。

②炒熟的咖啡种子制成的粉末。

③用咖啡种子的粉末制成的饮料。

因此，"咖啡"是一个语素，也是一个能够单独成词的语素。而组成"咖啡"的"咖"和"啡"，则都不是语素，因为虽然它们都有语音（"咖"为"kā"，"啡"为"fēi"），但不管是"咖"还是"啡"，单独拿出来都没有意义。

"马虎"也是一个语素，其读音为"mǎ hu"，意义为"草率；敷衍；疏忽大意；不细心"，如"做事要认真，可不能马虎"。在这里，虽然"马"和"虎"拿出来单独存在时都是一个独立语素，但它们组合成"马虎"后，只表示一个固化了的确定意义，因此"马虎"也是一个语素。

语素是最小的语音语义结合体，此处的"最小"，是指在形式上不能再往下分，如果再分就不是语素了，如"水（shuǐ）"，从语音上再往下分就成了声母"sh"，韵母"ui"，声调上声（第三声）；从字形上"水"再往下分就是汉字的部首和笔画了。因此，"水"的确是最小的语法单位了，没有办法再小了，再往下分就是语音和汉字的部首与笔画层面了。而"马虎""咖啡"虽然在语音和汉字上都还能继续切分为独立的成分"马（mǎ）、虎（hu）""咖（kā）、啡（fēi）"，但是前者拆分后独立出来的两个成分意义就完全变成了其他两个语素了；后者拆分后，切分出来的两个成分又都没有意义了，都不能成为语素。所以，"马虎""咖啡"就是最小的语音语义结合体，是一个语素。

2. 语素的分类

"水""咖啡""马虎"这三个语素其实还有所不同。比如就音节数目来说，"水"只有一个音节，是单音节语素；"咖啡"与"马虎"则有两个音节，是双音节语素。

"咖啡""马虎"这两个双音节语素是不同的。"马虎"中的"马"和"虎"分开后也分别还是语素，它们还可以与其他语素组合成词，如"马掌""虎骨"等。当然，此时，"马"和"虎"就完全表示另外的意义了，跟"马虎"所表示的"草率""敷衍"等意义完全无关了。但"咖啡"中的"咖"和"啡"，各自独立出来后，连语素也不是了。因此，语素中是存在不同类型的，可以进行下面的分类。

（1）单音节语素和多音节语素。按语素音节的多少可以把语素分为单音节语素和多音节语素。

第一，单音节语素。单音节语素指只有一个音节的语素，这是汉语语素最基本的存在形式，将近95%的语素都是单音节。单音节语素既可以自己单独成词，也可以与别的语素组合成词。例如：

① 为　中　华　之　崛　起　而　读　书
② 为　中华　之　崛起　而　读书

例①中，每一个单音节都是一个语素；例②中，"为、之、而"三个虚词单独成词了，而"中"与"华"、"崛"与"起"、"读"与"书"则是分别与其他语素组合成词了。

第二，多音节语素。多音节语素是指含有多个音节的语素，其中又以双音节为主。双音节语素有些是古代汉语的遗存，有些是外译词语。如在双音节语素"饕餮、玻璃、从容、伦敦"中，"饕餮、从容"等是古代汉语遗存下来的"联绵字"，其中"饕餮"为双声字，即声母相同；"从容"为叠韵字，即韵母相同。"玻璃"则是非双声叠韵字。"伦敦"则是一个音译的外来词。

汉语中的三个音节的语素有"维生素、巧克力、英格兰、肯德基"，四个音节的语素有"奥林匹克、澳大利亚、乌鲁木齐"，五个音节的语素有"阿姆斯特丹、拉斯维加斯、马达加斯加"等。从以上例词可以看出，三音节、四音节、五音节的语素基本上都是音译外来词或者音译少数民族语言的词语，如"肯德基、奥林匹克、拉斯维加斯"等都是音译的外来词，而"乌鲁木齐"则来自我国维吾尔族的维吾尔语。

总体上看，汉语的语素基本上以单音节为主，有少量的双音节语素，而三音节或以上的语素绝大部分是音译的。

（2）成词语素与不成词语素。以看其能否单独构成词为标准，汉语的语素又可以分为能够独立成词的语素和不能独立成词的语素这两类。能单独构成词的语素叫成词语素，也叫自由语素；不能单独构成词的语素叫不成词语素，也叫不自由语素。

以下语素为成词语素：

人　钱　关　门　岛　灯　笔　玻璃　马来西亚

从单音节语素到多音节语素，都存在大量的直接成词语素。

而以下语素都是不成词语素：

语　朋　庇　障　民　坦　维　牧

二、词

1. 词的含义

词是汉语中能够独立运用的最小语法单位。所谓能独立运用，是指能单说或能单独进入句子，如：

实现中华民族伟大复兴，就是中华民族近代以来最伟大梦想。

词分别有"实现、中华、民族、伟大、复兴、就、是、近代、以来、最、梦想"。其中"就、是、最"为单音节词，它们无疑就是最小的；"实现、中华、民族、伟大、复兴、近代、以来、梦想"为双音节词，它们是由两个语素构成的具有特定含义的语法单位，因此也是最小的语法单位。

2. 词的类型

（1）单纯词。单纯词是由一个语素构成的词。单纯词内部没有结构关系。如：

台　新　房　书　徘徊　徜徉　奥林匹克

由两个相同的汉字构成一个语素，这个语素再构成的词，我们称为"叠音词"，如：

狒狒　蛐蛐　猩猩　彬彬　翩翩

叠音词也是单纯词的一种类型。另外，拟声词也是汉语中的一类单纯词，如：

汪汪　呼呼　嗖嗖　潺潺　铃铃　飕飕　呜呜　嘶嘶

（2）合成词。合成词是由两个或两个以上语素构成的词，内部存在不同的结构关系。合成词中的语素可分为词根与词缀。词根是合成词中表示基本意义的语素，语素义实在；词缀就是合成词中附加在词根上表示附加意义的语素，语素义不实在。合成词具有以下类型：

①复合式合成词。复合式合成词是由两个语素通过组合构成的词，且这两个语素都是有实在意义的词根。这是汉语中数量最多，最能产生新词的一种构词方式。复合式合成词内部的结构类型跟短语、句子成分之间的结构类型基本一致，主要有：

第一，主谓结构。主谓结构复合词中，前一个词根语素是后一个词根语素陈述的对象，而后一个词根语素用来陈述前一个词根语素，如：

民办　地震　肉搏　人设　海啸　心痛　气粗　自信

第二，述宾结构。述宾结构复合词中，前一个词根语素用来表示动作行为，后一个词根语素则往往是前一语素支配或关涉的对象，如：

司令　管家　提议　揭幕　救灾　合法　得意　失望

第三，并列结构。并列结构复合词由两个在语义上相近、相对或相关的词根型语素并列组合构成，如：

健康　国家　人民　贡献　离弃　爱护　销售　美丽

第四，定中结构。定中结构复合词中，往往前一个词根语素修饰或限制后一个词根语素，且该词根语素为名词性的，如：

马路　梅花　牛肉　农民　宿舍　雨鞋　电脑　鼠标

第五，状中结构。状中结构复合词中，前一个词根语素修饰或限制后一个词根语素，且该词根语素常常为动词性或形容词性的，如：

响应　忠告　复印　瓦解　雪白　碧绿　湛蓝　潮红

第六，述补结构。述补结构复合词中，后一个词根语素往往是用来补充或说明前一个词根语素的，如：

增强 提高 壮大 改良 揭开 抓紧 留下 拥堵

汉语中还有一类词，如"人口、车辆、花朵、房间"等，由一个名词性词根后接一个量词性词根组成，也是一种补语型结构，量词在后用来补充说明前面的名词。这类名词的结构方式在短语与句子中就基本没有。因此，我们也可以看出，汉语词语的构词方法虽然与短语、句子结构基本一致，但也存在少数不一致的地方，这是因为语言规则既有普遍性，又有特殊性。

②附加式。附加式合成词也是由两个语素构成，但是这两个语素一个是词根，一个是词缀。词根表示主要意义，词缀表示附加意义。附加式可以分成两小类。

第一，前加式，即词缀在前，词根在后，如：

老师 老板 老鹰 老舅 阿姨 阿哥 第二 初十

第二，后加式，即词根在前，词缀在后，如：

桌子 花儿 馒头 来头 弹性 韧性 记者 读者 绿化 沙化

③重叠式。重叠式合成词由词根重叠而成。根据重叠的特点，还可以分为两类。
第一，AA 式，如：

舅舅 伯伯 爷爷 奶奶 娃娃 匆匆 仅仅

以上例句中的词语是由两个词根语素重叠而成，因此是重叠式合成词。与叠音的单纯词不同之处在于，重叠式合成词重叠的语素还可以跟别的词单独组合成其他词，而叠音单纯词中的语素不能替换下来再组合成别的词，如：

伯伯：大伯 三伯 伯父 伯母
狒狒：＊大狒 ＊狒爷 ＊狒父 ＊狒母

"伯伯"是由两个语素构成的重叠式合成词，而"狒狒"则是由一个语素构成的重叠式单纯词。《现代汉语词典（第 7 版）》中，"狒"只有组合成"狒狒"这种用法。因此，"狒狒"只能是单纯词，不是合成词，这跟"伯伯""舅舅"等是不同的。

第二，AABB 式，如：

花花绿绿　形形色色　条条框框　婆婆妈妈

在 AA 重叠式中，其所构成的合成词的意义与单个语素的意义是一样的。而在 AABB 重叠式中，其所构成的合成词的意义并不等于 AB 两个语素的意义。它们必须重叠起来才能组成一个词，如果不重叠，"花绿""形色""条框""婆妈"等以上 A、B 两个语素的简单相加，就不称其为词了。

3. 词的特殊类型：离合词

汉语中，有一类特殊的词，中间经常能插入其他成分，而且不能带宾语，我们称之为离合词。这类词从词义上看是一个词，但从用法上看则更像一个短语。现在一般的看法是，在其合起来用时它就是词，在其分开来用时它就是短语。例如：

帮忙：帮个忙　帮了忙　帮他的忙　帮一下忙　＊帮忙他
结婚：结个婚　结了婚　结过婚　结一次婚　＊结婚他
洗澡：洗个澡　洗了澡　洗过澡　洗一回澡　＊洗澡他

类似的还有"生病、撑腰、睡觉、争气、上课、保密、过瘾、成家、做寿、招手、唱歌、照相、开会、操心、看病、骑马、认错、刷牙、喘气、道歉、见面、游泳、超车、打仗、当兵、请假、跑步、做操、打拳、洗澡、散步、聊天、跳舞、离婚、理发、吹牛、考试、鼓掌、毕业、发烧、生气、吵架、放假"等。

汉语中存在大量的离合词。

4. 实词与虚词

汉语的词，从语法的角度，可以分为实词和虚词两大类。其中实词表示实在的意义，能够作短语或句子的成分，能够独立成句，包括名词、动词、形容词、数词、量词、代词、区别词等。

一位年轻的老师在很耐心地跟留学生讲解汉语拼音

"老师、留学生、汉语、拼音"是名词，"讲解"是动词，"耐心、年轻"是形容词，"一"是数词，"位"是量词，"在、很"是副词，以上这些词都可以单独充当句子成分，都是实词。"的、地"是助词，"跟"是介词，以上这些是虚词。一般来说，虚词没有像实词一样实在的意义，一般不作短语或句子的成分，只有副词比较特殊，有的副词意义比较实，也可以作状语，但总的说来不能跟名词、动词和形容词相提并论。

虚词的基本用途是表示某种语法关系，虚词包括介词、连词、助词和语气词。叹词和拟声词也有某种表达作用，但是没有实在意义，也属于虚词。虚词可以用来组成短语和句子，如：

买的菜
李明被团长批评了
团长把李明批评了

以上例子中，"的"插在动词"买"与名词"菜"的中间，把述宾短语"买菜"变成了一个偏正短语"买的菜"。此时，作为虚词的助词"的"的作用就很大，它能改变一个短语的结构关系：把"述宾短语""买菜"转变成"偏正短语""买的菜"。

"被"在"李明被团长批评了"中有构成句子的作用，如果不用"被"，则整个组合不能被接受；同时又具有标明施事和受事的作用，即帮助听的人明白"李明"是受事者，是被批评的对象，而"团长"是施事者，是批评李明的人。"把"在"团长把李明批评了"中也具有构成句子的作用，如果不用"把"，则整个组合不能被接受；同时标明施事是"团长"而受事是"李明"，从而确定这是一个表示处置、强调结果的句子。

三、短语

短语是由两个或两个以上的单词构成的句法结构单位。例如：

一个中国东南沿海美丽的海滨城市

从词的角度来说，这个短语共有 9 个词，分别是"一、个、中国、东南、沿海、美丽、的、海滨、城市"，它们构成一个偏正短语。这一偏正短语又由更小的短语构成，分别是数量短语"一个"、偏正短语"中国东南沿海"、偏正短语"美丽的海滨城市"。因此，一个复杂的短语是由多个词或简单的短语与词或几个短语共同构成的。

短语的构成一般具有以下几个要素：
第一，必须由两个或两个以上的词构成。
第二，语义上能逐层贯通。
第三，结构上能逐层搭配。

第四，没有句调。不管是作为数词跟量词搭配的"一个"，还是作为定语成分由大到小排列的"中国东南沿海"，这两个短语都符合构成要素上的核心要求。

四、句子

句子是语言中前后有较大的停顿，能够表达相对完整的意思，带有一定语调的语言单位。句子是人们用来进行交际的基本语言单位，人们在实际语言交际中运用的就是一个一个的句子。词、短语都是语言的备用单位。例如：

①谁？
②喝！
③棒！
④每一位公民都应该遵守国家的法律。

例①由一个单音节代词"谁"构成一个疑问句。例②由一个单音节动词"喝"构成一个祈使句。例③由一个单音节形容词"棒"构成感叹句。例④则是由一个主谓短语"每一位公民都应该遵守国家的法律"构成了一个陈述句，而这个短语又由多个下位短语构成。

句子既是语言使用的基本单位，又是句法分析的重点之一。对句子的分析可以从三个角度进行，即句型系统、句式系统和句类系统。句型系统是按照句子的结构模式划分出来的类型系统，如主谓句、非主谓句。句式系统是按照句子的显著特点划分出来的类型系统，如"把"字句、连动句、存在句等。句类系统是按照句子的语气功能划分出来的类型系统，主要有陈述句、疑问句、祈使句和感叹句。

在汉语语法的四级语法单位中，语素是成词单位，语素与词的区别在于能否独立使用。而词与短语则都是语言的备用单位，句子为语言的使用单位。词跟词可以组合成短语，从而构成组合关系；词和短语，如果各自赋予它们一定的语气语调，并带入语言交际活动中，就可以成为句子，从而形成实现关系。

第三节　汉语的句法成分

句法成分就是句子的组成成分。一般来说，词、短语加上语气和语调都可以组成句子。在句法结构上，主语是陈述的对象，而谓语则是陈述主语的部分。汉语中的大多数句子皆由主谓短语加上语调而构成，这种句子叫主谓句。主语和谓语之间常常用双竖线 ‖ 隔开。而主谓句中的主语和谓语其自身同时可能又是短语，因此就可以进一步划分出其他句法成分来。汉语的句法成分主要分为以下八种：主语、谓语、述语、宾语、定语、状语、补语、中心语。这八种句法成分分别用符号表示为：

主语中心语＿＿＿＿（双下划线）　　谓语中心语（述语）＿＿＿＿（单下划线）
宾语～～～～（波浪线）　　　　　　定语（　　　）（小括号）
状语［　　　］（方括号）　　　　　补语＜　　　＞（尖括号）

一、主语

主语是句子主要的句法成分之一，是叙述、说明、描写的对象。例如：

①我们今天去杭州旅游。
②杭州是中国著名的旅游城市。

例①中，句子叙述、说明的对象是句首的代词"我们"，那"我们"就是句子的主语；例②中，句子描写的对象是句首的名词"杭州"，那"杭州"就是句子的主语。

从结构类型看，句子的主语有名词性主语和谓词性主语两大类。名词性主语由名词性成分充当，如名词、数词、名词性的代词和名词性短语等，多用来表示人或事物。作为被陈述的对象，在句子的开头能够回答"谁"或"什么"等问题。例如：

③老李换手机了。

例③的主语是"老李"，可以针对主语提问"谁换手机了？"

④榴莲很好吃。

例④的主语是"榴莲"，可以针对主语提问"什么很好吃？"
谓词性主语由谓词性成分充当，如动词、形容词短语等，后面往往表示一个判断。例如：

⑤散步对中老年人很适合。
⑥写汉字很难。
⑦太精明不是什么好事。

在例⑤、例⑥和例⑦中，充当主语的分别是动词"散步"、动词短语"写汉字"和形容词"精明"，其后紧跟的谓语部分就是对"散步""写汉字"和"精明"从某一角度进行的判断。

主语所表示的人、事物和谓语所表示的动作、情状之间的语义关系，是主语的意义类型。主语的意义类型主要有三种：施事、受事、当事。施事主语表示动作、行为的主体。受事主语表示承受动作、行为的客体。当事主语表示非施事、非受事的人或事物。例如：

⑧客人｜都喝红酒。（施事主语：客人→喝红酒）
⑨红酒｜都被客人喝了。（受事主语：红酒←被客人喝）
⑩这件事情｜和主任无关。（当事主语：这件事←主任）

汉语的句子中，主语常常可以省略。例如：

⑪A：你喝不喝啤酒？
　B：（　　）不喝。

例⑪中，B的回答就省略了主语"我"。特别是在对一个人进行介绍的时候，主语还必须省略。例如：

⑫女主角叫顾佳，（　　）今年三十岁，（　　）五年前结婚后，（　　）就辞去了外企的工作，（　　）有一个4岁的孩子。

例⑫中，除了第一个句子有主语"女主角"外，后面的四个句子都省略了主语。用汉语进行表达时，只要所陈述的对象（主语）是说话人和听话人在具体的语言环境中都清楚的，一般就可以省略。

二、谓语

谓语是句中对主语的叙述、说明和描写。谓语通常由谓词性词语充当，主要由动词（含及物动词、不及物动词）和形容词构成，在一定的条件下也可由名词、数量短语等名词性词语充当。谓语中心语由及物动词充当时，后面常常会带上宾语；谓语中心语由不及物动词充当时，主要用来陈述主语的动作行为或动作行为完成后所处的状态。例如：

①经理‖订购了三箱葡萄。
②孩子们‖正在游泳。
③爸爸‖退休了。

例①中，谓语动词"订购"为及物动词，后面就带上了名词性宾语成分"三箱葡萄"；例②中的谓语动词"游泳"是不及物动词，它陈述了主语"孩子们"正在实施的行为；例③中，谓语动词"退休"也是不及物动词，它陈述了主语"爸爸"行为完成后的状态。

当谓语由形容词充当时，主要用来陈述主语的性状。例如：

④这头牛‖极其健壮。
⑤天‖亮了。

例④形容词"健壮"充当谓语时，表示的是主语"这头牛"的性状特征；例⑤形容词"亮"则表示了主语"天"当下的状态。

当谓语由名词性词语充当时，大多用来表示人的特征或籍贯、星期或节假日。例如：

⑥东方人‖黄皮肤。
⑦陈嘉庚‖厦门人。（人的特征或籍贯）
⑧明天‖星期五。
⑨今天‖端午节。（星期或节假日）

例⑥名词性谓语"黄皮肤"表示人的特征；例⑦名词性谓语"厦门人"表示了华侨领袖陈嘉庚先生的籍贯；例⑧名词性谓语"星期五"和例⑨名词性谓语"端午节"则分别表示"星期"和"节假日"。

数量短语等充当谓语时，往往用来表示时间、重量或乘法计算。例如：

⑩现在‖10点25分。
⑪这块肉‖两斤四两。
⑫六七‖四十二。

以上例句中，数量词语充当谓语，"10点25分、两斤四两"分别用来陈述"现在、这块肉"。数词充当谓语，"四十二"陈述乘法计算的"六七"。

谓语的意义类型是基于谓语对主语的作用而言的。谓语的意义类型以叙述为主，同时也有判断、说明等类型。例如：

⑬同学们 ‖ 毕业了。（叙述：同学们→毕业）
⑭舅舅 ‖ 工程师。（判断：舅舅→工程师）

例⑬谓语"毕业了"是对主语"同学们"的叙述，例⑭谓语"工程师"则是对主语"舅舅"的一个判断。

三、述语和宾语

述语和宾语是句子中的两个直接对应的成分。

述语一般由及物动词充当。它可以由单独的及物动词带上宾语成为述语，也可以由动词带上补语或者动态助词构成。例如：

①我们 ‖ 吃｜饺子。
②孩子们 ‖ 做完了｜作业。

在例①中，是由单独的及物动词"吃"充当述语；在例②中，述语由及物动词"做"再带上补语成分"完"和动态助词"了"构成。

宾语是句子中谓语动词支配的对象。例如：

③老师教太极拳。
④老王去内蒙古。

例③中，动词"教"后面的名词"太极拳"即为宾语；例④中，宾语则是动词"去"后面的处所名词"内蒙古"。

宾语与主语类似，也可以分为名词性宾语和谓词性宾语两类。例如：

⑤香港人说｜粤语。
⑥他们俩愿意｜扎根农村搞农业生产。

例⑤的宾语"粤语"是名词性宾语，而例⑥中的宾语"扎根农村搞农业生产"则是一个谓词性宾语。谓词性的词语充当句子的宾语时，其前面的谓语动词必须是能带谓词性宾语的动词。例如：

⑦最有效的防守是进攻。
⑧经理同意我们坐飞机去杭州。

例⑦⑧中的谓语动词"是"和"同意"都是能带谓词性宾语的动词。
宾语的意义类型可分为三种：施事宾语、受事宾语和当事宾语。施事宾语表示动作、行为的发出者、主动者，可以是人或自然界的事物；受事宾语表示动作行为直接支配、关涉的人或者事物，也包括动作的承受者；当事宾语则表示施事、受事以外的宾语，即非施事非受事宾语。例如：

⑨来丨客人了。
⑩弟弟拿丨快递。
⑪他现在是丨教授了。

例⑨的宾语"客人"是施事宾语，例⑩的宾语"快递"是受事宾语，例⑪中的宾语"教授"既非动词"是"的施事，也非动词"是"的受事，它是一个当事宾语。

四、定语

名词性中心语前面的修饰或限制性成分，就是定语。例如：

我想换一部（华为）手机。
李教授发表了一场（精彩）的演讲。
我们现在都在用（网购）的产品。

以上括号中的"华为、精彩、网购"都是定语。名词、动词、形容词、数量词、代词、拟声词以及介词短语都可以充当定语。定语和中心语之间常用结构助词"的"联系。例如：

（电脑）屏幕　（已经完成）的任务　（和谐）社会　（六只）小鸟
（她）的爱好　（轰隆隆）的雷声　（在飞机上）的乘客

根据定语与中心语语义关系的不同，定语一般分为两种类型：描写性定语和限定性定语。描写性定语主要用来描绘人或事物的性质、状态，使语言表达生动形象。例如：

（炎热）的夏天　　（寒冷）的冬季　　（不错）的成绩

限定性定语主要用来给事物分类或划定范围，使语言更加准确严密。限定性定语越多，中心语所指的人或事物的范围就会越小。名词性词语、动词性词语和区别词作定语多起到限制性作用，表示人或事物的所有者、环境、处所、时间、范围、质料等。例如：

（三吨）海鲜　　（中国）故事　　（关于学校）的记忆　　（客厅）学校
（羊肉）火锅　　（智能）开关

我们常说，结构助词"的"是定语的标记，也就是说，"的"前的修饰语，一定是定语。但是问题在于，定语在与中心语组合时，有时必须用"的"，有时又不能用"的"，还有时用不用"的"都可以。结构助词"的"的使用，主要遵循以下规则。
第一，状态形容词和形容词词组作定语，一定要加"的"。例如：

这里到处都是碧绿的麦田。
笔直的马路通向远方。
案件发生在一个漆黑的夜晚。

以上例句中的定语"碧绿、笔直、漆黑"都是状态形容词，定语和中心语之间必须加上结构助词"的"。再如：

他分到了一间（很不错）的宿舍。
（太高）的房价并不利于一个城市的长远发展。
谁都想拥有一间（干干净净）的厨房。

以上例句中的定语"很不错、太高、干干净净"都是形容词词组，此时定语和中心语之间也必须加上结构助词"的"。
第二，介词词组作定语，要加"的"。例如：

（关于这件事情）的处理方案就这样确定了。

第三，动词（词组）作定语，要加"的"。例如：

（刚下单）的那个包是限量版。
（正在讨论）的问题很难有结果。

第四，名词或代词作定语表示领属关系时，要加"的"。例如：

（很多孩子）的书包现在都有拉杆。
（我）的电子词典基本上都没怎么用。

但是如果代词作亲属名词的定语，则可以不加"的"，比如"他爷爷"。
第五，人称代词作中心语时，要加"的"。例如：

我想看到一个（真实）的你。

以上是定语和中心语之间必须要加"的"情况。而在以下一些情况下，定语和中心语之间则不加"的"。
第一，单音节形容词作定语一般不用"的"。例如：

他是一位（好）老师。
王辉来自一个（小）地方。

第二，数量词组作定语时，不加"的"。例如：

给我来（一碗）红烧牛肉面。
他们喝完了（三箱）青岛啤酒。

有时，"的"有区别词的组合意义的作用，即有"的"词组和无"的"的词组意义不同。例如：

厦门大学　厦门的大学
中国银行　中国的银行

以上短语中无"的"的名词短语"厦门大学、中国银行"具有命名的性质，都是专名；有"的"的形式则强调了定语的"领属"意义，如（刚做好）的饭、（从老挝来）的朋友（短语作定语）。

当数量词组作定语时，无"的"的形式只说明事物的数量，如"三斤鱼"；有"的"的形式则具有区别性，强调事物的类型，如"十斤的西瓜"是指"重量达到十斤的那一种西瓜"。

在一个定中式偏正短语中，有时可能包含几个修饰语，这样的修饰语叫多项定语。例如：

（我）（在万达商场）（买）的（红）皮鞋放哪儿了？

例句的主语有四个定语修饰它，分别是代词"我"、介词结构"在万达商场"、动词"买"和形容词"红"。在句中具体排序时，是遵循一定的排序规则要求的。

汉语的定语总体上分成两类，分别为限制性定语和描写性定语。限制性定语主要指数量、领属、处所、时间、范围等意义成分，描写性定语主要指性质、状态、特点、用途、来源等意义成分。一般来说，限制性定语往往出现在描写性定语之前。例如：

那位优秀的学员。（数量＋性状）
＊优秀的那位学员
院子里的景观植物。（处所＋性质）
＊景观院子里的植物

如果多项定语都是限制性定语，那么按照优先顺序排列的规律是：
表示领属关系的词语（谁的）→表示处所、范围的词语（什么地方）→表示时间的词语（什么时候）→数量短语（多少）。例如：

（爷爷）（家里）（那些）藏书　（领属＋处所＋数量）
（那个小镇）（过去）（几年）的发展　（处所＋时间＋数量）

如果多项定语都是描写性定语，那么按照优先顺序排列的规律是：
动词性词语或主谓短语（怎么样）→形容词性词语（什么样的）→表示质料、属性的词语（什么）。例如：

（团购的）（最新款）（蓝牙）耳机
（戒了）（个）（冠冕堂皇的）（请假）理由

以上所说的，只是多项定语的倾向性排列顺序。在实际的语言使用中，往往会出现各种灵活使用的情况。

五、状语

动词和形容词性中心语前面的修饰或限制性成分，就是状语。例如：

（非常）伟大　　（很）和蔼　　（努力）工作　　（强烈）要求

状语常常由副词充当，但也可以由时间名词、状态形容词、数量短语和介词短语等充当。例如：

①我（对这个问题）（确实）思考不深入。
②刘明的伯伯（前天下午）（从深圳）去了香港。

句中充当状语的是介词结构"对这个问题"和副词"确实"；充当状语的是时间名词词组"前天下午"和介词结构"从深圳"。

根据其所表达的意义类型的不同，状语可以分为限制性状语和描写性状语两大类。限制性状语主要用来表示时间、地点、方向、目的、否定、范围等。例如：

③老板的航班（下午四点）抵达厦门。（时间状语）
④扶贫攻坚座谈会（在 6 号楼）召开。（地点状语）
⑤迈克（为了更快地学好汉语）来了中国。（目的状语）
⑥72 军官兵（朝西北方向）全速前进。（方向状语）
⑦他们（幸亏）提前下车了。（语气状语）

描写性状语的语义，有的是描写动作的状态或性质的程度，有的是描写动作者的情态。在句法结构上，描写性状语是修饰谓词性成分的，但是在语义上，描写性状语有的指向句中的谓词性成分，有的指向句中的名词性成分（主语或宾语）。例如：

⑧孩子（摇摇摆摆地）走到了妈妈身边。
⑨哈尔滨的冬天（非常地）寒冷。（程度状语）
⑩小王（神采飞扬地）上了飞机。
⑪奶奶（热热地）煮了一碗鸡蛋面。

例⑧中，状语"摇摇摆摆地"描写的是动作"走"的状态；例⑨中，程度副词"非常地"描写的是谓语中心"寒冷"；例⑩中，状语"神采飞扬地"语义上描写的是主语"小王"的情态，是"小王神采飞扬"；例⑪中，状语"热热地"语义上指向宾语"鸡蛋面"，是"鸡蛋面热热的"。

汉语语法中，结构助词"地"是状语的标志。当结构助词"地"出现时，其前面的修饰性成分就是状语，但并不是所有的状语后面都要加"地"。一般来说，限制性状语后面不加"地"，如例①至例⑦；而描写性状语后面一般能加"地"，如例⑧至例⑪。当然，在能够加"地"的描写性状语中，如果是单音节的副词、形容词作状语，一般也不加"地"。例如：

⑫他一向（很）优秀。
⑬此时此刻，她觉得自己最幸福。

状语的位置一般都处于主语的后面、谓语中心语的前面。但有时一些表示时间、范围、条件和关涉对象的状语，也可以出现在主语前面。例如：

⑭（明天）我们就要各奔东西了。
⑮（关于这个问题）领导班子已经专门讨论好几次了。

作为修饰语，汉语谓词中心语前面也可以有多个状语出现。例如：

⑯戴老师（从来）（都）（把我们）（当自己的孩子一样）看待。

例 16 中一共出现了 4 个状语。汉语多项状语的排序遵循以下规律：
第一，多个副词连用时，语气副词和时间副词倾向于在前，否定副词倾向于在后。例如：

⑰我们之间也许永远不能像以前一样相处了。（语气＋时间＋否定）

第二，多个介词词组连用，时间上先发生的在前，空间上表示位置的在前，对象上是施事在前。例如：

⑱从递交申请之日起十天内我们会答复您。
⑲警察在车里向外面大声地喊叫。

⑳那条狗被人把腿打折了。

第三，不同结构形式的多项状语，一般遵循以下排列顺序：
时间状语→处所状语→对象状语→情态状语。例如：

㉑教练刚刚在操场上跟队员们一起高兴地跳舞。
　　（时间）（处所）（对象）　（情态）

六、补语

补语是谓语中心语的补充说明成分，或者用来说明结果，或者用来说明数量，或者用来说明情态。补语的位置总是在谓语中心语的后面。形式为：

谓语动词（形容词）＋（得）＋补语

例如：

①马路打扫＜干净＞了。
②这次考试题目难得＜不得了＞。

例①补语为"干净"，谓语动词和补语之间不用加"得"；例②补语为"不得了"，形容词和补语之间要加"得"。语义上，含有补语的句子往往由两个表述组成。例如：

③老板气得直跺脚。（老板生气＋老板直跺脚）

补语的意义类型比较复杂，常见的有结果补语、程度补语、数量补语、趋向补语、状态补语、可能补语等。例如：

饭吃完了。	（结果补语）
这里的风景漂亮极了。	（程度补语）
那个老农今天来了三次了。	（数量补语）
让孩子自己走过来吧。	（趋向补语）
他们兴奋得大喊大叫。	（状态补语）

这点儿作业一个小时做得完。（可能补语）

补语和宾语一样，都是在谓语中心语的后面，因此就存在一个如何区分补语和宾语的问题。例如：

①我们等公共汽车。
②我们再等一会儿。

以上例句中，例①谓语中心语"等"后面的成分"公共汽车"是宾语，例②谓语中心语"等"后面的成分"一会儿"是补语。区分该成分是补语还是宾语的标准，就是看谓语中心语与其后面的成分之间是什么样的语法关系。如果后面的成分是谓语中心语所涉及的对象，如例①，这个成分就是宾语；如果该成分不是谓语中心语所涉及的对象，而是其他，那这个成分就是补语，如例②中"一会儿"是谓语中心"等"的时间。

七、中心语

中心语是定中短语、状中短语和中补短语里的中心成分。根据所处的短语类型的不同，中心语有三种类型：定语中心语、状语中心语和补语中心语。例如：

这是一个极其复杂的问题。（定语中心语）
工人们早早地就到了。（状语中心语）
孩子们打扮得漂漂亮亮的。（补语中心语）

在多层定语或者多层状语中，每一层定语或者状语所修饰的中心成分也都是中心语。

八、独立成分

独立成分指在句子中临时插进去的一些习惯用语，它跟别的成分不发生结构上的联系，但是在语义表达上仍具有特殊而重要的作用。独立成分在句子中的位置上比较灵活，既可以出现在句首，也可以出现在句中和句尾，所以又称为"插入语"。例如：

看样子，明天是不可能到达北京了。
王志还没还钱啊，不用说，肯定又去赌了。

这件事情要处理好非得请市长出面不可，依我看。

独立成分主要在表达上发挥作用。句子中有没有用独立成分，在语义表达上会有不同。例如：

他们都闹成这样了，你看，我们能不管吗？
他们都闹成这样了，我们能不管吗？

例中用了"你看"，在引起听话者注意的同时，起到了强调说话者态度的作用。如果没有用独立成分，在表达上就没有这层意思。

独立成分可以分成很多类型，根据其所表达的意义的不同，常见的有以下这几类：

第一，表示提醒，引起对方注意。常用的插入语有"你看""你说""你想想""大家知道"等。例如：

你看，我早就说了这样做不行吧。
大家知道，这个方案我本来是非常同意的。

第二，表示强调。常用的插入语有"严格地说""不用说""不可否认""说实在的""老实说""说真的"等。例如：

不可否认，你所做的一切努力都是值得的。
严格地说，你们这样做都不符合操作规范。

第三，表示总结和归纳。常用的插入语有"总而言之""由此可见""总之"等。例如：

由此可见，孩子的一言一行都有父母的影子。

第四，表示对情况的推测与估计。常用的插入语有"看来""看样子""我想""依我看""说不定"等。例如：

这次的台风登陆看来强度不算高。
这个消息说不定早就传遍全村了。

第四节　汉语的词类

一、词类的划分

　　词类是词的语法类别。划分词类，是为了在语法研究和语法教学中更好地分析、描写、说明各种语法规则。如要说明汉语法的前后顺序以及搭配的特点，用词类来进行说明是最简洁明了的。如果没有词类划分，也没有建立起词类概念，那么对短语、句子进行相关分析判断就会很不方便。例如：

打扫房间/发展经济

　　以上两个短语分别由两个词构成，如果没有词类的概念，就难以说清楚它们的构造规则。如果我们知道"打扫"和"发展"是动词，"房间"和"经济"是名词，我们就可以建立起一个短语的规则："动词＋名词"，可以构成动宾短语。再如：

＊纪教授昨天到达刚长春

　　因汉语是SVO，即"主语＋述语＋宾语"的语序，状语一般出现在主语与述语之间。列中的副词状语"刚"应当出现在动词"到达"的前面而不是后面，所以当"纪教授到达刚长春"中状语"刚"出现在了述语"到达"的后面，句子就不能接受。正确的说法应当是"纪教授刚到达长春"。

　　从以上分析可以看出，只有有了词类概念，我们才能够更好地解释短语、句子的结构，对短语、句子进行分析。划分词类是为了更好地研究语法，也是为了更好地学语法。汉语划分词类的标准，主要有以下三个：

　　1. 形态标准

　　形态标准是最简单、最明显也最可靠的标准。在一些形态丰富的语言里，一个词属于什么词类，往往由词法上的形式来表示，这就叫作形态。具体来说，它又包括形态标志和形态变化两大类。一个词属于什么词类可以通过这个词的词尾标示出来，这就是形态标志。如在英语中，形容词的形态标志是"—ful"，副词的形态标志是"—ly"。形态变化是指不同词类的词有不同的成系统的词尾变化，如在英语中，大多数的名词的复数形式是在单数形式后面加上"s"或者"es"，大多数动词的过去式是在动词后面加上"ed"等。

　　在汉语中，无论是形态标志还是形态变化都比较少。只有极少一部分的词有形态标志，如我们可以说，以后缀"们、子、者、儿、头、家、性"等结尾的词是名词，以后缀"化"结尾的词往往是动词，如"专业化、市场化、信息化、网络化、美化、绿化"等。但这种形态标志非常少。

汉语中的形态变化也很少。如我们常说名词后面可以加上"们"表示复数，但是实际上只有指人的名词才可以加"们"；动词后面可以加"着""了""过"来表示时态，但也不是所有的动词都可以加"着""了""过"。汉语中的形态标志和形态变化，虽然对汉语的词类划分有一些帮助作用，但是由于缺乏普遍性，也没有强制性，所以只能作为一条参考性标准。

2. 意义标准

词语，都是有意义的，这些意义有时可以帮助我们快速地确定一个词的词性。因为相同词类的词往往具有相类似的语义特征，因此在一般情况下，辨别词性的时候，往往首先想到的是词的意义。比如，如果一个词表示事物的名称，就会被看作名词；如果意义表示的是动作，一般会被认为是动词；如果表示的是事物的性质，就常常会被看作形容词。

但是，因为词语的意义往往是模糊的，所以就很难有一个可执行的、可以操作的标准。而且最重要的是，当两个词意义相同或者类似，但句法作用不相同时，依赖意义来判定词类反而会产生错误的判断。如汉语中的"刚"和"刚才"。"刚"，表示行动或情况发生在不久以前；"刚才"，指刚过去不久的时间。从意义上看，"刚"与"刚才"基本相同。如果因为这一点而判断"刚"和"刚才"属于同一个词类，那就错了。因为"刚"在句中只能充当状语，而"刚才"在句中不仅能充当状语，还能位于句首表示时间（刚才我不在），且能用在名词中心语前面能充当定语（刚才的情况）。因此，虽然二者表示的意义相近，但"刚"是时间副词，而"刚才"是时间名词。另外，意义上属于同一类的，但在词类上未必属于同一类。比如我们生活中最常见的"五金"金、银、铜、铁、锡，它们都表示金属，却不属于同一个词类。"金、银"是区别词，不能单说，不能直接受数量短语修饰；"铜、铁、锡"是名词，能够单说，而且可以受数量短语修饰。

可见，意义标准也只是一条辅助标准。

3. 功能标准

词的功能，主要指词与词的组合能力，以及在句子中充当句法成分的能力。汉语词类的划分，主要依靠功能标准。

第一，词与词的组合能力。即指哪一类词可以跟哪一类词组合，哪一类词不能跟哪一类词组合。不同词类之间的组合能力不同，如名词能与数量词组合，但不能与副词组合。例如：

名词：两个同志　　　＊很同志　　　＊不同志　　　人们

动词：＊两个跑　　　　＊很跑　　　　不跑　　　　　＊跑们

形容词：＊两个伟大　　　很伟大　　　　不伟大　　　　＊伟大们

以上不同的语言组合结果表明，名词、动词和形容词在组合能力上表现出截然不同的特点。名词可以与数量词组合，可以说"两个同志、三头牛"，不能说"不同志、很同志"等。而形容词可以与副词结合，如可以说"很好、不好"等。一般动词能与否定副词组合，而不能与程度副词组合，如可以说"不跑"，但不能说"很跑"等。

从组合能力来看，汉语介词则经常与名词、代词等组成介词短语，充当状语或定语，别的虚词就没有这种组合能力。例如：

介词＋名词：从杭州出发　　在宿舍里聊天

由此可见，词与词的组合能力是词的语法特征之一，有覆盖面广、特点明确、鉴别相对直接的特点，可以作为我们划分词类的一个标准。

第二，词的造句功能。即指词在句子中能否充当句子成分，或是能起什么语法作用等，比如名词经常充当主语、宾语，动词经常作谓语，形容词经常作谓语、定语等。凡是实词都能充当句子成分，而虚词则不能充当句子成分，如虚词中的介词、连词等不能直接充当句子成分。介词与它后面的名词、代词之类组合成短语以后才能作句子成分，连词只起语法结构作用，它本身是不作句子成分的。至于虚词中的助词、语气词，则只有语法作用，同样不作句子成分，如：

（很多）	员工	［都］	做	〈完〉	了	（今年）	的报表。
定语	中心语	状语	述语	补语		定语	宾语
形	名	副	动	动	助	名	助名

例中的主语部分是"很多员工"，谓语是"都做完了今年的报表"。主语部分中的形容词性短语"很多"充当定语，名词"员工"充当主语部分的中心语；谓语副词"都"充当状语，及物动词"做"充当述语，动词"完"充当补语，时间名词"今年"充当宾语的定语，名词"报表"充当宾语的中心语。

汉语中各词类主要充当句子成分如下：

名词：主语、主语中心语；宾语、宾语中心语

　　动词：述语、部分补语
　　形容词：定语、部分补语
　　副词：状语

　　这些词类与句子成分的对应，就是词类的功能。这虽然不是绝对的、唯一的，但也有一定的稳定性和倾向性，特别是从出现频率上看，词类的功能能够作为区分词类的标准之一。

二、汉语的实词

（一）名词

　　名词是表示人、事物、时间、地点和方位等名称的词，如桌子、天气、飞机、理论、逻辑、哲学、农业等。

1. 名词的语法特点

　　一般来说，从语法功能和组合能力来看，名词主要具有以下语法特点：

　　第一，主要在句中作主语和宾语，有的可以作定语，但不能直接作补语，如：

　　孩子玩游戏。（主语、宾语）
　　战争游戏（定语、中心语）
　　*孩子玩得游戏。（补语）

　　第二，名词一般可被数量短语修饰，如：

　　一个人　两条狗　三只鸟　四把椅子

　　第三，名词不能用否定副词"不"修饰，如：

　　*不石头　*不手机

　　第四，除少数单音节名词外，名词通常不能重叠，如：

　　*电视电视　*河流河流　*金融金融

　　少数单音节名词可以重叠，往往表示"每一"的意思，如：

人人（每一个人）　家家（每一家）

第王，表示人的名词后面能够加"们"，表示复数的群体意义，如：

同学们　医生们　领导们

2. 名词的小类

除了常见的普通名词外，汉语的名词还可以分出以下三个小类，分别用来指称方位、时间和处所。

方位名词：之上、中间、以前
时间名词：将来、明天、现在
处所名词：近处、远处、里间

在句法特点上，方位名词、时间名词、处所名词与普通名词有所不同，它们一般不受数量短语的修饰。而且，方位名词一般附着在其他名词之后，构成一个方位短语，如："树枝上停着几只小鸟。"

时间名词和处所名词则经常在句中作状语。如："会议明天下午召开。""我们泉州见。"

（二）动词

动词是语言中表示动作、行为、心理活动或存在、发展、变化、消失、意愿、判断等意义的词，如写、跳、想、是、逃避、完成、开启等。

1. 动词的语法特点

动词的语法特点主要表现在以下几个方面：

第一，大多数动词后面都能带名词性宾语，如：

喝可乐　学打太极　听音乐　送礼物　看新闻　（动词为及物动词）

一些动词不能带宾语，我们称之为不及物动词，如：

洗澡　请客　游泳　休息　（不及物动词）

第二，动词一般能够前加副词"不"表示否定；多数动词不能前加程度副词，只有表示心理活动的动词和一些能愿动词能够受程度副词"很、非常"的修饰，如：

不去　不学习　不启动　不选择　（不＋动词）
很喜欢　很讨厌　很想念　（很＋心理动词）
非常愿意　非常可以　非常必要　（非常＋能愿动词）

第三，多数动词可以后加动态助词"着""了""过"，如：

领教了　来过中国　听着音乐

第四，多数动词可以重叠，重叠后的语法意义有不同。

重叠是汉语动词的一个重要语法特点。单音节动词的重叠形式一般为 AA 式，有时中间还可以插入"一"和"了"，变成"A 一 A"式和"A 了 A"式，如：

尝尝　唱唱　想想　听听　跑跑
尝一尝　唱一唱　想一想　听一听　跑一跑
尝了尝　唱了唱　想了想　听了听　跑了跑

双音节动词重叠时，其形式一般为 ABAB 式。双音节动词重叠式，中间一般不插入"了"和"一"，变成"A 了 A"式，如：

商量商量　讨论讨论　研究研究　休息休息

动词重叠后，重叠式所表示的语法意义与原式也会有一些不同。动词重叠后，其基本语法意义是表示动作持续的时间短或进行的次数少，即表示"少量"。如果动词表示的是持续性动作，则重叠后表示动作持续的时间短，如：

市长坐了坐就离开了。
文字编辑翻了翻老李的书稿。

如果动词表示非持续性的但可以反复进行的动作，则重叠后表示动作进行的次数少，如：

老师敲了敲黑板就继续讲课。

如果动作还没有发生，动词重叠式有时也表示尝试，如：

你可以尝尝。
这件衣服我来穿穿看。

2. 动词的小类

动词中比较特殊的小类主要有趋向动词和能愿动词这两类。

（1）趋向动词。汉语表示动作趋向的动词，如：来、上、进、下、回、过、去、上来、下去、回来、回去、过来、出来等。

趋向动词可以单独作谓语，但也常用在动词后边充当谓语中心语的补语，如：

校长来了。（"来"作谓语）
校长跑来了。（"来"作补语）

趋向动词作补语，还可以用于意义已经虚化的引申用法，如：

病人已经醒过来了。（"过来"表示变化）
你一定要坚持下去。（"下去"表示持续）
全国经济状况好起来了。（"起来"表示开始）

（2）能愿动词。该类动词是对情理、事理、主客观条件进行可能性判断的动词。根据所表达的语义的不同，能愿动词可以分为三类：①表示可能：能、会、可、可以、能够、可能；②表示必要：应、该、应该、应当、得（děi）；③表示意愿：想、愿、肯、要、敢。从语法功能上看，能愿动词的用法跟一般动词基本相同，能单独作谓语，常用"×不×"格式表示疑问。但能愿动词常跟动词在一起，修饰动词。因此，能愿动词也叫助动词。例如：

我能来。
你能不能来？

和一般动词不同的是，能愿动词基本不能重叠，不能带动态助词"了""着""过"等。

（三）形容词

形容词是表示事物性质与状态的词。

1. 形容词的类型

按照表达功能的不同，形容词分为性质形容词和状态形容词两大类。其中表示事物性质的形容词为性质形容词，表示事物状态的形容词为状态形容词。常见的性质形容词有"好、坏、多、少、清楚、凄惨、愉快"等，常见的状态形容词有"碧绿、笔直、通红、明明白白、亮晶晶"等。从音节上来说，所有的单音节形容词都是性质形容词，而双音节、三音节形容词中则既有性质形容词，也有状态形容词。性质形容词一般都能受"很"修饰，状态形容词一般不能受"很"修饰。

2. 形容词的语法特点

形容词具有以下主要语法特点：

第一，从句法功能上看，形容词常在句子中充当谓语、谓语中心语、定语和补语，多数可以直接修饰名词。例如：

幸福的生活来自艰苦奋斗。（"幸福"作定语）
人民生活幸福！（"幸福"作谓语）
你们好棒！（"好"作状语）
这球打得漂亮！（"漂亮"作补语）

第二，性质形容词大都可以受程度副词"很""非常"修饰，而状态形容词因为本身就带有一定的程度意义，所以就不能再受程度副词的修饰。例如：

厦门岛外这 10 年发展很快。
他在陌生人面前都非常拘谨。
*小李的脸很红红的。（重叠形式"红红"具有程度义）
*事实很清清楚楚的。（双音节 AABB 式重叠具有程度义）
*这条高速公路非常笔直。（"笔直"本身含有程度义）

第三，形容词不能带宾语。但是有的性质形容词兼属动词，作动词时能带宾语，如：

每个人都有必要端正自己的学习态度。

第四，形容词大多可以重叠，重叠以后表示程度的加深。单音节性质形容词的重叠形式为"AA"，如"红红""胖胖"。双音节性质形容词的常见重叠形式为"AABB"，如"大大方方""客客气气"。而双音节状态形容词的重叠形式为"AB-AB"，如"通红通红""碧绿碧绿"。

有些状态形容词是部分重叠后再加中级"里"，如：

汉语老师今天看上去古里古怪的。

你不能整天都稀里糊涂地过日子。

这类状态形容词往往含有贬义。

（四）副词

副词是用在动词或形容词前面起修饰、限定作用的词。常用来说明动作行为或性质状态等所涉及的程度、范围、时间、情态以及肯定或否定的情况。

1. 副词的类型

按照意义的不同，可以把副词分成以下不同的类型：

（1）程度副词：很、极、太、挺、怪、最、顶、更、十分、非常、稍微。

（2）范围副词：都、全、总、共、齐、净、只、仅、就、单。

（3）时间副词：刚、才、就、正、便、已、常常、曾经、终于。

（4）否定副词：不、没（没有）、非、勿、别、未、甭、莫。

（5）语气副词：万万、偏、竟、并、岂、倒、显然、难道、简直、究竟、反正。

（6）频率副词：又、还、再、常、渐、屡、频、老、再三、屡次。

（7）描摹副词：逐渐、悄悄、随身、亲自、相互、互相、信手、亲眼。

2. 副词的语法特点

副词具有以下几个语法特点：

第一，副词在句子中一般充当状语，只有极个别的程度副词"很""极"可以作补语，如：

我同桌的高考成绩很好。（状语）

我同桌的高考成绩好得很。（补语）

姚明极高。（状语）

姚明高得很。（补语）

第二，副词一般不能单说，只有在省略句中才单说，如：

①A：你愿意嫁给他吗？

　B：不。（主观否定）

②A：饭做好了吗？

　B：没有。（客观否定）

（五）数词

数词是汉语中用来表示数目的词。

1. 数词的类别

数词可以分为基数词和序数词两大类。

第一，基数词。表示数目的多少，包括整数、分数、小数和倍数。如"零、一、三、十、百、千、万、亿、两、半"等表示整数，"二分之一、零点三五、九倍"分别表示分数、小数和倍数。

第二，序数词。表示次序的先后，基本方法是在基数词前加"第、初"等，如"第二、第八、初一、初五"。序数词的"第"和"初"有时也可以不用，如：

新来的同学是商务汉语二班的，他住在华文学院龙舟池校区 13 号楼五层 501 房。

例中"二班"是指"第二班"，"13 号楼"是指"第 13 号楼"，"五层"是指"第五层"，"501 房"是指"第 501 房"。

汉语中，数词后面加上"来""多""上下""左右""几""把"等还可以表示概数，如：

我所在的这个贫困村有 40 多户人家，总共 500 来人，青壮年劳动力也就十几个，留守儿童有百把个，80 岁上下的老人有 30 位左右，户均年收入也就几千块钱。

例句中"40 多""500 来""十几""百把""80 岁上下""30 位左右""几千"都表示的是概数。

2. 数词的语法特点

数词主要具有以下几个语法特点：

第一，数词经常和量词组合，构成一个数量短语，充当句中的定语或补语。名量词"本、种、位"等常充当定语，动量词"次、趟、遍"等则常充当补语，如：

这所大学有 600 多位教授。（定语）
光北京他就跑了 20 多趟。（补语）

第二，数词不单独直接用在名词或动词前边，个别使用情况存在则是古代文言格式的遗存，如：

＊一笑一说　＊三解二释　＊四开五关

一颦一笑　一举一动　三心二意　四分五裂

3. 数词"二"和"两"的用法

"二"和"两"意义相同，但用法有同有异。其主要特点如下：

第一，用在位数词前时，"十"前只能用"二"，如"二十"；"百""千""万""亿"位于数列中间时，一般用"二"；处于开头时，"百"前可用"二"，也可以用"两"；位数"千""万""亿"前通常用"两"。

第二，整数、序数、分数、小数以及基数的个位数，都用"二"。如"第二""二月""二分之一""零点二""十二"等。

第三，一般量词前用"两"，如"两间房""两本书""两位律师""两张纸"。

第四，在"半、倍"前用"两"，如"两半儿"；在"倍"前用"二"和"两"都可以，如"两倍""二倍"。

（六）量词

量词是用来计算事物或动作的单位的词。

1. 量词的类别

根据不同的语法功能特点，量词可以分为名量词、动量词和时量词。

第一，名量词。名量词又可以分为专用量词和非专用量词。专用量词有以下类别：

（1）个体量词：把、个、张、本、匹。

（2）集合量词：对、双、群、伙、批。

（3）度量词：米、公斤、尺、寸、两。

非专用量词有以下类别：

（1）不定量词：些、点儿。

（2）准量词：年、星期、天、小时、分、秒。

（3）复合量词：架次、人次、辆次、秒立方米。

此外，还有借用量词，即指有些名词可以临时用作量词，如"三桶水""一床被子""八桌菜"。以上短语中的"桶""床""桌"都是名词临时用作量词的借用量词。

第二，动量词。动量词可分为专用动量词和借用动量词。专用动量词是专门用于具体动作行为的；借用动量词主要来源于动作行为所凭借的工具以及人体的四肢器官的名词。专用动量词的数量不多，借用动量词的数量则相对丰富。

（1）专用动量词：次、遍、顿、场、下、回、阵、趟、番、通。

（2）借用动量词：打一（巴掌）、放了一（枪）、踢了一（脚）、咬了一（口）。

第三，时量词。时量词是专门表示时间的词语，如年、月、周、星期、日、天、小时、分、秒。

2. 量词的语法特征

第一，出现在数词后边，同数词一起组成数量短语，作定语、状语或补语等。例如：

> 三千个学生来到了体育场。（定语）
> 三千个学生一个一个地排队进入体育场。（状语）
> 学生们每周都要锻炼三回。（补语）

第二，单音量词大都可以重叠，量词重叠后表示"每"的意思，如"人人""张张""次次""回回"，重叠后主要充当定语、状语、主语等。例如：

> 新冠肺炎疫情期间，人人都要戴口罩。（主语）
> 张张邮票后面都有一个动人的故事。（定语）
> 他回回来我都不在家。（状语）

（七）代词

代词是具有替代和指示作用的词。

1. 代词的类别

根据句法功能和意义的不同，代词可以分成三类：人称代词、指示代词和疑问代词。

（1）人称代词。人称是指说话人和代词所指对象之间的关系，因此人称代词主要对人起到具体的称代作用。代词"我"分别表示第一人称，"你"表示第二人称，"他"表示第三人称。以上代词后面都可以加"们"表示多数。

人称代词的使用，主要注意以下几个具体问题：

第一，尊称与非尊称。第二人称代词"你"与"您"所含尊敬义不同，"你"是非尊称形式，"您"是"你"的尊称。但是"您"在口语里没有复数形式，也就是说，一般不说"您们"。有时用"您几位""您诸位"来表示多数。

第二，性别与人和物。第三人称代词"他""她""它"只是在书写时有区分，"她"专指女性，"他"指男性，但是也不专指男性，只有和"她"对举时才专指男性。在性别不明或没有区分必要时，可用"他"来泛指。表复数的"他们"也不专指男性，在表示男性女性都存在的复数时，只写成"他们"。"它"则是用来指事物的，不能指人，表示复数的时候后面也加"们"。

第三，包含与不包含。第一人称代词的复数形式"我们"与"咱们"，存在着是否包含听话一方的语义差别。"我们"和"咱们"虽然都是第一人称复数，但这两个词在使用时用法有所不同，"我们"既可以包括听话对方，也可以不包括听话对方；但"咱们"和"我们"对举时，"我们"不包括对方，"咱们"包括对方，总称说话人与听话人双方。例如：

我们一起去逛万达广场吧。（"我们"包括听话一方）

我们去中山路喝咖啡，你打算去哪里？（"我们"不包括听话一方）

你们来跟我们会合吧，咱们就一起去福州三坊七巷玩。（"我们"与"咱们"对举，"我们"不包括"你们"，"咱们"包括全部）

（2）指示代词。指示代词既有代替作用又有指称作用，都能单独使用，也可以和量词结合构成指量词组，如"这个、那个""这、那"指人或事物，"这儿、那儿"指处所，"这会儿、那会儿"指时间。例如：

这个不是你的老同事李明吗？（"这个"指"你的老同事李明"）

这不是你昨天要找的那款手机吗？（"这"指"你昨天要找的那款手机"）

这儿不是以前我们常来学习的地方吗？（"这儿"指"以前我们常来学习的地方"）

这会儿大家正在吃午饭呢。（"这会儿"指"吃午饭的时间"）

代词"这么、那么、这样、那样、这么样、那么样"指性质、状态、行为或方式，"这么些、那么些"则指数量。"这"表示近指，"那"表示远指。

另外，指示代词"每、各"指所有的个体，但"每"是逐指，有逐个的意思，着重于个体的共同之点。"各"是分指，表示有分别，着重于个体之间的分别。"某"是虚指，有所指而又不明指。例如：

这次的奖品是每人一部学习机。（每一个人）

战士们认真学习了关于营房管理的各项规章制度。（每一项）

老刘曾在某地当过三年侦察兵。（不明确的某一个地方）

（3）疑问代词。疑问代词是人称代词和指示代词的疑问形式。疑问代词"谁、什么、哪"问人或事物；"哪儿、哪里"问处所；"哪会儿、多会儿"问时间；"怎么、怎样、怎么样"问性质、状态、行为或方式；"多、多少、几"问数量，其中"多"还可以用来问程度。

2. 代词的活用

代词的活用主要指代词的虚指用法，有以下三种情况：

（1）人称代词的活用，如：

大家互相之间你看着我，我看着你，面面相觑，毫无办法。
与会者你一言，我一语，聊兴正酣。
打他个落花流水。

上例中的"我""你"都不是指特定的某一个人，而都表示不确定的对象。而例中的人称代词"他"则起到了增强语势的作用，而没有确定的所指对象。

（2）指示代词的活用，如：

奶奶看看这，摸摸那，就是觉得什么都新鲜。
这样也不对，那样也不行，你们到底想干啥？

例中的"这、那""这样、那样"都是虚指，没有明确的指向对象。

（3）疑问代词的活用，如：

我什么都不想吃。（所有的东西）
先生对谁都很客气。（任何人）
厦门哪儿都很干净整洁。（每一处）

以上例句中的"什么""谁""哪儿"都是疑问代词，但都不表疑问。这是疑问代词的任指用法，强调所说的无一例外。"什么"指"所有的东西"、"谁"指"任何人"、"哪儿"指"每一处"。疑问代词的这种用法往往需要句子里有"都"或"也"跟它呼应。

疑问代词还有表示虚指的用法，即用疑问代词来指称不愿意指明或不能确定的人、事物、地方或行为动作、性状等，如：

我们俩都对路不熟，你去找谁问问吧。（人）
来福建两三年了，我们找个时间上哪儿去玩玩儿吧。（地方）

上例中的"谁""哪儿"都是疑问代词的虚指用法，指所说的对象不确定或者不存在。"谁"指"可能遇到的人"，"哪儿"指"可能要去的地方"，这些都是不确定或不存在的。

（八）区别词

根据音节数量的不同，区别词可以分为以下三类：

第一，单音节区别词，如金、银、男、女、正、副。

第二，双音节区别词，如黑白、首要、次要、有偿、无偿。

第三，三音节区别词，如流线型、综合性、多功能、多渠道。

区别词具有以下语法特点：

（1）不能作主语、谓语、宾语。

（2）单独只能作定语：男同学、金首饰、正处长、活期存折。

（3）能跟"的"构成"的"字短语：女的、素的、次要的、中性的。

（九）拟声词

拟声词是模拟自然界和人类声响的词，也叫象声词。人类的语言基本上都有拟声词，如"哗啦啦"（雨声）、"咚咚"（敲门声）、"轰隆隆"（雷声）等。

拟声词主要用声音来模拟事物或自然界的声音，以增添声音的实感和语言的生动性，如：

一只猫躲在墙根儿"喵喵"地叫着。

虽然都是模仿自然界或人类的声音，但不同的语言有很大的主观性。自然界的声音丰富多彩，但经过人耳采集后，并经过大脑的主观感知和辨识，再由具有民族性的语音系统进行模拟，因此拟声词的实际发音一般都不是自然界或人类社会声音的真实再现，而是服从一定语言的语音系统调节和制约后的结果。

1. 拟声词的类型

拟声词可以按音节多少进行分类。

第一，单音节拟声词，如：哗、轰、嘭、砰、嘘、啾、喵、咣。

第二，双音节拟声词，如：汪汪、咚咚、呼呼、啪啪、嗖嗖、嘘嘘、沙沙、嘎嘎、滴答、咩咩、嘻嘻。

单音节和双音节的拟声词有的还可以重叠，如：滴答滴答、嘻嘻哈哈、乒零乓啷、噼里啪啦。

2. 拟声词的用法

拟声词在句中的位置比较灵活，有较大的独立性。它既可以单独成句，又可以在句中作状语。如：

缺口一打开，哗啦，水快速地流向稻田。

北风呼呼地刮了一整个晚上。

（十）叹词

叹词主要是用来表示强烈感情和招呼应答的词。如叹词"哼"常用来表示"愤怒"，"哎哟"常用来表示痛苦，"嗯"常用来表示同意对方的应答。表示强烈感情的常见叹词有"啊、唉、嗨、哟、呸、哼、哎呀、咦"。表示招呼应答的常见叹词有"喂、欸、嗯、哦、噢、喔、啊"。

叹词经常可以独立成句，构成一个非主谓句。例如：

啊！大海，我梦中的大海！
咦？我的手机放哪儿了呢？

有时可以活用，作谓语或定语，重叠以后也可以作状语。例如：

病人"哎哟"了一声。（谓语）
静谧的黑夜里传来"啊"的一声。（定语）
电话那头一直在"喂、喂"地喊着！（状语）

（十一）词的兼类现象

一个词在不同语境中，具有 A 和 B 两类词的语法功能，意义上又有密切的联系，这是兼类词。

名词 & 动词：锁、锄、锯、病、伤、药。
名词 & 形容词：圆、尖、累赘、方便。
动词 & 形容词：热、冷、端正、巩固。
动词 & 介词：在、对、向、朝。
连词 & 介词：和、跟、因为、为了。

三、汉语的虚词

（一）介词

介词是把名词介引给动词说明动作行为发生的各种情况的词。介词是虚词，且大多数介词是由动词虚化而来的，因此介词的语法特征还与动词有某些相似之处。介词位于名词或名词性短语、代词前，与名词性短语、代词构成介词短语。介词短语在句中充当状语，介引出跟动作行为、性质有关的时间、处所、方式、范围、对象等。

1. 介词的类型

汉语中介词数目不多，但使用频率较高，用法丰富。按照所表达的意义的不同，介词可以分成以下几类：

第一，介引施事、受事、对象的介词：被、叫、让、把、将、对、给、关于、至于、对于。

第二，介引处所、方位、时间的介词：沿着、自、从、往、朝、向、由、在、当于、趁、顺着。

第三，介引方式、手段、原因、目的的介词：通过、根据、依照、遵照、凭、以、由、因、由于、为、为了、本着。

第四，介引与事和比较的介词：和、跟、同、与、比。

2. 介词的语法特点

现代汉语的介词有些是沿用古代汉语的介词，如"于""以"等；有些是从古代汉语中的动词演变而来的，如"把""被"等；还有些主要用作介词，却仍保留着动词的用法，属于介词与动词的兼类，如"在、通过、根据"等。现代汉语中的介词具有以下语法特点：

第一，介词经常用在名词、代词前面，一起组成介词短语，在句中充当状语或者补语。

这件事情咱们就按照奶奶的意见办。
他清朝光绪年间生于扬州。

例中介词短语"按照奶奶的意见"充当状语，修饰谓语中心语"办"。介词短语"于扬州"充当补语修饰中心语"生"。

介词"对""对于""关于""朝"等组成的介词短语作定语，有时可以用来修饰名词，但后边一般要用助词"的"，如：

大家都喜欢朝南的房子。
关于考试的安排过两天再通知大家。

第二，介词短语不能单独作谓语中心语，只能介引名词给谓语中心语构成修饰或限制成分，如：

*安娜沿着黄河。（安娜沿着黄河考察中国的新农村建设）
*玛丽娜从菲律宾。（玛丽娜从菲律宾来）

当"沿着黄河"和"从菲律宾"后面没有谓词中心语时，例句都不成立。

第三，介词不能重叠，也不能后接动态助词"着""了""过"等。例如：

＊他把把书读完了。

＊孩子在在深圳上大学。

＊孩子被着家长接走了。

＊孩子被了家长接走了。

＊孩子被过家长接走了。

有些介词可以有几种形式，如"为""为了""为着""朝""朝着""除""除了"等。但此时的"着""了"并不是独立的动态助词，而是介词本身的构词成分了。

汉语的介词绝大多数都是从动词演化而来的，所以有些介词在共时层面还兼属介词和动词两类，如"在""给"等。

①a. 今天我在公司。

　b. 今天我在公司上班。

②a. 我给了他 100 块钱。

　b. 爷爷给骗子骗走了 100 块钱。

例①a、②a 中的"在、给"等带上名词能独立成句，此处的"在、给"是动词；例①b、②b 中的"在、给"带上名词不能独立成句，后面必须加上谓语中心语才能成句，此时它们是介词。

（二）连词

连词是在句中起连接作用的词。连词自身没有实在的词汇意义，在单句中连接词或短语，在复句中连接分句，以显示其连接成分之间的语义关系。

1. 连词的类型

根据所连接成分的不同，连词可以分为以下三种类型：

第一，只连接词和短语的，如和、跟、同、与、或、及等。

第二，只连接分句的，如尽管、宁可、要么、即使、既然、不管等。

第三，既能连接词或短语，又能连接分句的，如因为、而、而且、并、并且、只有、或者等。

2. 连词的语法功能

连词的作用就是把两个词、短语或分句连接起来，以显示它们二者的语义关系。

（1）并列关系：中国、俄罗斯都投了赞成票。——中国和俄罗斯都投了赞成票。

（2）选择关系：小米、华为哪个品牌都行。——小米或华为哪个品牌都行。

（3）原因—结果关系：因为你参加，所以我就参加。

（4）假设—推论关系：如果你参加，那么我就参加。

一般而言，连接名词多用"和""跟""同"，连接动词常用"并""并且"，连接形容词常用"而""而且"。

（三）助词

助词是附着在词或短语上，表示附加意义的虚词，大都念轻声，如"的、了、所"等。助词可以分成结构助词、动态助词和其他助词三类。

第一，结构助词。结构助词是把词语连接起来，使之成为具有某种句法结构关系的短语的虚词。最常用的结构助词为"的""地""得"，它们都念轻声"de"，但在书面上因为用法的区别，而分别写成不同的汉字。其中"的"用在定语和中心语之间，"地"用在状语和中心语之间，"得"用在动词或形容词后边，引出后面的补语。如"他们的别墅、壮观的别墅、正在拆的别墅"，"他们"是代词，"壮观"是形容词，"正在拆"是动词短语，它们都能在"的"的前面构成定语修饰名词中心语"别墅"。"兴奋地挥手、整齐划一努力地挥手"，"兴奋"是形容词，"整齐划一努力"是联合短语，它们都能在"地"前面构成状语修饰动词"挥手"。"可笑得很""干得漂亮""打得他们落花流水"，"很"是副词，用在"得"后面补充说明"好"的程度；"漂亮"是形容词，"他们落花流水"是主谓短语，它们都能在"得"后面构成补语，补充说明谓语中心语的程度或结果。

助词"的"还经常附在其他词或短语后面共同构成一个具有名词功能的"的"字短语，在句中常作主语和宾语，如：

卖包子的已经走了。

他要找一个能看孩子的。

"的"字短语具有限制、指别作用，如"我的"区别于"你的"；"卖菜的"就是要指别不是"卖饮料的"。

第二，动态助词。汉语的动态助词只有三个，分别为"着""了""过"。动态助词主要用来表示某一过程中动作变化的状态，都念轻声。其中，动态助词"着"附在动词后边，表示某一动作正在进行或者某一状态正在持续，如：

孩子们正玩着呢！（"玩"的动作正在进行）

老师还病着呢。（"病"的状态正在持续）

"着"可以跟"正""在""正在""呢"配合使用，表示动作行为正在进行。

动态助词"了"附在动词后边，表示动作已经完成，或者某一状态有了新情况，如：

> 局里来了新领导。（"来"的动作已经完成）
> 身体好了就要加强锻炼。（健康状况到了"好"的情况）

"了"有时也用于将来时，如：

> 下了课我去宿舍找你。

动态助词"过"附在动词后边，表示经历过某种动作，或有过某种状态，如：

> 我们都去过雅加达。（经历过）
> 他们俩曾经好过一段。（有过"好"的状态）

第三，其他助词。其他助词是指除结构助词、动态助词以外的助词，如"第、初、来、等、似的、所、看"。这些助词一般都附加在其他词语的前面或后面，表示某种附加意义，或构成某种短语。比如"第""初"用在数词前面，表示次序，如"第一、第八、初一、初十"；"来"用来表示概数，如"十来斤、五十来岁"；"等"用来表示列举未尽；"似的""一般""一样"直接附着在词和短语后边构成"比况短语"，表示比喻或说明情况相似，相当于一个形容词，如"鲜花似的""兄弟般""雪片一样"。"所"用在动词前面，构成"所字短语"，具有名词性，修饰名词时要带"的"，如"警察所说的情况大致如此"。而且，这些结构中的中心语必须是"所"后面的动词所能支配的对象。助词"看"往往用于重叠式动词后，读轻声，表示尝试义，如"穿穿看、用用看"。

（四）语气词

语气词是经常附着在句末表示某种语气的词。有时，句子中一些复杂的意思或情感可以通过语气词更好地表达出来。

根据所表示的语气类别的不同，语气词可以分为以下几种类型：

第一，陈述类语气词，如"了、呢、来着、着呢"。其中，"了"往往表示一种变化的新情况的出现，如：

> 下雪了。（刚才还没下，现在下了）

"呢"则表示一种提醒，如：

领导还没有研究呢。（你怎么就知道了）

"来着"着重表示事情刚刚发生过，如：

我的眼镜刚刚就放在这儿来着。（怎么转眼就不见了）

"着呢"表示对事实的确认，如：

正面袭击厦门的莫兰蒂台风厉害着呢！（你可不知道）

第二，祈使类语气词，常用的有"吧""啊"。其中，祈使句使用"吧"时，语气比较缓和，有商量的意味，如：

我们今晚加个班吧。

祈使句使用"啊"时，在肯定句中有催促的意味，而在否定句中强调劝阻的意味更强，如：

你还磨蹭什么，快上车啊！
别一个人去河边玩啊！

第三，疑问类语气词，常用的有"吗""吧""啊""呢"。其中"吗"用在是非疑问句末，表示怀疑的程度比较大，疑大于信，如：

你们是今天返校吗？

"吧"用在是非疑问句末，表示怀疑的程度比较小，信大于疑，如：

你们是今天返校吧？

"啊"用在疑问句中，更多的是表示惊疑，没有想到，如：

你们今天返校啊？

"呢"用在特指问、选择问和正反问句的句末，往往表示深究的语气，如：

你们哪天返校呢？
你们是不是今天返校呢？

第四，感叹类语气词，常见的有"啊、呀、哇、哪"等，表示感叹、赞叹或者惊叹的语气。其中"呀""哇""哪"等是"啊"的变体形式。例如：

这孩子多可爱啊！
三天内要完成这个项目的建设，这得多难哪！

语气词一般位于句子的末尾，都有缓和句子语气的作用。一个句子末尾用上读轻声的语气助词后，使句子变长，节奏减慢，语气自然就舒缓了下来。

第五节　汉语短语的类型

短语是由两个或两个以上的词所构成的句法结构单位。按照组成成分的不同，汉语的短语可以分为词组和结构两种类型。其中词组是实词与实词的组合。根据各组成成分的词性、组合方式及其所形成的语法关系，词组可以分为主谓词组、述宾词组、联合词组、偏正词组、同位词组、述补词组、连谓词组、兼语词组八类。

结构则包括实词与实词的非句法关系组合以及实词与虚词的组合。结构的类型主要有：量词结构、方位结构、介词结构、"的"字结构。

一、词组的类型

1. 主谓词组

前后组成成分之间构成被陈述和陈述关系的词组，是主谓词组。主谓词组中后面部分的内容是对前面部分的一个陈述。例如：

全体卧倒　颜色鲜艳　明天星期天

以上词组都是主谓词组。其中，"全体卧倒"是动词性谓语，"颜色鲜艳"是形容词性谓语，"明天星期天"是名词性谓语。

2. 述宾词组

前后组成成分之间存在支配与被支配、关涉与被关涉关系的词组，是述宾词组。述宾词组的述语一般由及物动词充当，宾语既可以是体词或体词性短语，也可以是谓词或谓词性短语。例如：

"学习语法""了解福建""修理汽车""来了一个警察"，宾语都是体词或者体词性短语 "进行协商""禁止通行""停止前进"，宾语都是谓词；"希望考上一个好大学"'喜欢打篮球""答应一起去爬山"，宾语都是谓词性短语。

3. 联合词组

前后两个或两个以上的成分之间构成并列、承接、选择或者递进等关系的词组，是联合词组。例如：

"理想与现实""厦门、泉州、漳州"成分之间构成并列关系，"商量并解决"成分之间构成承接关系，"深圳或广州"成分之间构成选择关系，"温柔且贤惠"成分之间构成递进关系。

4. 偏正词组

前后组成成分之间构成修饰、限定关系的词组，是偏正词组。偏正词组中前面的成分是修饰语，后面的成分是中心语。例如：

a. 雄伟的长城　团购的海鲜　两天的行程
b. 慢慢地爬行　在集美学村玩　非常豪华

根据中心语词性的不同，偏正词组又可以分为定中词组和状中词组两类。以上 a 组例子的中心语"长城""海鲜""行程"都是名词，该词组都为定中词组。b 组例子的中心语"爬行""玩"是动词，"豪华"是形容词，都是谓词性词语，该组词组为状中词组。

5. 同位词组

前后组成成分所指内容相同，在句子中充当同一个句法成分，且意义上构成复指关系的词组是同位词组。例如：

首都北京　宝岛台湾　夫妻二人　你们几位　他们夫妇

6. 述补词组

前后两个成分之间构成补充与被补充关系的词组是述补词组。述补词组是汉语中前后两个成分语义类型比较复杂的词组。根据前后语义关系的不同，述补词组可分为以下类型：

（1）结果补语。补语成分表示动作的结果。结果补语一般由形容词或动词充当。如说好、讲清楚、扫干净、做完、学会。结果补语前面不出现助词"得"。

（2）程度补语。补语成分用来表示前面成分所达到的程度，一般由副词构成。如爱极了、疲倦得很、好得很、舒服极了。

（3）趋向补语。补语成分用来表示前面动作的趋向。如走上去、钻进去、扔出去、捡回来、搬过去。趋向补语一般不带"得"。

（4）情态补语。补语成分用来说明动作或有关事物的状态。如高兴得手舞足蹈、激动得说不出话来、急得脸通红。情态补语必须带"得"。

（5）数量补语。补语成分为一个量词结构，说明动作的次数或动作延续的时间。如踢了两脚、跑了三趟、等了半小时。数量补语不能带"得"。

（6）可能补语。补语成分用来表示前面动作或者状态的可能性或不可能性，往往是在结果补语和趋向补语的中间插入"得/不"来构成。如讲得（不）清楚、做得（不）完、学得（不）会、钻得（不）进去、扔得（不）出去、捡得（不）回来。

7. 连谓词组

前后两个成分表示连续的几个动作的词组是连谓词组。连谓词组中，所有的动作都是由同一个主体发出来的，而且这些动作还具有前后的顺序。如去上班、上街买菜、拉着手不放、买杯咖啡喝、送一个 iPad 给他、有话慢慢说。

8. 兼语词组

兼语词组由一个述宾词组跟一个主谓词组套叠而成，而且述宾词组的宾语兼任了后面主谓词组的主语。

如"选他当班长"中的"他"，既是前一个谓词"选"的宾语，又是后一个动词"当"的主语，代词"他"就是句中的兼语成分。同理，短语"通知大家参加"的兼语成分是"大家"，短语"派秘书去"的兼语成分是"秘书"，短语"请他们来"的兼语成分是"他们"。

二、结构的类型

汉语短语中的结构，既包括实词与实词的非句法关系组合，也包括实词与虚词的组合。结构主要有以下四种类型。

1. 量词结构

前后两个成分中，当后一个成分是量词时，该结构为量词结构。例如：

三个 一次 这场 那回 哪件 几条

根据前一个成分语义特点的不同，量词结构又可以分为三小类：①数量结构。前一成分为数词的结构，如"三个""一次"。②指量结构。前一成分为指示代词的结构，如"这场""那回"。③疑量结构。前一成分为疑问代词的结构，如"哪件""几条"。

2. 方位结构

方位结构是前后两个成分中，后一个成分为方位词的结构。例如：

树林中　门前　高考前　上车后　书本上　洽谈中　帮助下

方位结构也可以表示多种语义类型，最基本的语义是表示处所，如"树林中""门前"；常见的其他语义类型还有表示时间，如"高考前""上车后"；表示范围，如"书本上"；表示过程，如"洽谈中"；表示条件，如"帮助下"。

3. 介词结构

前后两个成分中，当前一个成分为介词时，该结构为介词结构。例如：

在学校　用手机　关于这个问题　通过这种方式

介词结构可以表示多种语义类型，常见的有表示处所，如"在学校、在车上"；表示工具，如"用手机、用抹布"；表示时间，如"在 2020 年、于明年三月"；表示对象，如"关于这个问题、对父母"；表示施事，如"被同事"；表示受事，如"把茶水、将时间"；表示方式，如"按规定、根据通告"；表示原因，如"由于经费问题、因为天气原因"；表示目的，如"为了个人发展、为国家"。

4. "的"字结构

由结构助词"的"附加在其他词语之后构成的短语我们称为"的"字结构，主要作用是使谓词性成分转化为名词性成分，同时在语义上起到了转指作用。例如：

最贵的　很便宜的　开宝马的　整天泡在网吧的　大家的　塑料的

在以上"的"字结构中，形容词性短语"最贵""很便宜"加上"的"后变成了一个名词性短语；动词性短语"开宝马、整天泡在网吧"加上"的"后也变成了一个名词性短语；名词"大家、塑料"加上"的"后仍是名词性成分，但在意义上实现了转指。

第六节　汉语的句型

　　汉语的句子，根据不同的观察角度，可以划分为不同的类型。其中句型系统是按照句子的结构模式划分出来的类型系统；句式系统是按照句子的显著特点划分出来的类型系统，如"把"字句、连动句、存在句等；句类系统是按照句子的语气功能划分出来的类型系统，主要有陈述句、疑问句、祈使句和感叹句。

　　而根据句子的整体结构是不是完整的主谓短语这一标准，汉语的句型可以分为主谓句和非主谓句两大类。

一、主谓句

　　主谓句是指句子的整体结构是一个完整的主谓短语的句子。根据主谓句中谓语的性质和特点，主谓句又可以分为四类，分别是：动词谓语句、形容词谓语句、名词谓语句和主谓谓语句。例如：

　　爸爸去北京了。（动词谓语句）
　　每个房间都宽敞明亮。（形容词谓语句）
　　明天星期天。（名词谓语句）
　　老奶奶气色不错。（主谓谓语句）

（一）动词谓语句

由动词或动词性短语作谓语的句子称为动词谓语句。动词谓语句的述语大都由表示动作行为的动词充当，谓语的主要作用是叙述主语，如：

　　弟弟买了一部华为手机。
　　专家们在讨论"十四五"发展规划。
　　妈妈喜欢素雅一些的家庭布置。
　　门前有一条小河。
　　中国是世界上最大的发展中国家。

　　以上动词谓语句中，谓语中心语（述语）分别由表示"动作""行为""心理活动""存在"和"判断"的动词充当。

（二）形容词谓语句

形容词或形容词性短语作谓语的句子称为形容词谓语句。形容词谓语主要用来描写主语的性质和状态。"性质"是指一种事物区别于其他事物的根本属性，"状态"指人或事物表现出来的形态，如：

狗很忠诚，猫比较温顺。（描写的是主语的性质）
这款手提电脑的性能很稳定。（描写的是主语的性质）
大街上干干净净的。（描写的是形容词的状态）
他的脸通红通红。（描写的是形容词的状态）

（三）名词谓语句

名词或名词性短语作谓语的句子称为名词谓语句。名词谓语句的谓语主要是对主语进行说明和判断，如：

今天晴天。
大后天春节。
一斤三块。
钟南山厦门人。
这姑娘大长腿。

从以上例句可以看出，名词谓语句如果陈述的不是人，则谓语的内容主要以时间、天气、节令、数量等为主；如果谓语陈述的对象是人，则以陈述人的籍贯、特征、年龄等为主。

（四）主谓谓语句

由主谓短语作谓语的句子称为主谓谓语句。例如：

这篇论文我看了不下十遍。
老教授两鬓斑白。
这种情况警察也没办法。
小王办事牢靠。

在部分主谓谓语句中，大主语和小主语之间存在直接的语义关系，如上述例句中，大主语"这篇论文"和小主语"我"是施事和受事的关系；而"老教授"和"两鬓"是整体与部分的关系。

二、非主谓句

非主谓句是由单个的词或主谓短语以外的其他短语构成的句子。非主谓句主要有名词句、动词句和形容词句三种。

（一）名词句

由单个名词或名词性短语构成的句子，称为名词性非主谓句，简称名词句。例如：

元旦下午。
厦门北站。
多么感人的一幕！
蟑螂！

（二）动词句

动词性非主谓句往往由述宾短语或其他动词性短语构成，使用单个动词的情况相对较少。这类句子也包括一些禁止语和祝福语，如：

下雨了。
禁止抽烟！
祝你幸福！

这类动词句一般不能明确说出或说不出动作行为的发出者，只是隐隐约约觉得应当有一个施事，但这个施事不确定，也可能不存在。

（三）形容词句

形容词句由形容词或形容词性短语构成，往往用来表达说话人的态度和感情，如：

太棒啦！
真奇怪！
漂亮！

非主谓句的结构一般来说比较简单，变化也没有主谓句多，往往短小灵活，在口语中使用频率较高。

第七节　汉语的句式

　　句式是根据句子的显著特点划分出来的句子类型。句式集中地体现了现代汉语句子的结构特点以及语义表达上的特色。汉语的句式，既有以谓语部分的特殊结构为标志的主谓谓语句、双宾句，又有以句中某个特殊词语为标志的"把"字句、"被"字句，还有以句子的特殊语义范畴为标志的存现句、比较句。

一、"把"字句

1. "把"字句的语法意义

　　由介词"把"和它的宾语充当状语的主谓句叫作"把"字句。"把"字句表示因某个动作或某种原因的影响而产生某种结果或状态。例如：

　　哥哥把钱都花光了。
　　大家把李明送回了家。
　　这道题把专家们难住了。
　　还银行钱的事儿快要把老板急疯了。

　　以上例句中，"花光"是处置结果，"送回了家"是位置有移动，"难住了"是让专家为难，"急疯了"是叫人着急。

2. "把"字句的结构特点

　　"把"字句在结构上具有以下几个特点：

　　（1）构成"把"字句的往往是动作动词，具有处置性意义。而能愿、心理、判断、存在、趋向等动词没有处置性意义，不能用来作"把"字句的谓语动词，如：

　　＊警察把这些话相信了。
　　＊人们把大自然喜欢了。
　　＊他把总经理是了。
　　＊书上把一只小鸟有了。
　　＊朋友把厦门离开了。

　　"有、在、存在、是、像、姓、属于、赞成、知道、同意、觉得、相信、希望、上、下、进、出、上来、下去、离开"等常用动词一般不能用于"把"字句。

（2）"把"字句的谓语部分必须是复杂的，不能只是单个动词，特别是单音节动词。例如：

> 你们俩把整件事情搞复杂了。（带补语）
> 你不能把责任往别人身上推。（带状语）
> 把这碗药喝了。（带"了"等助词）

（3）介词"把"后的宾语一般是定指的、已知的。例如：

> 奶奶把可乐藏起来了。
> 把那支笔给我。——＊把一支笔给我。

以上例句中，当"把"的宾语为"非定指"的"一支笔"时，"把"字句不能成立。

（4）否定词和助动词只能出现在"把"字结构之前，而不能在它之后。例如：

> 大家别把这个消息告诉媒体啊。——＊大家把这个消息别告诉媒体啊。
> 我愿意把事情交待清楚。——＊我把事情愿意交待清楚。

二、"被"字句

1. "被"字句的语法意义

由介词"被"和它的宾语充当状语的句子叫作被字句。"被"字句是被动句，是主语接受动作的句子。被动句中的主语是受事者，由介词"被"引入主动者与"被"字构成的介宾短语在句中作状语。例如：

> 这笔奖金被爸爸偷偷拿去买彩票了。
> 纪校长被调走了。

"这笔奖金被爸爸偷偷拿去买彩票了"中出现了施事"爸爸"，而"纪校长被调走了"中没有出现施事。施事不出现，一般基于两种情况：一是不愿意说出来；二是不知道施事是谁。

在"被"字句中，"被"所引进的宾语往往是动作的施事或原因，而主语则是动作的受事。"被"的作用主要是表示一种被动意义，所指的往往是不如意的事情。例如：

屋顶被台风刮跑了。
老人养老的钱都被骗子骗光了。

2. "被"字句的结构特点
"被"字句具有以下主要结构特点：
（1）"被"字句的谓语动词必须是动作性较强的及物动词，而且不能是单个动词，一般要在后面带上别的成分。例如：

袋子里的糖很快被孩子们吃光了。（带补语）
所有特战队员被分成了五组。（带宾语）
老板最终被我们说服了。（带"了""着""过"）

（2）主语一般是谓语动词直接影响的对象，其所表示的事物必须是定指的。

这栋别墅被主人挂牌出售了。
这辆限量版的赛车被一位明星买走了。
＊一辆限量版的赛车被一位明星买走了。

（3）"被"字句中"被"后的宾语，有时由于不知道或没必要说出来，可以不在句中出现。例如：

这批货刚上市就被一抢而空。
家属们被告知今天可以去接人了。

3. "被"的变体
现代汉语中，"被"有多种变体形式，表达基本相同的语法意义，如：
（1）"被……所""为……所"形式。

大家千万不能被传销者的花言巧语所打动。
参观者无不为革命先辈们的顽强战斗精神所感动。

（2）用"叫、让、给"来替代。

我的同桌被（叫、让、给）班主任老师带去谈话了。

这条高速公路的关键难点终于被（叫、让、给）工程人员攻克了。

三、双宾句

双宾句是一个述宾短语再带一个宾语的句子。紧靠动词的宾语叫作近宾语（又称间接宾语），不紧靠动词的宾语叫作远宾语（又称直接宾语）。其一般结构形式为"施事＋动作＋近宾＋远宾"，如：

朋友送他两条鱼。
老师问了我三个专业问题。

上例中，"他"是近宾语，即离动词近的那个宾语；"两条鱼"是远宾语，即离动词远的那个宾语。而"老师"是近宾语，"专业问题"是远宾语。
双宾句具有以下两个特点：
（1）一般为"给予、接受、询问、称说"类动词，可以表示"谁给谁什么"等意义。例如：

厂里奖他 2 000 元。（"给予"类）
收他一束花。（"取得"类）
董事长告诉秘书他下周的活动安排。（"称说"类）

（2）双宾句的两个宾语，近宾语主要指人、动物等，回答"谁"的问题，靠近动词；远宾语多数指物，回答"什么"的问题。例如：

老李给了他一把家里的钥匙。

上例中，近宾语"他"靠近动词"给"，回答了"给了谁"的问题；远宾语"一把家里的钥匙"则回答了"给了什么"的问题。

四、存现句

存现句是表示人或事物存在、出现或消失的句子。其基本格式为：处所词＋存现动词＋事物。例如：

讲台上站着几个学生。（存在）

对面开过来一辆宝马车。（出现）
上周乡里面又走了一批知识青年。（消失）

存现句可以分为存在句与隐现句。

1. 存在句

存在句表示什么地方存在什么人或什么事物。存在句分为静态存在句与动态存在句。

（1）静态存在句。表示事物静态的存在，其基本格式为：处所词＋V静态存在＋事物。例如：

鼓浪屿上有很多历史文物古迹。
桌子上放着一台笔记本电脑。

（2）动态存在句。表示事物动态的存在，其基本格式为：处所词＋V动态进行＋事物。例如：

空中盘旋着敌人的轰炸机。
城墙上飘扬着各色彩旗。

2. 隐现句

隐现句表示某个地方出现或消失了什么人或事物。隐现句分为位移性隐现句和非位移性隐现句。

第一，位移性隐现句。表示事物的出现或消失伴随着空间位置的变化。例如：

门洞里飞进来一只燕子。
院子里开出去一辆黑色的奥迪车。

第二，非位移性隐现句。表示事物的出现或消失不直接涉及空间位置的变化。例如：

我脑子里顿时浮现出童年时干农活的画面。
羊圈里昨晚少了三只羊。

五、连谓句

连谓短语充当谓语的句子是连谓句。连谓句的谓语就是句中的两个动词短语，比较少单个动词连用。两个动词短语之间互不为句法成分，而是共同作谓语，但在语义上有原因和结果、目的与方式等多种关系。例如：

他买了一张报纸看。（目的）
班长发微信告诉大家明天放假。（方式）
爷爷生病住院了。（因果）

连谓句有时与兼语句会存在容易混淆的情况。例如：

玛丽有条件学好汉语。（连谓句）
我有一个舅舅在中国做生意。（兼语句）

连谓句中，句中连用的两个动词或者动词短语，必须是共同陈述同一个主语。前一例句中，两个动词短语"有条件"和"学好汉语"共同陈述同一个主语"玛丽"，是连谓句；而后一例句中，动词短语"有一个舅舅"陈述的主语是"我"，动词短语"在中国做生意"陈述的主语是"舅舅"，"舅舅"是句中的兼语成分，所以该句是一个兼语句，而非连谓句。

六、兼语句

兼语短语充当谓语的句子是兼语句。例如：

我们选李明当班长。

例中，"李明"既是前面谓语中心"选"的宾语，又兼任了后面的谓语成分"当班长"的主语，所以该句子为兼语句。
兼语句具有以下两个特点：
（1）兼语句的谓语是述宾结构，述宾结构的宾语同时能与后面动词构成主谓结构的主语。例如：

老师叫王刚进来。（老师叫王刚 + 王刚进来）
刘经理请您吃饭。（刘经理请您 + 您吃饭）

上例中，"王刚"既作"叫"的宾语，又作"进来"的主语，"王刚"身兼二职，所以"王刚"是句子的兼语。"您"是"刘经理"请的对象，又是"吃饭"这一动作的发出者，"您"兼任了宾语和主语。

（2）兼语句多有命令之意，所以句中前一述语多由使令动词充当。常见的使令动词有"使、让、叫、派、请求、选举、教、劝、号召、命令、吩咐、禁止"等。例如：

政府号召市民出门戴口罩。

七、主谓谓语句

主谓谓语句是由主谓短语充当谓语的句子。其基本结构形式为"大主语 + ‖ 大谓语（小主语 + 小谓语）"。例如：

他的稿费 ‖ 一大部分捐给了贫困学生。
团长 ‖ 性格沉稳。

根据句中大主语与小主语、小谓语的内在语义关系的不同，主谓谓语句可以分成以下不同的类型：

（1）受事型主谓谓语句。在受事型主谓谓语句中，大主语是小谓语中动词的受事，或是与事、工具等成分。例如：

那个人的事我从来不关心。（受事）
数学作业我已经做完了。（受事）
这批货店员还没打码呢。（与事）
这把小刀我切水果。（工具）

当大主语为受事时，大多可以通过大主语的移位而把句子变换成一般的主谓句。例如：

我从来不关心那个人的事。
我已经做完了数学作业。

（2）领属型主谓谓语句。大主语和小主语之间有领属关系，或者是整体与部分的关系。例如：

鼓浪屿人文环境别具特色。（领属关系）
我每个月的工资有一半是用来付房租的。（整体与部分关系）

这类句子往往可在大小主语之间插入"的"字，变成一般主谓句。例如：

鼓浪屿的人文环境别具特色。

（3）关涉型主谓谓语句。关涉型主谓谓语句中，大主语是大谓语在某一方面关涉的对象。例如：

这类现象地方政府从来都是从快处理。
事故结论双方都不满意。
中国的城市这些欧洲的孩子们只知道北京和上海。

关涉型主谓谓语句，可以在大主语前面加上"对、对于、关于"等介词，形成句首状语，句子也就变成了一般的主谓句。例如：

对于这类现象，地方政府从来都是从快处理。
对于事故结论，双方都不满意。
关于中国的城市，这些欧洲的孩子们只知道北京和上海。

（4）周遍型主谓谓语句。在周遍型主谓谓语句中，大主语往往是疑问代词的任指型活用，或者是表示周遍性意义的词语。例如：

什么他都感到好奇。
任何时候系辅导员都看上去青春洋溢。
所有通话记录我们都能查到。

周遍型主谓谓语句的大主语跟小主语往往可以换位而意义不变。例如：

他什么都感到好奇。

系辅导员任何时候都看上去青春洋溢。

第八节　汉语的句类

句型和句式都是句子在结构上的分类。除了从结构上分类以外，句子还可以从语气上进行分类。按照不同的语气功能给句子划分出来的类型，就叫句类。句类可以分为陈述句、疑问句、祈使句和感叹句四种类型。

一、陈述句

陈述句用来向听话人陈述一件事情。例如：

海外有 6 000 万华侨华人。

我每天晚上要跑 6 公里。

陈述句后面可以带上一些语气词，来表示不同的语气意义。例如：

连长支持你参加比赛的。（强调肯定）

连长支持你参加比赛了。（发生变化）

连长支持你参加比赛嘛。（显而易见）

连长支持你参加比赛啊。（提醒对方）

陈述句的肯定形式往往是无标志的，而否定形式一般是在肯定形式上加否定词"不、没、没有、未、别"来构成。例如：

我不想考博士。

弟弟从来没有拒绝过我。

革命尚未成功，同志仍须努力。

你别给孩子吃太多煎炸的食物。

否定词中最常用的是"不"和"没"。"不"和"没"的使用存在以下区别：

（1）"不"表示主观意愿，"没（没有）"则表示客观情状。例如：

妹妹不想买苹果手机，她想买华为手机。
妹妹没买苹果手机，她买了华为手机。

（2）"不"的使用在时间上没有限制，"没（没有）"则不能用于将来时。例如：

他以前不贪，现在不贪，将来也不会贪。
他以前没贪，现在也没贪。
＊他将来也没贪。

（3）"不"可以修饰动词，还可以修饰形容词，"没（没有）"原则上只能修饰动词，不能修饰形容词。例如：

经理不吃不健康的食物。
经理没吃不健康的食物。
＊经理不吃没健康的食物。

只有当形容词表示变化的意义时，才能用"没"修饰，如：

苹果还没红。

（4）"不"可以跟绝大部分助动词结合，"没（没有）"只能跟少部分助动词结合。例如：

大家不要/能/能够/肯/敢/会/可以/应该/该发表意见。
大家没要/能/能够/敢发表意见。
＊他没会/肯/可以/应该/该发表意见。

二、疑问句

疑问句包括疑惑和询问两种意义。一个疑问句，通常是既疑且问，但可以疑而不问，也可以问而不疑。例如：

你是哪国人？（既疑且问）

你是越南人吧。（疑而不问）

难道你不是越南人吗？（问而不疑）

（一）疑问句的结构类型

根据不同的结构类型，疑问句可以分成以下四种类型：是非问、特指问、选择问和正反问。

1. 是非问

是非问有两种结构方式，一种是"陈述句结构＋疑问语气词"，另一种是"陈述句结构＋疑问语调（↗升调）"。例如：

你是华侨大学的学生吗？　　↘↗

你是华侨大学的学生？　↗

如果是非问句没有疑问语气词，语调必须上升。如果有疑问语气词，语调可升可降。也就是说，疑问信息是由疑问语气词或者疑问语调承担的。

用于是非问中的语气词除了"吗"以外，还有"吧"和"啊"。例如：

你是严守一吗？

你是严守一吧？

你是严守一啊？

在是非问句中，当用疑问语气词"吗"时，疑问程度比较强；当用"吧"时，说话人的疑问程度比较弱，表示一种估测，同时希望对方确认；"啊"则带有一种没有想到的惊奇的意味。

疑问句的回答都要针对疑问焦点进行。是非问句的回答形式相对比较简单，肯定时用"是""是的""对"等，否定时用"不""不是""没"等来表示。由于是非问的疑问焦点是整个句子，所以有时也可以使用重复原来的句子形式来回答。例如：

A：你是王小明的爸爸吗？

B1：是。

B2：不是。

B3：我是王小明的爸爸。

2. 特指问

用疑问代词替换陈述句中的任一项后构成的疑问句就是特指问句。如"董事长后天下午来分公司检查工作"这句话，就可以构成以下几个特指问句：

谁后天下午来分公司检查工作？
董事长什么时候来分公司检查工作？
董事长后天下午去哪儿检查工作？
董事长后天下午来分公司干什么？

特指问如果用语气词，只能是"呢"或"啊"，不能用"吗"或"吧"。特指问句调可以是升调，也可以是降调。例如：

今晚吃什么呢？＼↗
今晚吃什么啊？＼↗
＊今晚吃什么吗？
＊今晚吃什么吧？

在特指问句中，疑问代词承担了疑问信息，同时形成了疑问焦点。因此，在回答特指问句时，就要求针对句中的疑问代词作具体回答。例如：

问：谁后天下午来分公司检查工作？　答：董事长。
问：董事长什么时候来分公司检查工作？　答：后天下午。
问：董事长后天下午去哪儿检查工作？　答：分公司。

特指问句中还存在着两种特殊的简略格式，即句中并没有出现疑问代词，但是句末用了疑问语气词"呢"。
（1）"NP（名词性成分）＋呢？"。例如：

我的眼镜呢？
你今晚去参加公司的聚会，那我呢？

这类问句，如果是首发句，一般是询问处所，相当于问"NP在哪儿？""我的眼镜呢？"意思就是"我的眼镜在哪儿？"如果是处在后续句的情况下，往往询问的就是处所以外的情况，相当于问"NP怎么样？"。"那我呢？"意思就是"那我怎么样安排？"

（2）"VP（谓词性成分）+呢?"。例如：

老板不同意呢?
要是下雨呢?

以上特指问句中的"VP"，可以是动词，也可以是形容词，还可以是主谓结构。"VP+呢?"用来询问假设性的后果，句中甚至可以出现假设性的连词"如果""要是""假如"。"老板不同意呢?"可以理解为"如果老板不同意，该怎么办呢?""要是下雨呢?"可以理解为"要是下雨，情况该怎么样处理?"

3. 选择问

选择问句是提出两个或几个选择项，希望听话人选择一项来回答。出现并列的两项或几项时，选择问经常用"是……还是"来连接。例如：

你是去漳州还是去汕头?
先生要点什么? 馒头? 包子? 花卷?

选择问句的语气词选用，只能用"呢"，不能用"吗"。例如：

考试是开卷还是闭卷呢?

选择问的回答形式比较多，既可以选择疑问项中的一项来回答；也可以全部否定；还可以在疑问项之外另选一个选项来回答。例如：

A：去广州参会你打算坐飞机还是坐高铁?
B1：坐飞机。
B2：坐高铁。
B3：我自己开车去。

4. 正反问

正反问句是在问句中提出正反两项，希望对方从中选择一项来回答。例如：

你吃不吃海鲜?
宿舍里有没有人?

正反问句的疑问信息是由正反并列结构来承担的，所以回答时直接选择肯定项或者否定项即可。例如：

问：你喜欢不喜欢喝咖啡？
答：喜欢/不喜欢。

正反问句有多种省略的变化形式。例如：

考试不考试？
考不考试？
考试不考？
考试不？

（二）疑问句的功能类型

在语言交际过程中，疑问句有不少特殊功能的用法，比较典型的如反问句、设问句等。

1. 反问句

反问句又叫反诘问，它一般是"无疑而问"，也就是说，发问人心目中并没有真正的疑惑，只是选用疑问句的形式来表达自己对某个事物、某件事情的看法，语气上常常含有不满、反驳等意味。反问句的肯定形式往往表示的是否定的意思，否定形式往往表示的是肯定的意思。例如：

这种事情领导怎么可能支持你？（领导不会支持你）
谁还没有几个好朋友啊？（谁都有好朋友）

2. 设问句

设问句即自问自答句。设问句的发问人脑海中实际上已经有了明确的意见和判断，但他并不直接把自己的看法说出来，而是先用一个问句引起对方的注意，然后再顺势引出自己的看法。例如：

做人做事最重要的是什么？是讲信誉。
你说他会选择去香港，还是去新加坡？当然是香港。

三、祈使句

向听话人提出要求，希望他做什么或者别做什么的句子，就是祈使句。

祈使句的主语限于三类词语：第二人称代词、包括式的第一人称复数、称谓词，但是经常省略。例如：

（你）把空调关了！
咱们去看电影吧！
小王去把文件取回来吧！

祈使句可以分为肯定形式与否定形式两类。肯定形式往往要求听话人做些什么，语气强烈的是命令句，语气委婉的是请求句；否定形式往往要求听话人别做些什么，语气强烈的是禁止句，语气委婉的是劝阻句。例如：

把门打开！（命令）
饶了我吧！（请求）
严禁烟火！（禁止）
千万别相信他们的鬼话。（劝阻）

四、感叹句

感叹句是用来抒发强烈感情的句子。例如：

啊！太美了！
多么阳光的孩子！

根据其构成特点，感叹句可分为以下三种类型：
（1）直接用叹词构成的感叹句，如：

哎呀！
哦！

（2）句子中存在明显标志的感叹句，如使用了副词"多、多么、太、真、好"，使用了语气词"啊"，或使用了某些特定词语等，如：

多明朗的天！
你们的表演真棒！
祖国万岁！（带特定词语）

（3）句子形式为陈述句，但是句尾用了感叹号的感叹句，如：

后天就是国庆节！
我们回来了！

这类感叹句可以用来表示惊讶、快乐、恐惧、厌恶等情绪。

第九节　汉语的复句

复句是由两个或两个以上在意义上密切相关，结构上互不包含的分句所构成的语言单位。例如：

①校长养了一条德国牧羊犬，名字叫"巴顿"。
②如果你们都不想去，那我就打电话取消预约。

例①由两套互不包含的主谓结构"校长养了一条德国牧羊犬"和"牧羊犬名字叫'巴顿'"组成，是一个复句。例②既包含了两套互相不包含的主谓结构，还有表示假设的关联词语"如果……就……"联结，因此也是一个复句。

一个复句要具有一个全句统一的语调，表达全句统一的语气，句末会有一个较大的语音停顿。在书面上，一个复句的句末要用句号、问号或感叹号，而其内部的分句之间则常用逗号、分号或冒号来分隔开。例如：

③哥哥在北京学金融，弟弟在深圳学行政管理。
④早点儿下班，才能避免路上堵车。
⑤现代人没有手机，出门简直寸步难行。

复句中分句之间的关系不同于单句中句子成分之间的关系。例③分句之间的关系是并列关系，例④是条件关系，例⑤则是假设关系。这些都是分句之间的关系，而不是单句内的句法成分关系。

一、复句的判断标准

判断一个句子是否为复句的标准主要有以下三个：①语音上有停顿；②结构上存在两个或两个以上相互独立的谓词性结构；③使用了关联词语。

其中第一条和第二条密切相关，可以放在一起来掌握。停顿在书面语中表现为标点符号，主要是在某些句式中，停顿有改变句子结构的作用，所以把它列为区分单复句的标准。例如：

⑥他每天在家扫地做饭带孩子。
⑦他每天在家扫地、做饭、带孩子。
⑧他每天在家扫地，做饭，带孩子。

以上例子都是由并列短语充当谓语，但例⑥无停顿，例⑦由顿号构成停顿，这两个句子都是单句。例⑧由逗号构成停顿，该句子就是复句。

⑨我有个同学在非洲肯尼亚开办企业。
⑩我有个同学，在非洲肯尼亚开办企业。

例⑨句内无停顿，是一个单句，而且是一个兼语句；例⑩有停顿，就是一个复句了，后一小句的主语为承前省略。

⑪老师走回教室擦干净黑板才离开。
⑫老师走回教室，擦干净黑板才离开。

例⑪句内无停顿，是一个由连谓短语构成的单句；例⑫句内有停顿，则是由两个主谓结构构成的复句。

但也并不是所有的停顿都可以构成复句。停顿以后，句子由单句变成复句的前提条件是相互独立的主谓结构数量的增加，如以上例⑧、例⑩和例⑫。下面的句子，尽管有停顿，但并没有增加独立的主谓结构，因此也还是单句，如：

⑬我们团所有人都知道他当年提前转业就是为了照顾父母。
⑭我们团所有人都知道，他当年提前转业就是为了照顾父母。

不管是在例⑬中，还是在例⑭中，不管句内有无停顿，"他当年提前转业就是为了照顾父母"都是"知道"的宾语，例⑭的句内停顿并没有增加一个独立的主谓结构，所以例⑬和例⑭都是单句。

关联词语在一定范围内能起到区分单复句的作用，即有关联词语的句子往往是复句，如：

⑮只有年轻人朝气蓬勃，这个民族才有希望。

⑯即使困难再多，我们也要把这个光荣的任务完成好。

例⑮使用了关联词语"只有……才……"，例⑯使用了关联词语"即使……也……"，且句中的两个主谓结构相互独立，这两个例句都是复句。但也不能说，凡是使用了关联词语的句子就是复句。也存在句子使用了关联词语，但仍然是单句的情况，如：

⑰因为待遇问题，舅舅昨天辞职了。

⑱只有他，才能坦然面对这样的冤屈。

⑲即使在最苦难的时候，他们俩也没有放弃对孩子的照顾。

例⑰⑱⑲都使用了关联词语，但都是单句。原因在于，"因为""由于"等词语兼属介词和连词，当其后面所接成分是名词性成分时，它们是介词，组成介宾短语作单句的状语；当其后面所接成分是谓词性成分时，它们是连词，与后面的语词构成一个独立的主谓结构。

而"即使……也……""哪怕……都……"等关联词语，则既可以关联单句的主语、状语等成分，也可以关联复句的分句，其判断标准就是看所关联的成分是否具有陈述性，能否成为一个独立的谓词性结构。如能，就是一个复句；如不能，就是一个单句。

二、复句的类型

（一）并列复句

并列复句的分句用来叙述相关的几件事情，或者说明相关的几种情况，内容无主次之分，如：

①演员们一部分去后台做准备，一部分则开始张罗布置舞台。

②她买黄瓜不是为了吃，而是拿来做美容。

③外面寒风凛冽，屋里面大家在一起其乐融融。

例①至例③都是并列复句，其中例①表示相关的几种情况并存，例②表示相反或者相对的情况，例③表示同时发生的并行事件。

常见的表示并列关系的关联词语有：①单用型：又、还、同时、而、而是。②合用型：既 A，也（又）B；也 A，也 B；又 A，又 B；有时 A，有时 B；一方面 A，（另、又）一方面 B；一会儿 A，一会儿 B；一边 A，一边 B；不是 A，而是 B。

（二）递进复句

由两个或两个以上的有递进关系的分句组成，后一个分句表示的意思比前一个分句要更进一层。最典型的递进复句就是使用关联词语"不但……而且……"来连接的句子，如：

④这里不但民风淳朴，而且文化氛围浓厚。
⑤我堂哥不但个人形象好，而且人品也极佳。

表示递进关系的常用关联词有：第一，单用型：更、还、甚至、而且、并且、何况、况且；第二，合用型：不但（不仅、不只、不光）A，而且（还、也、又、反而）B；不但不 A，而且/还 B；尚且 A，何况（更不用说、还）B；别说（慢说、不要说）A，连（就是）B。

（三）选择复句

由两个或两个以上有选择关系的分句组成的复句为选择复句。例如：

⑥她们在我家，或者玩游戏，或者看电视，玩得很开心。
⑦我宁可不结婚，也不会嫁给你这种人。

根据不同的选择情况，选择复句还可以分为以下两种类型：第一，商量性的选择复句；第二，取舍性的选择复句。例如：

⑧你是坐火车去上海开会，还是坐飞机？（商量性选择）
⑨与其叫滴滴专车，还不如直接坐地铁去。（取舍性选择）

常用的表示选择关系的关联词语有：
单用型：还是、或者、或、或是。
合用型：或者（或）A，或者（或）B；是 A，还是 B；不是 A，就是 B；要么（要就是）A，要么（要就是）B；与其 A，不如（宁肯、还不如、倒不如）B；宁可（宁、宁肯、宁愿）A，也不（决不、不）B。

（四）顺承复句

顺承复句，也叫承接复句，前后分句按时间、空间或逻辑事理上的顺序说出连续的动作或相关的情况，分句间存在先后相承的关系。顺承复句有时使用关联词语，有时不使用关联词语，如：

⑩二位老人每天吃完晚饭，洗完碗，下楼散步一个小时，回来看会儿电视，就睡了。

⑪做这道题时，大家首先要先找到合适的定理，然后再进行具体的运算。

例⑩全句按照时间顺序排列，没有使用关联词语；例⑪则使用了关联词语"首先……，然后……"。

常见的表示承接关系的关联词语有：便、就、才、于是、然后、后来、接着、继而、终于，首先 A、然后 B。

（五）因果复句

（1）说明性因果。前句用已知的事实指出这是产生后句事实的原因，后句则引出某种必然的结果，如：

⑫这一阵子因为老是停电，所以蜡烛、煤油灯竟然畅销起来。

（2）推论性因果。前行分句说出一个已经发生的情况，后续分句以此为前提，推断出一个应该发生的结果，如：

⑬既然主场客场都输了，就得承认我们确实技不如人。
⑭门把手上这么厚一层灰，可见他有些日子没回来住了。

因果复句是由两个有因果关系的分句组成的复句。这类复句两个分句间的关系有两种，即说明性因果关系和推论性因果关系。其中说明性因果关系为前一个分句用已知的事实指出原因，后一个分句说明由这个原因产生的结果，如：

⑮由于新冠肺炎疫情持续蔓延，全球多个国家的中小学停课。
⑯因为中国进一步深化改革开放，所以对全球经济的影响力越来越强。

推论性因果关系是前一个分句提出一个依据或前提，后一个分句推断出一个应该发生的结果。这种推论性结果带有一定的主观性，可能是事实，也可能不是事实，如：

⑰既然航班取消了，那我们就干脆玩两天再走吧。
⑱孩子们走出考场时有说有笑，可见考得都还不错。

因果复句中还存在这一种倒因果的情况，即前一分句说明结果，后一分句指出原因，如：

⑲中国之所以能较快控制疫情，是因为中国有独特的体制优势。

因果复句常用的关联词语有：
单用型：由于、所以、因此、因而、可见、从而、以致。
合用型：因为（由于）A，所以（就、因而、以致）B；既然A，那么（就、又、便）3。

（六）条件复句

条件复句一般由两个有条件关系的分句组成，前一分句提出条件，后一分句说明在这种条件下所产生的结果，如：

⑳只有大家一起上，我们才有成功的可能。
㉑你们只要顺利到达了终点，就算考核合格。
㉒不管校长同不同意，这个处罚决定都一定要执行。

条件复句中，根据前后分句之间语义关系的不同，可以进一步划分为三种类型：

（1）必要条件句。常用"只有（唯有、除非）……，才（否则）……"等关联词语，如例⑳。

（2）充足条件句。常用"只要……，就（都、便、总）……"等关联词语，如例㉑。

（3）周遍性条件句。常用"不管（不论、任、任凭）……，都（总、也、还）……"等关联词语，如例㉒。

（七）目的复句

目的复句由两个或两个以上有行为与目的关系的分句组成。在目的复句中，表示目的的部分既可以出现在前一分句，也可以出现在后一分句，如：

㉓为了学好汉语，约翰专门来北京语言大学学习了半年。
㉔经理每天都很早就出门上班，以免出门晚了路上堵车。

例㉓使用了关联词语"为了"，在前一分句就引出了复句的目的部分。例㉔使用了关联词语"以免"，目的部分出现在后一分句中。目的复句常用的关联词语有"为了""为的是""以便""借以""好让""以免""省得""以防""旨在"。

（八）转折复句

转折复句由两个具有转折关系的分句组成。在转折复句中，后一个分句的意义往往不是顺着前一个分句的意思说下来，而是转到相反的意思上去了。例如：

㉕虽然那时生活条件很艰苦，但是大家在一起非常快乐。
㉖他的数学、语文成绩很好，不过英语成绩一般。

根据前后分句之间语义相反或者相对的程度的不同，转折复句可以分为重转句和轻转句。重转句的两个分句之间，语义上存在明显的相反或相对关系，在形式上表现为常使用成对的关联词语来显示这种对立，如：

㉗尽管已经是家缠万贯，富可敌国，可是他却怎么也开心不起来。

轻转句的两个分句之间，语义上的相反或者相对程度浅一些，又或者说话人并不想特别强调这种对立关系，形式上常常在后一分句中单用"只是""不过"等关联词语，如：

㉘今天奶奶做的闽南菜很地道，只是略微咸了点儿。

转折复句常用的关联词语有：①重转类：虽然（尽管）……，但是（可是、却、而）……；②轻转类：但是、但、然而、可是、可、只是、不过、倒。

（九）假设复句

假设复句一般由两个有假设关系的分句组成，前一分句假设存在或出现了某种情况，后一分句说明由这种假设的情况产生的结果，如：

㉙如果你不参加，这个协调会一定开不好。
㉚倘若人人都培养起垃圾分类的意识，我们与环境的关系一定会更友好。

还有一种假设复句，其前一分句先提出一种假设的事实，然后退让一步，先承认这个假设的真实性，再在后一分句提出一个违背常理的结果。这个结果与前一分句往往形成转折语义，如：

㉛即使你化成灰，我也能把你认出来。

"你化成灰"是一个假设的事实，先退一步承认这个假设事实，然后说一个跟"化成灰"相反的结果。因为按照常理，"化成灰"就应该"认不出来"了，但"我也能把你认出来"是跟假设的事实相反的。这种假设复句我们可以称为让步假设句。

假设复句常用的关联词语有：也、还、那么、就、如果（假如、倘若、若、要是）A，就（那么、那、便）B；即使（就是、就算、纵然、哪怕）A，也（还）B；再A，也B。

（十）解说复句

解说复句一般由两个或者两个以上有解释说明、总分关系的分句组成。解说复句不用关联词语，多用"一种、一个、一类"等来分项说明。在语义上，解说复句有的是后一分句解释前一分句，有的是前一分句总说，后面的分句分说。例如：

㉜他的一个姐姐在北京学汉语，一个哥哥在上海学对外贸易，他们两个都大三了。

㉝我给你两个选择，一个是出国留学，一个是去广州分公司上班，反正你不能留在上海了。

三、多重复句和紧缩复句

（一）多重复句

分句之间有两个或两个以上结构层次的复句，称为多重复句。多重复句是由一重复句发展而来的。

分析多重复句的层次和关系，可以利用画线分析法。单竖线表示第一层次，双竖线表示第二层次，以此类推。同时在竖线后用括号、文字注上分句之间的关系，如：

①爸爸是老师，∣（并列）儿子也是老师。

②因为上个月老下雨，∥（并列）这个月也老下雨，∣（因果）所以防洪形势不容乐观。

③因为上个月老下雨，∥（并列）这个月也老下雨，∥（因果）所以防洪形势不

容乐观，｜（转折）但是预计今年出现大的洪涝灾害的可能性不大。

例①有两个分句，关联词语是"也"，是并列复句。例②有三个分句，第一层的关联词语是"因为……，所以……"，第二层的关联词语是"也"，有两个层次，是二重复句。例③有四个分句，第一层的关联词语是"……但是，"第二层的关联词语是"因为……，所以……"，第三层的关联词语是"也"，整个复句共有三个层次，是三重复句。

既然多重复句是由一重复句扩展而来的，那么对多重复句进行分析也就是将它还原为一重复句，如：

④由于华文学校大多数办学经费有限，Ⅲ（并列）教师待遇不高，Ⅲ（因果）其获取优秀师资的能力有限，Ⅱ（因果）师资力量一直是制约华文学校发展的瓶颈，Ⅰ（因果）政府应该有所作为，Ⅱ（目的）帮助华文学校加强教师队伍专业化建设。

要分析例④首先要理清它的层次和关系，也就是说可以倒过来层层削减多重复句，如：

a. 由于华文学校大多数办学经费有限，Ⅲ（因果）其获取优秀师资的能力有限，Ⅱ（因果）师资力量一直是制约华文学校发展的瓶颈，Ⅰ（因果）政府应该有所作为，Ⅱ（目的）帮助华文学校加强教师队伍专业化建设。

b. 由于华文学校大多数办学经费有限，Ⅱ（因果）师资力量一直是制约华文学校发展的瓶颈，Ⅰ（因果）政府应该有所作为，Ⅱ（目的）帮助华文学校加强教师队伍专业化建设。

c. 师资力量一直是制约华文学校发展的瓶颈，Ⅰ（因果）政府应该有所作为。

通过以上的层层削减，复杂的四重复句就逐步简化成一重复句。层层简化是我们分析多重复句的最佳方法之一。

（二）紧缩复句

1. 紧缩复句的概念

紧缩复句是指比较短的复句在口语中的紧缩形式。紧，是指紧凑，即复句内的语音停顿被紧掉了，分句间的联系更紧密了；缩，是指简缩，即有些成分给缩略掉了，形成了一些固定的格式。紧缩复句是汉语中一种既不同于复句，又不同于单句的特殊句子形式。例如：

⑤校长怎么忙每周都要去看一次父母。（紧缩复句）

校长无论怎么忙，每周都要去看一次父母。（一般复句）

⑥你们不说我也清楚。（紧缩复句）
　　你们即使不说，我也清楚。（一般复句）

例⑤实际说了两件事，一件事是"校长很忙"，一件事是"校长每周都要去看一次父母"。说话人把这两件事压缩到一句话中，就成了紧缩复句"校长怎么忙每周都要去看一次父母"。例⑥也说了两件事，一件事是"你们不说"，另一件事是"我清楚"。说话人把这两件事压缩到一句话中来表达，就成了紧缩复句"你们不说我也清楚"。虽然该复句紧掉了关联词语，缩掉了标点符号，但是复句内部的假设关系依然存在，其完整的复句形式为"你们即使不说，我也清楚"。

2. 紧缩复句的特点
紧缩复句具有以下几个特点：
（1）虽然处在一个句子形式中，但是紧缩复句各个部分之间不是句子成分之间的关系，而是分句间的语义关系。这些分句关系也构成了一些固定的格式，如："再……也……""越……越……""不……也……"等。例如：

⑦再苦也得吞下去。

在例⑦中，紧缩复句前一成分"苦"和后一成分"得吞下去"之间是复句之间的让步关系，而不是主谓、述宾等单句句法成分之间的关系。因此紧缩复句不同于一般的单句。
（2）紧缩复句中各个部分之间没有语音停顿，有些成分还会缩略。例如：

⑧演员们越跳越快。
⑨王教授非发言不可。

例⑧在紧缩前，其复句形式可以表达为"演员们越往下跳，就跳得越快"。例⑨在紧缩前的复句形式可以表达为"王教授如果不发言，就不行"。显然，复句在紧缩后的表达形式要比紧缩前简洁、省力得多。这也是生活中紧缩复句使用较多的原因之一。
在紧缩复句使用的同时，一大批长期固定搭配的形式因为使用频率高，配合紧密，最终成了固定的紧缩形式，如：

⑩我不说不舒服。（不……不……）
⑪你不来这聚会就没价值了。（不……就……）

⑫再难也要迈过这个坎。（再……也……）

⑬老板一说他就啥都明白了。（一……就……）

⑭事情越描越黑。（越……越……）

第十节 汉语的句法分析

汉语的句法分析，常用的分析方法有句子成分分析法和层次分析法。

一、句子成分分析法

（一）句子成分分析法的特点

（1）把主谓词组看作句子，认为句子是由主谓词组组成的。

（2）设立句子的六大成分，并分为三个层面：主语与谓语是主要成分；宾语与补语是次要成分；定语与状语是附加成分。

（3）主语、谓语、宾语如果比较复杂，先找出它的中心语中心词和附带成分。例如：

（我们）的祖国‖ ［必将］ 迎 ＜来＞｜（中华民族）的（伟大）复兴。

定语 主语 状语 谓语 补语 定语 定语 宾语

（二）句子成分分析法的分析步骤

（1）首先把句子分为"主语部分"和"谓语部分"。

（2）在主语部分找出主语中心语及其修饰的定语，在谓语部分找出谓语中心语及其修饰的状语。

（3）找出谓语中心词以及后面跟着的宾语和补语。

（4）宾语如果有定语修饰的话，继续寻找并确定。

二、层次分析法

（一）句法结构的层次

人们平时说话，只能一个词语一个词语地说出来，书写时也只能一个字一个字地写出来。这种按照时间先后顺序说出或者写出的形式，就叫"线性排列"。但是句法结构在线性排列时，并不是杂乱无章排列在一起的，而是内含着层次性。所谓层次，就是指一些句法单位在组合时所反映出来的不同的先后顺序。例如：

①他们隐瞒了真实的情况。

以上短语中的词与词组并不是随意排列组合在一起的，而是存在严格的层次的，其层次如下：

第一，真实 + 的 + 情况 = 真实的情况（第三层次，偏正结构）。

第二，隐瞒 + 了 + 真实的情况 = 隐瞒了真实的情况（第二层次，述宾结构）。

第三，他们 + 隐瞒了真实的情况 = 他们隐瞒了真实的情况（第一层次，主谓结构）。

层次性是结构主义语言学派最为重要的语法研究贡献之一。基于层次观的层次分析法也是结构主义语言学分析句子最重要的方法之一。

（二）层次分析法

分析复杂短语结构层次关系的方法叫作"层次分析法"，也叫"直接成分分析法"或"二分法"。

层次分析法的目的是揭示一个句法结构隐藏在线性排列背后的固有的层次结构关系，其方法是逐层找出各层次的直接成分，并进一步说明直接成分之间的结构关系。例如：

②厦门正在建设地铁 6 号线。

1. 层次分析法的步骤

对一个句法结构进行层次分析，第一步就是要理解该句法结构的意义，明白它的结构是如何一步一步地组合起来的，只有先把握全局，才能进行准确切分。切分者可以凭借自己的语感，然后参考语气自然的停顿，会比较容易发现最佳切分点。第二步还要注明每个层次的结构关系。因为汉语不依赖于严格意义的形态变化，光有词序的排列以及词类的确定并不能说明短语之间的句法结构关系。简单来说，层次分析法进行具体操作时，就是要完成两个步骤，一是准确进行层次切分，二是确定切分出来的成分之间的结构关系。

2. 层次分析的三个原则

（1）结构原则。进行层次切分时，首先要符合"结构原则"，即切分得出来的两个部分都必须是合法的句法结构体。否则切分出来的层次就可能不成立。例如：

三位新同学

从理论上讲，"三位新同学"可以有三种切分方法，分别是 a. "三 + 位新同学"；b. "三位 + 新同学"；c. "三位新 + 同学"。以上三种切分中，a 切分结果中的"三"是一个词，但是"位新同学"不是一个合法的短语，a 切分不成立；c 切分结果中的"同学"是一个词，但是"三位新"却不是一个合法的短语，从结构上来说，c 切分也不成立。但在 b 切分中，切分得到的成分"三位"与"新同学"都是合法的短语，所以基于结构原则，只有 b 切分才是合理的。

（2）功能原则。所谓功能原则，是指经过层次切分以后，切分出来的这两个部分，可以根据汉语句法的组合规律再重新结合起来。也就是说，如果句法结构 A 切分为 A1 和 A2，而且 A1 和 A2 都是一个合法的词语和词组，但是，我们需要进一步考虑 A1 和 A2 能不能根据汉语句法的组合规律重新组合起来。例如：

非常炎热的夏天

短语"非常炎热的夏天"可以切分为 a. "非常 + 炎热的夏天"，也可以切分为 b. "非常炎热的 + 夏天"。在 a 切分结果中，"非常"是一个合法的词，"炎热的夏天"也是一个合法的定中短语。但是根据汉语的句法组合规则，副词"非常"是不能直接修饰名词性短语"炎热的夏天"的，"非常"和"炎热的夏天"无法重新组合，因此，a 切分就是错误的。但在 b 切分中，"非常炎热的"和"夏天"既符合结构原则，也符合功能原则，这个切分才是正确的。

（3）意义原则。进行层次分析时，除了要考虑结构原则和功能原则，还要考虑意义原则，即在语义上，切分要符合逻辑常理，否则也不可接受。例如：

洗干净衣服

从道理上说，短语"洗干净衣服"既可以切分为 a. "洗干净 + 衣服"，也可以切分为 b. "洗 + 干净衣服"。以上两种切分的方法，都既符合结构原则，也符合功能原则。但就语义上要符合逻辑常理的"意义原则"来说，切分结果 b "洗 + 干净衣服"显然违背了逻辑常理，因为常理上来说要洗的都是脏衣服，而"干净衣服"是不需要洗的，因此 b 这一切分结果是不对的。只有 a 切分结果才是对的，"洗干净 + 衣服"符合意义原则，在语义上表达的是"要把衣服洗干净"。

第十一节　汉语句法结构中的语义分析

一、汉语句法结构中的语义分析

我们对汉语的句法结构分析主要分为形式分析和语义分析。形式分析的内容主要包括句法层次分析、句法关系分析、句型和句式分析等。而语义分析则着重从语义角色、语义指向、语义特征等角度出发来进行句法结构分析。

句子的语义分析，主要是对词语在句法结构中体现出来的意义进行分析，而不是其词义本身。例如：

蚂蚁可以举起超过自己体重 100 倍的物体。

例中的"蚂蚁"，其词典意义为：昆虫，体小而长，黑色或褐色，头大，有一对复眼，触角长，腹部卵形。雌蚁和雄蚁有翅膀，工蚁没有。在地下筑巢，成群穴居。

以上"蚂蚁"的词典意义是对"蚂蚁"的词义分析，也就是说是对其词义的解释，但这不是语法学上的语义分析。基于语法的语义分析主要是指名词和动词之间的含义，如"蚂蚁"为"昆虫，体小而长"，这是词义；而在"蚂蚁可以举起超过自己体重 100 倍的物体"中，"蚂蚁"除了具有词义之外，还说明了"举起"这个动作的发出者，即施事，这就是语义了。因此，语法分析的语义分析，就是分析语言单位与客观事物之间的关系，即指明主语或宾语为施事、受事、工具、时间、与事、处所等类别的语义角色。语义关系隐藏在句法结构后面，如：

爸爸洗碗。
教师节那天学生们送每位老师一束鲜花。

例中"爸爸"是动作的发出者，是施事，"洗"是"爸爸"发出的动作，"碗"是动作'洗'涉及的对象。例中"学生们"是施事，"送"是动作，"每位老师"是参与"送"这一行为的与事，"鲜花"是送的对象。

对句子进行语义分析，可以使句子的分析更为细致深入，如：

①弟弟吃饱了。
②弟弟吃光了米饭。
③弟弟吃多了饭。

以上三个例句，虽然从结构上分析，都是述补式的主谓句，但从语义上分析，就能发现其各自具有不同的特点。例①中的补语"饱"与施事"弟弟"直接联系，是"弟弟饱了"；例②中的补语"完"与受事直接发生关系，是"米饭光了"；例③中的"多"与动作行为"吃"直接发生关系，是"多吃了"。通过语义分析，我们就能更清楚地看到同一位置的句法成分的不同语义表达功能。

二、动词和名词语义关系的类别

语义角色是动词和名词性词语之间的语义关系，也叫作格关系。名词性词语经常担任的语义角色主要有：

（1）施事。施事指动作行为的发出者。例如：

①辅导员搬来一把椅子。
②我们的考研参考书早被师弟师妹们借走了。

施事这一语义角色也常可用介词"被"（叫、让、给）来引进。
（2）受事。受事指动作行为的承受者，如：

①警察一把抓住了他的手。
②王新把酸奶拿走了。

受事这一语义角色也可用介词"把"（将）来引进，如例②的"酸奶"。
（3）系事。系事指由连系动词来连接的主体，如：
①我们是华侨大学的研究生。
②若干年后你们都将成为国家的栋梁。

以上例句中，连系动词前"是""成为"前的"我们""你们"都是系事。
（4）等事。等事指由连系动词连接的对象，如：

①我们是华侨大学的研究生。
②若干年后你们都将成为国家的栋梁。

以上例句中，连系动词前"是""成为"后的"华侨大学的研究生""国家的栋梁"就都是系事。

（5）与事。与事指动作行为的间接承受者，如：

①毕业生们送班主任一束花。
②门卫转给王工程师一个包裹。

以上例句中，"班主任""王工程师"都是与事。其中"王工程师"是用介词"给"来引进的。

（6）结果。结果是指动作行为所产生的结果，如：

①妈妈在厨房里包饺子。
②小区里又建了一个欧式的凉亭。

（7）工具。指动作行为的凭借物，也可用介词"用"引进，如：

①猎人用树枝做了一个陷阱。
②现在的老师都不怎么用粉笔写字了。

（8）方式。指动作行为进行的方法、形式，也可用介词"以"（用）引进，如：

①下周要去长沙考笔试。
②他用猫步走完全场。

（9）处所。指动作发生的处所或起点、终点，也可用介词"在"（从、到）引进，如：

①昨天市长到了北京。
②他成长于一个偏僻的乡村。

（10）时间。指动作行为发生的时间，可用介词"在"（从、到）引进，如：

①他们打算在家里过元旦。
②司令的专车将于晚上8点抵达沈阳站。

（11）目的。指动作行为发生的目的，可用介词"为"（为了）引进，如：

①学校正在筹备60周年校庆。
②小玲为减肥而不吃晚餐。

（12）原因。指动作行为发生的原因，也可用介词"因为"引进，如：

①他从来不吃水果因为血糖偏高。
②他们戴口罩是为了不让人认出来。

（13）材料。指动作行为所使用的材料，也可用介词"用"引进，如：

①这里的茶农都是用有机肥给茶树施肥。
②墙面用海藻泥刷了三遍。

（14）对象。指动作的对象，也可用"对"（向）介词引进，如：

①工人在教孩子们怎么合理施肥浇水。
②对你们的到来表示最热烈的欢迎！

动词与名词性词语之间的语义关系是由它们双方共同决定的。因为同一个动词，与不同的名词性词语搭配，就可能产生不同的语义关系。如同样是动词"吃"，当它与不同的名词搭配时，就会产生不同的语义关系：

吃面条（动作—受事）　　吃大碗（动作—工具）
吃食堂（动作—处所）　　吃大户（动作—依据）
吃包月（动作—方式）

三、名词和名词的语义关系类别

名词与名词组合在一起时，也会产生不同类型的语义关系，如：
（1）处所关系：飞机上的旅客。
（2）领属关系：我的祖国。
（3）含属关系：海鲜的腥味儿。

（4）隶属关系：大象的鼻子。

（5）从属关系：领导的秘书。

（6）时属关系：那时候的感触。

（7）质料关系：貂皮的大衣。

（8）比喻关系：猛虎一样的气势。

（9）相关关系：哥哥的情况。

（10）种属关系：上级的指示。

（11）来源关系：俄罗斯的大豆。

第十二节 汉语的歧义结构

歧义，是指一个语言片段可以作两种或两种以上的语义理解。歧义结构的存在必须以同形作为前提，不同形就无所谓歧义。例如：

原来他是老师。

意义1：他以前是老师。

意义2：他竟然是老师。

例句"原来他是老师"不管理解为"他以前是老师"，还是理解为"他竟然是老师"，在句法形式上它们还是完全同形的。

一、歧义结构的类型

歧义分为口头歧义与书面歧义，书面歧义分为词汇歧义与组合歧义，而组合歧义又分为语法组合歧义与语义组合歧义。

1. 口头歧义

口头歧义主要是由同音词造成的。例如：

你 qīzhōng 考试考得怎么样？

意义1：你期中考试考得怎么样？

意义2：你期终考试考得怎么样？

因为 qīzhōng 这个音节既可以是指"期中"，也可以是指"期终"，因此容易让听话人产生歧义。

2. 书面歧义

第一，词汇歧义。书面歧义的常见类型就是词汇歧义，也就是因为说话人和听话人对同一个词汇的意义理解的不同而可能产生的歧义现象。例如：

老师已经走了十分钟了。（行走/离开）
他去上课了。（讲课/听课）
这些人多半儿是集美大学的学生。（超过半数/大概）

第二，组合歧义。组合歧义是在句法组合中产生的歧义，它又可以分为语法组合歧义与语义组合歧义两种。

（1）语法组合歧义。

①词类不同产生的歧义。例如：

这扇门没有锁。

（没有：动词/副词；锁：名词/动词。）

②词和短语同形产生的歧义。例如：

奶奶要炒面。

（炒面：①名词，一种食品；②述宾短语，指"把面炒一炒"。）

③结构关系不同产生的歧义。例如：

进口海鲜　表演节目

以上短语歧义的产生，取决于短语内部的结构关系是述宾关系还是偏正关系。

④结构层次不同产生的歧义。例如：

```
    现代      战争      小说
  |偏|   |        正   |
  |  偏      |  |正|
```

（2）语义组合歧义。
因为语义角色不同而产生歧义的现象。例如：

这个士兵谁都不认识。
（"这个士兵"可能是施事，也可能是受事。）

黄包车运走了。
（"黄包车"既可能是受事，也可能是工具。）

二、歧义的消除

1. 借助语音差异消除歧义
（1）借助是否读为轻声来消除歧义。例如：

我想起来了。

（2）借助重音来消除歧义。例如：

他最喜欢游泳。

（3）借助适当的停顿来消除歧义。例如：

```
    没有  穿    破  的  衣服
    |述|  |   宾    |
    |  述  ||  宾   |
    |  定   |     |中 |
```

2. 借助改换词语或改变句式
（1）改换句法结构中的某个关键性词语。例如：

参加调研的有三个学校的领导。（有歧义）
参加调研的有三所学校的领导。（无歧义）
参加调研的有三位学校的领导。（无歧义）

（2）改变句法成分的次序。例如：

这个记者谁都不认识。（有歧义）
谁都不认识这个记者。（无歧义）

3. 借助语境
（1）利用句子内部词语的语义制约。例如：

咬死猎人的狗。（有歧义）
把猎人的狗咬死的是几只狼。（无歧义）
他就是那位被狗咬死的猎人。（无歧义）

（2）利用上下文的语义制约。例如：

鸡不吃了。（有歧义）
鸡不吃了，都跑到外面去了。（无歧义）
鸡不吃了，我吃点青菜就可以了。（无歧义）

（3）利用交际时的具体语境进行制约。例如：

我要煎饼。（顾客对服务员说）
我去上课了！（孩子对奶奶说）

第十三节 汉语语法中的语义范畴

"范畴"是人在认知上对客观事物所作的高度抽象的概括。各门学科都会建立起学科研究所需的各种基本范畴，如物理学领域的基本范畴就有长度、宽度、高度、亮度、速度、重量等，语言学领域的基本范畴有语音、词汇、语法、语用和形式、意义、功能等。在语法领域，常用的基本范畴为名词、动词、形容词以及主语、谓语、宾语、定语、状语和补语等。在汉语语法中所说的"语义范畴"，并不是指对真实世界里所存在的客观事物进行分类所得到的那些范畴，而是指跟句法密切相关的语义范畴，这些语义范畴对句法起到了相应的制约作用。例如，在客观世界里，"金钱"是一种东西，谁也不会把"金钱"看作工具，即在客观世界里"金钱"不是一种工具。但是，在句子"个别老板不惜用金钱开路"中，"金钱"其所指虽然仍然有"钱财"的意义，但是在句中却作为"开路"的工具，属于工具范畴。汉语语法中所说的语义范畴，更准确地说，应该叫作"句法语义范畴"，它是对不同语法意义进行抽象概括所得到的，包括时间范畴、处所范畴、领属范畴、数量范畴、工具范畴、自主范畴等。

一、数量范畴

在汉语里，数量短语表示的就是数量范畴。汉语里的数量短语，有四种形式：

第一，数词 + 量词 + （名词）。例如：

五颗（枣） 七位(客人) 三天

第二，"数量"词 + （名词）。这里所谓的"数量词"是指"很多""不少""许多"等自身就含有量的词语。例如：

许多（老人） 很多(课程) 不少(梅花) 许多次 很多年

第三,每 + 数词 + 量词 + （名词）。例如：

每一位（党员） 每三年 每一趟

第四,指示代词 + 数词 + 量词 + （名词）。例如：

这三箱（口罩） 这两回 那三张(药方) 那五趟

一般将 A 种数量短语所表示的数量称为定量,将 B 种数量短语所表示的数量称为不定量，将 C 种数量短语所表示的数量称为周遍性数量，将 D 种数量短语所表示的数量称为确指数量。

现代汉语里，数量短语主要有以下四方面的作用：

第一，表示数量。例如：

今天姐姐在优衣库买了两件 T 恤，三条裤子。

第二，起指代作用。例如：

这次获表彰的两位老师，一位科研成果突出，一位教学深受学生喜欢。

例句中的数量短语"一位"，一方面起着表示数量的作用，另一方面还起到了指代的作用，指代受到表彰老师中的一位。

第三，构成某种特殊的句式。例如：

一句话也不想说。

例句是一个周遍性主语句，就是由数词为"一"的数量词来构成。其常见格式为：一＋量词＋（名词）＋也/都＋不/没有＋动词。

第四，对某些句法结构起某种制约作用。例如：

昨天来厂里三个人，说是镇里派来检查安全生产的。

例句里的数量短语"三个"不能省去不说，我们不能说：＊昨天来厂里人。"三个"在这里对句法结构就起到了制约作用。

数量范畴对汉语句法的制约作用，具体表现在以下两个方面：

第一，某些句法组合必须要求有数量词同现。也就是说，有一些句法组合，如果没有数量词与其同现，就不能成立。例如：

蚊子咬了妹妹几个大包。
那只小狗咬了我脚上两个齿印。

例句都是"动作—受事—结果"型双宾结构。在这类双宾结构中，直接宾语为结果宾语，且结果宾语一定得含有数量词，否则句法结构不成立。如不能说：＊蚊子咬了妹妹大包；＊那只小狗咬了我脚上齿印。这就说明，数量范畴对"动作—受事—结果"这类双宾结构具有句法上的制约作用。

再如，汉语的状态形容词在作定语时，一定要带上"的"，例如：

笔直的马路（＊笔直马路）　　湛蓝的湖水（＊湛蓝湖水）
黄澄澄的水稻（＊黄澄澄水稻）　　整整齐齐的宿舍（＊整整齐齐宿舍）
老实巴交的农民（＊老实巴交农民）

以上短语中，如果名词前有数量短语，"的"就可以不出现。例如：

笔直一条马路湛蓝一汪湖水　黄澄澄一片水稻
整整齐齐一间宿舍　老实巴交一个农民

以上也是数量短语制约句法结构的典型现象。

第二，某些句法组合排斥数量短语。数量短语对句法结构的制约作用，还表现在某些句法组合排斥数量成分，这也是数量范畴对句法制约作用的一种具体表现。例如：

＊什么一个人？
＊什么两件快递？

我们知道，疑问代词"怎么"作定语时，其中心语一定得有数量词，否则该句法结构就不成立，如"怎么一回事儿""怎么一个人"。而与"怎么"恰好相反，疑问代词"什么"作定语时，其中心语则绝对不能含有数量成分，如例句中加了数量短语后，句子皆不成立。如由于表达需要，一定要用数量短语，就得把"什么"放到数量短语的后面，如：

一个什么人？
两件什么快递？

从以上分析我们可以看出，"什么"作定语的偏正结构在句法组合上排斥数量短语。数量短语对句法组合的制约作用，在作名词性词语的定语时，疑问代词"什么"和"怎么"，正好形成了互补关系。

二、自主范畴

20世纪80年代，马庆株先生受到藏语动词有自主和非自主之分的启发，首先提出了汉语的自主范畴。汉语的自主范畴，主要体现在动词上。所谓"自主动词"，指的是动作者能主观决定并自由支配的、有意识的行为动作，如研究、讨论、参观、帮助、吃、看、说、走、玩等；所谓"非自主动词"，指的是动作者无法决定和支配的、无意识的行为动作，如病、噎、呛、看见、发抖、感染、变质等。通过对语言材料进行分析后表明，自主范畴对汉语句法结构具有明显的制约作用。

如自主动词都能进入"别……"和"别……了"两种格式，表示劝阻；而非自主动词最多只能进入"别……了"格式，表示劝阻，但不能进入"别……"格式。例如：

别吃！
别吃了！（"吃"为自主动词）

别讨论！
别讨论了！（"讨论"为自主动词）

＊别呛！
别呛了！（"呛"为非自主动词）

＊别感染！
别感染了！（"感染"为非自主动词）

以上例句中，自主动词"吃"和"讨论"都可以进入"别……"和"别……了"两种格式中；非自主动词"呛"和"感染"只能进入"别……了"的格式中，不能进入"别……"格式。

有些非自主动词虽然能够进入"别……了"格式，但是他们与自主动词进入的"别……了"格式在表达上却存在着明显的区别。自主动词进入后构成的"别……了"格式，如"别看了""别吃了""别讨论了"，表示劝阻义；而非自主动词进入后构成的"别……了"，如"别病了""别呛了""别感染了"等，表示提醒对方防止出现某种不如意或不利的情况。

另外，"一下"表示不定的短时量时，只能前接自主动词，不能出现在非自主动词后面，如：

你们商量一下。（"商量"为自主动词）
＊你们看见一下。（"看见"为非自主动词）

以上例句也是自主范畴制约句法结构的语言现象。

三、顺序范畴

顺序范畴是对事物或行为动作排序规律的抽象概括，它也是汉语中制约句法的一个重要的语义范畴。在汉语中，最典型的受顺序原则制约的语言现象是地点、时间的表达法，它们都遵循由大到小的顺序原则。例如：

福建省厦门市集美区集美大道 668 号（地点）
2020 年 7 月 1 日上午 8 点 30 分（时间）

汉语中，但凡数量表达，无论是距离、时段还是面积、重量等，都遵循着由大到小的顺序原则。

顺序范畴在汉语句法结构的组合上也有具体体现。如汉语中存在着"名词＋了"（"NP 了"）这一特殊的句法格式。而进入"NP 了"格式的名词，都得具有"系列推移性"这一语义特征。例如：

星期一了　星期二了　………　星期天了
春天了　夏天了　秋天了　冬天了
大姑娘了　小伙子了　部长了　教授了　研究生了

语义特征"系列推移性"就是属于顺序范畴的。汉语中，顺序范畴制约着"NP了"句法格式，虽然都是名词，但如果该名词不含有顺序义，则不能进入"NP 了"格式。

由对以上三个句法语义范畴的简要分析可以看出，语义范畴对句法结构有着显著的制约作用。探讨句法语义范畴对句法的制约作用，既有助于进一步深入推进汉语句法研究，也有助于在汉语语法研究中全面贯彻形式和意义相结合这一根本原则。当然，到底有多少种句法语义范畴会对汉语句法起到制约作用，每一种语义范畴对句法制约的实际表现如何，还需要语法研究者基于语言事实去作更深入的研究。

第十四节　汉语语法的研究方法

在语言学发展史上，20 世纪初费尔迪南·德·索绪尔的《普通语言学教程》开创了结构主义语言学的新天地；20 世纪中期乔姆斯基（N. Chomsky）的《句法结构》开创了探索人类语言普遍语法的全新领域。这两部著作都带有革命性，都被誉为划时代的著作。索绪尔的结构主义语言学，发展出以布龙菲尔德为代表的美国描写语言学派，该学派着眼于对某种具体语言的结构系统进行考察、分析与描写。而乔姆斯基的转换生成语言学则着眼于探求、解释人类语言的生成机制，以及人类语言所共有的、高度概括而又十分简明的普遍规则。描写语言学派重在对具体语言的描写，而以生成语言学为代表的形式语言学和后起的功能语言学等则重在对人类语言的解释。在语法研究中，传统结构主义语言学中"描写"的价值在于帮助语言研究者弄清楚"是什么"的问题，以生成语言学为代表的形式语言学等则重在解释"为什么"的问题。

一、描写

索绪尔主张区分语言和言语，区分共时语言学与历时语言学，并更强调语言的共时研究。语言的共时研究，所研究的是同质的、抽象的语言形式，即语言，而不是异质的、五花八门的话语，即言语。美国结构主义语言学就是依据索绪尔的语言理论，从调查、分析、描写共时平面的不熟悉的美洲印第安人语言的实践中发展起来的，而后又进一步去分析、描写英语和其他欧洲语言，所以美国结构主义语言学又称为美国描写语言学。布龙菲尔德被认为是美国描写语言学的代表人物。美国描写语言学派在国际语言学界具有强大的影响力，在 20 世纪上半期，美国描写语言学派专心于从形式入手对语言进行分析、研究，创造了一整套分析、描写语言结构的手续和方法，成为普通语言学宝库的重要组成部分，该学派也几乎成为一统天下的主流学派。

美国结构主义语言学派对语言的描写，是从研究、分析、描写语音开始的，然后他们把从语音研究、分析所得来的一套方法，推广到形态和句法研究方面。语音研究方面主要从事音位分析、音位的理论研究，并对具体的语言进行音位分析。音位的概念和音位学，正是由结构主义语言学派建立起来的。在面对未知语言的大量的语言材料时，美国结构主义语言学在语法，特别是句法方面主要遵循以下研究思路：

第一，运用国际音标如实对一门未知语言进行记音，尽可能记录大批语言资料。

第二，分析所记录的成片段的语言资料，通过切分、等同等手续，获得这种语言在不同层面上的单位，如音位、语素、词、短语、小句、句子等。

第三，将每一个层面上的单位列出一个清单来，然后分别考察它们的分布情况。

第四，根据具体的分布情况，对每一个层面上的单位进行准确的分类。

第五，考察不同层面上单位的各自的组合规则。

以上五步工作中，除了运用国际音标记录语言资料之外，其他重要的环节是：切分（segmentation）、等同（identification，即语言单位同一性的认定）、分类（classification）和组合（syntagmatic）。在描写过程中，所运用的基本研究方法为替换分析法、对比分析法、分布分析法、直接成分分析法等。

二、解释

美国结构主义语法将对语言事实的描写推向了巅峰。以往的语言研究总是以全面、准确地描述某个自然语言作为语言研究的最终目标，语法理论的努力方向也始终没有脱离这一传统的轨道，直至 20 世纪中叶美国乔姆斯基及其生成语法理论的出现。

乔姆斯基认为，实际语料的搜集与分类只是语法分析的低级阶段，要进入高级阶段就必须有高度抽象的概括归纳，而语法研究的最终目的是要对语言现象提出合理解释，并且进一步由语言机制去探讨大脑的工作机制，了解人类思维活动的本质，探求人类语言所共同遵循的普遍规则。因此，研究语言就不能只满足于达到观察的充分性和描写的充分性，更要求达到解释的充分性。对人类语言的研究如果只停留在描述阶段，那语言学就永远只能是实验性的人文学科，永远无法进入理论科学的殿堂。生成语言学研究的目标是为语言现象提供合理解释，找出能够解释语言运行机制的最佳理论。

乔姆斯基本人对语言解释的设想或者说假设，可归纳为以下三点：

第一，人生来就有一种语言官能或者语言习得装置，它是由遗传所决定的，即语言天赋性假说。

第二，人类的语言都要遵守共同的原则，差异只是参数的不同，即原则与参数理论。

第三，人类的语言所要遵守的共同原则应该是高度概括，极为简练的，即语法简约性原则。

从解释语言出发，乔姆斯基形式学派所关心的不再只是某种具体语言的内在规律的描写，而是要关注整个人类语言的普遍规律或者原则，是人的语言官能，即人由遗传所决定的语言能力及人类语言的习得机制，探索的是人如何习得语言知识系统的，包括儿童习得母语和成人习得第二语言。因此他不仅强调对各种语言、各种语言现象进行充分的考察、充分的描写，还强调对各种语言现象进行的充分解释。按照乔姆斯基的假设，人头脑里的语言机制具有初始状态，它需要在语言环境中激活。具体来说就是，儿童通过接触实际的语言，激活头脑里与生俱来的语言习得机制，从而获得先天的那部分带有普遍性的原则，同时也会通过反复接触实际使用的语言，摸索出符合母语自身规律的语言特点，再加上必须学的部分，如语音、词汇及其使用特征等，将他们都结合起来，就会慢慢使自己内在的语法体系逐步完善成熟，直至最终完全掌握自己的母语。

乔姆斯基的生成语言学派强调语法的"天赋性"和"自主性"，主张从语言内部去寻求对语言事实的解释，甚至认为语言的实际使用对研究语言规律没有多少帮助。这个主张引来多方面的质疑与反对，在这样的背景下，20世纪70年代，功能语言学派产生了。

功能语言学派认为，对语言现象与语言规律必须从语言外部，特别是从语言的交际功能这一角度去寻求解释。该学派的基本观点是："语言的交际功能既是语法研究的出发点，也是语法研究的归宿。"功能学派所考虑的基本问题是："How grammars come to be the way they are?"（语法为什么是这样的？）功能学派中的多数人认为功能分析和形式分析都需要，只是应以功能分析为主，形式分析为辅；语言研究应以交际需要为出发点，以功能为依据。就理论继承来说，欧洲的功能学派普遍接受了布拉格学派的句子功能前景理论和"主位""述位"等概念；美国的功能学派，从理论继承上说，还受到洪堡特关于"语言和思维不可分割"和"民族语言是民族精神外部现象"等观点以及萨丕尔"语言是表达意义的工具""是表达思想的形式"等观点的影响。

　　功能语言学派强调语言的交际功能。这一语言观决定了他们注重语言的实际交际，注重语言的社会性，强调研究语法、解释说明语法规则都必须而且主要得从语义、语用方面去找因素，要联系外部世界来研究语言。在发展过程中，功能语言学派逐步形成了一些具体的研究领域，如信息结构、会话交际、语法化、话语篇章分析、语言类型等。从 20 世纪 70 年代以来，功能语言学派研究成果突出，并产生了广泛影响，为有效解释汉语语法现象提供了有力的理论支撑。

第五章 汉语的视觉形式——汉字

中国是世界四大文明古国之一，也是文明从未中断的国度。中华文明能够穿越几千年历史，发展至今，重要原因之一就是我们拥有伟大的文字系统——汉字，汉字是世界上唯一一种不间断发展至今的文字，文字的延续，使我们得以拥有浩如烟海的史料典籍，民族记忆得以延续，文化得以传承和传播。汉字是中华文化最重要的组成部分，也是中华民族凝聚力和生命力的重要源泉。

根据考古和历史发现，在世界范围内出现过五种自源文字。自源文字和借源文字相对，指的是独立创造和产生的文字符号和文字系统。这五种自源文字分别是：位于两河流域的古巴比伦文字，也称苏美尔楔形文字，产生时间大约在公元前3200年；位于埃及尼罗河流域的古圣书字，产生时间大约在公元前3000年；位于爱琴海区域的希腊克里特文字A和B，产生时间分别在公元前3200年和公元前1650年；位于中美洲的玛雅和阿兹特克文字，产生时间大约在公元前1000年；位于黄河流域的汉字，产生时间大致可以推定在公元前4000年左右。其中，其他文字符号和系统随着时间的流逝都湮没在历史长河中，或被废弃，或被其他文字所取代，抑或随着文明的消逝而被遗忘，直至19世纪的考古发现，才使得深埋于地下的文字材料重见天日，得以破译和释读，他们是与语言脱节的"死文字"，因此最终成为历史文物。与之相反，汉字在几千年的历史进程中，不断发展和变革，至今仍然被广泛使用，是汉民族沟通内外、贯彻古今的智慧之匙。

第一节 汉字的起源和发展演变

一、汉字的起源和发生

文字是记录语言的书写符号，是语言的载体，其重要功能是使语言所蕴含的听觉信息转化为视觉信息，从而突破时空局限，扩大人类交流的范围和领域。世界上的文字都是从无到有，从个别的、零散的符号发展为具有一定数量的、彼此具有一定联系，并能够准确记录语言的符号体系（即文字体系）。一种文字从最初文字符号的萌生，到文字体系的初步形成，需要经历较为漫长的过程。

　　汉字是记录汉语的符号系统，而汉字起源的准确时间，目前还未能判定。现在可见最早的文字——甲骨文，距今已有 3 400 多年的历史，但是从甲骨文的字形特点、数量以及所记录语言的方式来看，已经非常成熟，而不是文字起源的状态。因此可以推断，在甲骨文之前，汉字已经走过了很长的历史道路。但由于缺乏确切的文字资料，只能根据史书记载，以及出土文物的佐证进行大致推测。

　　目前，汉字起源的研究主要对汉字产生的时间和条件作出推断。因此，从古至今自始至终贯穿着三个问题，一是汉字本身是由什么演变而来，二是汉字是由谁创造的，三是汉字起源的时间。

　　对于汉字的前身，曾经出现过"八卦结绳说""图画文字说""文字刻契说"等。结绳其实属于实物记事，《周易·系辞

图 5 - 1　甲骨文、金文中的"十""二十""三十"

下》记载："上古结绳而治，后世圣人易之以书契。"孔颖达疏卷引郑玄注："事大，大结其绳；事小，小结其绳。"证明在文字出现以前，古人曾使用结绳备忘或计数。也有学者认为，甲骨文和金文中的"十""二十""三十"等数字，与结绳有相似之处（见图 5 - 1）。

　　实物记事向前发展，逐渐为图画记事和契刻记事说所取代。《尚书·叙》记载："古者伏羲氏之王天下也，始画八卦，造书契以代结绳之政，由是文籍生焉。""……河出图，伏羲观其文，画八卦以济结绳，实为当时之文字。"原始人类在同自然的斗争中学会了使用刀、笔等工具，通过线条和色彩在平面上描摹自然，创造了图画，这些图画逐渐成为传递信息、进行交际的手段。契刻记事则是用刀在竹木骨角等材料上刻画简单的实物符号和数字符号，作为契约、记事和传信。由此可见，汉字来源于对客观事物的描摹，与绘画和契刻均有相似之处。

　　对于汉字的创造者，古代盛行"仓颉造字说"，"仓颉为黄帝史官，造字后，天雨粟鬼夜哭"。但是我们现在基本达成共识，汉字并非一人一时一地所创造，而是广大人民在生活中的创造、发明和积累。仓颉可能是文字的整理者或规范者。

　　随着历史考古材料的不断丰富，人们发现了大量原始社会末期陶器上的描写和刻画符号，为解决汉字起源的时间问题提供了宝贵的资料：黄河流域以河南为界，长江流域以安徽为界，往西盛行几何形符号，迄今未见图画符号；往东既有几何形符号，又有图画符号。

　　在黄河上游地区，以西安半坡和临潼姜寨为中心，远及青海乐都柳湾和甘肃马厂，都发现有几何形刻画符号，其中以半坡最为典型。这些符号一般刻画在日常饮食用具上，也见于一些特殊器物（祭祀器物）上。

　　目前，对几何刻画符号的性质认定仍然存在分歧，有人认为它已经是原始文字

了，也有人则认为它仅仅是对文字的产生有过影响的事物，还不是文字，只是器物制作者或者器物拥有者的标记性符号，或标识氏族的族徽（见图5-2）。

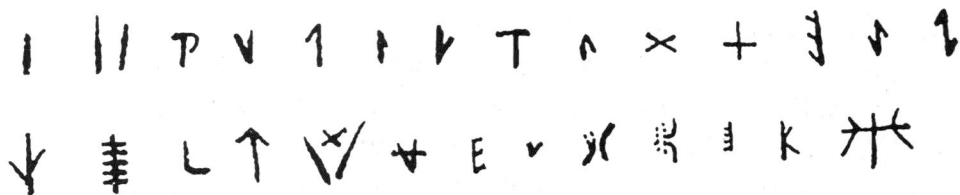

图5-2　半坡刻画符号

此外，在新石器时代的遗址里陆续出土了描绘或刻画的原始符号。其中图画符号主要发现于黄河下游地区，以山东大汶口文化为代表，距今4 500年左右。

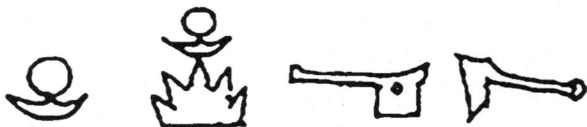

图5-3　大汶口刻画符号

在属于大汶口文化晚期的莒县陵阳河遗址中发现的四个图画符号，特别值得重视（见图5-3）。

这些刻画在原始陶器上的几何形或图画意味很浓的符号，目前还不能断言就是文字，但它们同早期的甲骨文符号有一些相似之处，并且已经具备了古汉字的特点，可以称之为文字的前身。

根据这些描绘和刻画在陶器上的象形和几何符号的年代推测，我们可以大致认定，公元前4000年为汉字起源的上限，主要反映为黄河流域的仰韶文化、齐鲁地区的大汶口文化。公元前2100年左右开始的夏朝，人们进入有史时期，是汉字起源的下限。

二、汉字的发展和演变

（一）汉字发展过程中的主要字体

书写的载体和工具发生变化以及社会文化的需要，促进了汉字字体风格的变化。从起源形成至今，字体的发展大致为甲骨文—金文—大篆和六国文字—小篆—隶书—草书—楷书—行书。根据书写的特征，我们可以将汉字的字体划分为古文字和今文字，以线条作为基本书写单位时期的汉字是古文字，代表字体是甲骨文、金文、大篆和小篆；以笔画作为基本书写单位时期的汉字是今文字，代表字体是隶书和楷书。

1. 甲骨文

甲骨文是现存的年代最早的成批汉字资料，是公元前 14 世纪到公元前 11 世纪商代后期通用的字体。因为刻在龟甲或兽骨上，所以被称为"甲骨文"；因为所记录的内容大多是占卜之辞，所以被称为"卜辞"；因为它出土于商代后期都城殷的遗址，所以也有人称之为殷墟卜辞。从时间上来看，甲骨文可以分为商代甲骨文和周代甲骨文；从内容上来看，可以分为记事类刻辞和卜筮类刻辞。甲骨文所记录的内容十分丰富，包含天文、历法、气象、山川、方国、职官、祭祀、征伐、刑罚、田猎、农牧、工商、生育等方面的内容，是研究殷商时期自然状况、社会历史、语言文字的可靠材料。

商代甲骨文是 1899 年首次被发现的。迄今为止，已经有三个出土地点，一是河南安阳，二是河南郑州，三是山东济南。郑州和济南只找到极少的带字甲骨，大宗商代甲骨是从安阳殷墟出土的。

商代甲骨文的时间跨度从商王武丁到帝乙时代，有 4 000 多字，其中已考释出的大约有 1 100 字。据专家统计，商代带字甲骨的总量在 15 万片左右。周代甲骨文的时间跨度从周文王到周昭王、穆王时期。截至目前，周代带字甲骨的总量已达到 300 多片（见图 5 - 4）。

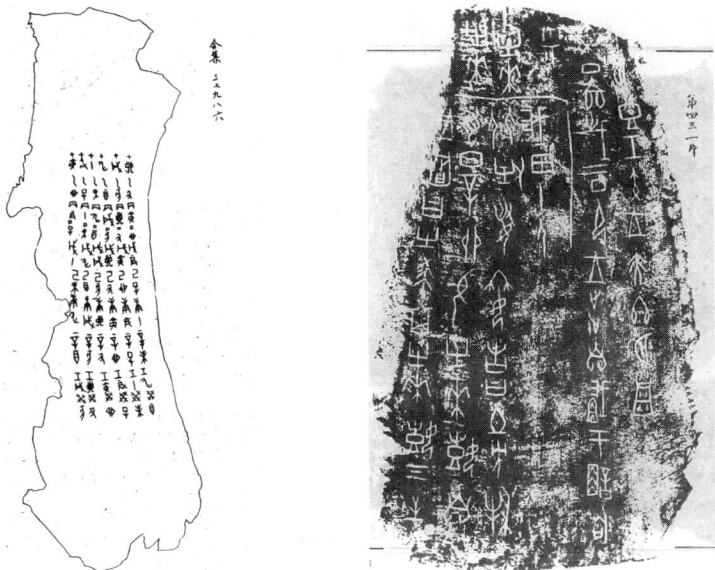

图 5 - 4　甲骨文样本

甲骨文是目前所知最早的成体系的文字，形体上主要有以下几个特点：

第一，它是用一种锋利的工具契刻而成的。由于其载体坚硬，线条古朴平直，制作方法的特殊性，甲骨文显得瘦劲方折，和同期金文比起来，可视为当时的"俗体"。

第二，从结构类型上看，甲骨文的象形性较强，很多甲骨文带有浓厚的图形的味道，和文字萌芽阶段的图画符号很接近。例如：

（鹿）　　（象）　　（犬）　　（牛）　　（涉）

但与此同时，甲骨文中存在一定数量的抽象符号，有的还失去了原始的体态。并且甲骨文中存在一定数量的假借和形声现象，也就是说，既存在与借用形体意义无关、声音相近的字符来表示同音词的假借，也存在形符和声符并存的形声字。形声字作为六书中较高级的形态，早在武丁时期就已大量存在，而且往后呈递增趋势。这些表明，汉字在甲骨文之前就经过了很长的发展阶段，甲骨文已经是一种比较成熟的文字。

第三，甲骨文虽已经是比较成熟的，是兼具表意和表音符号的成熟文字体系，但去古不会太远，所以形体不定型的现象十分突出，文字异体也非常常见：有的字可正可倒，有的字可正可反，有的字可繁可简。有的字在线条和风格上都有很大差异，如"羊"（　、　、　）；有的字可横写，也可竖写，如"目"（　、　、　）；有的字可正写，也可侧写，如"龟"（　、　）；有的字具备不同的形旁，如表示"日暮"之意的初文"莫"。甲骨文的字形非常丰富：有从"艸"部的——　；有从"茻"部的——　；有从"林"部的——　、　；等等。

此外，甲骨文的字形常常正反无别，左右无别，除个别字以外，左右、正倒、高低或者笔画的长短基本上起不到区别意义的作用。

2. 金文

金文指铸或刻在青铜器上的文字，古人称铜为"金"，这里的金指的是青铜器，因此金文也叫作铜器铭文。又因为最常见的有字的青铜器具是钟和鼎，因此又称为钟鼎文。它是周代的代表字体，但是使用的时间跨度很大。古文字学家研究金文，一般止于先秦。

金文的发现比甲骨文早得多，据文献记载，西汉时就有铜器出土，并有人专门研究。以后金文的考释和研究历代不绝，至北宋时已非常盛行。清乾嘉以后，金文研究进入了一个空前繁荣的时期。

目前有铭文的青铜器的总量已接近一万四千件。最少的仅一字，最多的达数百字，小盂鼎有 400 字左右，叔夷镈有 493 字，毛公鼎有 497 字。这些长铭，足抵《尚书》一篇。金文起于商代，盛行于周代。用于记载分封、祭祀、召命、赏赐和战争。金文持续的时间较长，从殷商一直到战国，且地域广阔，字体风格多样，相较于甲骨文，金文铸于铜器之上，脱去了板滞，外形更加方正匀称，雍容华贵。

金文形体的特点是：

第一，金文绝大多数是范铸的。通常是在铸器以前用毛笔写出墨书原本，按照墨书原本刻出铭文模型，翻出铭范，再往范中浇注锡铜溶液，铜器与铭文便同时铸成。故金文同甲骨文相比，显得圆润丰满，多用肥笔和圆笔，能够比较好地传达出墨本的形体和韵味。同一时期的金文与甲骨文相比，由于制作方法上的差异，金文往往显得更古朴一些。

第二，金文中拥有一批形态原始的族徽文字。数量较大，象形意味较浓，一般看作是原始象形文字，如 🐂、🐕、🐘 等。但与此同时，金文中的常用字象形性逐渐减弱，符号性逐渐增强。

第三，金文趋于定型化。甲骨文中不定型的字渐趋定型，异体渐趋统一，新的标音字和形声字大量出现。

总体说来，金文比甲骨文更趋成熟（见图 5-5）。

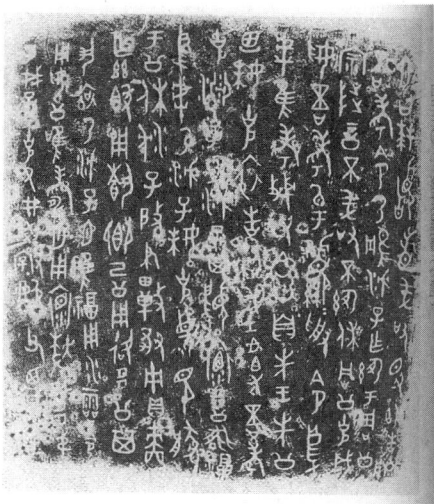

图 5-5　金文样本

3. 大篆

战国时期，文字在不同地域呈现出截然不同的字形风格特点。

大篆是秦系古文字。它是在西周晚期文字的基础上发展而来的，大约在春秋初形成自己的地域特色，延续到战国早期。以前，有学者认为大篆就是籀文，这种说法是不准确的。《汉书·艺文志》中说"周宣王太史作大篆十五篇"，籀文见于西周晚期的宣王时代，使用大篆的字体书写而成，后来史籀篇亡佚，只有一些文字收入《说文解字》，称为"古籀"。《说文解字》中保留了籀文 225 个，是许慎依据所见到的《史籀》九篇集入的，是我们今天研究大篆的主要资料。因此，我们可以认为籀文也属于大篆的一种，而不应该简单地将二者等同起来。

此外，大篆的经典材料还包括发现于唐代初期的石鼓文，石鼓文是春秋中晚期秦国的石刻文字，文字刻写在十枚石头上，因为石头略似鼓形，所以称之为石鼓文。石鼓文字圆润浑厚，充满了创造力。

经过两千多年的风化剥蚀，石鼓损毁严重，因此大部分石鼓上只有断章残字，现代我们所看到的石鼓文，都是后人传承的拓本（见图 5 - 6）。

汧殹鼓（石鼓之一）　　先锋本车工鼓拓本

图 5 - 6　石鼓文样本

除去《说文解字》古籀和石鼓文材料以外，还有一些铜器上的字体也已经明显呈现出与早期金文截然不同的风格，虽然这些文字从书写载体上来说仍然属于"金文"，但是从字体风格上来看应当是"大篆"的一种。典型的有秦国的《秦公及王姬钟》和《秦公及王姬镈》。

过去总喜欢说"大篆是在金文基础上演变来的"，这种说法不够科学。西周晚期，金文作为通用文字的一种，是大篆的源头之一，大篆中的金文与西周晚期的金文一脉相承，这样说更准确一些。

大篆的形体有以下四种特色：

第一，鲜明的地域特点。大篆作为秦系古文字，和同期齐、鲁等山东诸国的文字，以及楚、徐、吴、越等东南诸国的文字相比，字体风格上存在明显的差异。

第二，风格遒劲凝重。大篆的形体结构整齐，笔画匀圆，并有横竖行笔，形体趋于方正。大篆在相当大的程度上保留了西周后期文字的风格，只是略有改变，笔画更加工整匀称，笔势圆整。线条比金文均匀，达到完成的程度；形体结构比金文工整，开始摆脱象形的拘束。

第三，字形规整、异体罕见。《秦公及王姬钟》和《秦公及王姬镈》的铭文内容基本相同，两相对照，几乎找不到异体，而且字字结构严谨整饬，偏旁写法高度统一。这种情形表明春秋早期，秦国很可能进行过一次书同文。

第四，部分字的写法稍涉繁复。大篆介于西周文字与小篆之间，我们认为，形体比西周文字更简单。可是大篆中也有不少繁复的写法，如偏旁常常发生重叠。一部分是从前代继承过来的，一部分可能是秦人为了突出地方特色而有意加繁。这种做法，本质上和一些国家在文字上加鸟形、虫形相似。

4. 六国文字

严格来说，六国文字并不是一种具有统一风格的字体，它是战国时代齐楚燕韩赵魏六个国家使用的文字的总称。春秋时代，国家分裂诸侯割据的局面，造成了文字异形。战国七雄并立，除秦国使用较为规范的大篆以外，其他六国的文字各不相同。

六国文字多见于日用的青铜器，此外，也见于兵器、陶器、玺印、货币、竹简、丝帛等物。

六国文字的特点主要包括：

第一，写法不同，有的差异很大。由于诸侯割据，政治上不统一，使各国文化自由发展，具有浓厚的地方色彩。如"马"字就有 ![马字写法] 、![马字写法] 等截然不同的写法。

第二，简体字流行。书写的简捷和文字应用的广泛，导致字形书写的简化和草率，从而形成大量省变字。

第三，出现鸟虫书的美术字。一些青铜器（尤其是兵器、乐器和酒器）上的铭文往往在原字形的基础上回环盘曲，添加写画，并以各种图案花纹作为修饰。有许多还在刻文的凹线内用金错嵌，显得非常工整华丽。在这种铭文里，制作的、工艺的审美原则代替了表现的、即兴的书写，因此从本质上说属于金文的美术字。它们有的以鸟装饰，有的以虫装饰，有的以鱼装饰，也有的三者兼而饰之。如图 5-7 所示：

图 5-7　六国文字中的鸟虫书

5. 小篆

小篆相对大篆而言，是介乎大篆与古隶之间的秦文字。它的主体是从大篆的母体中孕育发展而来的，小篆又称秦篆，早期小篆和大篆很难划定明确的界限，因此小篆上限很难确定。但可以肯定，小篆在战国时代（至少是战国晚期）已经流行。

秦始皇统一六国（前 221）后，推行"书同文，车同轨"，统一度量衡，由丞相李斯负责，在秦国原来使用的大篆籀文的基础上进行简化，取消其他六国文字，创制了统一的汉字书写形式。书同文政策的推行，促进了小篆的系统整理。这次整理使小篆形体规范化程度得到进一步提高。

现存的小篆材料，可分为出土文献和传世文献两类。出土材料包括礼器、度量衡器、兵器、符节、石刻、玺印、陶文、货币、简帛等。其中最有代表性的就是刻石文字。秦始皇统一中国之后，曾多次巡游，在多地勒石记功，留下了大量刻石。这些文字刻在石碣、石碑上，字有大有小，章法自然，结字端庄，分行布白工整，为小篆的精华和代表。其传世代表作有《峄山刻石》残部，仅存10字。另有《泰山刻石》《琅琊台刻石》二石真迹拓片存世，《会稽刻石》《峄山刻石》（见图5-8）后人摹刻本传世，据传上述刻石皆为李斯所书，是正式的小篆形体的代表。

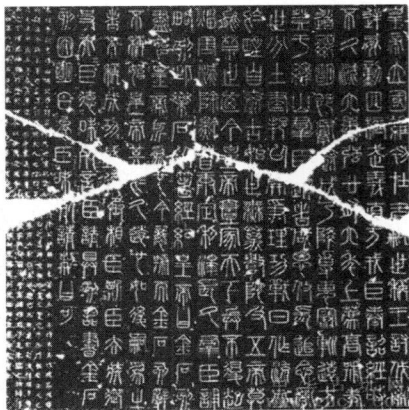

图5-8　《峄山刻石》

《说文解字》以小篆为字头，收集小篆九千多个，是现存数量最多、内涵最丰富的小篆材料。但由于《说文解字》成书后，屡经传抄刊刻，在此过程中不免有一些字形的讹误，因此在《说文解字》中有些小篆字形受到了后代文字的影响（见图5-9、图5-10）。

图5-9　《说文解字》标目（小篆样本）

图 5 - 10　　《说文解字》中的小篆

小篆的书体风格与大篆接近，但形体结构仍有其特点：

第一，笔画完全线条化，笔画粗细如一，圆转均匀，折笔圆中寓方。结构方正修长，字形匀称。

第二，结构定型化。各种偏旁的形体已经定型，偏旁的位置、笔画的数量、偏旁的线条及组合方式都基本固定下来，因此，小篆比大篆更为规整。

第三，字形简省，比大篆更简化。小篆由大篆演变而来，与大篆相比，削减了繁复的部分，因此多数字的形体进一步简省。

6. 隶书

隶书也叫"隶字""古书"。从时间上来看，隶书可以分为古隶和汉隶，古隶又可以称为秦隶，汉隶又称今隶、八分、分书。

隶书大概形成于战国晚期，战国时期秦国文字分为正俗两体，其中正体演变为小篆，书写便利的俗体则逐渐发展为隶书。因此，隶书是为适应书写便捷的需要产生的字体。过去认为，隶书是在小篆的基础上形成的，它将小篆加以简化，又把小篆匀圆的线条变成平直方正的笔画，便于书写。其实，从时间上来看，隶书的形成与发展应当是同小篆同时进行的。二者并不是简单的源流关系。

（1）古隶。

古隶属于早期的隶书，大约从战国晚期（起源要更早一些）延续到西汉初期。现存的主要材料是战国晚期、秦代和西汉早期的简牍帛书，如青川木牍、睡虎地秦简、马王堆帛书以及西汉早期的碑刻等（见图 5 - 11）。

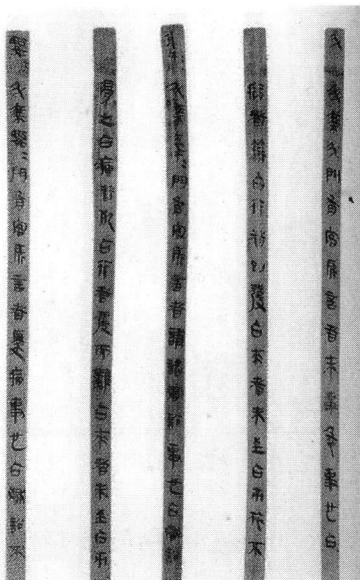

图 5 – 11　关沮秦简（古隶标本）

古隶是隶书的初期阶段，其主要特点有：

第一，字形结构处在不断变化的状态。一个字往往有多种写法，对不同写法进行整理，可以再现隶变的序列。

第二，线条与笔画并存其中。古隶脱胎于小篆，字形结构仍夹有线条，但现代汉字的基本笔画也已经逐步形成，点、横、竖、撇、捺等在古隶中都可以找到。

第三，大量使用通假字。和战国文字一样，古隶中有许多通假字，据粗略统计，通假字总量在 1 000 字以上。

而古隶仍然带有一些篆书的色彩，如字形较长，笔画还存在较多线条，很少具有波磔，有的字仍然保留着篆书的写法和风格。但是从小篆到古隶的变化也是非常明显的，主要反映在从线条到笔画的变革上。

（2）汉隶。

汉隶大概在西汉中晚期发展成熟，东汉是汉隶发展的高峰阶段。汉隶的特点是：结构从长变扁，体势从纵势变为横势，横长竖短，左右笔势开张舒展。从线条变为横竖撇点捺等笔画，且运笔具有明显的提按顿挫，特别是长横的蚕头雁尾和撇捺的挑法，有很强的装饰性。

"波磔"是隶书的重要书写特征，波磔即波笔，也称"三折笔"，即"一波三折"，横波笔的典型用笔，俗称"蚕头雁尾"。凡字有数笔横画而无撇、捺、走之旁者，必有一波磔笔，成为此字突出的笔画。其用笔是逆入、下蹲后转笔往上右行，徐徐提笔到笔画中间后，又徐徐下按，至收笔向下按顿，然后转笔往上挑出，如同雁尾，至出锋后收笔或回笔收锋（见图 5 – 12）。

图 5 – 12　隶书中的波磔

汉隶的主要材料有两类：一是汉简（见图 5 – 13），二是东汉的大量碑刻（见图 5 – 14）。

图 5 – 13　居延汉简

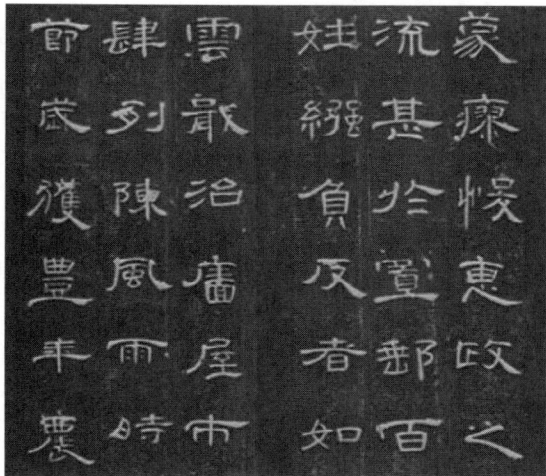

图 5 – 14　曹全碑（局部）

（3）隶变。

汉字形体从小篆演变为隶书，称为"隶变"。隶变是汉字发展史上的一次重要变革，它标志汉字从古文字向今文字时代的转变。隶变是汉字放弃了甲骨文以来随体诘诎的象形理念，而形成了笔画和结构系统。从小篆到隶书，主要有以下变化：

①有的字把小篆本不相连的线条连起来。例如：

萅－春（春）

②有的字把小篆连着的线条拆断。例如：

襄－襄（襄）

③有的字把小篆的曲笔拉直。例如：

壷－壷（壶）

④有的字减省小篆部分形体。例如：

雷－雷（雷）

⑤有的字移动小篆部分形体。例如：

尉－尉寸（尉）

⑥有的字在小篆基础上添加简单笔画。例如：

王－玉（玉）

在这样的变化下，小篆中的同一偏旁分化为不同的偏旁，而一些不同的偏旁和笔画变为相同的部分，对汉字的构形理据有一定的破坏，但是大大提高了书写的便捷程度。如小篆中的偏旁"火"构成的字，由于偏旁所在位置不同，分化为不同的写法，单从隶书来看，已经很难看出原来的结构。例如：

炎－赤（赤）　燃－然（然）　光－光（光）　尉－尉寸（尉）

又如"春""春""泰"三字，篆书的偏旁各不相同，到隶书统一隶变简化：

萅－春（春）　春－春（春）　泰－泰（泰）

7. 楷书

楷书本称"正书"或"真书"，唐代以后称为"楷书"，"楷"有楷模、法式的意思。楷书来源于汉隶，汉隶在东汉达到极盛，但是由于过分追求工整，以及分书的波磔和左右开张的体势，影响了书写的速度。在趋简潮流的推动下，书写者减少提按，收敛波磔，将长撇的左上挑起改为尖斜向下，将长横的雁尾变为平收，平扁的字体逐渐变为竖长，就形成了新的书体楷书。从隶书到楷书，主要变化在用笔和体势，其结构没有太大的变化。

楷书起源于东汉晚期，在魏晋时期称为正式的书体。到了唐代，经过欧阳询、虞世南、褚遂良、颜真卿、柳公权等书法家的加工润饰，楷书字形方正端庄，笔画规范有度，隶书的笔意完全消失，流传至今（见图 5 – 15）。

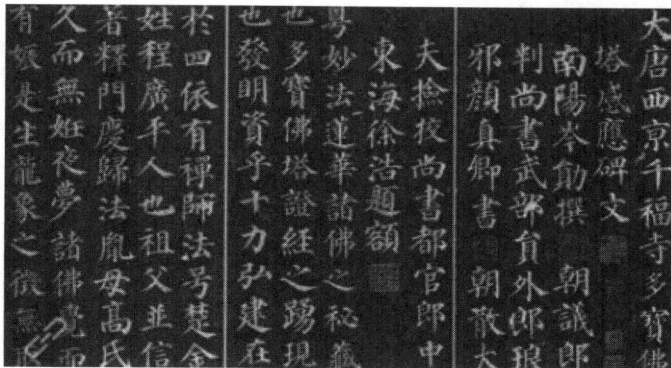

图 5 – 15　颜真卿《多宝塔碑》

8. 草书

草书就是因书写着求快求简而产生的相对简约的写法，但是人们首次对隶书的草体进行规范和提炼，使其成为独立的书写系统。

汉字的草书可分为章草和今草。章草是隶书的草体，今草是楷书的草体。

（1）章草。"章"得名于史游书写的《急就章》，也有认为得名于东汉章帝之说。章草的材料，除了传世的拓本写本，还有丰富的汉魏简牍墨迹等出土材料。

章草的特点是：在保留隶书扁平形体、波势笔法的同时，通过运笔和省略来简化形体，但是运笔只限于字内，字与字之间的笔画并不相连（见图 5 – 16）。

（2）今草。从汉末到唐代，随着楷书的发展和成熟，草书从带有隶书笔意的章草发展为楷书笔意的今草（见图 5 – 17）。今草的笔画完全去掉了章草的波磔，结构从横势变为纵势，而且连笔从字内相连演变为字际相连。由于书写快捷和笔画连接的需要，今草常常改变笔画、笔顺和运笔方向，也经常出现省简、变异和偏旁混用。草书在书写快捷的同时，增加了认读的难度。唐代还出现了以张旭、怀素为代表的狂草，这种字体已经不能起到书面交际的作用，而成为纯粹的书法艺术作品了。

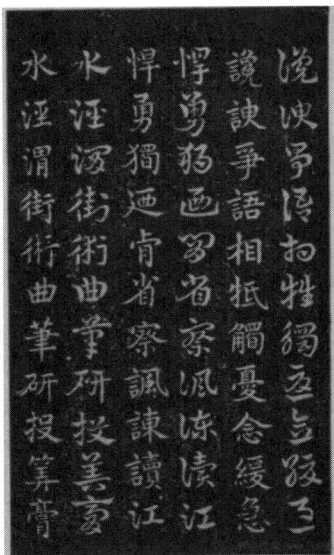

图 5-16　章草代表：松江本《急就章》

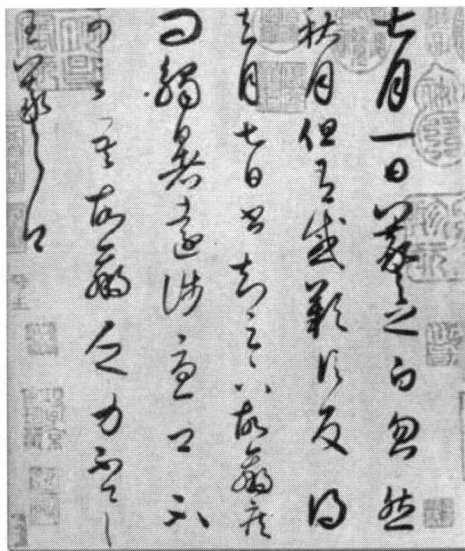

图 5-17　今草代表：王羲之《七月帖》

9. 行书

行书是介于正体字和草书之间的书体。正体字工整但不便于书写，草书书写快捷简约但是难以辨认，行书对草书进行规范和节制，使其既有运笔省略，又保留正体字的原形，兼顾了书写的便捷和辨识度，因此成为人们经常使用的书体。

隶书和楷书形成以后，快写时使用草书的笔法，但是又保留了原来正体字的风貌，逐渐成熟为行书。

（二）汉字发展的一般规律

在汉字发展过程中，除字体变化外，还存在着一些发展规律，归纳如下：

1. 字形的抽象化

从象形变为不象形，是字体演变中最明显的变化。在古文字阶段，汉字的象形程度不断降低，从早期的象形符号逐渐演变为线条构成的象形程度低的符号，这可以称为线条化。小篆的字体是典型线条化的代表。在进入今文字阶段后，字形发生了更大的变化，点、横、撇、捺等笔画取代了线条，字符呈现出笔画化。从图画到线条到笔画，汉字的象形性在不断减弱，而符号化特征不断增强。

2. 书写的简化

书写的简化从商代文字开始，至西周、春秋、战国，总的趋势是越往后越趋简化。西周的甲骨文、金文比商代的甲骨文、金文简化，春秋金文比西周金文简化，战国金文比春秋金文简化，小篆比大篆简化，古隶比小篆简化。简化的方法是多种多样的。有的把图形轮廓化，有的省去原来部分形体，有的用简单的形体替换复杂的形体。例如：

靁—雷（雷）　屍—屈（屈）　香—香（香）　曹—曹曹（曹）

由于用字者本身的复杂性，简化存在着一些过激倾向。有些字因为过分简省，反而失去了生命力，最终被淘汰。战国文字中相当一部分简省字就属于这种情况。

3. 结构的形声化

商代文字中，形声字占比超过 20%。李孝定在《从六书的观点看甲骨文字》中，认为在 1 225 字中，形声字有 334 字，占 27.27%，到西周末年，金文中的象形字日益减少，形声字超过 50%，虽然在文字系统中尚未占据主导地位，但已经成为创造新字的主要方式。春秋战国之际达到 80%。到小篆，形声字超过 90%。这些数据表明，形声字在总字汇中的比例在逐步增大，汉字标音化程度越来越高。

第二节　汉字的性质和特点

一、汉字的性质

汉字的性质归属于文字的类型，要研究汉字的性质，必须将汉字和其他的文字进行比较，发现共性和差异，从而找到最本质的特征。要确定汉字的性质，即汉字所属的类型，首先需要明确的问题是文字体系分类的原则或依据是什么。

进行文字分类有不同的角度和标准，根据表达方法和构形原则的不同，世界上的文字可以分为两大类：表意文字和表音文字。表意文字的基础符号是表意符号，也就是说，文字符号的形体同所记录词的意义直接相关，而和词的语音形式没有必然联系，汉字中最早的一批符号，如"日""月""山""水""人""木"等显然都属于表意符号。从这个意义上来说，汉字是表意文字。

但是，由于汉字中也出现了大量的假借和形声现象，假借字使用一个跟所记录词的意义完全无关，而只是在语音上相同或相近的符号，如古汉字借表示"簸箕"之义的"其"来表示语气词"其"，"其"的字形 ▧ 和语气词"其"在意义上没有联系，而只是在读音上有关系。又如古汉字借表示兵器之义的"我"，表示第一人称代词，"我"的字形同人称代词也完全没有意义上的关系，只有语音上的联系，因此这些假借字所使用的字符应当都属于表音符号。形声字中的声旁也是表音符号，如"湖""海""花"中的符号"胡""每"和"化"，它们的功能是单纯地提示形声字所记录词的语音，而非语意。与此同时，其中的"氵""艹"作为形旁，功能是表示形声字所记录词的词义（表示种属或类别）。从这个意义上来看，同时使用表意符号和表音符号，可以视作是意音文字。

由于汉字中的基础符号（也可以说是原生符号）都是表意的，而在汉字中占绝对优势的形声字中的声旁，同西方的拼音文字中的专职表音符号存在很大的不同。汉字中的每一个字，都可能成为形声字的声旁，构成形声字声旁的字符数量超过一千，同样的字音可以使用多个不同的声旁来表示。另外，汉字的声旁不能准确记录语音，严格地说只能大致提示语音，由相同声旁构成的形声字读音往往不同，声旁与语音的联系只是存在于音节的层面上，不能与音位层面发生联系。形声字的声旁除了示音功能以外，往往还有示源功能。同一声旁的形声字，往往存在着音近义通的同源关系，也就是说，存在相同的义素。例如：

囱—蔥—聰—驄（有中空意）
贱—浅—笺—钱（有小、少之义）

从这个意义上来说，汉字中的表意原则仍然占据主体，因此有学者认为从汉字的构形原则来看，汉字称为表意文字比意音文字更为妥帖确切。

从记录语言的单位看，汉字主要是记录汉语的词或语素的，也可以作为区别意义的音节符号来使用。早期汉字主要是记录词的，早期汉语以单音节词为主，根据单音词造出来的一个个汉字自然也就用来记录单音节词。这时期汉字与汉语的词具有高度的一致性。后来，随着复合构词的产生和发展，汉语的词逐渐变得以双音为主体，汉字的功能也随之发生了相应的变化，由记词为主变成记词和语素为主。例如汉字可以记录"人"这个可以独立使用的词，也可以记录"民""子"等不独立成词的语素。此外，汉语中还存在一定数量的联绵词、叠音词和外来词，这时，汉字记录的是词的音节。如"菡萏""激滟"中的"菡""萏""激""滟"等字，单个字记录的仅仅是音节，而非语素或词，两字合在一起，记录有意义的词。又如"咖啡""冰淇淋"等词中的字也是记录音节，但是由于这些字中又是具备提示语意的形旁，因此我们认为，这些汉字可以作为区别意义的音节符号来使用。

因此，从构形原则来看，汉字被称作表意文字或意音文字；从记录语言的单位和长度来看，汉字可以被称作语素——音节文字。

二、汉字的特点

从汉字的外部形式和书写样态看，汉字是两维构形的方块形体。与按照字母按发音顺序作线性排列的线性结构文字英文、法文、俄文、日文等不同，汉字是平面的方块结构。方块结构的汉字较之线性排列的线性结构文字具有信息量大、区别度高等优点，也有结构复杂的缺点。

从造字原则和构形理据看，汉字的形义联系强，形音联系弱。最初形成的汉字符号，形体主要依据词的意义构成的，因此汉字的形体与据以构形的词的意义联系强，与据以构形的词的读音联系弱。举例来讲，古代汉语中有依附于一定的语音形式表示万物之灵义的一个词"人"，古人为它造字时，不考虑词的语音形式，而是根据语义内容来构造文字形体，造出侧立的人形"㇟"，用它作为表示万物之灵之义的语词的书写形式。古人造字表示"树木"一词时，不考虑这个词的语音形式，而是根据语义内容，依据树的外部形态造出"ψ"字，用它表示树木之义的语词的书写形式。象形字（描摹具体事物的形象，如"日""月""山""水""川"等）、指事字（表示抽象意义的符号，如"上""下"）和会意字（由两个或两个以上的符号组合构成的表示事物情境或形态，如涉、林等）的形体只与意义有联系，与读音没有联系。形声字（由两个符号组成，一个符号表示意义，称形旁；一个符号表示语音，即声旁，如江、河、湖、海等）的形旁与意义有联系，声旁与读音有联系，即汉字中只有形声字的声旁与语音有联系。即使是声旁与读音的联系也很脆弱。

从别异功能来看，汉字具有区别同音词的作用。汉语的音节数量很多。在书面语言中，大量的同音词如果用一个相同的音节符号记录，就会产生歧义，降低书面语言的区别度。由于表意汉字是从意义出发来构造文字形体的，因此同一个音节往往包括多个不同的汉字，保证了书面汉语的有效区别。比如在现代汉字中，对应 lì 这个带调音节的汉字就有"力、丽、隶、立、利、例、粒、历、励、厉、栗、俐、俪、吏、荔、砺"等大量同音字，它们凭借不同的形体能够把口语中的同音词区别开来。

从数量来看，汉字的数量繁多，并且随着时代演进不断增加。东汉许慎《说文解字》收录小篆 9 353 个，南朝时《玉篇》收字 22 726 个，明朝《字汇》收字 33 179 个，清朝《康熙字典》则已达到 47 035 个。字书中的汉字数量不断增加，是历史原因造成的文字积累，其中有很多字是异体和古体，或者不常使用的生僻字。而根据现代汉语常用字表的统计来看，现代汉字的常用字 2 500 个，次常用字 1 000 个，也就是说，只要掌握 3 500 个汉字，就可以实现基本的阅读和交流。

从汉字和所记录汉语的关系来看，字词之间的关系并不是严格一一对应的。这是由于汉字是一种具有几千年历史的文字，使用汉字的人又非常多。在这漫长的历史过程中，书写习惯和地域差异，以及汉字所记录的汉语本身发生的变化（如词义的引申和汉字的假借），带来了汉字的书写变异和记录职能的变化，因此一词数字、一字多词、同字异词和异字同词的情况都常有发生。早在汉代的《说文解字》中，就使用"或体""俗体""古文""金文""奇字"等术语来描写纷繁的字际关系和字词关系。现代汉字学中，则使用异体字、分化字、假借字、古今字等术语来描绘汉字的字际关系。需要注意的是，这些术语是从不同角度对字际关系作出的描述，并不处在同一层面。现简单释例如下：

1. 异体字

异体字，指为了记录相同的词或语素而造出的同音同意不同形的字，是长期以来人们在创造和使用汉字的过程中形成的，异体字可分为几种情况：

使用同一种构形法，但是构形的偏旁不同：尘—塵、线—綫。

使用不同的构形法造出的字：泪（会意）—淚（形声）。

2. 分化字

分化字，指的是由于分化汉字的记词职能而产生的一组字，分化字又可以分为分化本义、分化引申义和分化假借义等不同的情况。

（1）分化本义。

益—溢。"益"为"溢"的本字，字形象水从器皿中流出，后来，"益"被广泛用来表示"增加""更多"义，为强调本义，在原来字形上增加"氵"旁，新造"溢"字。

止—趾。"止"的本义即为"脚趾"，后来由于常被用来表示"停止"义，在原字基础上新增足部，强化本义。

（2）分化引申义。

倚—椅。"倚"，本义为"依靠"，引申表示"坐具后有倚者"，桌椅之椅因有"倚"（靠背）而得名，字本作"倚"。后将"倚"字所从的"人"旁改成"木"旁，分化出"椅"字。

（3）分化假借义。

胃—谓。表示"言说"的"谓"本来借肠胃之"胃"表示，后来加上形旁"言"分化假借义。

3. 假借字

假借字，借用已有的文字来表示语言中读音相同或相近，与意义无关的词。而用来表示本义或引申义的字，对假借来表示这一意义的字来说，就是本字。假借字又可以分为无本字的假借、本字后起的假借和原有本字的假借三类。我们通常把第三类假借称为通假。

有的词没有专门造字，始终只用假借字来表示，这是无本字的假借。例如：表示人称代词的"我""其""之"，表示疑问代词的"何"，表示无定代词的"莫"等。另外，一些外来词和联绵词也可以视作是没有本字的假借，比如"犹豫""陆离""沙发"等。

有的词本来使用假借字表示，但是后来又专门为之造了本字。如：师—狮子，

"狮子"为外来词，原来借"师"表示，写为"师子"，后专造本字，加"犭"旁。类似字有：吴公—蜈蚣、仓庚—鸧鹒、毒冒—玳瑁等。

有很多有本字的词也使用假借字来表示，如：毬—球，表示"皮球"之义，本字当作"毬"，但是后来假借表示"美玉"的"球"。

4. 古今字

古今字，从文字产生的时间来判定的一组字。上古时代的汉字数量比较少，因此一字身兼数职的情况常有发生，随着汉字功能的分化，数量日益增多。今字常常在古字的基础上添加或改换形旁而产生。如昏—婚、说—悦、孰—熟、辟—避、田—畋、反—返、绔—袴、艹—草等。

古今字是根据字的使用和通行时间的先后来判定的，这个术语主要是用来注释古书字义的。从记词功能来说，二者可能是异体字，也可能是分化字，也可能是假借字。

第三节　汉字的结构和理据

一、汉字的结构

汉字的结构可以分为笔画、部件、整字三个层次。

在书写汉字的时候，从落笔到提笔，叫作一笔或者一画。笔画是构成汉字字形的基本成分，是汉字书写的最小的单位。根据《现代汉语通用字典》，汉字具有五种基本笔形：横（一）、竖（丨）、撇（丿）、点（丶）、折（乛）。按照所包含的笔形，则可以分为点（丶）、横（一）、竖（丨）、撇（丿）、捺（㇏）、折（乛）、提（㇀）、钩（亅）等八类 25 种。

在笔画的基础上，汉字首先可以分为独体字和合体字两大类。独体字是由笔画直接组成的，结构单位只有两个层次：笔画和整字。如"日""月""山""水"等，就是独体字。合体字是由两个或两个以上的独体字组成的，组成合体字的这些字，被称作偏旁。其结构单位有三个层次：笔画、偏旁和整字。如"明"由日和月两个独体字构成，具有两个偏旁。

偏旁是合体字中介于笔画和整字之间的结构单位。古代称合体字的左半部分为"偏"，右半部分为"旁"，现在，合体字的上、下、左、右、内、外各组成部分统称偏旁，例如："休"字的偏旁是"亻"和"木"；"想"字的偏旁为"相"和"心"。偏旁最初由独体字充当，后来合体字也可以充当偏旁。

根据偏旁组成整字的结构模式，合体字可以分为多种结构：

①上下结构：花、歪、冒、安、笔。

②上中下结构：草、暴、意、塞、竞。

③左右结构：好、朋、和、枫、难、住、明。

④左中右结构：谢、树、倒、搬、撇、鞭、辩。

⑤全包围结构：围、囚、困、田、因、国、固。

⑥半包围结构：包、区、闪、这、句、函、风。

⑦穿插结构：噩、兆、非。

⑧品字形结构：品、森、聂、晶、磊、鑫、焱。

二、汉字的理据

对汉字结构的拆解和分析，不是随心所欲的，而是需要一定的理据和原则。根据造字者设计汉字形体的意图，按照一定的构形理据进行字形分析，是汉字历史中的一项重要实践，通过这种分析，我们既可以发现汉字的造字方法和构形原则，又能够实现按照形义统一的原理对汉字结构进行记忆，对于汉字的识读、研究和教学都具有重要的价值和意义。

汉字产生至今数千年来，分析汉字结构与造字构形理据的学说始终以"六书说"为正统，后世虽有分化损益，但大体不脱此框架；至 20 世纪，学者们才开始对六书说提出批判，提出了"三书说"或新的构形理论。

（一）六书说

分析汉字结构的实践，早在春秋战国时代就已经开始了。比如《左传·宣公十二年》："夫文，止戈为武。"《左传·宣公十五年》："故文，反正为乏。"《左传·昭公元年》："于文，皿虫为蛊。"《说文·王部》："孔子曰：一贯三为王。"《韩非子·五蠹》："古者仓颉之作书也，自环者谓之私，背私谓之公。"毫无疑问，这种分析字形结构的风气，对六书理论的形成起了巨大的推动作用。

"六书"的名称，始见于战国时的《周礼》。《周礼·地官·保氏》说："保氏掌谏王恶，而养国子以道，乃教之六艺：一曰五礼，二曰六乐，三曰五射，四曰五驭，五曰六书，六曰九数。"但"六书"的具体门类，到汉代才有人提出来。当时有班固、郑众、许慎的所谓"三家说"：象形、象事、象意、象声、转注、假借（班固）；象形、会意、转注、处事、假借、谐声（郑众）；指事、象形、形声、会意、转注、假借（许慎）。

三家学术都出自古文经学派大师刘歆的传授，所以尽管他们"六书"名称、次第不同，实际内涵应当是一致的。正是基于这一认识，清代学者对"三家说"进行归并，取许慎的名称，班固的次序，将"六书"确定为象形、指事、会意、形声、转注、假借。

在班固、郑众、许慎三家中，对"六书"条目进行解释并用它全面分析汉字的只有许慎，下面分别进行介绍：

1. 象形

《说文·叙》中定义："象形者，画成其物，随体诘屈，日月是也。"象形是根据事物形体特征，用曲折的线条把给它造字的那个物体的外部形状描摹出来，记录语言中与它相应的词，象形是一种造字的方法，使用这种方法造出的汉字是象形字，日和月是典型的象形字。

象形字可以分为两类，一类是描写具体事物的，一类是描写抽象事物的。

描写具体事物的象形字，对象都是自然界或人类社会中看得见、摸得着的实体。譬如甲骨文人、目、耳、口、自（鼻）和日、月、山、水等。

描写抽象事物的象形字，对象是自然界或人类社会中看不见摸不着的东西，如：鬼、龙。在生活中，鬼并不存在，它只是观念中的实体。古人根据自己的理解，根据意中之象画成其物就有了甲骨文中的"　、　"字。生活中也没有龙这种东西，它只是我国古代传说中的神异动物。甲骨文龙作"　、　"，也只是古人的意中之象。

象形字的特点可以归纳为以下几个方面：

（1）就形体而言，虽然具有图形的特征，但是由于文字的符号性的本质特点决定了象形字的形体不必像图画那样逼真、细致，只要大致描摹出物体的轮廓或突出区别特征即可。如甲骨文中的"羊"突出羊角，"牛"突出牛头，"象"突出长鼻。

（2）就形体的结构而言，象形字的形体不能包含两个独立的偏旁，并且形体中不能包含表音的成分。

（3）就形义关系而言，字形就是据以构形的词所代表的事物的简略图形，形义关系直观具体。但是，字形的书写变异会影响形义关系。一般而言，从甲骨文到小篆的古文字的象形字的字形保持着象形的特点，形义关系明显。从隶书到楷书的今文字的象形字，彻底抛弃了象形的特点，形义关系脱节。

（4）就构字能力而言，由于象形字一般只能为有形可像且特征明显的事物构造形体，因此大量无形可像的或同类事物较多又缺乏形体上明显区别特征的事物就不便用象形的方式造字。

象形字中的相当一部分是由用以记事的图画符号发展而来的。它是汉字构形的基础，数量虽然不多，但作用巨大。

当然，象形作为一种构形法也有明显的局限。用它表示抽象概念比较困难，表示复杂概念几乎不可能，它只是一种初级的、简单的构形法。

2. 指事

《说文·叙》中说："指事者，视而可识，察而见意，上下是也。"意思是说，指事是一种乍一看可以辨识大体，仔细考察可以发现意蕴所在的构形方法，使用这种方法造出的指事字，以"上""下"两字为代表。

指事字也可以分为两类：

一类是由抽象符号构成的。如上、下、三、四等字甲骨文作 ⌣、⌢、三、三 。这类字数量很少，多来源于原始的刻画符号。

一类是在象形基础上附加指事符号。这类字出现在象形字之后，在象形字的某一个部位，附加指事符号，指事符号所在的地方，往往是表义的关键所在。如：

＊（本）　＊（末）　ク（刃）　大（亦）

这些都是小篆中的字例。本末是在象形的木字上部或下部加上横划，分别表示"树根"或"树梢"的意思。刃字在象形的刀上加一个短划，表示刀刃所在的部位。亦是在大（正面人形）的两侧加两个短划，表示"腋"所在的部位，是"腋"的初文。

从人类思维的演进程序看，指事是象形的进一步发展，它更为抽象，符号作用更为突出。尤其是在象形基础上附加抽象符号的构形方式，是介于象形与会意之间的过渡形式，具有标志性的意义。

指事字的特点主要有以下四个：

（1）就形体而言，指事字的主体不是用描摹物象的图形，而是抽象的指事符号。

（2）就形体的结构而言，指事字的形体也不能包含两个独立成字的偏旁，并且形体中不能包含表音的成分。

（3）就形义关系而言，指事字不像象形字那样直观具体。

（4）就构字能力而言，由于指事字主要的构形手段是凭借抽象的指事符号，这种指事符号的最大作用是指明相对位置，而位置关系在语词中是非常有限的，所以指事字的构形能力最差，在汉字的总体中占的比例很小。

3. 会意

《说文·叙》中说："会意者，比类合谊，以见指扬，武信是也。""谊"同义，"扬"同挥。意思是说，会意就是两个或两个以上的字，组合起来通过意义的融会产生新义的造字方法。"武信"就属于这一类。

会意字的特点主要有以下两个：

（1）就形体结构而言，会意字是由两个以上的偏旁组成的，这一点与象形字和指事字都不同。另外，会意字不包含表音构件，这一点与形声字不同。

（2）就形义关系而言，构成会意字的构件不单独直接与据以构形的词义发生联系，而是构件组合在一起共同体现构形意图。

会意字包括两个层次。第一个层次是形合会意字，第二个层次是义合会意字。

具象会意字是会意字的早期形态。它往往用两个以上的有代表性的象形字，用简洁的手法，通过描写生活中具体可感的事件或场景来表示语言中的词。它表示的词可以是动词、形容词，也可以是名词。例如：

（盥）　　（涉）　　（盡）　　[莫（暮）]

这些都是甲骨文字。第一、二个是动词。"盥"是在皿中洗手的写照，本义为"洗手"。"涉"像人的双脚涉水过河。第三个是形容词。"盡"字像手持刷子涮洗器皿，表示已经用完了，本义是"完"的意思。第四个是名词，"莫"意为日落入草丛之中，表示"日暮"之义。

形合会意字比较原始，具有较强的现场感和形象性，构形与当时社会生活密切相关，所表达的意义，几乎能一目了然。

义合会意字中各部分之间的关系往往不是自然界或人类社会中具体物象的组合关系，而是一种按照语义的抽象的组合。它所表达的意义，不是通过不同偏旁之间的物象和位置的组合产生的，而是根据意义和概念的关系进行组合。

"臭"字从"自"从"犬"，自是鼻子。狗的鼻子灵敏，便用犬和自组合来表示"嗅"的意思。臭是嗅的初文。"雀"字从"小"从"隹"，隹即鸟，小隹即小鸟，表示"麻雀"的意思。"林"字从双"木"，表示树木繁多之义；"尖"字上小下大，表示细小锐利的顶端。这四个字的偏旁组合关系，是为了表词的需要，是根据意念关系进行组合的。

抽象会意字出现在具象会意字之后，是会意字的高级形态。

4. 形声

许慎对"形声"的定义是："形声者，以事为名，取譬相成，江河是也。"意思是说，根据意义选取形旁，按照读音相近的原则选取声旁，这样的造字方法就是形声造字法。江河就是用形声的方法造出来的字。但是，汉字史的事实表明，大量的形声字不是通过形旁加声旁的方式构造出来的，而是通过分化产生的。

分化有以下三种途径：

第一，在原字的基础上增加声旁，如"网"字，甲骨文作像网之形，小篆加"亡"声成为形声字；又如"齿"字，甲骨文像齿之形，而小篆加"止"作为声旁。再如"风"字，最初作""，像凤凰之形，后来加注声旁"凡"。

第二，在原字的基础上增加形旁。有时在本字上增益，溢字本作益，后加"水"作溢，捧本字作奉，加上"扌"旁作捧；形声字记录的是"益"的本意；糠本作

"康"，后增"禾"为穅；有时在假借字上增加。如"羽"字，是鸟类羽翼的象形，卜辞借为翌日的"翌"，后在借字的基础上加"日"表示翌日的意思。是在假借字上加注形符而成形声字。"何"字，是人负荷之义，后本字被借用为代词。

第三，改变原字的形旁。有时替换形声字的形符或声符。如"怡"字，《说文解字》中有训"耒耑也。从木，台声"，或体作"鉿"，从"金"，"台"声；"耨"字，《说文解字》训"薅器也。从木，辱声"，或体作"鎒"，从"金"，"辱"声。从生产工具质地的演进看，先有木器，后有金属器，大体可知怡耨出现在前，鉿鎒出现在后。它们是用形符"金"替换"木"，成为新形声字。又如"雌"字，古文字从"佳""止"声，后用"此"替换"止"；"柄"字从"木""丙"声，后又出现"棅"字，以"秉"声换"丙"字；都是替换原声符成形声字。

但还有一部分比较晚出的形声字，并不依赖于某个原有的古形，而是用一个形符、一个声符独立进行构形。可以是为已有的词新造形声字，也可以为新词造形声字。如"江""河"等。

形符和声符在形声字中所处的位置，也是丰富多彩的，常见的就有六种：

（1）左形右声：词、语、喝、吃、抽、腰、湛、读。
（2）左声右形：期、颊、锦、颜、救、钦、视、胡。
（3）上形下声：管、藤、菲、简、寓、花、空、箭。
（4）上声下形：基、剪、忠、舅、婆、盎、忘、笃。
（5）内声外形：衷、囤、固、围、匡、匮、街、衙。
（6）内形外声：问、闻、辩、辨、辫、哀、雠、随。

少数形声字的形、声部位比较特殊，有的形居一角，如"颖"从"禾"，"顷"声；有的声居一角，如"徒"从"辵"，"土"声；有的形符声符参差排列，如"崴"从"步"，"戌"声。

形声字突破了汉字纯表意的局限，用表意与标音相结合的方法构造字形，大大提高了造字对语言的适应能力，使汉字的构形技巧进入了一个更高的层次。

5. 转注

许慎说："转注者，建类一首，同意相受，考老是也。"在六书中，转注的字面意义最为模糊，解释也不够清晰，导致后人争论最多，异说将近百种。

徐锴认为，转注字是与形旁可以互训的形声字（《说文解字系传·通释》），是形声字中一个比较特殊的类型。

江声认为，"建类一首"是指《说文解字》部首，"同意相受"是指每一部首之下的凡某之属皆从某（参见《六书说》）。他是以部首与部中之字的关系为转注。

郑知同说："转注以声旁为主，一字多用，但各以形旁注之。转注与形声相反而实相成。"（《六书浅说》）他认为在多义字上加注形旁滋生出形声结构的分化字为转注。

戴震认为转注就是转相为注，互相为训，即互训。（参见《答江慎修先生论小学书》）

朱骏声说："转注者，体不改造，引意相受，令长是也。"（《说文通训定声》）在他看来，转注就是引申。

章炳麟说："盖字者孳乳而寝多，字之未造，语言先之矣。以文字代语言，各循其声。方语有殊，名义一也。其音或双声相转，叠韵相迤，则为更制一字。此所谓转注也。"（《转注假借说》）他是以反映语言孳乳的造字为转注。

以上各家都根据许慎留下的极其有限的材料，并联系汉语汉字的实际表达了自己的看法。他们所说的转注有的纯属语言学的问题；有的虽属文字学的问题，但与许慎的原意毫不相涉；有的虽可能接近许慎原意，但也无法确证。长期以来，人们热衷于对转注的探讨，但转注的真正含义究竟是什么，也许是永远得不到证实的。有鉴于此，今天研究汉字，可以不去管转注这个术语，而专注于与之相关的实际问题。

6. 假借

《说文·叙》说："假借者，本无其字，依声托事。"意思是说，对一个还没有书写符号的词，不单另造字，而是借用一个与之音同音近的现成字来表示。

许慎用以说明假借的例字是"令"和"长"。这两个字只能用来说明词义引申现象。因为这个原因，历代的文字学者大多数把词义引申包括在假借里。

词义引申是一种语言现象，借字表音是一种文字现象。二者有着本质的不同。因此至少从明代开始就有人主张不能将二者混为一谈。现在越来越多的人认为，假借应把词义引申排除在外，专指本无其字、借字表音的现象。如"而"，本指颊毛、胡须。《周礼·考工记·梓人》："必深其爪，出其目，作其鳞之而。"用的就是本义。后借以表示第二人称代词，如《左传·定公十四年》："夫差！而忘越王之杀而父乎？"又借以表示连接关系，作连词，如《墨子·尚同》："闻善而不善，皆以告其上。"而作代词或连词，只是借字表音，它们之间没有意义联系。

假借以不造字为造字，对缓解汉字与记录语言之间的矛盾、节制汉字的膨胀起着重要的作用。

六书说也有明显的局限：

首先，六书是后人通过分析字形而总结出来的汉字结构方法。这六个具体方法不是从同一角度分析出来的，不处在同一个层次上。象形、指事、会意、形声前四书与转注、假借后二书的性质不同，把性质不同的东西人为地放在一个统一的层面来处理，这种方法本身就不严谨。

其次，六书中每一书的界定都不够明确。除了转注一书由于定义的含混且又例证不足成了千古疑案之外，就是象形、指事、会意、形声之间仅仅靠许慎的定义也很难划出明确的界限，前四书之间经常会有互相界限不清的地方。至于具体字的归属，即使是许慎已经分析过的小篆也存在困难。

最后，六书的解说主要是依据小篆建立起来的，并不具有普遍的适应性。篆文以前的甲骨文和小篆以前的隶书和楷书，都有一些六书理论不能完全解释的现象。六书也从来没有明确的界说，各人有各人的说法。而且用六书来给汉字分类，有许多字，常常不能断定它应属于哪一类。还有一些字，是六书根本不能包容的。所以 20 世纪 30 年代出现了改良的三书说。

（二）三书说

三书说最先是由唐兰提出来的。他在《古文字学导论》《中国文字学》中将汉字的结构类型分为象形文字、象意文字和形声文字。

除形声字以外，他所说的象形文字和象意文字都有其特定的内涵。其中象形文字是独体字和名字，在本名以外，不含别的意义。往往"画出一个物件，或一些惯用记号，叫人一见就能认识这是什么"。其中象意文字指图画文字中象形文字以外的部分，也就是图画文字中的主要部分。

唐兰三书说，没有给非图画文字类型的表意字留下位置，更把假借字排除在汉字基本类型之外。假借字在构形上有自己的特色，且数量巨大，是应当看作汉字的基本类型的。所以陈梦家在《殷墟卜辞综述》中提出新的三书说，将假借字正式纳入"三书"。他的"三书"包括象形、假借和形声。由于象形这个概念涵盖面小，不能用以囊括所有表意字，裘锡圭又对陈说进行修正，用"表意"取代"象形"，提出了表意字、假借字和形声字"三书"说。裘氏三书之间的区别是，表意字使用意符，假借字使用音符，形声字同时使用意符和音符。这样分类，类与类之间界限清楚，一般不至于再发生混淆。过去"六书"中难以归类的面、元、长一类字以及大、小之类字都可以归于表意。

当然"三书"也不能概括全部汉字。在汉字演变过程中逐渐形成的一些字，如刁（由刀分化而来）、太（由大分化而来）、耻（本从耳、心声，后心变为止，成为双声字）等，"三书"无法分析。当然，"六书"也同样无法分析这些字。这些字有时被称作"记号字"。

（三）汉字构形学理论

王宁先生在明确了汉字构形的元素和构件的构意功能后，采用一种"结构—功能"分析法来讨论汉字的构形模式，可以说，构形模式是指构件以不同的功能组合为全字从而体现构意的诸多样式。就形体而言，构件是字的下级单位，字是构件的上级单位，构件是用来构成字的。就功能而言，字是记录语言的，与语言中的词、语素或音节发生关系，一个汉字可以记录汉语中的词、语素或区别意义的音节；构件无记录语言的功能，不与语言的任何单位发生直接的联系，只有构成文字形体，表达某种构形理据的构形功能。

构形学理论将汉字的构件功能分为四类：

（1）表形功能：构件通过本身的图形性来体现构形意图的功能称作表形功能。

（2）表义功能：表义功能是以构件独立成字时记录语言的意义来体现构形意图的功能。义合会意字的偏旁和形声字的形旁都是表义构件。

（3）示音功能：构件用独立成字时记录的语音来提示所构字读音的功能是构件的示音功能。

（4）标示功能：构件不能独立存在，须依附于另一构件通过区别或指示产生的构形理据功能是标示功能。

构形学理论将构件的组合类型分为：平面组合和层次组合两类。

（1）平面组合：休（人＋木）；忠（心＋中）。

（2）层次组合：想［心＋相（木＋目）］；愤［心＋贲（贝＋卉）］

将构件的组合模式分为零合成、标形合成、标义合成、会形合成、形义合成、会义合成、形音合成、义音合成、无音综合合成、有音综合合成十类。

第四节　汉字的内涵和文化

一、汉字字形蕴含的文化信息

汉字是文化的产物，也是文化的活化石。语言文字是典籍复原与历史重现的基础。汉字是表意文字，不但记录文化，而且字形中承载了一些文化信息。与历史记载相互印证。可以通过汉字的结构和构型，捕捉中华文化的特征和信息。

汉字反映着中国历史不同时代的风貌，凝聚着汉民族对各种事物的观察与思考。每一个汉字的后面都有一部小小的文化史，汉字是中国历史文化的一种特殊化石，对于中国以及整个人类历史文化的研究，具有不可低估的价值。

汉字是表意文字，也就是据义构形的，早期汉字是根据它所表达的意义来构造形体的，这就使汉字的最初构形和它原本所记录的词义之间发生了直接的关联。也就是说，早期汉字的形和义是统一的。获取汉字在造字构形初期的本义，能够重现先人们的社会生活状态和观念形态；而通过对汉字字形和结构变化的考察，能够还原汉民族物质材料和精神面貌的变化。

举例来说，衣服的"衣"，甲骨文作 ，金文作 ，直观地展现出汉民族早期衣服右衽、交领、直裾的典型特征。通过"裳""裙""裤"等字出现时间的先后和相关文献例证，可以了解不同时代服饰的特色。

彩虹之"虹",甲骨文"𓆏",像彩虹之形态,《甲骨卜辞》中记载:"亦有出虹自北,饮于河。"《山海经》:"虹虹在其北,各有两首。"《汉书》:"虹下属宫中,饮井水,井水竭。"《梦溪笔谈》:"世传虹能入溪涧饮水,信然。"结合字形和文献例证可知,古人在殷商时期就已经发现彩虹这种自然现象,但是人们对其感到敬畏和恐惧,认为其拱形似虫,认为是一种虫,或似虫的神兽,因此将其加注虫旁。

又如,镜子的"镜",在甲骨文中写作"监(𓁹)",在金文中为"𓀮",二者均像一个人站在水盆边看自己的容貌,可知商代使用水盆盛水作镜子,在秦汉时期这个字写作"鑑",又写作"镜",铜器盛行之后,镜子使用铜制成。绣花针的"针"(繁体为"鍼"),在最初形体写作"箴",《说文解字》中:"箴,缀衣箴也,从竹咸声。"《礼记·内则》:"衣裳绽裂,纫箴请补缀。"后来,由于制作的材料发生了变化,"箴"的字体变成了"鍼"。"鍼:所以缝也。"

早在甲骨文中,就出现了"戊、戚、我"等字,表示不同种类的兵器。戊、戚、我这三种兵器的形制与斧大致相同,但各有特色。《说文段注》说:"戊,大斧也。"戊比斧略大,刃较圆,一般向两边张开,有时柄端还带有金属尖。《诗经》中有"干戈戚扬";《毛传》中有"戚,斧也"。戚与戊相比,刃张开度小,略内敛;与斧相比,"戚"的边缘带有锯齿状槽沟,斧则边缘平滑。"我"与斧相比,特点是刃部呈锯齿状。戊、戚、我三者都是长柄的斧类兵器。甲骨文中这三个字都是象形字,古人在造字时非常准确地抓住了三种兵器的典型特征,"戊"字突出了圆刃,"戚"字突出了带沟槽的边缘,"我"字突出了锯齿形的刃部,从而将三种形制相似的兵器区别开了。到了金文中,三个字中像柄的部分均已经类化成表义构件"戈"。"戚"字更是加上了声符"尗"(戚、尗古音相近),成了一个形声字,"戊"和"我"的象形性也有所减弱。后来,"戊"表示斧钺时添加了表义构件"金",分化出"鉞"字;"戚"的常用义已不再是武器名,而是被借去表示"亲戚";"我"的武器义则完全消失,被假借为第一人称代词。说明随着时间的演进,武器的种类也发生了变化。

除此之外,炮也是一种重要的远程型攻击武器。"砲"最初的形体义符为"石",肯定与石有关。《集韵》:"砲,机石也。""机石"就是一种发射石块的装置,也叫作"抛石机",炮弹就是石块,借助杠杆的力量把石块抛到敌人的阵地,达到伤敌的目的,或用来攻城。《说文解字》"礮"字下说:"建大木,置石其上,发其机以追敌。"虽然《说文解字》中这段话不是解释"砲"的,但据此可以肯定的是,发石装置的出现最晚也在汉代。"炮"字义符为"火",本义是一种烹调的方法。《说文解字》中"炮,毛炙肉也"就是把带毛的肉用泥裹住之后放到火上烤,类似于今天叫花鸡的做法。火药发明以后,逐渐被应用到军事方面,大约南宋时期出现了火炮。《宋史·兵志》中:"又造突火枪,以巨竹为筒,内安子窠,如烧放,焰绝然后子窠发出,如炮声，远闻五十余步。"这种"突火枪"的功能和抛石机相似，但我们可以看出它已经使用了火药，不再单纯用杠杆原理发射炮弹了。"炮"字从"火"，于是又成了记录"火炮"一词的本字，与表示烹调方法的"炮"同字异词。古代的火炮也多发射石弹，所以用"砲"字来记录"火炮"依然有理据，但现代武器中炮弹均已为金属所制，此时再用"砲"字来记录，就没有理据可言了，因此"砲"也就彻底被"炮"字所取代。从"砲"到"炮"的转变，正反映了社会生产力的发展对文字的影响。

除了通过个别字例的考释了解汉民族对自然现象和社会生活的认识，汉字学还能够通过一组相关意义词的对比或者同部首字的聚合，描绘和重现文化图景。举例来说，汉民族对颜色的描写和认知最初来源于自然现象，因此最初以五色与五行、五方相匹配，《说文解字》对五色的解说分别如下：

　　《说文解字》："青，东方色也。木生火，从生丹。"（《释名·释采帛》："青，生也。象物之生时色也。"）
　　赤，南方色也，从大，从火。
　　黄，地之色也。
　　白，西方色也。
　　黑，火所熏之色也。

后人进一步解说为："木色青，故青者东方也；木生火，其色赤，故赤者南方也；火生土，其色黄，故黄者中央也；土生金，其色白，故白者西方也；金生水，其色黑，故黑者北方也，此五行之正色也。"

随着农耕、桑蚕、纺织技术和工具的兴盛，丝织业迅速发展起来，不同颜色的丝帛具有了不同名称，后来，这些名称逐渐发展成为颜色的通称，如：

　　《说文解字》："紫，帛青赤色。从糸此声。"段注："青当作黑。"
　　"缇，帛丹黄色。从糸是声。"
　　"缃，帛浅黄色也。从糸相声。"
　　"缥，帛青白色也。从糸㶾（biāo）声。"段注："浅青色。"
　　"绌，绛也。从糸，出声。"
　　"绀（gàn），帛深青扬赤色。"黑中透红。
　　"緅（zōu），帛青赤色也。"黑中透红。

在此基础上，人们将青、赤、黄、白、红称为正色，将其他通过正色混合而成的颜色称为间色，并反映在礼俗上：

《礼记·玉藻》云:"衣正色,裳间色。"孔颖达注释:"正,谓青、赤、黄、白、黑五方正色也;不正,谓五方间色也,绿、红、碧、紫、骝黄是也。"

《太平御览》中也指出:"间色有五,谓绀、红、缥、紫、骝黄也。"

正色用作外裳,而间色只能用作里衣,如《国风·邶风·绿衣》中"绿兮衣兮,绿衣黄里";《毛诗传》中"绿,间色;黄,正色"。

《论语·阳货》:"子曰:'恶紫之夺朱也,恶郑声之乱雅乐也。'"邢昺疏:"此章记孔子恶邪夺正也。恶紫之夺朱也者。朱,正色;紫,间色之好者。恶其邪好而夺正色也。"亦作"红紫乱朱"。

又如,两汉时期,中国农耕畜牧业已经较为发达,从《说文解字》收录的"马"部字和"牛"部字均可验证这一点。马的性别、年龄、毛色长短及优劣均有相关汉字,如针对马之颜色的汉字就包括:

（1）骊,纯黑色的。

（2）骐,青骊。

（3）驳,不纯,红白色。

（4）骝,身黄体黑。

（5）駓,黄白杂。

（6）骓,清白杂。

（7）骍,红黄色。

（8）骃,灰色有杂色的。

（9）骠,也作皇,黄白相间。

（10）骐,青黑成纹象棋道。

（11）驒,青黑色而有斑纹像鱼鳞。

（12）骢,有深浅,斑驳隐等。

二、汉字相关的文化现象

除了根据字形说解字义、探寻文化信息以外,汉字还造就了一些独特的文化现象,主要包括:

（1）对联。也称作楹联,是中国独特的汉字文化现象,对联形式多样,汉字在其中发挥了重要作用,如回文联、两读字对联、拆字对联等,都是建立在汉字的特点上产生的特殊文化现象。

（2）字谜。字谜是谜语的一种,谜底是汉字,猜谜时往往要拆分汉字的字形,如吃一半,拿一半"哈",分开不用刀(八)等,字谜丰富了人们的娱乐生活。

（3）拆字。拆字可以根据构形理据,也可以不顾及理据,拆分部件或笔画,与拆字相关的现象有歇后语、笑话、书名、人名等。

（4）拼字。拼字就是拼合汉字，是利用汉字笔画和字形的特殊写法形成的民间文化现象，如用"囍"表示双喜临门。

（5）篆刻。篆刻是一门综合性很强的艺术，直溯文字渊源，旁通书、画之理，与其姊妹艺术有着千丝万缕的联系，又兼涉镌刻技艺，内含人品性格和文学修养，从里到外都散发着强烈的艺术感染力。先秦及秦、汉的玺印，是古代人们在交往时，作为权力和凭证的信物。此外，吉语印、肖形印、黄神越章等印，也反映了古代的社会生活习俗和人们的思想意识。

（6）书法。书法是中国特有的传统艺术。中国汉字是劳动人民创造的，开始以图画记事，经过几千年的发展，演变成了当今的文字，又因祖先发明了用毛笔书写，便产生了书法，古往今来，均以毛笔书写汉字为主，至于其他书写形式，如硬笔、指书等，其书写规律与毛笔字相比，并非迥然不同，而是基本相通。书法艺术的背景是中国传统文化。书法植根于中国传统文化土壤，传统文化是书法赖以生存、发展的背景。我们今天能够看到的汉代以来的书法理论，具有自己的系统性、完整性与条理性。与其他文艺理论一样，书法理论既包括书法本身的技法理论，又包含其美学理论，而在这些理论中又无不闪耀着中国古代文人的智慧光芒。比如关于书法中如何表现"神、气、骨、肉、血"等范畴的理论，关于笔法、字法、章法等技法的理论以及创作论、品评论，等等，都是有着自身的体系的。

第五节　汉字的优势和前景

一、汉字优势与汉字自信

汉字的优势主要有以下几个方面：

第一，汉字所蕴含的信息量大。由于汉字呈现方块形式，同线性文字相比，汉字将构件紧缩于一个方块空间之内，这决定其是集成的信息块。汉字是语素文字，绝大多数汉字记录的是汉语的一个语素，一个汉字是形音义紧密结合的统一体。汉字是意音文字，形声字结构中，通过字形能够同时提供字义、字音两方面信息。因此，相较于拼音文字，汉字信息量大，同样篇幅的内容使用汉字书写会显得简短，并且为快速阅读理解汉语书面语提供了条件。

第二，汉字滋生能力强。普通话的音节只有415个，区别声调后也只有1 300多个，而汉语的语素丰富，基本上是单音节，这样就造成了大量同音语素，为了明确区分同音语素，必须大量造字。汉字滋生能力强，笔画偏旁众多，组合形式多样。通过添加和改换形旁的方式滋生了大量的形声字，并成为汉字的主体。汉字的孳乳和分化能力保证了汉字使用过程中的区别度和辨识度，方便人们记忆和识读。

第三，超越时代，超越方言。拼音文字书写简单，记录语言方便，具有书写上的优势。但是经过时间的流逝，语言文字之间的关系逐渐脱节，中世纪的英文同现代使用的英文差距很大。而在中国，汉字读音与字形的联系不像拼音文字那样密切，所以古今字音虽有不小变化，但字形相对稳定，字义变化也不大，我们今天仍然能认识古代的汉字，阅读古代的文字典籍。汉字超时代的特点，是中国历史文化继承和传播的最重要条件之一。此外，中国地域广阔，人口众多，不同地域的人使用的方言差异非常大，不同方言的人彼此难以交谈，汉字作为书面语，是沟通的工具和纽带，并且超越方言的特点，适应众多方言区人们之间的交际需要。今天，在中国 960 万平方公里的广袤大地上，无论方言口音、生活习俗如何迥异，通过共同的文字，人们可以毫无障碍地沟通思想、交流情感，这看似平常的一幕，背后是汉字这块积淀数千年的文化基石。在历史上，汉字对促进多民族团结同样功不可没，成为具有强大民族凝聚力的符号系统。

第四，汉字衍生出的艺术要素。汉字在长期使用中发展出独一无二的书法艺术，为中国人民和世界人民所珍视。中国书法是一门古老的汉字的书写艺术，从甲骨文、石鼓文、金文（钟鼎文）演变成为大篆、小篆、隶书，至定型于东汉、魏、晋的草书、楷书、行书等不同书体，从执笔、运笔、点画、结构、布局（分布、行次、章法）等内涵气蕴，书法一直散发着艺术的魅力。数千年来，伴随着汉字的演变，也形成了举世无双、源远流长的书法艺术，汉隶的生动流畅、魏碑的雄浑大气、唐楷的法度森严，王羲之的飘逸端秀、颜筋柳骨的遒劲洒脱……陶冶着一代又一代中国人的情操。运笔之间，尽显风骨，汉字中蕴藏着中华民族的精神气质，传达出中国人特有的人格风范与性情志趣。汉字书法为汉族独创的表现艺术，被誉为：无言的诗，无形的舞，无图的画，无声的乐等。

二、汉字的前景与展望

在 20 世纪初和中华人民共和国成立之始，中国人针对汉字的前景进行了几次争论。有人认为汉字繁难，不如以拼音字母文字代之。但是，更多人意识到，在造字阶段，汉字突破了单纯的象形表意，使用形声的手法，拓展了汉字衍生的道路；隶书的产生，突破了古文篆体书写效率低下的困境；20 世纪，汉字放弃拼音化道路，通过汉字简化和信息化手段，提高了识字率，并且成功进入了计算机，完成了现代转型。穷则变，变则通，通则久，汉字的性质和特征完全适应汉语的特点和需要，汉字不断在适应社会发展的需求，汉字文明是中华文明智慧的体现，并与中国历史文化产生了难以分割的关系，因此不会被取代。

汉字与拼音文字比较，特点各异，优劣互补，因此，汉字是不能废除的。我们在强调便于扫盲教育与初等教育的同时，还必须考虑到高等教育与高深的文化历史学习，对于后者，汉字的功能仍是无可替代的。

由于汉字据义构形、形义统一的特征，汉字同语义的直接联系更强，同语音的直接联系相对较弱，因此，汉字稳定性强，跨越时空，在保存和传承历史文化方面有着不可替代的优势。汉字所记载的中国历史文化，内容丰富，价值不可估量。

此外，从古至今，汉字的影响源远流长，中国历史记忆的独特面貌、东亚地区汉字文化圈和儒家文化圈的形成，很大程度上与汉字系统紧密相关。中国在人类文明史上曾长期处于领先地位，并深刻地影响了朝鲜、日本、越南等许多周边国家，形成了"汉字文化圈"。这些国家和地区，不仅曾用汉字书写历史，而且各自的文字、文化和习俗多受中华文明影响。例如，在越南语、朝鲜语和日本语三语的书写字有六成源于汉字。现代，汉字作为中华民族文化的象征。随着中国国际影响力的提升，越来越多外国人踏上学习汉语之路，汉字仍以独特的魅力吸引着全世界的目光。

汉字既是中华文明形成的标志，也是记录中华文明的载体，更是追溯中华文明源流的根脉和纽带。进入 21 世纪以来，汉字的历史和文化价值正愈发受到珍视。作为中华文明传承的载体和见证，汉字历经三千多年演变而不改其形，以其强烈的民族凝聚力和悠久绵延的历史，印证着中华民族前进的足迹，展现了中华民族的卓越智慧和伟大创新精神。

第六章　汉语的人文内涵——语言文化

第一节　语言和文化

　　语言是人类社会生活中最重要的工具，它在各个方面与文化有着极为密切的联系。语言是一种文化现象，它是民族文化的根基和精髓。文化现象几乎都需要利用语言这个工具来加以表现，与此同时，语言又反过来影响着文化现象的形成和发展。语言可以反映出一个民族的特征，不仅包含着该民族的历史和文化，而且也涵盖了该民族的生产生活方式和思维方式，语言是文化的镜像。语言与文化相互影响、相互作用。从一定程度上讲，脱离文化来分析语言或者撇开语言来透视文化都是不全面的，也是不严谨的。语言和文化关系密切，明确二者之间的关系有利于进一步了解汉语的文化内涵，深化对汉语的认识。

一、文化的内涵

　　文化是一个十分复杂的概念。英国人类学之父泰勒曾经指出："文化，或文明，就其广泛的民族学意义来说，是包括全部的知识、信仰、艺术、道德、法律、风俗以及作为社会成员的人所掌握和接受的任何其他的才能和习惯的复合体。"日本文化学家祖父江孝男也解释说："文化就是'由后天被造成的，成为群体成员之间共通具有且被保持下来的行为方式（也可以叫模式）。'"中国文化学者陈华文则认为："所谓文化就是人类在存在过程中为了维护人类有序的生存和持续的发展所创造出来的关于人与自然、人与社会、人与人之间各种关系的有形无形的成果。"显而易见，文化的概念就像文化本身一样，是丰富多彩的，而且并不是用一句话就可以阐释明白的。

　　据考证，在汉语中"文化"是一个很古老的词语。"文"的本义，指各色交错的纹理。《易·系辞下》载："物相杂，故曰文。"《礼记·乐记》称："五色成文而不乱。"《说文解字》称："文，错画也，象交文。"均指此义。在此基础上，"文"又有若干引申义。第一，为包括语言文字在内的各种象征符号，进而具体化为文物典籍、礼乐制度。《尚书·序》所载伏羲画卦，造书契，"由是文籍生焉"，《论语·子罕》所载孔子说"文王既没，文不在兹乎"，是其实例。第二，由伦理之说导出彩画、装饰、人为修养之义，与"质""实"对称，所以《尚书·舜典》疏曰"经纬天地曰文"，《论语·雍也》称"质胜文则野，文胜质则史，文质彬彬，然后君子"。第三，在前两层意义之上，更导出美、善、德行之义，这便是《礼记·乐记》所谓"礼减而进，以进为文"，郑玄注"文犹美也，善也"，《尚书·大禹谟》所谓"文命敷于四海，祗承于帝"。在古代的典籍中，"文"指文德，"化"指教化，合起来"文化"就是"用文德来教化"。"文"与"化"并联使用，较早见之于战国末年儒生编辑的《易·贲卦·象传》："刚柔交错，天文也。文明以止，人文也。观乎天文，以察时变；观乎人文，以化成天下。"但是现代汉语中的"文化"一词的含义并不是来自中国古代，而更多的是受西方的影响。

在西方，"文化"这个词的词义与中国有所不同，研究发现所有印欧语系中"文化"一词都与拉丁语词汇"Cultura"有着直接或者间接的关系，在拉丁语中它的本义为栽培、耕作、培养。到了18世纪以后，在西方世界，"文化"一词只用来特指人类的精神活动，尤其是在欧洲。18世纪末，德国学者赫尔德（Herder）开始使用文化一词的现代用法。对赫尔德来说，文化是一个社会向善论的概念，"它意味着个人的完善，或在发展他自己的过程中取得的工艺、技术和学识"。19世纪中叶以后，人类学家对文化的概念作了进一步的发展，"文化"不仅包括习俗和技巧，还包括家庭生活、宗教和科学等内涵。20纪中期以后，美国学者将这一概念更多地扩展到了物质层面。例如，美国人类学家克鲁柯亨在《文化概念的回顾》中指出："文化是历史上所创造的生存式样的系统，既包括显性式样，又包括隐性式样；它具有为整个群体共享的倾向，或是在一定时期中为群体的特定部分所共享。"克鲁柯亨这个关于文化的定义吸收了索绪尔所创立的系统论的观点。现代汉语中所使用的"文化"一词更多的是与西方文化学中的定义有关，而与中国古代的"文化"概念有相对较大的差别。从近代到20世纪80年代，"文化"这个词的含义仅仅限于知识、文学、艺术等人类精神方面的范畴。

1952年，美国文化人类学家克罗伯（A. L. Kroeber）和克鲁柯亨在《文化，关于概念和定义的评论》一文中列举了从1871—1951年有关文化的定义，总共有164种之多。但概括起来，文化也是指人类社会在历史发展过程中所创造的物质财富和精神财富的总和，具体讲包括经验、知识、科学、技术、文学、艺术、思想、信仰、宗教、道德、法律、风俗、制度、教育、语言、生活方式、思维方式以及从社会上习得的能力与习惯。在人类学家眼里，人既是"社会"的人，又是"文化"的人。例如，中国人用筷子吃饭，印度人吹笛耍蛇以及日本人的饮茶方式等，无不与各自文化有着密切的关联。人的各种生活方式和行为没有任何一项能逃脱文化的影响，可以说，文化无处不在、无时不有。我们可以把文化视为一个系统和一个整体来对待，上面所举的例子也是文化中多样的、具体的表现形式，即文化现象。这种文化现象并不是个人的心理现象。当个体的文化心理、文化行为成为社会中的普遍观念和行为模式，或者被社会所普遍采纳时，其才有可能会成为文化现象。同理，语言也是如此，只有当个人的言语行为被社会所接受以及采纳时，其才有可能成为语言符号系统的一部分。不同国家或者民族之间的文化形态自然会有差异，这样的差异折射到语言层面上则表现为语言的差异，研究人类的语言必须考虑不同国家和民族文化之间的差异。

二、语言和文化的关系

有位哲人说过，动物，比如猫和狗，是从它们发出的气味，或撒下的尿液中辨认自己的来路的，而人类却是通过语言来辨认自己的来路。这一形象的对比，说明了语言在人类文化中所占有的特殊地位。语言是文化的一面镜子，又是文化的一扇窗户。通过语言能折射出文化的内涵，同时能够窥探各式各样的文化点滴。语言是文化的载体，文化是语言的根基。语言任何时候都不能脱离文化这个根基而独立运行和发展。正是由于语言的产生和发展，人类文化才能够得以产生和传承。不存在没有语言的文化，也不存在没有文化的语言。文化包括语言，语言反过来也无时无刻不在影响着文化。

索绪尔提出任何语言符号是由"能指"和"所指"构成的，"能指"指语言的声音形象，"所指"指语言所反映的事物的概念和意义。虽然索绪尔提出，任何能指和所指之间的对应是任意的，即符号的任意性。但语言符号的能指仍然是社会的产物，属于文化的范畴。语音有别于自然世界中的声音，它是一种有意义的声音，而声音和意义结合的具体方式的不同就造就了不同语言和不同文化。语言符号的所指——语义，也属于文化的范畴，它是各种文化现象的抽象和概括。语言不是事物的简单替代物，语言的意义是事物共生性的抽象和概括，各种意义既是人类思维的体现，也是人类文化的结晶。人类的语言以人类的文化作为共同的根基，同时，人类的语言是人类不同文化的载体。倘若没有文化，语言也不能够称之为语言。语言只有以文化作为其雄厚的根基才能够随着文化的不断前进而不断发展，可以说文化是语言存在和发展最重要的保障。

美国人类学家怀特（Leslie. A. White）在《文化学》一书中写道："全部人类行为起源于符号的使用。正是符号才使得我们的类人猿祖先转变为人，并使他们成为人类。仅仅由于符号的使用，人类的全部文化才得以产生并流传不绝。"动物和人类的差别不仅仅在于能否制造和使用工具，更在于能否拥有和使用语言。法国哲学家笛卡尔（René Descartes）也曾提出，人无论怎样愚蠢和笨拙，他总具有把不同词联系在一起的能力，而动物无论怎样聪明，都无法做到这一点。语言既是人之所以为人的缘由，又是人类文化和社会的载体以及写照。例如，由于骆驼（الجمال）在阿拉伯社会生活中曾经起着至关重要的作用，在阿拉伯语中曾经就有 150 多个专门用来形容骆驼的词语，如今在阿拉伯语中仍然保留着几十个与骆驼有关的词语。

　　汉语中复杂的亲属称谓是语言反映文化的一个突出例证。在《尔雅·释亲》中就有一章专门解释各种称谓。例如，其中对儿、孙以下的称谓作了详细的描述。孙之子称为曾孙，曾孙之子称为玄孙，玄孙之子称为来孙，来孙之子称为晜孙，晜孙之子称为仍孙，仍孙之子称为云孙，云孙之子称为耳孙。这些复杂的称谓对于西方人来讲简直是不可思议的事情，同时反映了中国古人浓厚的宗代传承思想。此外，中国家族还按血统远近来区别亲疏，家族里又有内外嫡庶之分等，这些无不反映着中国源远流长的宗族文化。除上述的亲属称谓以外，文化对于语言的影响还表现在其他许多方面，诸如人名、地名等。文化不仅影响词汇的发展与应用，而且在语音、语法、讲话规则、篇章结构、文体风格等许多方面，对语言都有极大的影响力。

　　根据系统论的观点，我们可以把复杂的语言现象看作一个系统。这个系统同文化、历史、社会、生活等因子有着广泛而深刻的联系，构成了语言系统的关系网络。前者的关系网络表现为语言文化的显性的、表层的形态，后者则积淀成语言文化的隐性的、深层的内涵。

　　美国文化人类学家克罗伯和克鲁柯亨在对有关文化的概念进行回顾和评析的基础之上，提出了关于文化的定义：

　　　　文化是由外显的和内隐的行为模式构成的；这种行为模式通过符号而获取和传递；文化代表了人类群体的显著成就，包括他们在人造器物中的体现；文化的核心部分是传统的（历史的获得和选择的）观念，尤其是他们所带来的价值观；文化体系一方面可以看成活动的产物，另一方面则是进一步活动的决定因素。

　　克罗伯和克鲁柯亨关于"文化是由外显的和内隐的行为模式构成"的解释，对于我们认识语言的文化属性有很大的启示。作为人类文化的一个组成部分，语言实际上也是"外显的模式"和"内隐的模式"的综合体。有学者就分析指出，语言的物质材料——文字、语音均属于人名的文化显性形态，而语言的形式和结构背后所反映的信仰、习俗、道德观、价值观、文化心理、美学观念等，则是其隐性内涵。显性形态是隐性内涵的外化，受隐性形态的种种影响和规约，通过显性形态的描写、分析，可以较准确地把握隐藏在其背后的种种观念，从而揭示出语言与文化的种种深刻内涵。

　　如果说，从"外显"的表层形态来看，语言是一种社会现象，那么，从其"内隐"的深层内涵来讲，语言实质上又是一种文化现象。不同的语言体系传递着不同的社会信息，不同的语言系统也蕴含着不同的文化内涵。语言作为一种文化现象主要体现在以下几个方面。

首先，语言与文化共生。它是人类文化不可分割的一部分，是人类文化发展的必然结果，是人类文化的标志和首批果实。语言的历史同社会本身一样古老。当人类的祖先类人猿从树上移到地面生活时，为了生存的需要，他们集群而居，手脚分工并直立行走，这些转折促进了大脑发育和发音器官的改进，使之终于完成了由类人猿向人的转化。在对付大自然和猛兽的共同劳动中，原始人类逐渐感到需要互相交换对事物的看法、交流劳动的经验，"已经到了彼此有什么东西非说不可的地步了"。这时，作为人类特有的行为——语言便产生了。可以想象，随着语言的产生，人与人之间的交际也更加频繁和方便，劳动创造了人，也创造了语言。语言从它产生的那一天起，便作为人类文化一个密不可分的组成部分。正如英国人类学家马林诺夫斯基所说："文化的出现将动物的人变成创造的人，组织的人，思想的人，说话的人以及计划的人。"一句话，就是由"动物的人"变成了"文化的人"。我们可以说，和语言产生同时出现的人名是确定"动物的人"与"文化的人"之一个重要的参考标准。正是这种文化的人完成了进化史上最伟大的转折，与没有语言、不能用语言指代人或事物的"动物的人"有着本质的区别。

其次，语言与文化共变。语言是人类社会中最广泛的文化现象之一，它存在于社会文化的共变之中。人类文化从古到今已有近万年的历史，文化也经历了由简单到复杂、由单一到丰富的发展过程。人类文化在不断发展，语言也随之一同发生着变化。如果说原始人类最早的语言是人类文化的标志，那么，后来的语言便逐渐演变成人的文化的"产品"，即由"文化的人"的标志过渡为"人的文化"的产物。秦汉以后在两千多年的封建社会中，文化的每一步发展，语言都相应地在发生着变化。直到现代，语言仍在随同社会、文化的发展而不停地变动着。

再次，语言是文化的载体和镜像。语言文字是一个民族文化的结晶，可以这样说，一个民族的文化历史主要就是通过语言积累和传播的历史。正像教育学家乌申斯基所说："人类一代一代地把深刻的内心活动的结果，各种历史事件、信仰、观念，已成陈迹的悲哀与欢乐，都收入祖国语言的宝库中，简言之，精心地把自己的精神生活的全部痕迹都保存在语言中。语言是一条最生动、最丰富、最高尚、最牢固的纽带，它把古往今来世世代代人民连接成一个伟大的、历史的活生生的整体。"语言与其他社会现象一样，在文化的发展过程中，充当了运载、传播工具的角色。

语言是社会文化的一种镜像。社会文化、社会心理和社会生活都对语言有着直接和间接的影响和作用。正如克鲁柯亨所说："由于传统的作用，也由于人类关系的复杂性，即使是一些简单的事物，哪怕如同动物之所需者，也都得裹上一层文化模式的外衣。"透过语言的种种镜像，可以观照到文化在社会心理、社会生活、风俗习惯等方面的投影。例如，在中国云南、两广地区有许多地名中有"峒"这个字。这个字在壮语和侗语中是"田场"的意思，也就是指同一水源的灌溉区域。在同一灌溉区域从事稻作的人同住一个峒里，从而形成一个单独的居民点，相当于汉语的"村"。带"峒"字的地名非常多，说明了这些省份自古以来的稻作文化非常发达。

最后，语言和文化互相影响、互相作用。一方面，语言受文化观念、文化传统的影响和制约，有什么样的文化背景在语言的表层就会有什么样的投影。另一方面，语言也在影响和左右着文化的发展方向和道路。正是由于语言与文化的这种互相影响、互相作用，使得语言系统的文化内涵日趋丰富多彩、复杂精深。

语言归根到底是一种文化的现象。在文化视野观照下的语言学研究，就是要通过其"外显"的表层形态，破译出其"内隐"的文化内涵，从而更准确地把握其本质特征。此外，语言还是文化存在的重要标志和符号象征，没有语言便没有文化。只有语言才能使文化进入社会，而只有进入社会成为所有社会成员所共享的事物之后才能称之为真正的文化。语言或文字对于文化的传承也有至关重要的作用，文化之所以为我们现代人所了解和学习也是依赖于前人所记录和流传下来的历史。没有语言文化便不可能永存，没有文化自然人类不可能成为人类。语言和文化的密切关系还在于全部的文化依赖于语言符号系统。中国语言学家罗常培曾指出："语言文字是一个民族文化的结晶，这个民族过去的文化靠着它来流传，未来的文化也仗着它来推进。"文化是人类社会赖以生存和发展的基础。如果说文化是人类历史的足迹，那么，语言就是这种足迹的载体。没有语言文字记录的文化则只能从地下发掘出来的物质财富中考察。语言不仅可以记载文化，语言本身在它的发展过程中也成为人类历史和文化的足迹。

语言是伴随着人类文化的产生而产生，是伴随着人类文化的发展而发展的人类社会最重要的交际工具和思维工具。语言要想充分发挥这些"工具"的作用，就必须把人类社会文化生活的各个方面反映成一定的语言形式。语言浓缩着人类历史文化的景观，它记录着民族的历史，反映着民族的生活，透视着民族的文化心态，蕴含着民族的思维方式，标志着民族间的文化交流。一个民族、一个社会的"一举一动"，都会在印记它的语言中得到"一五一十"的反映。人类社会在发展过程中创造了丰富多彩的文化，这些文化得以传承下来，首先归功于语言。可以这样说，一个民族的文化历史主要就是通过语言积累和传播的历史。语言在传承文化的基础上，也忠实地、全方位地反映着文化，也就是说，不同民族和时期的语言所具有的指称和反映事物的独特方式，都是人类社会文化的某种折射和呈现。

中国文化博大精深，因此，作为中国社会文化镜像的汉语，蕴含着极其丰富的文化内涵。汉语的文化内涵在语言的各要素——语音、词汇、语法中均有体现。下文将分别从汉语词汇和文化、汉语语音和文化、汉语语法和文化这三个方面具体论述汉语的文化内涵。

第二节　汉语词汇和文化

　　词汇是语言的建构材料，在语言的三要素中，词汇是最能反映文化特征的部分。汉语词汇传承了汉族的古老文化，是汉文化的载体与结晶。汉语词汇背后蕴藏着丰富的汉民族文化内涵，汉语词汇所反映的语言世界是汉民族文化的缩影。

一、汉语词汇中蕴含的文化信息

　　汉语词汇中蕴含着丰富的文化信息。下面将从亲属称谓词、颜色词、敬词与谦词、专名、熟语几个方面讨论汉语词汇所蕴含的文化信息。

1. 亲属称谓词

　　汉语词汇系统中表示亲属称谓的词语十分丰富，这是中国几千年的封建社会所形成的宗法、家庭、伦理等观念的具体反映。如前文所说的在《尔雅·释亲》中就有对中国封建社会亲属称谓的比较全面的记载。汉语中的亲属称谓词有一个复杂的系统，有方言、不同地区的差异，还有面称和背称的差异。方言中的差异如北京话中称祖母为"奶奶"，广州话是"阿嫲"（má），福州话是"依嬷"（mó），温州话是"娘娘"，南昌话是"婆婆"，长沙话是"娭毑"（āi jiě）等。不同地区的差异如北方人称外祖母为"姥姥"，南方人称为"外婆"。现代汉语普通话中亲属称谓词面称和背称的差别十分明显。面称指用于当面的称呼，背称指用于背后介绍或者用于书信中的称呼。有些亲属称谓词既可以用于面称也可以用于背称，比如"爸爸、妈妈、爷爷、奶奶"，有的只能用于背称，比如"父亲、母亲、祖父、祖母"。

　　汉语亲属称谓词可以分为三个大系：父系（见图 6 - 1）、母系（见图 6 - 2）、夫系和妻系（见图 6 - 3、图 6 - 4）。①

---

　　① 图片参考苏新春著《文化语言学教程》，版本为外语教学与研究出版社 2006 年版，第 107 - 108 页，略有改动。原图片中的各项只有一个称谓词，这里增加了指称同一个人的其他称谓词。比如图 6 - 2 中，表示"母亲的母亲"的称谓词除了"外祖母"外，还有"姥姥""外婆"。其中，"外祖母"是背称，不能用于面称，"姥姥"和"外婆"既可以用于背称也可以用于面称，用于背称时，"外祖母"书面语色彩强，"姥姥""外婆"口语色彩强。另外，北方人一般称"姥姥"，南方人一般称"外婆"。比如，可以说"这是外祖母/姥姥/外婆送给我的礼物"，"姥姥/外婆，您来啦"。

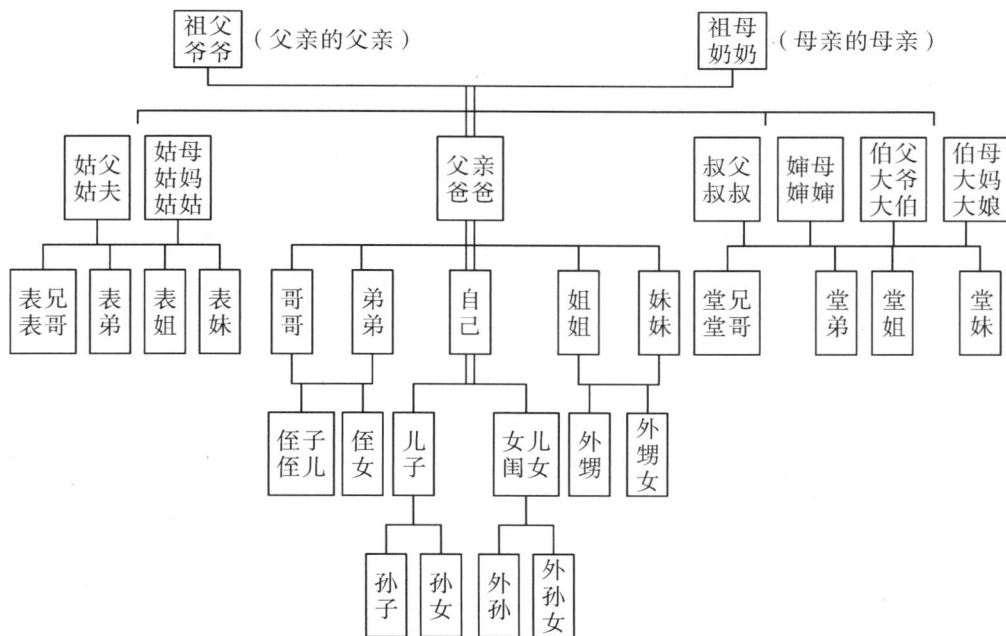

图 6-1 父系

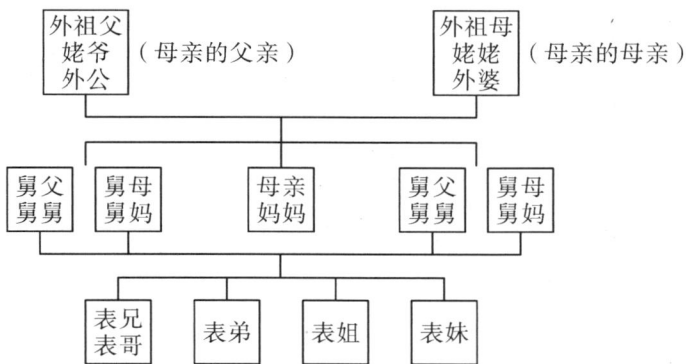

图 6-2 母系

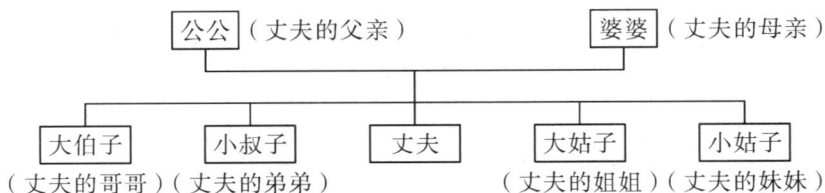

图 6-3　夫系

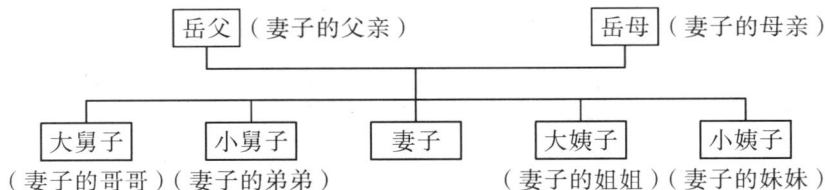

图 6-4　妻系

　　从以上的汉语称谓词的谱系来看，汉语亲属称谓词十分复杂，男女有别、长幼有序、脉系分明，清楚地显示了汉民族传统宗族、血缘、婚姻、家庭乃至社会的内部构成和特点。

　　语言是区别人类不同民族的重要标志之一。将不同民族语言中相对应的词语进行比较，我们可以更加清楚地看到文化系统中的文化观念和思维方式对词语的形成和意义的影响。不同语言的亲属称谓词很好地体现了不同民族的文化差异。

　　不同语言中亲属称谓词分工的差别可以看出文化上的差异。汉语亲属称谓词分工细致，泾渭分明。汉语中兄弟姐妹之间的称谓除了区分性别外，还区分年龄。汉语中的哥哥和弟弟、姐姐和妹妹，英语中统称为"brother、sisiter"。汉语中的堂兄和堂弟、堂姐和堂妹、表兄和表弟、表姐和表妹，到了英语中一律统称为"cousin"。从中可见，中国人对亲属关系中长幼有序的重视。汉语称谓词严格区分父系和母系，汉语中"伯父、叔父、舅父、姨父、姑父"和"伯母、婶母、舅母、姨母、姑母"这两组称谓，在英语和日语中没有内涵和外延相等的词和它们一一对应。前一组称谓，英语统称为"uncle"，日语统称为"おに"；后一组称谓，英语统称为"aunt"，日语统称为"おば"。从以上的分析可见，中国人对亲属关系中长幼亲疏的重视。

　　不同语言中对应的亲属称谓词在形成上的差别，也可以看出其背后的文化差异。汉语中的"嫂"，大致跟英语中的"sisters-in-law"相对应，都是指称哥哥的妻子。但是，从它们形成过程的形态特征来看，"sisters-in-law"所表示的意思是"在法律条文中规定了的姐姐"，可见英国人往往是从法律的角度看待婚姻关系和亲属关系的；而汉语中的"嫂"，音义来源于"叟"，与"叟"是同源词族。汉代学者刘熙在《释名》中有过考释："嫂，叟也。叟，老者称也。"《仪礼注疏》进一步解释说："名兄妻为嫂者，尊严之称。"可见，中国古人往往是从年龄、尊卑、伦理的角度看待婚姻关系和亲属关系。

从上面的例子可以看出，汉语亲属词特别丰富，分工也十分严格，而且重视亲缘关系，这实际上是中国古代宗法制度在亲属称谓上打下的深深烙印。

从以上的分析我们可以看出，不同语言在对应不同语义类词汇上的差异往往体现了其背后文化的差异，亲属称谓词就是很好的例证。这种差异不仅表现在名词上，在其他词类上也有体现，如不同语言表示动作的词语分类也是如此。汉语中的"拿"可以细分为持（枪）、执（剑）、秉（烛）、操（刀）、握（笔），而英语中只用"hold"或"grasp"来对译。汉语严格区分用体力负运东西的动作，不但谈明负运的工具和方式，而且限定负运的事物，如荷（锄）、挑（土）、担（水）、提（箱）、背（人）、负（重）、挎（篮）、拎（包）等，而英语只用一个"carry"来统称这些动作，反映了不同的生活方式。下文要论及的汉语颜色词与其他语言的差异也充分体现了不同语言背后蕴含的不同的文化差异。

2. 颜色词

各种语言中都存在着大量记录颜色的词语，这些颜色词具有丰富的感情色彩和文化内涵。受不同民族文化的影响，颜色词在不同的语言中存在着不同的象征意义。汉语中的颜色词除了指称颜色之外，还有着丰富的联想意义，表现出了独特的色彩文化。下面我们来分析汉语中的典型颜色词"红""黄""白""黑"所蕴含的文化意义。

红色是中国的代表色，颜色词"红"在中国文化中有着特殊的意义。中国人喜欢红色，源自对太阳、火和血液的崇拜，因为太阳能让植物生长，火能驱赶野兽，血液代表着人的生命。由于这三种东西都是红色的，人们便把对自然和生命的敬畏转移到对红色的崇拜上来。同时，红色很容易从自然界中获得，古人把陶土加热获得红色，并将红色广泛地用于壁画、房屋、器物等的装饰上。红色早已融入在中国人的生活中，是喜庆和吉祥的象征。过年的时候，要贴红色的对联、红色的福字，挂红色的灯笼；结婚的时候，要贴红喜字，新娘要穿红衣服；中国结是红色的，红包是红色的。"红"在《现代汉语词典（第7版）》中有"象征顺利、成功或受人重视、欢迎"的义项，组成的词语"红运"指"好运气"，"红人"指"受宠信或重用的人"或"走红的人"。"红"构成的惯用语"开门红""满堂红"，成语"大红大紫"，都含有鲜明的褒义色彩。"红"又引申出对女性的美称，比如"红颜、红妆、红粉、红楼"等。在现代，"红"还产生了代表革命的象征意义，出现了"红军、红区、红色政权、红色根据地"等词汇。

除了红色，黄色也是中国文化中的主题色，"黄"在中国人的心目中有表示尊贵的意思。黄色自古以来就和中国传统文化有着千丝万缕的联系，黄土高原是中华文化的发源地，黄河是中华民族的母亲河，黄皮肤是中华儿女的形貌特征。今天，黄色依然是古老中国的象征。在中国古代，黄色有最尊贵、庄严、辉煌的象征意义。中国古代黄帝穿的衣服称"黄袍"，黄帝乘坐的车称"黄屋"，皇帝发布的文告称"黄榜"，在这些词语中，"黄"不再是单纯的色彩词，它具有表示神圣、高贵、尊严的民族文化内涵。

色彩词"白"除了表示色彩义外，在中国的社会文化中，它还和丧事、低贱联系在一起。中国东汉时期的《说文解字》对"白"的解释是："西方色也。阴用事，物色白。"这是说，在阴阳五行说中，"白"属西方之色，西方属阴，因此白色在中国古代被选作丧服的颜色。白色作为不祥之色，象征着不祥或死亡，中国人用"白事"代表丧事，设白色灵堂，穿白色衣服表示对死者的哀悼和怀念。"白"在中国古代还有表示低贱贫民的含义。比如"白丁"指平民或没有学问的人，"白屋"指用茅草盖成的穷人的屋子，"白衣"除了有"丧服"的词义之外，还指没有功名的人，这是因为古代平民穿白色布衣。在现代，"白"和"红"一样，产生了新的象征意义，表示反动或落后，如"白匪、白军、白色政权、白色恐怖"等，与"红"相对。

汉语中的"黑"除表示黑色这一基本的颜色义外，还含有贬义。"黑"是黑暗的颜色，古代有表示贫贱和邪恶的贬义。如"黎民""黔首"（"黎""黔"都是黑色的意思）指贫贱的平民百姓。在现代汉语中，"黑"的贬义色彩更加突出。《现代汉语词典（第7版）》中的"黑"有"隐秘的、非法的"和"坏、狠毒"的义项，构成的词语有"黑帮、黑话、黑社会、黑手、黑幕、黑市、黑货、黑心"等。

我们把不同语言中的颜色词进行比较，可以看出中外文化的差异。比如，上面所说的四个颜色词"红""黄""白""黑"的象征义在汉语和英语中有显著的差别。再如，在汉语中"红"表示喜庆和吉祥，但是英语中的对应词"red"却和战争、流血、恐怖联系在一起；汉语中的"黄"是尊贵之色，英语中的"yellow"由于受到宗教文化的影响，含有狡猾奸诈、胆怯卑鄙、色情等贬义；汉语中的"白"含有不祥的贬义，英语中的"white"却可以表示吉利、善意和坦诚。英语中的"black"有深色、暗淡、阴郁、不吉利等意思，没有汉语中的象征反动的意义。

当然，由于各国不同文化之间交流的日益频繁，各种语言中表示颜色的词的象征意义也在发生着细微的变化。比如，上面所论及的颜色词"黄"和"白"。在现代汉语中，"黄"和"白"的文化内涵受到英美语言文化的影响，产生了新的意义。在美国，人们多用黄色纸张出版淫秽、色情刊物，因此受到这种外来文化的影响，"黄"也有了贬义色彩，比如在"黄色影片""黄色书籍""扫黄"等词语中，"黄"都表示贬义。"白"在现代也受到了外来文化的影响。在西方语言中，"白"是纯洁的象征，受这种外来语言文化的影响，汉语中的"白"也产生了新的象征义，可以表示纯洁之意，比如"白衣天使""白衣战士"指医护人员，另外，"白领""白皮书"也是受外来文化影响出现的词。

综上所述，汉语中的颜色词有着自己独特的传统社会文化内涵。不过随着社会的发展，文化交流的日益频繁，一些色彩词也在发生着变化，增加了新的文化内涵。

3. 敬词与谦词

中国人重视礼仪，中国自古就有"礼仪之邦"之称，这一传统的美德和文化在汉语词汇系统中打下了深深的烙印。自古以来，中国人在言语交际中都十分重视敬词和谦词的使用，称呼对方时使用敬词，言及自己时使用谦词，这已成为中国人最基本的礼仪常识。受中国礼仪文化的影响，汉语中存在着大量的敬词和谦词。

敬词是用来称对方或和对方有关的人或物的词语，表示对对方的尊敬。汉语中比较常用的敬词有"您、老（用在姓氏之后，如周老、李老）、先生、老师"等。敬词还常由一些特定的语素组合而成，表示尊敬、美好等含义。比如：

（1）贵。用来称呼与对方有关的人或物，如：贵友、贵姓、贵体、贵国。

（2）令。用来称呼对方亲属，不分年龄、辈分，如：令尊（尊称对方的父亲）、令堂（尊称对方的母亲）、令郎（尊称对方的儿子）、令爱（尊称对方的女儿）。

（3）尊。用来称呼对方辈分高的或平辈的直系亲属，如：尊公（尊称对方的父亲）、尊堂（尊称对方的母亲）、尊兄、尊嫂。

（4）贤。用来称呼晚辈或同辈。如：贤弟、贤妹、贤侄、贤妻。

谦词是用来称自己或和自己有关的人或物的词语，表示贬低自己。汉语中比较常用的谦词有"在下""鄙人""晚辈""后学"等。谦词也常由一些特定的语素组合而成，表示"没见过世面""卑微"的意思，带有谦逊色彩。比如：

（1）家。用来称呼自己的长辈，如：家祖、家祖母、家父、家母、家兄、家嫂。

（2）舍。用来称呼自己的同辈或辈分低的直系亲属，如：舍弟、舍妹、舍侄。

（3）小。用来称呼自己的晚辈或同辈，如：小儿、小女、小弟、小妹、小婿。

（4）拙。用来称呼与自己有关的事物，如：拙文、拙作、拙著。

（5）薄。用来称呼与自己有关的事物，如：薄礼、薄面、薄技。

还有一些语素，既表示对对方的尊敬，也表示贬低自己，比如"奉、拜、惠、光、赐、垂"等用来修饰动作行为，以及组合成的"奉陪、奉送、拜访、拜读、惠顾、惠存、光临、光顾、赐教、赐稿、垂爱、垂询"等。

4. 专名

汉语词汇中的地名、人名、店名、建筑名等专名中体现出来的文化因素是非常典型的，它们的形成有着很强的文化规定性，其中蕴含着非常丰富的文化信息。下面以汉语中的地名和人名为例进行具体论述。

地名是一种语言符号，它借助语言中的词汇表示一个地理部位如省、市、县、乡镇、村落、街道、河流、湖泊、山脉等。语言学家对地名特别重视，将其看成是语言学研究的内容之一。中国学者李如龙在研究汉语地名学时指出，地名是精神文化活动的成果，反映了人类认识活动的共同规律，反映了民族文化特征、地域文化特征以及不同时代的文化特征。地名反映了命名者的文化心态，它的产生或变更大都与各个时代的文化特征相联系，展现了一个地方的地理、历史、人文的各个方面，有着丰富的文化内涵。我们通过地名可以了解一个地方的文化。

地名反映了人们重宗族的社会心态。在中国历史上，很多同姓的同族人聚居在一起，形成一个村落，这些村落的名字便以聚居的宗族大姓来命名。比如，以"王"姓为名的地名有"王村、王庄、王家、王堡、王店、王家庄、王家店、王家屯、王家堡、王家井、王家坪、王家场、王家嘴、王家桥、王家营、王家岩、王家河、王家岗、王家集、王家坡、王家港、王家沟、王家渡、王家坨"等，其他的如"李村、孙村、赵家、郭家、周庄、钱店、蔡港、黄冈、石家庄、张家界、陈家湾、徐家埠"等。中国姓氏数百家，很多姓氏都存在很多地名，遍及全国各地。这些带姓的地名很好地体现了中国人重宗族的社会心态。

地名反映了人们对龙神崇拜的社会心态。在中国，龙是备受人们尊敬和崇拜的神物。中国各省都有很多带"龙"的地名，比如黑龙江的"龙江、龙镇、龙泉河"，辽宁的"龙首山、龙眼河"，山西的"龙门"，山东的"龙口、龙洞山"，河北的"龙关、龙泉山"，河南的"龙泉寺、龙旗镇"，福建的"龙岩、龙海、九龙江"等。这些带龙字的地名，正是人们对龙神崇拜的社会文化心理的体现。

地名反映了人民祈求福寿、安宁、太平、昌盛的美好愿望。中国人自古以来就有求福寿、安宁、太平、昌盛的心态，这种心态在地名中有突出的表现，如有很多带有"平、安、宁、和、泰、福、寿、康、吉、昌"等字的地名。比如，北京的"长安街、平安里、和平里、永安里、永宁里、太平庄、太平街、安定门、永和里、泰安里、永康里、太平桥、万寿山、万寿路、永定路"等，福建的"福州、福清、福安、福鼎、长乐、永泰、周宁、泰安、宁华、永安、崇安、同安、华安、南安、惠安、安溪、长泰、平和、张平、平潭"等。

地名反映了社会的经济风貌。有些地名跟社会的经济活动有关，我们可以从这些地名中看出当地的经济活动历史、市场销售状况等社会经济风貌。郭锦桴以北京地名为例，分析指出北京有许多街名、胡同名与明清社会的市场、商品、手工业、畜牧业等经济活动密切相关。比如，与"马"有关的地名有"马厂、牧马所、驹子马房、北马房、瘦马营、马市桥、骡马市街、养马胡同、马尾帽胡同、杨家马圈、陈家马圈、刘家马圈、马桩胡同、骗马张胡同、马神庙、高家马圈、小马神庙、马甸、马道胡同、马道口"；与"羊"有关的地名有"羊房、羊房北店、羊房南店、羊市口、养羊胡同、北羊肉口、南羊肉口、羊房胡同、卖羊肉胡同、羊毛胡同、羊尾胡同、羊管胡同、羊圈胡同、羊市大街、羊脚灯胡同、羊皮市、羊房草场"，从中可以看出历史上北京的畜牧业兴旺发达。"砂锅刘胡同（今大沙果胡同）、沈篦子胡同（今分北、中、南沈篦子）、酱黄胡同（今大酱房胡同）、隋磨房胡同（今水磨胡同）、裱褙胡同（今分东、西裱褙胡同）、针匠胡同（今针线胡同）、粉房刘家街（今粉房琉璃街）、豆腐陈胡同（今豆腐池胡同）、唐刀儿胡同、赵锥子胡同、铁匠营、铸锅胡同、贺粉篦胡同、绳匠胡同、何薄酒胡同"，这些地名反映了老北京手工业的发展；"磁器口、帽儿胡同、豆腐巷、白米斜街、李纱帽胡同、大烟袋胡同、灯草胡同、干鱼胡同、金鱼胡同、烧酒胡同、鹁鸽胡同、灯市口、草帽胡同、炭胡同、盆儿胡同、棉花胡同、米市口、果子巷"等地名反映出了老北京市场上销售的商品种类多样，以及商品市场的繁荣。

地名还可以印证人类分布、迁徙的文化历史踪迹。地名在语言中比较稳固，不太容易发生变化。历史上，有的民族从一个地方迁移了，而这个地方的地名却被迁移的民族带到了新的地方，并长期保存下来。所以，考证地名的来龙去脉能够为历史上民族分布的区域以及他们迁徙的路线提供线索。汉语地名中的一些资料可以说明民族迁徙的情况。在《汉书·地理志》中归入张掖郡的有骊靬县，据考证县境在今甘肃永昌县南。可是《说文解字》中称作"丽靬"，在《张骞传》中写作"犁靬"。据钱坫《新斠注地理志》卷十二，是由骊靬降人所置。"骊靬"是古罗马的一个地名，可见远在1—2世纪已有罗马帝国的臣民远来中国定居。最近，有相关文章也说明了这一事实。文章说，中国古代以外国地名命名的城市，当时只有新疆的库车和温宿，它们都是袭用移民的旧称。"骊靬"城的出现，自然与有外国侨民相关。史学家进而运用史料说明，"骊靬"城最早在中国西汉版图上出现是公元前20年，那正是罗马帝国向安息（古称伊朗）要求遣返战俘的时间。这绝非历史的巧合！说明在卡尔莱战役中突围的6 000多名罗马远征军，正当其故国寻觅他们的时候，他们却早已鬼使神差地到了中国，并在祁连山下落脚了。根据史学家提供的历史线索，中外学者查阅了大量史书，终于从班固所著《汉书·陈汤传》中获得突破。据此书记载，公元前36年，西汉西域都护甘延寿和副校尉陈汤，带领4万多名将士讨伐郅支单于，战于郅支城（今哈萨克斯坦江布尔城）时，在这里见到了一支奇特的军队，"土城外有重木城"拱卫，其"步兵百余人，夹门鱼鳞阵，讲习用兵"。而这种构筑"重木城"防御工事和用圆形盾牌连成鱼鳞形状的防御阵式，只有古罗马军队采用。史学家们据此推理，这支奇特的军队，就是卡尔莱战役中突围失踪17年的罗马军队的残部。西汉王朝军队在这次郅支战役中大捷。《汉书·陈汤传》中说，陈汤率领的汉军攻克"重木城"，以"生房百四十五人，降房千余人"而告胜。学者们依据这一重要史料，拨开历史迷雾，找到了那支古罗马军队残部的踪迹。即卡尔莱战役的逃亡大军，在安息军队围追、封锁而回国无路的情况下，辗转安息高原，伺机东进，在防御松懈的安息东部防线，撕开一道口子，流徙中亚，投奔郅支，后被陈汤收降，带回中国。汉元帝为此下诏，将他们安置在番禾县南的照面山下（今永昌县），并置县骊靬，直到公元592 年。鉴于骊靬人已和汉族人融合，隋文帝下诏将骊靬县并入番禾县。中国的骊靬人就这样在历史的风雨沧桑中悄然消失。

人名不仅仅是一个人的代号，它还与文化有着千丝万缕的联系。一定时代、一定社会文化是人生舞台的背景，每个生活在这个舞台上的人都要受到这个特定背景的某种影响和制约。反映人们一定行为的人名也同样如此。如在中国古代的周朝，姓的有无反映了统治阶级和被统治的劳动人民之间的阶级对立文化。中华人民共和国成立前，中国的妇女大都随夫姓，这正反映了封建制对她们的束缚和中国的歧视文化。中华人民共和国成立后，妇女的地位得到了提高，她们婚后就相应地保持了自己的姓。

人名是一定社会文化的反映，所以人名不得不受社会环境特别是社会思潮和人们观念的影响，具有一定的时代烙印。翻阅史书可见，先秦时代，人名用字一般比较简单，而且往往与"天干""地支"相联系。如殷王朝自上甲微之后，30 多代帝王，均以十干为名，这明显反映了先民崇拜太阳神的宗教信仰和追求质朴无华的社会风尚。汉代是中华大一统帝国的初始阶段，处于封建社会的上升时期。这一时期的人们大都有一种雄浑阔大的气派和蓬勃向上的精神。这种阔大的气派和充满自信的精神，在人物命名中也得到了充分的体现，如"奉世、奉汉、安汉、广汉"以及名字中带有"勇、超、雄、猛、胜、彪、昌"等，在《汉书》中触目皆是。在佛教盛行的南北朝和隋唐时代，虔诚的佛教徒多以"僧、慧、道、法、净、昙、智"等为名字，渗透着浓厚的佛教气味。唐代大诗人王维，字摩诘，因他生长在一个崇佛的家庭，故其名和字都取意于《维摩诘经》。唐代武则天以后，佛道渐衰，科举制巩固，人们常用"文、德、斌、儒、士"等字命名。宋人名字多用"老"字。仅清代赵翼《陔余丛考》所举，名为"胡唐老、孟元老、陈朝老"的有 19 例；字为"孙莘老、许崧老"的有 28 例。还有一些名与字未分的，如"张茂老、何国老"等 7 例。宋代人名之所以这样喜欢用"老"字，与当时皇帝笃信道教，大力推行和崇尚黄老之学有关系。明清时代，科举制度影响很大，人名中又常出现"奎、元、科、第、恩、光、禄、赐"等字，反映了一般人追求功名的思想。清末以后，民族意识开始增强，一些有识之士多喜欢在名字中标明鲜明的思想倾向。如蔡元培本字鹤卿，原为清进士、翰林院编修。思想转变后，为了表示自己是中华儿女的孑遗之民，绝不为异族所笼络，改字孑民。于右任，原名伯循。以右任为名，说明他耻受左衽夷化的侮辱，以恢复中华衣冠为己任。中华人民共和国成立初期，"解放、国庆、援朝、抗美、互助"等名字以至"文革"期间数不清的"文革、要武、永红、卫东、兴无"等名字，无不透露出一个时代环境的社会生活气息，反映着一代人的生活旅程及愿望追求。

社会文化的不断发展，也推动人名文化不断地向前发展。随着改革开放新时代的到来，人们的审美观念又有了新的变更。年青一代父母，多期望自己的子女起"雅名"或中西合璧式的名字，新时期比较风行的"雅"意名字有"曼、蒂、蒙、倩、茜、婕、娜、莎、凯"等。新时期体现当代改革开放、和平统一、环保、高科技等特色的名字有"国放、开发、新兴、国聚、爱境、爱树、新绿"等。人名是反映文化最广泛的社会现象之一，它存在于社会文化的共变之中，其中蕴含的文化信息是极其丰富的，也值得我们进一步去探索。

汉语人名和英语人名的差异也体现了两种语言背后的文化差异。在伦理和道德观方面，中国人强调以国家、民族、宗族和家庭为重，乡土观念浓重，强调"父母在不远游""落叶归根"等意识。在思想、行为活动和道德准则中，群体、宗族具有至高无上的中心地位。伦理意识在于追求尽善尽美、圣人完人，以慎言为美德。西方社会意识则以个人为生活重心，在思想、行为和道德准则中，个体意识具有中心地位。为人不拘一格，"四海为家"，居住迁徙广为流动；强调以子女脱离父母独立奋斗和生活为荣，乐于谈论个人一得之见，社会生活和个性色彩具有多元化特征。不同的思维方式不仅表现在伦理道德、人生准则等方面，反映在语言上也是极其明显的。例如，在姓名排列上，中国人一般先是宗族姓、辈分，其次才是自己的名字，突出的是氏族整体；西方人则先是自己的名字，再是父名或教名，然后才是族姓，突出的是个体。

5. 熟语

熟语主要包括成语、惯用语、歇后语、谚语。汉语熟语类型多、数量大，蕴含着十分丰富的文化内涵。成语是经过千锤百炼而形成的汉语的精华，是中国文化的浓缩；惯用语大多反映了某种社会现象，比如"拍马屁""走后门"；歇后语大多来自人民大众的口语，形象生动，活泼幽默。下面我们主要分析成语和谚语中的文化。

汉语成语是汉语中的精华，也是中国文化的精华，一般都有历史上的来源，是中国文化的活化石。从来源上看，有的成语来自中国的历史事件或历史故事，如"完璧归赵""三顾茅庐""卧薪尝胆""负荆请罪""指鹿为马""纸上谈兵"；有的成语来自神话传说，如"开天辟地"来自盘古开创世界的神话，此外还有"夸父逐日""精卫填海"等；有的成语来自寓言故事，如"守株待兔"出自《韩非子·五蠹》，此外还有"滥竽充数""自相矛盾""掩耳盗铃""刻舟求剑""邯郸学步"等；有的成语来自古代诗文名句，如"举一反三"出自《论语·述而》"举一隅不以三隅反，则不复也"，"青梅竹马"出自唐代李白《长干行》之一"郎骑竹马来，绕床弄青梅。同居长干里，两小无嫌猜"，"车水马龙"出自《后汉书·明德马皇后纪》"前过濯龙门上，见外家问起居者，车如流水，马如游龙"，类似的还有"任重道远""水落石出""司空见惯"等。汉语成语不但来源多，意义也十分丰富，其中有很多成语反映出了中国人的伦理道德、民族文化心理和民族智慧。中国封建社会的伦理道德讲究一个"忠"字，为人民要忠诚，为臣子要忠君，为夫妇要忠贞，为人子要忠孝，为人要忠信，汉语中有很多含"忠"的成语，如"忠君爱国、精忠报国、忠肝义胆、忠心耿耿、赤胆忠心、忠贞不渝、忠臣义士、忠臣孝子、忠孝节烈、忠孝两全"等，这些成语的大量存在反映了中国人重视忠贞的伦理观念。汉语中有很多表示群体观念的成语，如"大公无私、克己奉公、万众一心、齐心协力、同舟共济、同心同德、同心勠力、同甘共苦、同仇敌忾、众志成城"等，此类成语的大量存在反映了中国人具有很强群体意识。成语是中国人智慧的结晶，成语中体现了中国人在政治、经济、军事、生活、用人和处理人际关系等方面的谋略和智慧，如"未雨绸缪""居安思危""大智若愚""缓兵之计""出奇制胜""螳螂捕蝉，黄雀在后""知己知彼，百战不殆""任人唯贤""礼尚往来""和睦相处""海内存知己，天涯若比邻"等。

汉语中的谚语是人们在生产、生活中的经验总结，有的反映了自然和社会中的某些现象，有的包含着深刻的哲理。谚语中蕴含着丰富的文化内容。"瑞雪兆丰年""春雨贵如油""朝霞不出门，晚霞行千里"是人们对自然现象的科学总结。"病从口入""早吃好，午吃饱，晚吃少""酒多伤身"是中国人对饮食健康的经验总结。"一日为师，终身为父"体现了中国人尊师的美德。"活到老，学到老"表达出了中国人"生命不止，学习不止"的学习进取精神。"一年之计在于春，一日之计在于晨""一寸光阴一寸金，寸金难买寸光阴"表明了中国人珍惜时间的观念。"虚心使人进步，骄傲使人落后""三人行，必有我师"反映了中国人谦虚和善于向别人学习的美德。"不到黄河心不死，不到长城非好汉""世上无难事，只怕有心人"反映了中国人的志气和做事的决心。"远亲不如近邻"反映了中国人对邻里关系的重视。

成语、谚语等熟语是中国文化在语言中的折射，反映了中国的历史文化，是中国人生活经验的总结，体现了中国人的价值观念、生活态度、处世哲学和人生智慧，了解其中深刻多样的文化内涵，有助于我们加深对中国文化的认识。

二、汉语词汇的产生和发展演变

语言随社会的发展而发展，在语言各要素——语音、词汇、语法中，词汇对社会的发展反映最敏锐，变化也最明显。词汇的产生、发展演变同社会文化的发展紧密相关。新词的产生、旧词的消失、词义的发展演变都与社会物质生产活动、人们的观念和人类的思维活动等文化现象密切相关。因此从某种意义上说，某种语言的词语发展史，就是操纵该语言的民族文化发展史。汉语中的词语伴随着中国社会文化的产生而产生，同时伴随着文化的发展而发展。中国社会文化生活的各个方面都会在词语中反映出来，社会文化生活的变化也会带来词语的变化。因此，汉语词语的产生、消失，词义的发展演变都和中国文化紧密地联系在一起，探索汉语中词语的产生、消失和词义的发展，就能发现蕴藏在这背后的丰富的文化内涵。

1. 词语的产生、消失

词语的产生、消失与社会文化生活息息相关。语言中很多新词语的产生是因为有新事物的出现，旧词语的消失是因为有旧事物的消亡或者旧的词语被新的词语所替代。

从古至今，词语的产生和消失都是在社会发展的大的背景之下发生的。词语因社会生产生活的需要而产生，某个时期某类词语的繁荣必然与这一时期的社会文化生活密切相关。中国古代丝织业相当发达，因此，产生了很多与丝和丝织品有关的词，不同的丝织品有不同的名称。比如麦青色的丝织品叫"绢"，浅黄色的丝织品叫"缃"，白色的丝织品叫"纨"，没有上色的丝织品叫"素"，细薄有花纹的丝织品叫"绫"，没有花纹的丝织品叫"缦"。这些词，今天大多都已经废弃不用，这是由于时代的发展，经济重心发生了转移。再比如，在中国古代畜牧时代，指称"马、牛、羊"的词很多，这些词用来区别公母、年龄和不同毛色，比如指不同毛色的马的词就有20多个。纯黑色的叫"骊"，纯青色的叫"骐"，黑白色相杂的叫"駂"，红白色相杂的叫"騢"，黄赤色相杂的叫"騜"，青白色相杂的叫"骓"，青黑色如棋盘格子花纹的叫"骐"，尾和鬃毛是黑色的叫"骆"，黑身白鬃的叫"骒"，两目毛色为白的叫"鱼"。这些词是畜牧社会特有的语言文化现象，但是随着时代的发展，农业兴起，畜牧业衰微，马、牛、羊不再是人们生活中最重要的经济来源，这些指称马、牛、羊的词便从词汇系统中消失不见了。随着封建社会的结束，社会的每一步发展都会在语言中留下痕迹，在现代，新词的产生、消失同样与社会的发展紧紧地联系在一起。世界进入工业社会后，出现了大量与之有关的词语，如"汽车、火车、轮船、电灯、银行、工厂"等，这些事物对人们的生产生活产生了深远的影响，这些词语一直沿用至今。在"文革"期间，产生了大量的具有浓厚的政治色彩的词语，比如"知青、文斗、武斗、黑五类、红卫兵、红宝书、工宣队、样板戏"，随着"文革"结束，这些词也逐渐消失，很少被使用了。中国在实行改革开放以后，产生了很多和经济有关的新词语，比如"改革开放、特区、开发区、外向型、万元户、个体户、倒爷、责任田、承包、下海"等，这些词语到现在有的已经很少使用或消失不用（如"万元户、倒爷、责任田、下海"），有的至今仍然在使用。随着现代科技的进步、网络的发展和人们生活方式的变化，新事物层出不穷，大量的新词语又在不断涌现，比如"互联网、人工智能、高铁、共享单车、网购、淘宝、支付宝、微博、博客、微信、低头族、宅男、宅女"等。

汉语词语在发展的过程中，由于受到社会文化生活的影响，有相当一部分逐渐不再被使用，在现代汉语中已经消失不见，但是，语言具有传承性，有一些词语，尽管其所对应的事物发生了变化，也还是被一直沿用下来。比如，古代计时没有钟表，而以漏壶滴水、由壶中浮箭的刻度来进行。每晚分为五更，过一个时辰敲一次鼓告知时间。到了现代，这种古老的计时方法已不复存在了，但现代汉语中的"刻"仍可表示时间，如"三点一刻""五点一刻"等。也有一些词语不再被使用，但是其作为构词语素被保留在了复合词或者成语等固定短语中。比如，中国古代表示重量的单位"钧"（一钧等于三十斤），今天已经不用，但是，其作为构词语素，保留在了成语"千钧一发"中。今天，我们在理解一些现代汉语词语时，知道词语中构成语素在古代的意义，有助于对整个词语意义的理解。

通过以上分析我们可以看出，词语是社会文化的一面镜子，社会文化的变迁可以通过词语反映出来，根据词语的产生、消失等变化，我们也可以看到社会历史的发展面貌。

2. 词义的发展演变

不仅词语的产生和文化关系密切，词义的发展演变也同文化有着紧密的联系。这里所说的词义指的是词的概念义。词义的发展演变和文化的关系主要表现在两个方面，一是社会现象的发展使词义发生了变化，二是词语派生义的产生受到了社会文化观念的影响。

我们先来看第一个方面。社会现象的发展会使词的意义发生变化，这里所说的词义变化包括词的概念义发生变化、增加新义、旧词义消失新词义产生。词的概念义发生变化，如"坐"，在中国古代，"坐"的姿态和现在不同，是"席地而坐"，两膝着席，跟跪着差不多。后来出现了椅子、凳子之类的坐具，坐的姿态发生了变化，是臀部着地或接触坐具，因而"坐"这个词的意义也就随之发生变化，即由"席地而坐，两膝着席"发展为"臀部着地或接触坐具"。增加新义，如"飞"，原来是指"鸟虫等鼓动翅膀在空中活动"，出现了飞机、飞船以后，产生了新的意义——"利用动力机械在空中行动"。又如"钟"，原来是指"一种中空而敲击发声的响器，用铜或铁制成"，后来出现了计时的器具，也用它来表示，"钟"增加了新义"计时的器具"。旧词义消失新词义产生，如"钱"，原来是指一种除草铲土的农具，后来有一种钱币模仿这种农具的形状铸成，也用"钱"来表示。慢慢地"钱"作为一种农具消失了，它原来的意义也随之消失，只剩下货币的意义。又如"厂"，原来是指"没有墙壁的棚舍，古代多用来养马"，现在的"厂"则指"直接进行工业生产活动的单位"。

再来看第二个方面。不同语言中表示相同意义的词由于受到不同文化观念的影响可能会使人产生不同的联想，从而产生不同的派生义（由词的本义发展演变出来的意义）。我们前面论述的颜色词，在不同语言中对应的颜色词所指的颜色义是相同的，但是由于受到不同文化的影响，同义的颜色词在不同语言中产生的派生义可能存在差异，如汉语中的"红"，除了表示颜色的本义之外，还有"象征顺利、成功或受人重视、欢迎"这一表示褒义的义项，而英语中的"red"没有这样的意思，有时还含有贬义。再比如汉语中的"心"，本义指心脏。中国古人认为心脏是人体的五脏之首，"心主神"，认为心能主控人的思想和精神活动，因此将心看成是思维的器官。如《孟子·告子上》所说："心之官则思。""心"作为思维的器官，又与思想、感情等思维活动密切相关，因此"心"又用来指思想、感情。《现代汉语词典》中"心"的义项②是"通常也指思想的器官和思想、感情等"，如我们常说"我心想……"，这里的"心"指的就是思维的器官。表示这一义项的"心"作为语素参与构成的词语有很多，如"心思、心得、心力、心情、心意、心态、心声、心计、心机、用心、动心、决心、细心、小心、狠心、信心、爱心、心想事成、心心相印、心不在焉、心旷神怡、心花怒放、一见倾心、独具匠心、别出心裁"等。

上面我们所说的词义的发展演变指的是词的概念义（或称理性义）的发展变化，这些概念义已成为词本身所具有的意义，在词典中有相应的义项。有些词语除了有概念义外，还有联想义，比如一说到"狐狸"这个词，人们可能就会联想到"狡猾"，但是"狡猾"不是"狐狸"这个词的概念义，《现代汉语词典》中"狐狸"的义项只有"狐的通称"这一个，"狡猾"没有被收进词典的义项中去，属于词的联想义。文化因素除了会影响到词的概念义的发展演变外，还会影响到词的联想义。词的联想义多与事物的特征、习性、传说、历史事件、社会风俗等有关。不同语言中的动物词的联想义的不同，主要就是受到不同文化因素的影响。比如"狗"在传统的中国人眼中并不是受宠爱的动物，在中国人的传统观念中"狗"含有贬义。《尔雅·释畜》："未成毫，狗。"郝懿行在《尔雅·义疏》中说："狗犬通名。若对文，大者名犬，小者名狗。""狗"有小兽、卑微的意思，由此引申其义，"狗"便有微贱、令人厌恶的意思。所以汉语中带"狗"的词语很多含有贬义，如"狗咬狗"指坏人之间互相争斗，"狗腿子"指给有势力的坏人奔走帮凶的人，"狗仗人势"指依仗他人势力欺负人，"狗嘴里吐不出象牙"比喻坏人嘴里说不出好话来，此外还有"狗屁、狗屎堆、狗吃屎、狗胆包天、狗尾续貂、狗血喷头、狗头军师"等。和中国人看待狗的态度不同，在西方国家，"狗"被看成是忠诚善良的、跟人有深厚交情的好伙伴，英语中的"dog"一词与汉语相反，含有褒义。

比如英语中的"lucky dog"指"幸运儿"，"a jolly dog"指"快活的人"，"a dumb dog"表示"阔气"，"be top dog"翻译成汉语是"身居高位"，"Love me, love my dog"相当于汉语中的"爱屋及乌"。

三、汉语借词和中外文化交流

不同的民族文化影响着各自民族的语言，不同文化的接触也会对语言产生影响。中国语言学家罗常培曾说："语言本身固然可以映射出历史的文化色彩，但遇到和外来文化接触时，它也可以吸收新的成分和旧有的糅合在一块儿。"语言中的借词正是不同文化接触的产物。

语言中的借词也叫外来词，指的是从其他语言中借入的词。借词能够映示出民族文化间的接触与交流。美国语言学家萨丕尔（E. Sapir）说："语言，像文化一样，很少是自给自足的。交际的需要使说一种语言的人和说邻近语言的或文化上占优势的语言的人发生直接或间接的接触。"通过语言中的借词我们可以从中洞察各民族在政治、经济、科学、文化等方面相互接触、交流的情况。汉语中的借词和汉语词汇的外借这两个方面，共同体现了中外文化的交流。

1. 汉语中的借词

汉民族自古以来便不断与其他民族进行各种经济的、文化的交往，从外民族借入了大量词语。有些词语一直流传下来，使用年代久远，人们已经意识不到它们的"舶来"身份了。例如，"葡萄""石榴""菠萝""玻璃""狮子"等是汉代从西域借入的词；"佛""菩萨""罗汉""阎罗""魔""僧""尼""和尚""塔"等是汉代以后从印度借入的佛教用词；"胡同""站""蘑菇"等是元代借入蒙古语的词。鸦片战争以后，特别是到了现代，中国和外民族在政治、经济、文化、科学技术等方面的交往日益频繁，像"拷贝""蒙太奇""马赛克""霓虹灯""桑那浴""模特儿""浪漫""沙龙""蛋白质""基因""荷尔蒙""淋巴""网吧""探戈""扑克""卡拉OK""VCD""巧克力""可口可乐""麦当劳"等新概念、新事物大量从西方输入进来。"这些从异域外国舶来的词语，犹如来自异域的使者，乃是记录中国和其他国家间物质文化、精神文化交流内容的见证。"

有的时候，由于地域上的原因，某个民族的某一部分与异族接触较多，借用了某些外来词，而其他部分则没有这种接触和借用，这些借词就可能成为该民族各方言之间语汇差异的一个来源。比如广东、福建等省由于海路交通方便，与西方各国商业往来较早，从而借入了一些词，久而久之竟成了一些特殊的方言词。如广东话把衬衣叫作"恤衫"，这是从英语借了"shirt"而后又加上"衫"字而来。再如厦门话把拐杖叫作"洞葛"，把肥皂叫作"雪文"，这分别是借自马来语的"tongkat"和"sabon"。

2. 外语中的汉语借词

文化的交流是双向的，随着中国文化传播到世界各地，汉民族文化也对其他民族文化产生影响，因此，在汉语借入其他语言的词语的同时，一些汉语词汇也被借入了其他语言中。从外语中的汉语借词也可以看出汉民族文化对其他民族文化的影响，这样的例子也是很多的。

养蚕和制丝是中国首先发明的，后来传到了欧洲。英语中的"silk"就是从中国"丝"的上古音［※siəg］借去的。中国古代的瓷器相当有名，在16世纪由葡萄牙人带到欧洲，中国的国名"China"也因此被借去。"China"和拉丁语"Sinae"、希腊语"Thinai"等同出一源，都是"秦的对音"。当瓷器输入欧洲的时候，英国人将它叫"Chinaware"，意思就是"ware from China"（中国货）。随后"China ware"的意思变成"ware made of China"（瓷器制作于中国），最后把"ware"也省去了，于是就变成了"China"。现在"中国"和"瓷器"在英文中的分别只是字头大小写的区别。

中国饮茶的习惯据说从唐朝开始盛行，并逐渐传入其他国家。当时输出茶叶有两个途径：一条是从中国西北部的丝绸之路运往欧洲，因而许多国家采用了中国北方方言中"茶"的译音——cha；另一条是厦门人把茶运到爪哇的万丹，然后再用荷兰船运到欧洲诸国，厦门口语将茶叫作［te］，荷兰人也跟着读。因此，欧洲人凡是喝荷兰茶的，像法国、德国、英国等都把茶叫作"thé""tee"和"tea"。由"茶"这个汉语词汇在不同国家中的译音，我们可以清楚地看出中国"茶文化"对世界各国的影响。

此外，代表汉语语言文化的一些特色词语如"功夫"（Kungfu）、"太极拳"（Taiji boxing）、"京剧"（Beijing Opera）、"麻将"（mahjong）等，也被借入了英语中。

汉语词汇的借入和借出，是不同文化接触和交流的结果，从中我们可以看出汉族同其他民族、国家的文化交流。

第三节　汉语语音和文化

语音是语言的物质外壳，它和文化的关系没有词汇和文化的关系那样显著，但是作为语言要素之一，它的某些方面也同文化有着密切的联系。下面，我们从汉语音节组合和文化、汉语中的谐音文化两个方面分析汉语语音的文化内涵。

一、汉语音节组合和文化

汉语的发音以音节为最基本的单位，古代汉语中的词以单音节为主，现代汉语中的词以双音节占优势，单音节词和双音节词并存。汉语中音节和音节组合在一起，构成词、短语或句子时，除了有语义上的要求外，还要受到韵律上的制约。韵律上的对称、和谐的要求使汉语的音节组合在音节数目的组配上呈现出一定的规律性。这种音节组合上的规律是中国传统文化中重和谐思想的反映。

汉语音节组合时，在音节数目的选择上呈现出一定的规律性，要求组合而成的语言形式在韵律上和谐平稳。现代汉语中的词，绝大多数是单音节词或双音节词，单音节词和双音节词在相互组合中具有一定的规律。正如中国语言学家吕叔湘指出的那样，汉语的单双音节在搭配上"表现出某些倾向，有某些适宜和禁忌"。

我们先来看汉语中单音节词和双音节词组合时在音节选择上的规律。汉语单音节词和双音节词在相互组合时，有四种韵律组配形式，即"1＋1、2＋2、1＋2、

2＋1"。有不少研究已经表明，汉语中的单双音节在相互组配时，单音节词倾向于和单音节词组配，双音节词倾向于和双音节词组配，"1＋1"和"2＋2"的音节组合形式较少受到限制，"1＋2"和"2＋1"的音节组合形式受到较多的限制。因此，汉语中最强势的音节组配形式是双音节和四音节。

汉语中单音节词和单音节词、双音节词和双音节组配较少受到限制，单音节和双音节组配受到较多的限制，这在不同结构类型的短语中都有体现。

比如，在没有连词连接的并列短语中，单音节和单音节组配，双音节和双音节组配，音节组配形式是"1＋1、2＋2"，没有"1＋2"和"2＋1"的音节组配形式，如说"车船""车辆船只"不说"车船只"或"车辆船"；说"丝绸布匹"不说"丝布匹"或"丝绸布"；"老师学生"可以压缩为"师生"，但是不能说"师学生"或"老师生"。

在动宾短语中，当宾语不是由代词充当时，双音节后面的宾语一般不能是单音节的形式，常见的音节组配形式是"1＋1、1＋2、1＋2"这三种，"2＋1"形式受限，比如可以说"打扫街道、扫街、扫街道"，不能说"打扫街"；可以说"谈论事情、谈事、谈事情"，不能说"谈论事"。汉语中的形式动词"进行""予以""加以"等后面只能加双音节动词，比如可以说"进行调查""进行修改"，不能说"进行查""进行改"。

某些双音节副词作状语时，后面只能加双音节词，构成的状中短语是"2＋2"式，没有"2＋1"式，比如副词"难以"后面的修饰动词只能是双音节的而不能是单音节的，可以说"难以忘记""难以入睡""难以完成""难以下咽""难以实现"，不能说"难以忘""难以睡""难以做""难以咽"。可以说"互相帮助""互相学习"，不能说"互相帮""互相学"。

在"动词＋名词"构成的定中短语中，双音节名词前作定语的动词一般要求是双音节动词，很少有单音节动词，也就是说，"1＋2"的音节组配形式受到限制。比如"考试时间/＊考时间""学习内容/＊学内容"只能是"2＋2"的音节组合形式，"1＋2"的组合形式不成立（少数定中短语除外，如"烤羊肉串、煮鸡蛋、死老鼠、睡美人"等）。

现代汉语中词语的搭配有双音节选择的倾向。这种倾向性不仅影响了短语的音节组配，还影响了汉语句子的停顿。比如："他走在路上。""王老师把水杯放在桌子上了。"在进行句法分析时，我们把介宾短语"在路上""在桌子上"一起分析，但是在句子的发音停顿上，我们会读成"走在/路上""放在/桌子上"，这里就是受到了汉语双音节组合特点的影响。

除了现代汉语中各种类型短语的音节组配呈现出一定的规律外，汉语中的成语和诗句的音节节奏也表现出韵律上的和谐美。尽管汉语中的成语可以由不同数量的音节构成，但还是以四字成语占绝对优势，并且四字成语在音节节奏上一般是"2＋2"的形式，成双成对，平仄相间，十分均匀，顺口和谐，比如"龙飞凤舞"读成"龙飞/凤舞"，"抛砖引玉"读成"抛砖/引玉"，"望子成龙"读成"望子/成龙"。

中国古代为文学作品很讲究音节组合的节奏，比如中国最早的诗歌《诗经》都是四字的，如《诗经·关雎》中的句子"关关雎鸠，在河之洲。窈窕淑女，君子好逑。参差荇菜，左右流之。窈窕淑女，寤寐求之"，四字一句，极具韵律美和音乐美。

五言诗的音节节奏类型一般是"2＋2＋1"或"2＋1＋2"，比如，王之涣《登鹳雀楼》："白日依山尽，黄河入海流。欲穷千里目，更上一层楼。"再如，王维《乡思》："红豆生南国，春来发几枝。愿君多采撷，此物最相思。"全诗的韵律节奏是"2＋1＋2"。李白《静夜思》："床前明月光，疑是地上霜。举头望明月，低头思故乡。"前两句的音节节奏是"2＋2＋1"，后两句音节节奏是"2＋1＋2"。

七言诗的节奏是"2＋2＋2＋1"或"2＋2＋1＋2"。四个顿拍，两两成对，和谐有致。如杜甫《绝句》："两个黄鹂鸣翠柳，一行白鹭上青天。窗含西岭千秋雪，门泊东吴万里船。"前两句的节奏是"2＋2＋1＋2"，后两句的节奏是"2＋2＋2＋1"。王维《九月九日忆山东兄弟》："独在异乡为异客，每逢佳节倍思亲。遥知兄弟登高处，遍插茱萸少一人。"全诗节奏是"2＋2＋1＋2"。诗歌的节奏与平仄、押韵相配合，呈现出和谐的韵律美。

中国人的传统观念中很重视和谐的价值，均衡与对称是中国人追求的美学原则之一。汉语音节组合上的重和谐对称的倾向，反映出了中国人的均衡美感，是中国传统文化中重和谐思想的反映。

二、汉语中的谐音文化

谐音指的是发音相同或相近。在语言的使用中，人们常常将发音相同或相近的词语联系到一起，从而形成了汉语中独特的谐音文化。

中国的民俗文化丰富多彩，其中有许多都与语言上的谐音有关，可以说，谐音文化是中国传统民俗文化的重要组成部分。语言上的谐音已经被广泛运用到了中国民俗之中。中国人过春节，家家户户都要贴"福"字，并且有将"福"字倒着贴的习俗，这是因为"倒"和"到"谐音，将"福"字倒贴寓意"福到"。中国人的年夜饭都要吃鸡吃鱼，这是因为"鸡"和"吉"谐音，寓意"吉祥如意"，"鱼"和"余"谐音，寓意"年年有余"。中国很多地方过年的时候要吃年糕，是因为"年糕"和"年高"谐音，吃年糕寓意"年年高升，一年比一年好"。元宵节吃元宵，"元"和"圆"谐音，寓意"团团圆圆"。农历九月初九是中国的传统节日重阳节，由于"九九"和"久久"谐音，寓意"长久长寿"，所以重阳节演变到现在又被称为老人节，这一天成为尊老、敬老、爱老、助老的老年人节日。

谐音不仅体现在传统节日里，在人们的日常生活中也有许多谐音现象。由于"梨"和"离"谐音，因此中国人一般不把梨分开吃。小孩子不小心打碎碗，大人会说"岁岁平安"，因为"碎"和"岁"谐音。送礼物时，中国人不送伞，不送钟，因为"伞"和"散"谐音，"送钟"和"送终"谐音。

中国人对数字的喜好，也受到谐音的影响。比如"八"和"发"谐音，有"发财"的意思，"六"和"溜"谐音，寓意"顺顺利利"，"九"和"久"读音相同，有"长久"的意思。中国人喜欢"六、八、九"这些数字，饱含着希望发财、顺利、长久的美好愿望。而在汉语中，"四"和"死"谐音，所以中国人不喜欢"四"，在选择手机号码或选择房间号时，都不喜欢带数字"四"的。近些年来，在网络交际中还产生了很多有趣的数字组合，比如情侣们发微信红包时喜欢发 13.14 元或 5.20 元，是因为这两个数字与"一生一世""我爱你"谐音，再比如"886"表示"拜拜喽"，"7456"表示"气死我了"。

语言运用中谐音双关的修辞手法也是利用词语发音的相近或相同而产生的。比如，唐代刘禹锡《竹枝词二首·其一》："杨柳青青江水平，闻郎江上唱歌声。东边日出西边雨，道是无晴却有晴。"诗中表示天气的"晴"和爱情的"情"谐音，一语双关。既写天气，又写爱情。晋代乐府民歌《子夜歌·始欲识郎时》："始欲识郎时，两心望如一。理丝入残机，何悟不成匹。"这里的"丝、悟"都是谐音双关，"丝"与"思"谐音，寓意织妇对自己心仪的情人的思念；"悟"与"误"谐音，指由于各种各样的原因耽误了一段本应美好和悦的爱情。汉语中的歇后语中也有很多是利用谐音而形成的，比如"外甥打灯笼——照旧（舅）"中的"旧"和"舅"谐音，"打破砂锅——问［璺（wèn）］到底"，"问"跟"璺"谐音。

从上面的分析我们可以看出，一方面谐音文化是中国文化的重要组成部分，另一方面，语言上的谐音也丰富了汉语的表达，使汉语表达更加生动风趣，增加了语言表达的魅力。

第四节　汉语语法和文化

语法是语言单位的组合规则，它具有抽象性的特征，与思维关系密切。不同民族的思维有共性的一面，也有个性的一面。受人类思维共性的影响，不同的语言在语法上具有共性。然而又因为不同民族所赖以生存的自然环境以及社会文化背景不同，使得各民族的思维方式形成了各自的特点，在不同的民族思维的影响下，不同语言在语法上又呈现出个性特征。

汉语语法是汉民族的认识活动长期抽象的结果，其中自然带有能够体现汉民族的思维、观念的内容。汉语的语法规则包括词法规则和句法规则，下面我们就从汉语词法构造和汉语语法的"意合"特点这两个方面探讨汉语语法和文化的关系。

一、汉语词法构造

语言中词语的构成也与文化有着密切的关系。汉语中有相当一部分词语的构成受到了中国传统文化的影响。现代汉语词汇系统的一个特点是双音节词占优势，双音节词又以复合词占绝大多数。从汉语复合词的词法构造上来看，偏正式构词法是最能产的构词方式，其次是联合式构词法。

1. 偏正式复合词的构成

偏正式复合词在汉语复合词中的数量最多，它又可以具体分成不同的小类。我们这里主要探讨其中的一类——"手指""树干""衣袋""山脚"这类偏正式复合词。中国学者董秀芳称这类复合词为"整体 + 部分"式偏正复合词，她认为这类复合词"是以整体部分关系为基础构成的，其中表示整体的语素充当修饰成分，而表示部分的语素充当中心成分，词义是指称整体中的某个部分"，这类复合词实际的语义关系是，前一个语素相对于整个词来说表示整体，即"手"相对于"手指"来说是整体，"树"相对于"树干"来说是整体，"衣"相对于"衣袋"来说是整体，"山"相对于"山脚"来说是整体。

董秀芳列举了大量的这种整体—部分关系的复合词，如"房门、眼皮、嘴唇、勺柄、表链、瓶盖、鞋帮、象牙、马脚、脚踝、胳膊肘、桌腿、壶嘴、笔帽、碗口、眼球、脚面、书脊、墙根、车身、船头、鼻梁"。

董秀芳指出，汉语"整体 + 部分"式复合词突显了部分所隶属的整体。这类偏正式复合词的词法构造格式是汉语复合词中一种能产的构词模式，是汉语构词的一个特点，并指出汉语"整体 + 部分"式复合词"体现出一种整体先于部分的认知观念：人们在认识部分时是从整体的角度来加以确认的，在汉语中这种观念就直接反映在词汇的编码中"。

汉语偏正式构词法中和汉语语法中的整体—部分语义关系的突显，是汉民族重整体性的思维特点在汉语中的反映。关于汉民族重整体性的思维特点已有很多研究。已有研究认为，西方文化持有的是离散集合体的宇宙观。"这种离散集合体的宇宙观念，将世界看成是由众多各自独立的物体结合而成的，每个物体全都具有自己的刚性界线，可以脱离整体和其他物体而独立存在。而这种由万事万物机械结合而成的宇宙，又不是杂乱无章的，它上下有序，由价值高下分明的不同层次所组成。这样一种朴素的宇宙观念，……形成了西方'天人相分'的思维定式。"

与之相反，中国古人持有的是"天人合一"的宇宙观。这种观念将世界看成是一个统一的整体，将所有的现象变化看成是世界的整体状态的变化，而不是将之视为各个单独事物的各自变化。

受到中西方"天人合一"与"天人相分"这两种不同的宇宙观的影响，中国人在思维方式上以直观综合为基础，注重整体性，西方人的思维方式以逻辑分析和推理为基础，注重认识活动的细节。"中国传统思维的基本特征是注重整体性。从《易经》的八卦思维开始，及至老子、庄子的混沌思维，两宋道学的太极思维，都注重对天、地、人的探索。这种探索从来不是孤立、分开地进行，只研究天，只研究地，或只研究人，而是把天、地、人三者有机地贯通起来进行研究，把自然、社会、人看成一体化的系统，互相比附、联想。这便体现出整体性的思维方式。"

汉民族重整体性的思维特点不仅影响了汉语复合词的构造，对汉语语法也产生了影响，如在汉语时间、地址的书写顺序上。中国人习惯以年、月、日、时、分、秒为时间顺序，地址则按国、省、市、县、街道、门牌号码的顺序排列，突出的是整体到个别的析出关系；西方人则习惯以秒、分、时、日、月、年为时间顺序，地址则按门牌号码、街道、县、市、省、国家的顺序排列，突出的是个别向整体的合成关系。汉民族重整体的思维对汉语语法的影响我们将在下一节中具体论述。

2. 联合式复合词的构成

汉语中的联合式复合词从构成语素之间的语义关系分类，可分为同义联合式、类义联合式、反义联合式三种类型。

同义联合式指的是两个构成语素语义相同或相近，如"途径、关闭、收获、汇集、美好、寒冷、欢喜"。类义联合式指的是两个构成语素语义相关。具有相关意义的语素能够组配的语义基础在于它们有着共同的上位概念，共处于一个大的语义场中，如"健美、尺寸、领袖、眉目、心胸、骨肉、血脉"。反义联合式指的是两个构成语素语义相反或相对，如"来往、开关、反正、方圆、横竖、厉害、买卖、轻重、大小、粗细、始终、迟早、早晚、吉凶、是非"。

两个同义、类义、近义的语素能够联合在一起构成表示一个概念意义的复合词，是由于这些参与构词的两两语素都处于同一个语义场内，都有共同的上位概念，在语义上具有直接的、紧密的联系，两两组合后能够被看作一个整体，被整体感知。汉语中的这三种联合式复合词的词法构造体现了汉民族具有整体性的思维特点。在三类联合式复合词中，同义联合式复合词的两个构词语素之间的语义关系最近，最容易被看作一个整体，因此汉语中这类复合词在三类复合词中数量最多。

类义联合式和反义联合式复合词两个构词语素之间的关系要比同义语素之间的关系疏远，它们能相互组合成词是因为有共同的上位概念。比如"尺寸"中的"尺"和"寸"同属于长度范畴，"早晚"中的"早"和"晚"同属于时间范畴，"胜败"中的"胜"和"败"同属于结果范畴。这三类联合式复合词之所以能够成词，都是因为它们的构成语素能够被整体感知，可以从整体上去把握，其词法构造的背后体现了汉民族的整体性思维。另外，也有学者指出，反义式联合复合词的两个构词语素在意义上相反或相对，这体现出了汉民族传统的辩证哲学和相对主义思想。

汉语中联合式复合词的词法构造和文化的关系还体现在两个构成语素的排序上，这主要表现在类义联合式复合词和反义联合式复合词构词语素的排序上。汉语类义联合式复合词和反义联合式复合词的两个构成语素的先后顺序深深地打上了汉民族的传统观念的烙印。苏新春指出："在汉民族的传统文化中，社会地位的尊卑之分、年龄辈分上的长幼之分、人际关系的主从之分、事物的大小之分、美丑之分、先后轻重之分，都区分得相当清晰，以至成为人们认识、表述世界的一个基本程序。"

这种尊卑有序、长幼有别等传统的伦理观是汉语并列式复合词语素序排列的主要依据。例如：

先尊后卑：君臣　官吏　将士　师徒　师生　主仆　夫妻　妻妾　干群
先长后幼：父子　母女　兄弟　姐妹　父兄　婆媳　祖孙　子孙　儿孙
先大后小：国家　岁月　斤两　分秒　多少　高低　详略　厚薄　粗细
先好后次：好歹　优劣　利害　胜败　荣辱　善恶　真假　功过　赏罚

二、汉语语法的"意合"特点

许多汉语研究者指出，汉语语法具有"意合"的特点。汉语与印欧语系的语言相比，没有形态的变化，要更多地依赖于语义上的搭配来反映词语的各种组合关系。西方语言有形态变化，主要靠形合法造句（强调形态变化规则及其系统）。汉语不像形态语言那样追求外部的结构意义符号形式逻辑的要求，而是着眼于内在意念、意象的把握，力求简洁，多省略、跳跃。只要语义搭配、合乎事理就可连在一起，而较少受形态成分的约束。中国语言学家早已指出了汉语具有的这种意合的特点。比如，中国语言学家黎锦熙指出，汉语的用词组句"偏重心理，略于形式"。王力先生给意合法下了定义，他认为汉语复合句之间有时候"有一二个虚词表示它们的连带关系"，"它们之间的联系有时候是以意会的，叫作'意合法'"。吕叔湘先生认为，汉语的语法关系常常要靠读者或听者自己去领会，"尤其在表示动作和事物的关系上，几乎全赖'意会'，不靠'言传'"。

汉语语法意合的特点在古代汉语和现代汉语的文学作品中也都有鲜明的体现。比如，在论及汉语意合特点时，很多学者都提到中国元代马致远的散曲小令《天净沙·秋思》：

枯藤老树昏鸦，小桥流水人家，古道西风瘦马，夕阳西下，断肠人在天涯。

全曲只用了两个动词，前三句全部由名词构成，没有一个动词，也没有连词，要理解这首曲就必须从整体上去"意合"。

再如中国山东济南大明湖铁公祠小浪沧内的一副对联"四面荷花三面柳，一城山色半城湖"，全部用名词性词语组成，要理解其中的内容，就必须既要注重语句内部的语义关系，又要注意语句外部的"情境"，内外结合、整体观察，才能悟得真意。

在现代汉语中，靠"意合"的句子也很普遍。意合句常省略一些不必要的成分，不用连词连接，言简而义达，有很强的语言表现力。比如鲁迅小说《祝福》中的句子：

这是鲁镇年终的大典，致敬尽礼，迎接福神，拜求来年一年中的好运气的。杀鸡，宰鹅，买猪肉，用心细细的洗，女人的臂膊都在水里浸得通红，有的还带着绞丝银镯子。

她一手提着竹篮，内中一个破碗，空的；一手拄着一支比她更长的竹竿，下端开了裂。

这两例的句子中，虽然都没有连词连接，但是句子的表达却是自然流畅，把鲁镇年终热闹的场面和祥林嫂凄惨的境遇非常形象地表达了出来。

还有郭锦桴在论及汉语的意合结构时所举的鲁迅先生《文学与出汗》一文中的例子：

类人猿、类猿人、原人、古人、今人、未来的人，……如果生物真会进化，人性就不能永久不变。

这句话的开头连续使用了六个名词，没有使用一个连词，完全靠意合法概括出了人类进化的历史发展过程。如果用连词连接，那么这句话可以说成："（由）类人猿（演变为）类猿人，（由类猿人演变为）原人，（再演变为）古人，（又由）古人（演变为）今人（及至）未来的人。"（《汉语与中国传统文化修订本》，71 页）原句不用连词连接，靠的就是"意合"，这种意合的句子不但不影响读者理解，而且还使句子的表达更加简洁、流畅，极富气势。

汉语语法的意合特点在汉语中有很多表现，除了上面所举到的不用连词连接的例子外，汉语中的无主句、动宾短语的语义搭配、名词谓语句也都体现出了汉语语法的意合特点。

汉语中有大量的无主句，但并不影响句子语义的表达，因为从句子之间的关系看，汉语中的很多句子都是通过"意合法"连接在一起的，一个个句子按照逻辑事理或事件的先后顺序排列。比如汉语中的叙事句一般是按时间顺序展开：

> 古铜色的围巾围了又围，低着头走得很快，进村，回家，返手关门，心虚气短。

> 她打定主意，明天就这么挺着胸，抬着头，出村，上车站，气气派派地回娘家。

——吴金良《春嫂》

以上两例，尽管分句很多，但是并不凌乱，彼此按照动作或者事件发生的先后顺序排列，先发生的在前，后发生的在后，各分句自然相接，形成一个整体。

在现代汉语的动宾短语中，宾语和动词在语义上有多种关系，有的宾语的语义并不是动作支配的对象，这在很多学习外语的人看来难以理解，比如以"吃"为例，"吃饺子""吃水果""吃小吃""吃早餐"容易理解，但是"吃食堂""吃大碗""吃父母""吃房租""（一锅饭）吃十个人""吃口味""吃环境""吃官司"等短语他们觉得不好理解。这些动宾短语语义的理解依据的不是形式，而是动词和宾语的语义关系，靠的是"意合"。汉语中类似的例子还有很多，比如"养病、消除疲劳、打扫卫生、晒太阳、烧火"等。

汉语中有一类由名词作谓语的句子，这类句子中没有谓语动词，叫作名词谓语句。比如"今天星期一""王老师，厦门人""那个孩子，大眼睛"，这几个句子的谓语分别是"星期一、厦门人、大眼睛"，句子中没有谓语动词，如果补充出谓语动词，这些句子也可以说成"今天是星期一、王老师是厦门人、那个孩子长着大眼睛"。在这类句子中，不用谓语动词并不影响句子意思的表达，而且不用比用在表达上更加简洁，这里靠的也是"意会"。

汉语在语法上的这种意合的特点与中国人的传统的整体性思维特点有密切的联系。汉语语法上的"意合"特点是汉族人整体思维制约汉语的产物。也就是说，汉语的语句，必须从句法、语义、语境等方面联系起来进行"整体"观察才能领会，而不能只孤立地通过句法达到理解。关于中国人的重整体性的思维特点我们在前面已经论述过，这里不再赘述。整体性思维具有整合句子表层语言符号的作用，使人通过语言符号之间的语义联系，从整体上去理解语句。

　　从以上的分析我们可以看出，语言中的词、短语、句子的组织规则与民族思维、传统观念确实存在着紧密的关联，这也正是为什么研究者在研究不同语言语法差异时会从文化的角度去寻找解释的原因所在。不过，我们也要注意，语法除了受文化的影响外，还有自身的规律，不能过分夸大文化对语法的这种影响。正如学者在探讨语法和文化的关系时所指出的，"语法规律与规则，除了受到民族思维特有的特点与规律的文化因素影响外，还受到大量非文化的、属于语言符号形式自身体系内部搭配组合规律因素的影响。不能也不必处处用文化的观点来看待语法的差异和特征"。

第七章　汉语的综合运用——话语表达和理解

第一节　话语及其表现形式

一、话语的界定

中国学术界的"话语"一词的含义借自英文"discourse"。各种西方词典中对"discourse"的解释为"说话、演讲、论述"等。《现代汉语词典（第5版）》对"话语"的解释是：名词，言语，说的话。本书中的"话语"是指语言学领域的话语。

给"话语"下一个简明扼要的定义不是一件容易的事情。一些国内外的语言学词典给"话语"的定义如下：

话语，语言学用此术语指一段大于句子的持续语言特别是口语。（《现代语言学词典》，David Crystal，2000）

《语言与语言学词典》（Hadumod Bussmann，2000：131）中，收集了一些学者对"话语"的解释：

Discourse（话语）是各种类型的文本的通称，这个术语有很多不同的意思：

（1）连贯的言语。（Harris，1952）

（2）在一个社会文化语境中一个言语互动过程之后的产品。（Pike，1954）

（3）语言运用（与文本"text"相对，文本是指话语的形式结构体现）。（van Dijk，1974）

（4）互动对话。（Coulthard，1977）

（5）充满着各种形式和语气的具体语境中的语言。（Tannen，1981）

（6）言语过程（与成品、文本对应）。（Brown and Yule，1983）

还有一些学者对"话语"的界定：

The use of sentences in combination（句子组合的使用）。（Viddowson，1979：50）

作为过程的语言。（Steiner and Veltmen，1998）

讲话方式、阅读方式和写作方式，同时也是某一话语社区的行为方式、交际方式、思维方式和价值观念。（Caire Kransch，1998）

索绪尔把人的语言活动分为语言和言语两部分。语言是社会约定俗成的，不受个人意志的支配；而言语则指的是个人支配的部分，带有个人发音、用词、造句的特点，是个人的话语。

学者们从不同的角度对"话语"进行了界定，根据上述学者的定义，本文对"话语"的界定是：

所谓话语是指交际者在一个具体的社会文化语境中进行的言语互动行为。这种言语行为可以是口语形式的，也可以是书面语形式的。

话语的范围非常广泛，可以是词、短语、小句（包括告示、标牌、广告等），也可以是一首诗歌、一篇日记、一份文件，还可以是一次对话、一篇演讲，甚至可以是一部如《三国演义》之类的长篇小说。

二、话语的分类

对"话语"可以按照不同的标准进行分类。本书针对现代汉语范畴内的话语，按照语言形式对话语进行分类，分为口语和书面语两类。这是最普遍、最常用的一种分类。

口语指语言存在的口头形式，以语音为物质材料。以语言为物质外壳的有声语言是第一性的。

文字是有声语言的书面表达形式，通过文字把有声语言的口语记载下来就是书面语。书面语是第二性的。

口语和书面语可以相互转化。但是，在多数情况下，口语和书面语相互转化时需要进行一定的改变。这与二者具有不同的特征有关。

口语的特征是语言生动、活泼、自然，有强烈的生活气息。用词自由、简单、易懂、非正式，多用单音节词、俚语、歇后语、短句、省略句，句子结构松散，经常有停顿、颠倒、自我修正、补说等情况，如"这个、那个、嗯、呃"等口头禅的使用。口语主要在日常生活的对话中使用。口语通常会伴随一些副语言特征，如语速、语调、肢体语言（眼、手势、体态等）。如省略句：

A：你是留学生吗？
B：是。（省略主语、宾语）
A：你会说汉语吗？
B：会。（省略主语、宾语）
A：你是什么时候来中国的？
B：昨天。（省略主语、作谓语的"是……的"结构）

书面语的特征是语言比较正式、严谨，用词比较优雅、贴切，多用双音节词、书面语词等正式、规范的词语，修饰性附加语多，多用长句、复句，句子结构复杂，关联词语使用较多，较少使用省略句。书面语一般用于正式语体如政论语体、公告等。书面语无副语言特征。

比较下列例句：

> 一大早儿，雪正下得紧，孩子们哪管这些？他们唱着歌儿，高高兴兴地参加老早就盼着的滑雪比赛去了。（口语）

> 清晨，大雪纷飞，但是孩子们还是唱着歌，兴高采烈地出发了。他们去参加盼望已久的滑雪比赛。（书面语）

前一例句中用了"一大早儿""高高兴兴地""老早""盼着"等带有口语色彩的通俗词汇，有带前后级的词，有重叠词，而后一例句中用了"清晨""纷飞""但是""兴高采烈""盼望已久"等词语，有虚词、成语和文学词汇，用词较口语庄重。

第二节　话语交际的基本原则与策略

一、话语交际的界定

话语交际即人们在交际活动中，根据交际目的和任务，切合一定的语境，使用话语进行交际的过程。

话语交际的过程是指发话人和受话人双方通过语言符号相互沟通、交流信息的过程。这个过程分为编码—发送—传递—接收—解码五个阶段。编码过程就是说话人把自己对客观世界的观察转化为一定的思想，按照一定的语言规则（如词语和语法规则）把思想组织起来，外化出来。然后通过发音器官把话语发送出来。再通过空气等媒介向受话人传递。受话人借助听觉器官，把传来的信息送给大脑。最后受话人通过大脑的语言中枢，对收到的信息进行加工，还原为与说话人相同的思想，这就是解码阶段。编码阶段是语言的表达过程，解码过程就是语言的理解过程。话语的表达和理解相辅相成，从说话人的角度说是表达问题，从受话人的角度说是理解问题。

请看一则小幽默对话：

"救火！救火！"电话里传来了紧急而恐慌的呼救声。
"在哪里？"消防队的接线员问。
"在我家！"
"我是说失火的地点在哪里？"

"在厨房!"

"我知道,可是我们该怎样去你家嘛?"

"你们不是有救火车吗?"

故事中说话人和受话人双方的话语交际产生障碍,到底是表达有问题还是理解有问题呢? 问题在于双方都没有对方传递信息和接受信息的实际,未能适当地改变自己的措辞。呼救者未能领悟问话人"在哪里"的话语含义,问话人需要及时调整自己问话的语言,比如"你的家在哪条街道",这样传递的信息会更明确清晰。

由此可见,为了话语交际的顺利进行,需要遵循一定的原则。

二、话语交际的基本原则

交际活动是人与人之间的相互作用,是交际参与者共同完成的行为。而交际主体之间往往存在不同程度的差异,如知识结构、文化修养、理解能力、身世背景等。因此,要使交际成功,参与交际的各方都必须遵循一定的交际原则,以保证交际顺利进行,最终实现交际目的。

1. 合作原则 (cooperative principle)

"合作原则"是美国语言哲学家格赖斯(H. P. Grice)提出的。1967 年格赖斯在哈佛大学的威廉·詹姆斯讲座上展开了三次演讲,在第二次演讲中提出了会话中的"合作原则"。他认为,在正常情况下,谈话不是由一连串不相联系的话语组成的,谈话总是一种合作行为,谈话的参与者为了达到共同的目的,都必须遵守一条原则:使自己的话语符合各方共同目的的需要,即"合作原则"。之后,格赖斯提出了四条准则,指出遵守这些准则就是遵守"合作原则"。这四条准则是数量准则、质量准则、关联准则和方式准则,每条准则下面还包括一些次准则。

数量准则要求提供的信息要适量。下面包括两条次准则:

(1) 所说的话应该满足当前交际目的所需的信息量。[Make your contribution as informative as is required (for the current purpose of the exchange).]

(2) 所说的话不应多于交际所需的信息量。(Do not make your contribution more informative than is required.)

数量准则是指说话人提供的信息量要适应交际所需,不能太少,也不提供冗长信息。从心理学的角度看,人拒绝接受冗长信息。一般来说,礼仪性的致辞、礼貌性的问候等都应言简意赅。例如:

①甲: 你今天早上吃了什么?

乙: 鸡蛋、豆浆和面包。

②甲：昨天上午你们上了哪些课？

乙：就上了些课。

例①中，乙回答了甲的问题，并提供给对方准确的信息，乙的回答遵守了"量的准则"，也就是遵守了合作原则；例②中，乙没有提供给甲所需要获取的足量信息，可见其违背了"量的准则"，隐含了乙不想告诉对方准确信息等含义。

质量准则指提供的信息要真实可靠，不说假话和无根据的话。人们交际总是以相信对方所说属实为前提，这样才能达到交际的目的。包括下面两条次准则：

（1）不要说自知是虚假的话。（Do not say what you believe to be false.）

（2）不要说缺乏足够证据的话。（Do not say that for which you lack adequate evidence.）

关联准则指所说内容要与交际话题相关，不答非所问，不说不着边际的话。例如：

①甲：教学评估工作圆满结束了。

乙：今天晚上我们开 party 庆祝一下吧！

②甲：教学评估工作圆满结束了。

乙：今天早上我们家的猫丢了。

例①中，甲乙两人所提供的信息与对方的话语之间都有联系，因此他们的会话都遵守了关联准则。例②中，乙所提供的信息与甲的话语之间缺乏联系，因此会话违背了"关联准则"。不过，乙违背关联准则可能隐含着一定的意思，比如，乙对甲的话题缺乏兴趣。

方式准则指说话要清楚明了，避免晦涩；简洁、有条理，避免啰唆、无条理。下面包括四条次准则：

（1）避免含义不清。（Avoid obscurity.）

（2）避免歧义。（Avoid ambiguity.）

（3）要简短（避免冗长）。[Be brief (avoid unnecessary prolixity).]

（4）要有序。（Be orderly.）

例如：

同志们，对于我们的工作，我们一定要肯定那些应该肯定的东西，同时一定要否定那些应该否定的东西。我们不能只知道肯定应该肯定的，却不去否定应该否定的。也不能只去否定应该否定的，却忘记了去肯定应该肯定的。更不能去肯定应该否定的，而否定应该肯定的。

——伊万《听同义反复万无一失的演说》

上例中演说者没话找话地说了一大通废话，违背了会话的方式原则，浪费听话者的时间。

这四条准则中前三条准则都是关于内容的，最后一条准则是关于形式的。一般认为，关联准则是最基本、最重要的会话准则。一般的言语交际活动基本能满足这四条准则。违反了其中一条，交际就不能顺利进行。

当然，说话人若为达到特殊的交际目的，故意违反合作原则，也可能会取得意想不到的语用效果，从而产生言外之意。这种言外之意就是格赖斯称为的"会话含义"（conversational implicature）。修辞学中的夸张、反语、讽刺、幽默、委婉含蓄等语用效果常常源于对合作原则的违反。例如：

你觉得我这篇文章写得怎么样？
你的字写得真不错。

答话人所提供的信息与所提问题无关，违反了关联准则。但当答话人确实积极合作时，则可以判断出他的回答是在曲折地传递某种信息，有言外之意。因为，文章的好坏不在于字写得如何，而在于思想内容、布局谋篇和语言表达等方面，答话人却根本没有提及这些方面，言外之意就是这篇文章写得不好。因此答话人的回答产生了委婉含蓄的效果。

又如医生对一个饮酒过量的病人说"酒精内的血液含量太少"。医生没有直接指出血液内的酒精含量过高，而是正话反说。这明显违反了质量准则，即说了不符合事实的话，但其效果更佳。既能足以引起病人的高度重视，又具有幽默感，使话语不至于沉重而更容易被接受。

2. 礼貌原则（politeness principle）

英国语言学家利奇（G. Leech）基于格赖斯的合作原则，又在《语用学原则》一书中阐述了礼貌对语言交际的重要作用，提出了"礼貌原则"。礼貌原则不能简单地等同于说有礼貌的话，而是为了更有效地促进交际合作，与合作原则互相补充。礼貌原则在一定程度上，解释了为什么有时人们在会话中不一定严格遵守合作原则的问题。

利奇把礼貌原则分为六类：

（1）得体准则：尽量少让别人吃亏，多使别人得益。

（2）慷慨准则：尽量少让自己得利，多让自己吃亏。

（3）赞誉准则：尽量少贬低别人，多赞誉别人。

（4）谦逊准则：尽量少赞誉自己，多贬低自己。

（5）一致准则：尽量减少双方分歧，增加双方的一致性。

（6）同情准则：尽量减少对他人的反感，增加对他人的同情。

例如：

> 梅，我负了你。……我后来知道这几年你受够了苦，都是我带给你的。想到这一层，我怎么能够放下这颗心？
>
> 我有我的母亲，你有大表嫂。大表嫂又是那么好，连我也喜欢她。我不愿意给你唤起往事。我自己倒不要紧，我这一生已经完了。不过我不愿使你痛苦，也不愿使她痛苦。
>
> ——巴金《家》

这是大表哥觉新和梅小姐互相同情的两段话。

利奇的礼貌原则，是以西方文化为基础、从西方人的风俗习惯出发概括而得出的。总体上与东方人的待人礼仪相符合。但由于东西方文明存在着文化模式和思维模式上的差异，中西方在礼貌语及礼貌行为的选择上也存在较大差异。如美国人乐于接受祝贺和表扬，遇到赞扬时，他们会大方地回答"谢谢"，而中国人往往会说"不""哪里哪里"。美国人常赞扬自己的家庭成员，而中国人很少在别人面前夸奖自己的家人。

在实际交际中，礼貌原则、合作原则常常发生冲突。中国人谦虚用"哪里哪里"，就是为了符合礼貌原则而违反了合作原则中的质量准则。而一些尴尬的、不便直接表达的或者冒犯他人的内容，人们出于礼貌，不得不选择冗长累赘、模糊的语言表达方式，有时会让听话人不知所云；若毫无掩饰地直接表述出来，又可能冒犯了对方，迫使交际中断。例如：

> 你觉得我写的诗怎么样？
> 我想我没有这种鉴赏能力。

答话人若是个对诗歌创作有一定研究的人，这时就是在说谎，不过这种谎话的目的是不伤害对方的面子。这里，答话人虽违反了合作原则，但遵循了礼貌原则。

礼貌原则与合作原则是一对具有统一性的矛盾体，在个人意愿与客观事实相违背的情况下，二者是"你进我退"的关系。一般情况下，如果礼貌原则和合作原则之间发生冲突，人们会优先满足礼貌原则，而宁可牺牲合作原则。因为只有在礼貌的前提下，人们才可能进行正常有效的会话交际。违背合作是一种礼貌，合作也是礼貌，其最终目的即是顺利并且成功地完成会话交流。

三、话语交际的策略

1972 年，美国社会语言学家海姆斯（Hymes）提出"交际能力"（communicative competence）的概念，引起了语言学和应用语言学界的强烈反响。"交际能力"是指"何时何地以何种方式向何人谈何种内容的能力"，是针对乔姆斯基（Chomsky）的"语言能力"（linguistic competence）概念提出的。

海姆斯指出，交际能力有四个特征：一是可能性程度（degree of possibility），某一语言系统中可能存在的东西，如语音、语法、句法、词汇、语义、语用等方面的知识。二是可行性程度（degree of feasibility），语言使用者理解和生成符合语言环境的语言的能力。三是恰当性程度（degree of appropriateness），在交际中言语行为的表达是否得体，如对交际背景、目的、常规、参加者等因素的合理考虑。四是显现性程度（degree of occurrence），即一定言语行为能否发生。

交际能力不仅包括对语言的理解和掌握，而且还包括运用语言的能力。二者密不可分。

与此同时，塞林格（Selinker）提出了"交际策略"的概念。

下面，我们着重从运用语言的能力的角度来讨论提高交际能力的策略。

1. 语言交际的必备修养

言语交际并不是机械地按"原则"说话。语言学家提出的各类原则只是观察人们的交际活动，从中总结出常见的、必不可少的基本规律，它们是保证交际得以顺利开展的条件。但要使得我们的交际言语得体恰当，还需要交际参与者具有一定的素质和修养。

（1）语言修养。语言是言语交际的本体，因此语言的修养是最基本的，也是首要的。它要求交际者不但要了解语言的语法规则，还要掌握丰富的本族语言词汇，在不同的交际场合选择相应的语词，使语言丰富多彩、不显单调。汉语的词汇丰富，尤其是极具中国特色的成语、谚语、俗语和歇后语，可以说是中国语言文化的宝库。尽可能多地掌握这些民族语汇，能使交际更加活泼并充满智慧。

（2）文化素养。文化是指一个国家或民族的历史、地理、风土人情、传统习俗、生活方式、文学艺术、行为规范、思维方式、价值观念等的总和。每个人都生活在具有特定文化的社会里，每个民族和国家都有自己的崇尚和禁忌。要使交际成功，文化修养是必不可少的。尤其是在跨文化交际中，不了解交际对象所属的文化，容易造成矛盾冲突。跨文化交际，"是指在一种文化中编码的信息要在另一种文化中解码"。

如中国人注重含蓄，美国人直接豪爽，所以委婉曲折的示爱方式在美国人看来难以理解，而西方人第一次见面就喊"亲爱的"，随口便说出"我爱你"，在中国人看来就太过随便、轻浮。

（3）心理素质。交际不是单个人就能完成的社会活动，交际对象、交际环境对于说话者都是不可掌控的因素，因此交际过程中出现一些意想不到的情况是不能避免的。这就要求交际参与者具备较好的心理素质，尤其是在演讲或接受采访等难以掌控的场合，要求说话者有较强的心理承受能力和应变能力，能自如地应对各种场合的"突发情况"，确保交际的有效性。前文所描述希拉克、威尔森能镇定自如地应对交际场合的窘境，证明了他们优秀的心理素质。

（4）逻辑思维能力。语言是思维的工具，也是思维的体现。交际能做到条理清晰、逻辑严密，"不仅易于对方理解，也会增强话语力度，还能给人以美的享受"，从而达到事半功倍的效果。因此严密的逻辑思维能力可帮助交际参与者更有效地表达思想。相反，违背逻辑的语言是交际失败的体现。例如：

> 一位中学语文老师请学生说出自己喜爱的名人名言。大家都踊跃发言，气氛十分热烈。不料，一个男生硬邦邦地来了一句："我最喜欢的一句名人名言就是：'一切名言都是善良的谎言。'"此言一出，刚发过言的同学如冷水浇头。课堂气氛尴尬之极。
>
> 老师平静地说："请你再重复一下你的发言，好吗？"
>
> "一切名言都是善良的谎言。"
>
> "那么，你这句名言是不是善良的谎言呢？"老师笑着问他。
>
> "不是。"他脱口而出，极力维护自己的观点。
>
> "如果你引用的名言不是谎言，那就证明并非'一切名言都是善良的谎言'。"
>
> "我引用的也是谎言。"他情急改口，同学们哄堂大笑。

这位老师抓住男生所说"名言"里的矛盾之处，"以子之矛，攻子之盾"，让其论断不攻自破。

2. 得体性

先看一例：

> 马季的相声节目《行业术语》，说的是一位医生请朋友吃饭，好心介绍桌上的菜，把"口条"解释为"猪舌头"，又补充说是"流哈喇子"的器官；请朋友吃猪肝，扯到"肝癌"上，请朋友吃鸡，又说"鸡屁股"这个

词，弄得他的朋友吃不下去。

英国思想家培根说过："交谈时的含蓄得体，比口若悬河更可贵。"

得体性，就是"言语主体所使用的语言材料对广义的语言环境的适应性"，即在言语交际中，说话人为了更有效地达到交际目的，就要确保说出的话语要适应题旨、情境、人物、语体等条件。这是言语主体调动多种技能的综合行为，是交际价值的最高体现。在于根元的《语言哲学对话》中，赵永新认为："语言技能的训练在于言语的正确性，言语交际技能的训练在于言语的得体性。前者以语音、词汇、语法为中心，使学习者正确发音，正确使用词语、语法造句；后者使学习者正确掌握在什么场合、对什么人、用什么方式、说什么话，并且能应对自如，即语言材料对语言环境的适应程度。"

言语交际活动一般包括四个基本要素：说话者、听话者、话语和语境。在言语交际过程中，说话人首先要弄清自己在交际中的身份、地位以及扮演的话语角色。面对长辈、上级、长者或地位尊贵的人，要用尊称、敬语，不直呼其名、以下犯上，对自己要用谦称、谦辞。使用的言辞要大方得体，适合自己的身份、地位和角色。如一位青年学生问一位年长的教授："你多大了？"既不礼貌，又很突兀，是失败的交际。

说话人更要充分了解交际对象（听话人）的情况。除了对方的年龄、职业、身份、社会地位、兴趣爱好等个人信息以外，还要察言观色，弄清对方的宗教信仰，以及交际过程中的心理状况、情绪变化等动态信息。不说伤人尊严的话，不提对方忌讳的话题。如对一个刚遇到难堪的人说："你的脸怎么红了？"这样的语言只能让对方更加窘迫。问一个回族的朋友"喜不喜欢吃猪肉"显然是违反对方宗教禁忌的。

交际话语是否得体必须放到具体语境中衡量。俗话说："到什么山上，唱什么歌。"交际发生的时间、地点、场合以及社会背景，制约并影响着交际中的言语形式。在庄重的场合，应以书面语体为主；而与朋友的日常谈话，就不宜使用文绉绉的书面用语，应选用更具口语色彩的语言形式。

下面我们来看著名演讲家刘吉同大学生的一组对话：

问：你怎样看一些人以"短平快"手法赚大钱？
答：既可以"高点强攻"，也可以"短平快"，我看只要不犯规就行。（笑，鼓掌）

问：你对一些人到处活动要官往上爬怎么看？
答：社会流传"生命在于运动，升官在于活动"。（笑）前半句是真理，后半句是腐败。

问：有人说你们思想政治工作是五官科——摆官架子；口腔科——要嘴皮子；小儿科——骗小孩子，你认为恰如其分吗？

答：今天的思想政治工作，我认为是理疗科——以理服人，医治百病，潜移默化，增进健康，请你放心。

问：你怎么评价当代大学生？

答：我觉得相当一部分同学立志成长，但缺乏艰苦创业的准备；勇于探索，但有时良莠不分；勇于创新，但对资本主义思想腐蚀缺乏警惕；独立意识强，但有点自由主义；知识面广，但有点傲气或叫"狂"。

问：青年们喜欢"异想天开"好吗？

答：不会"异想天开"要僵化，只会"异想天开"要退化；"异想天开"和脚踏实地结合才能"进化"。

这一连串的问题涉及面宽、政策性强，有一定的理论深度，且属于社会敏感问题，很难应对。刘吉的回答既符合这种面向公众的场合，又符合他作为思想政治工作者的身份，且采用大学生乐于接受的诙谐语言，一语双关，颇具艺术性。得体的语言使谈话获得了很好的效果。

交际的得体性最终是要落实于语言这一本体要素的。在什么时候什么场合对什么人讲什么话，最终都要体现在"怎么讲"这一点上，言语交际中的话语形式是交际能力的终极体现。因此，说话人既要选词用语准确得体，又要用恰当的语音形式，准确地表达情感倾向等潜在话语。语音形式包括语音的轻重、语气的强弱、语调的升降、语速的快慢等。温柔的语音易让人接近；肯定的语气传达自信；粗声大气传达烦躁的情绪和缺乏耐心的性格。

3. 由衷赞美

请看下面一则故事：

一个评论家想得到萧伯纳对他的赞誉，借以抬高自己的身份。他去拜访萧伯纳的时候看到萧伯纳正在阅读莎士比亚的作品，于是他说："啊，先生，您又在读莎士比亚了。是的，从古到今，真正懂得莎士比亚的人太少了，算来算去，也只有两个。"

萧伯纳："……"

他只好继续说："这第一个自然是您了。可是，还有一个呢？您看他应该是谁？"

　　　　萧伯纳说："那当然是莎士比亚自己了。"
　　　　评论家尴尬之极，无言以对。

　　评论家的赞美带有明显的功利色彩，而并非由衷的赞赏，自然会引起萧伯纳的反感。我们所说的赞美，并不是虚伪的逢迎，而应该是在确实发现他人的闪光点时，用恰当的语言将其表达出来的言语行为，是对对方优点的真诚赞美。真诚的赞美能激发人的热情和斗志，有助于营造融洽和谐的人际关系。来自他人的褒奖是对自我价值的肯定，人人都喜欢被赞美。但是，赞美要讲求艺术性。若赞美不得当，只会适得其反，引来对方的反感。日常交际中，许多赞美让人听来都是真假参半，多有曲意逢迎之嫌，常常让被赞者敬而远之。

　　因此，首先要真诚。例如，对对方说："你这个人太正直了，这样是会得罪人的。"这样既夸赞了对方的品性，又表示了对对方的关心，显得真诚而亲切。

　　其次，赞美他人应努力做到实事求是、恰如其分。这就要求赞美的语言要具体、有根据，切忌含糊和太直白。赞美的话说到点子上，对方才会觉得你说的是真心话。通常情况下，对方不仅想听你说他好，还想知道为什么说他好，好到什么程度，因此说得越具体越详细越好。

　　最后，赞美他人应适度。过度抬高和夸大让人觉得虚伪。同时，赞美的频率要适度。同样一句赞美之词，对同一个人使用的次数太多，让人失去新鲜感，赞美就会失效；而对不同的人都如此赞美，你的赞扬就会"贬值"，会让被赞者失去成就感。

　　曹雪芹笔下的王熙凤堪称交际高手，不管她的赞美是否发自内心，但她的夸人功力可不容小觑。林黛玉初入贾府时，王熙凤"携着黛玉的手，上下细细打量了一回，乃送至贾母身边坐下，因笑道：'天下真有这样标致的人物，我今儿才算见了！况且这通身的气派，竟不像老祖宗的外孙女儿，竟是个嫡亲的孙女，怨不得老祖宗天天口头心头一时不忘。只可怜我这妹妹这样命苦，怎么姑妈偏就去世了！说罢便用帕拭泪。'"这一连串的赞赏之词表达得有血有肉：明里夸了黛玉的容貌和气派，暗里又迎合了贾母疼爱外孙女儿的心态，同时还对黛玉的不幸表示了同情，简直成了黛玉的亲姐姐。

　　4. 适时沉默

　　在交际活动中，沉默有着特殊的语用功能，是一种非语言符号。《沉默的交际功能》一书中将沉默的作用分为四类。

　　一是联结作用。交流双方在进行谈话前对于对方的在时间和空间上的尊重，具有积极意义。

　　二是情感作用。交流过程中一方的沉默可能表达其赞同、抗议、漠视、尴尬等情绪；上述例子中，萧伯纳默然不语就是对评论家的漠视和无声的抗议。

三是判断作用。沉默作为一种对对方言语的反应时，也会成为对方做出下一步反应的依据。例如：

A：Do you understand what I said just now?

B：（Silence）

A：OK，I'll explain again.

B 的沉默表明他并没有理解 A 所说的话，A 由此作出判断，表示再解释一遍。

四是活化作用。交际中暂时的停顿可能意味着说话者在思考，也可能说明其思维并没有参与交流。此外，对方的沉默也可能表明话语信息传递失败。

沉默可以是受话人对说话者所说话语的一种被动反应，也可以是交际者为追求特定的交际效果而主动选择的交际策略。为了制造悬念或造成惊奇的效果，可以选择以沉默激起听者的好奇心；对专横、强词夺理的话语，或冒犯自己的话语，可以用沉默表达自己的不快和愤怒；在特定的语境中，沉默还可以传递说话人崇敬、严肃、关切、体谅等情绪。

5. 有效倾听

英语中有"listen（to）"（听）和"hear"（听到）的区别。听了不一定听到，听到不代表听懂了。在语言交际活动中，听人说话也是一种主动行为。只有听到且听懂了才是有效的倾听，不仅听懂了话语的字面意义，还要听出弦外之音、言外之意，理解话语的隐含义，摸清说话人真实的意图。尤其在对方采用委婉含蓄的方式说话时，或者正话反说、拐弯抹角时，需要听话人积极倾听。

1954 年，周恩来总理邀请卓别林夫妇到日内瓦中国使馆做客，以有名的北京烤鸭招待他们。卓别林夫妇非常喜欢这道菜，当周总理问他们今天的菜是否合口味时，这位幽默大师向总理提出了一个"批判"。他说："贵国的烤鸭，食之味好举世无双，但有一个小小的缺点，就是不能让我多吃。"总理听出"弦外之音"，于是叫工作人员备了一份北京烤鸭送给了他们，正切合了卓别林夫妇的心意。

周总理听出"弦外之音"，很好地满足了卓别林夫妇想说又不便直说的要求，这便是有效的倾听。

除此以外，要注意说话人的语音轻重、语调升降、语气缓急等。至于"你真潇洒！"这句话是真诚的赞扬，还是传达了不满的情绪，这就需要听话人不但察其言，还要观其色，综合利用交际语境中的各种线索和资源来解读了。

6. 准确运用态势语

我们说话的时候总或多或少地伴随有手势、表情和动作。这种手势、表情和动作就是态势语，或称身势语、体态语。态势语是表达一个人内心世界的无声而真实的语言。在某种程度上，它反映的信息比语言信息更可靠。人类学家霍尔说："一个成功的交际者不但需要理解他人的有声语言，更重要的是能够观察他人的无声信息，并且能在不同的场合正确使用这种信号。"

有人认为态势语包括空间距离、目光注视、身体接触、姿态动作、面部表情等方面。心理学家阿瑟·威斯姆归纳出了一个叫"SOFTEN"的方法：S代表微笑（Smile）；O代表开放的姿态（Open Posture），如手臂和双腿张开；F代表身体向前倾（Forwardlean）；T代表友好的接触（Touch），如握手；E代表善意的目光（Eye Contact）；N表示点头（Nod），表明你正在倾听或理解他人的谈话。当你以"SOFTEN"的形象出现于社交场合时，你就能让人感到热情友好，易于接近。自然、大方、适度的态势语，能使语言更具感染力和说服力。演讲者在演讲的同时总是配上适当的手势或肢体语言，便是这个道理。

当然，人是情感的动物，人与人之间的交流应该建立在真诚之上。即使拥有一流的口才和绝佳的交际技巧，却没有真诚，那只是见风使舵，最终也不可能达到交际目的。真情流露才能真正打动人。正如加里宁说的："如果你想使自己的语言感动别人，那么就应当在其中注入自己的血液。"

第三节　语境的利用

人们在进行交际的过程中离不开具体的语境。不管是口语还是书面语，话语的表达与理解都是在语境中进行的。语境对话语的表达与理解具有十分重要的意义。《沫若文集》第三卷《一字之师》中记载着这样一个故事：

郭沫若历史剧《屈原》在演出时，郭沫若先生在后台和饰婵娟的张瑞芳女士谈到第五幕第一场，婵娟斥责宋玉的一句话："宋玉，我特别地恨你，你辜负了先生的教训，你是没有骨气的文人！"

郭沫若说，在台下听起来，这话总觉得有点不够味，似乎可以在"没有骨气的"后边再加上"无耻的"三个字。

当时，饰钓者的张逸生正在旁边化妆，他插口说："'你是'不如改成'你这'。'你这没有骨气的文人！'那就够味了。"

听了这话，郭沫若受到很大的启示，觉得一个"这"字，非常恰当。

为什么呢？

此处用"这"表示近指，是指着宋玉的鼻子骂的，这就把婵娟愤怒而又蔑视宋玉的感情，强烈而又鲜明地表现了出来，大大加重了语气，加强了斥责的效果。离开语境孤立来看，"这"并无好坏之分，用在别的语境里，比如说"你这本书好"，

"这"也没有加重语气的作用。

可见，在话语交际中，需要充分利用语境才能对话语的内涵作出准确合理的理解。

一、语境是什么

传统的历史比较语言学、描写语言学和转化生成语言学只注重研究语言内部结构，这虽然能够解释语言自身固有的意义，但对解释语言在特定语境中用于表达特定意义的现象苍白无力，而后者在现实言语交际中有更为重要的意义。相对于传统语言学，立足于现实语言的语境理论研究，打破了只注重探求语言内部规律的桎梏，在语言外部研究方面，开辟了一个崭新而广阔的空间，虽然较前三者尚显稚嫩，但它以自身独特的价值，引起了语言学家浓厚的研究热情和兴趣。

当代美国著名哲学家罗蒂（R. Rorty）曾指出，修辞学转向是人类理智运动的第三次转向（前两次转向分别为"语言学转向""解释学转向"），构成了社会科学与科学哲学重新建构探索的最新运动。而语境在修辞学中起着重要的作用。王德春指出，修辞学的各个领域，语体风格、文风、修辞方法、语言美、言语修养等，都同语境有关，整个使用语言都要受语境约束，修辞效果要结合语境来衡量。语义学、语用学、交际语言学、社会语言学、功能语言学、心理语言学等都注重研究语境。

语境问题在国内外早已受到语言学界的重视。而对语境研究贡献较大的当推社会语言学派。这需要上溯到伦敦功能学派。伦敦功能学派和后来的社会语言学派一脉相承，它们最早的创始人是波兰籍人类学家马林诺夫斯基（Malinowski）。

二十世纪二三十年代，马林诺夫斯基在深入位于菲律宾的特罗不里恩群岛进行人类学调查时，就发现传统的语法分析法无助于描写当地土语中词和句子的意义，因为这些语言成分的意义在很大程度上要依赖于说话人的实际经验以及即时的发话语境。他在 1923 年给奥格登和吕嘉慈所著的《意义之意义》这本书所写的补录中，提出并解释了"语境"，他用的术语是"Context of situation"。他认为，语言是"行为的方式"，即"言有所为"，不是"思想的信号"，即"言有所述"，"话语和环境互相紧密地结合在一起，语言环境对于语言来说是必不可少的"。1935 年，马林诺夫斯基对语境这一概念进行了一些补充，他认为语境可以分为两类：文化语境和情景语境。文化语境指说话人生活于其中的社会文化背景；情景语境指言语行为发生时的具体情境。

马林诺夫斯基强调语言的功能在于组织人类的共同活动，语言为从事实际工作的人所用，而且在这些工作中话语是嵌入活动中的。因为人类的活动千差万别，所以对语言的理解应该联系语境。其实布拉格学派也较早地对"语域"和"语体"现象进行了理论阐述。早在 1929 年，在布拉格召开的第一次斯拉夫语言学家代表大会上，布拉格学派系统地阐述了自己的学术思想纲领。他们认为语言的基本功能是用作交际的工具；语言本身是一个功能体系，是一个表达手段的体系；语言是在一定的社会中产生和发展起来的，因此，研究语言一定要同人们交际的具体语言环境联系起来，同社会文化联系起来。

马林诺夫斯基提出语境的概念以后，英国语言学家弗斯（Firth）继承和发展了他的观点。他吸收了前者的"语境概念"，并于1950年在《社会中的个性和语言》一书中对"语境"作了比较详尽的阐述。弗斯把"Context"的含义加以引申，认为不仅一句话的上句和下句，一段话的上段和下段是"Context"，而且语言和社会环境之间的关系也称为"Context"，即马林诺夫斯基所说的"情景语境"。不同于马林诺夫斯基的是，弗斯所侧重的并非语境的文化性和社会性，而是语境的意义功能。

韩礼德（Halliday）是继承弗斯之后伦敦功能学派又一个在语境研究上作出贡献的人。他于1964年提出了"语域"这一术语，"语域"所反映的就是语境。韩礼德把"语域"分成话语的范围、方式及风格三个方面。后来他又提出了"场景""方式"和"交际者"是作为语言环境的三个组成部分，并且其中每一组成部分的改变，都可能产生新的语域。

1965年，美国另一位语言学家费什曼（Fishman）也提出了他对语境的看法。他认为，语境是受共同规则制约的社会情境，它包括地点、时间、身份和主题。

美国社会语言学家海姆斯（Hymes）在1968年进一步发展了语境学说。他把语境定义为"话语的形式和内容"，认为语境包括场景、参与者、目的、行为程序、风格、媒介手段、规范及体裁八个方面的因素。

英国语言学家莱昂斯（Lyons）在1977年，从话语的得体性出发归纳了语境的六个构成方面：角色和地位、场合、正式程度、交际媒介、恰当的主题、恰当的语域。

1983年，莱文逊（Levinson）提出了语境相对性的概念，指出命题只有在具体的语境中才能获得具体的意义。并且他认为，语境与指示语、言语行为和前提等都有密切关系，研究语境不仅要研究它的客观因素，也要研究交际主体的知识结构、信仰等主观因素。莱文逊对语境的研究拓宽了语境的研究范围。

1986年，法国学者斯珀泊（Sperber）与英国学者威尔逊（Wilson），从认知的角度提出"认知语境"这一概念。斯珀泊和威尔逊这样对语境作出了定义：一种心理建构体，是听话者对世界的一系列假设，它们以概念表征的形式存在于人们的大脑中，构成了一个人的"认知环境"。这个认知的语境观，迥然不同于传统的语境观，它更有利于交际推理。认知语境观认为，潜在的认知环境并不能成为表达和理解话语的语境。只有交际双方互知互明的部分才是表达和理解话语的语境构成。这种观点更符合人们的认知规律。斯珀泊和威尔逊同时认为，语境不是听话人在话语理解之前就确定的，而是在话语理解过程中不断选择的结果。交际过程就是语境的建构过程，随着交际的进行，语境不断得到扩展和补充。

1999 年，比利时人维索尔伦（Verschuren）所著的《语用学新解》集百家之长，对语境进行了迄今为止较完整的描述。他强调语言使用中顺应的动态过程，或意义的动态生成。交际双方在各自的社会心理机制下，根据交际意图，能动地改造或创造新的语境，而语言和语境都处于相互构建的动态过程当中。维索尔伦探讨的语境是一个多元的、较完整的概念，他认为语境是动态生成的过程，既涉及静态的、已存在的成分，也涉及语言使用者主动操纵语境的动态成分。他的动态语境观强调人的主观能动性，即语言使用者在语境中具有核心地位，他们的认知机制在语言交流中不断相互作用，从而不断产生新的语境。

在我国，关于语境的问题，古代的传统语言学已有论述。杜预《春秋左传集解·序》中说："春秋虽以一字为褒贬，然皆须数句以成言。"孔颖达《正义》中说："褒贬虽在一字，不可单书一字以见褒贬……经之字也，一字异不得成为一义，故经必须数句以成言。"春秋笔法虽一字见褒贬，但必须有数句的语言环境。这里"数句"就是"一字"的语言环境。南朝刘勰在《文心雕龙·章句》中说："夫人之立言，因字而生句，积句而成章，积章而成篇。篇之彪炳，章无疵也；章之明靡，句无玷也；句之清英，字不妄也。"这是从字、句、章、篇的相互统一关系来说明语言形式在语言使用的环境中所起的作用。

现代语言学对语境问题的研究，早期归属于修辞学的研究领域。20 世纪 30 年代初，陈望道先生就在《修辞学发凡》一书中提出修辞要适应题旨和情境的理论。《修辞学发凡》中的所谓情境指的是写文章或说话时所处的种种具体环境，即"何故、何事、何人、何地、何时、何如"这六个语境要素。继陈望道之后，我国语言学界不少人士对语境问题作过不同程度的探讨和论述。例如：

张志公指出，所谓语言环境，从比较小的范围来说，对语义的影响最直接的，是现实的语言环境，也就是说话和听话时的场合以及话的前言后语。此外，大至一个时代、社会的性质和特点，小至交际双方个人的情况，如文化教养、知识水平、生活经验、语言风格和方言基础等，也是一种语言环境。与现实的语言环境相对应，这两种语言环境可以称为广义的语言环境。

王德春指出，语境就是时间、地点、场合、对象等客观因素和使用语言的人、身份、思想、性格、职业、修养、处境、心情等主观因素所构成的使用语言的环境。

常敬宇指出，所谓语境，就是指言语的背景，具体说就是说话或写作的社会环境、自然环境、作品中的上下文、说话的前言后语等，统称语言环境，简称语境。

但综观这些论述，其实都是关于语境的常识概念。

马丁（Martin）与林厄姆（Ringham）的《符号学辞典》给语境所作的定义如下：语境一词指在任何特定的所指单位之前的或伴随该单位的语篇，语义赖之而存在。在这个意义上的语境，可以是清晰的、隐蔽的或情景的。如作政治演讲时，清晰语境可以是说话人作为立论依据的各种文件，隐蔽语境可以是决定作此演讲的事件或理由，而情景语境当指作演讲时的种种环境的组合，它们对所产生的语义有影响。

胡壮麟先生指出这个定义并不能让人满意。

徐默凡提出的概念是，语境是一次交际中发话者使受话者理解一段主体话语所传递的真正意义而试图激活的交际双方共有的相关知识命题，这些命题最终表现为帮助主体话语形成意义的预设命题、帮助主体话语补充意义的补充命题以及帮助主体话语推导言外之意的前提命题这样三种形式。这些命题如果来源于上下文，就称为上下文语境；如果来源于交际现场，就称为现场语境；如果来源于受话者的背景知识，就称为背景语境。

这个概念虽然对语境的本质属性有了深一层的认识，在分析语境时也具有一定的可操作性，但仍存在很大的不足。正如作者在文章中指出的，还有许多悬而未决的问题，如语境的作用除了提供预设、补充、前提之外，是否还有其他作用？对语境知识的分类是否还有更合理有效的方法？如果从动态的角度把一次言语行为作为关注的对象，其语境又如何？等等。

从语境研究的历史发展来看，关于语境的定义众说纷纭。尽管语言学家们对语境内涵的看法不尽相同，但是语境总的概念没有什么分歧，所以我们可以笼统地认为，语境是人们在交际活动中的各种语言环境。它既包括语言因素，如作品中的上下文或说话的前言后语等，也包括非语言因素，如交际的时间、地点、场合、时代、交际对象以及社会、文化背景、自然环境、语体环境等。我们可以称前者为"小语境"或"近语境"，后者称为"大语境"或"远语境"。

需要指出的是，语境的概念存在着泛化使用的倾向。这严重妨碍了有关研究的进一步深入。由于没有严格的科学定义，语境内涵得不到清晰的描述，语境的外延也包罗万象，甚至把社会和个体，心理和物理各个层面的东西都归入语境，这使语境更难以把握。因此，要在语境问题的研究上有所突破，必须从建立语境科学的定义做起。

二、语境的构成因素

随着语境认识的多元化，必然导致语境概念的千差万别，于是语境的构成和分类就难免存在一些分歧。而分类标准的不同，又使语境的类别更加繁复。譬如，语境从不同的角度可以分为广义语境和狭义语境、主观语境和客观语境、真实语境和虚拟语境、显现语境和隐性语境、言辞内语境和言辞外语境等。尽管如此，学者们还是从不同的角度对语境的构成作了归纳。

维索尔伦在《语用学新解》中把语境分为交际语境（包括语言使用者、心理世界、社交世界和物理世界等）和语言语境（包括篇内衔接、篇际制约和线性序列）。

索振羽先生认为语境应该包括上下文语境、情景语境、民族文化传统语境。

关于王德春先生语境定义中的主观因素，即"交际的人、身份、思想、性格、职业、修养、处境、心情等"是否归入语境的问题，赵毅先生提出了不同的看法。他认为，修辞和交际应当适应的只能是客观因素，即交际进行的时间、地点、场合、对象等因素，而对上面提到的那些主观因素则谈不上适应，并且这些主观因素和时间、地点、场合、对象等客观因素于语言交际中不是在同一个层次上发生作用的，因此建议主观因素应当从语境中分离出来，作为独立完整的交际主体。

我们认为王德春先生关于主观因素应该归入言语环境的阐述，是从这些因素对语言使用影响的角度来探讨的。王德春、陈晨在《现代修辞学》中指出，"对于使用语言的人来说，言语环境中的客观因素是多变的，但是人们可以去适应它；而主观因素（处境、心情等临时因素除外）既经形成都有相对的稳定性。要取得言语交际效果，更好地适应客观环境，就得改变某些主观因素，特别是思想、修养的因素"，可见并没有认为言辞和交际应当适应主观因素。关于这个问题，我们稍后再作讨论。

赵毅先生也认为，通过对语境内容的分析可以看出，只有为交际主体所选择，在交际的当时进入了交际者的主观世界的那些语境因素，才能对交际产生影响。这是有道理的。关于这一点，刘焕辉先生认为，一切有可能形成语境的因素，若失去了和言语交际的联系，便失去了充当语境的条件。钟焜茂先生撰文表达了类似的观点：一切有可能成为语境的因素，如果失去了和具体语用的联系，不会对语用构成影响，那就没有成为语境的资格。所谓一切社会现象、自然现象和人类活动本身都可能成为语境的说法是不太科学的。

语境可以分为语言语境和非语言语境，这是语言学界普遍的一种划分。戴禄华、李云海认为，语言环境包括词汇环境、语法环境和语言环境，非语言环境指的是语言以外的种种因素，包括说话语境、时间语境、地点语境、话题语境、文化语境和地理位置语境。高岩指出，语言语境包括语音语境、语法语境和语义语境，非语言语境包括情景语境和文化语境。秦海燕对此类把语言自身的因素视为"语境"来考察的界定提出了质疑。文中强调，语境中的"语"必定是交际中表义的片段，包括一篇或一段话语，也包括一个句子短语或词语。这些话语片段必然已携带自足的语音、语法、语义形式，才能走入独特的语境，完成各自的表义任务。所以，语音、语法、语义不宜视为语境。而"上下文语境"也应该称为"话题语境"更为合适。

我们也从语言环境和非语言环境两方面来对语境进行划分。

语言语境。我们认为，语音、语法、语义是语言本身的结构和规则，而不是语言使用的环境，所以我们将语言本身的构成要素排除在语境的范围之外。所以语言语境包括口语的前言后语和书面语的上下文。有时确定一个词的意思要瞻前顾后，观察全句或整个语段，在语言语境的限制下才能明确。例如，英文"I will go to the bank."

其中的 "bank" 究竟是 "河岸" 还是 "银行"，我们并不清楚，只有根据上下文的语境才能确定。如果要去钓鱼，那么就是河岸，如果去取钱或者办理银行业务，那么当然就是去银行。

非语言语境。非语言语境包括情景语境和背景语境。其中，情景语境又包括时间、地点、话题、场合和交际参与者。交际的参与者又包括身份、职业、思想、性格、修养、心态、处境和心情等。

王建华指出，语境是与具体的语用行为密切联系的、同语用过程相始终、对语用活动有重要影响的条件和背景；它是相对独立的客观存在，是语用学研究的三大要素之一，并同另外的两大要素——语用主体和话语实体处于同一个结构平面上。并认为，这三大因素处于同一个结构平面上的性质是很重要的，这样就将语境在语用学研究中的独立地位及其他要素的关系基本确定了。"使用语言的人"以及"身份、思想、性格、职业、修养"等因素，属于语用主体范畴，而不是属于语境。齐小红也指出，如果把诸如年龄、性别、职业、文化素养、性格特征、思维方式等主观因素都纳入语境范畴，对话语因素的描写就会变成对个人方言或个人语言特征的描写。

这里需要指出的是，交际参与者的"身份、职业、思想、教养和心态等"主观因素不能够简单地排除在语境之外。索振羽先生从"这些主观因素在言语交际中对话语意义的恰当的表达和准确的理解起着重要作用"这个角度来考虑，主张将这些主观因素纳入语境，这和王德春先生的考虑基本一致。我们认为，交际参与者的"身份、职业、思想、教养和心态"等主观因素固然属于语用主体范畴，但言语的交际是一个动态的过程，因而语境也是一个动态形成的过程，而这些主观因素也参与了语境的动态形成。随着交际的深入，语用主体的一些特征从潜在的语境因子转变为显现的语境因子，从而对言语的交际产生影响。在这个过程中，这些主观因素的一部分已经作为语境的构成成分在发挥作用。所以，我们倾向于这些主观因素应该归入语境的看法。

构成非语言环境的情景语境包括时间、地点、话题、场合、交际参与者等。

（1）时间。时间是语境的因素之一。话语交际活动总是在特定的时间和特定的地点中进行的。例如：

He will come after the meal.

"meal" 可以指早餐、午餐或晚餐中的任何一顿，所以单凭语言的意义并不能确定具体的时间。只有在时间语境中，才能体现出具体的时间意义。

（2）地点。地点不同，词语的含义也会迥然有异，例如：

Look out, or you may get hurt. （小心）
He stood before the window and looked out . （朝外面看）
We have already looked out his notebook in his room. （找到某物）

（3）话题。同一个词出现在不同的话题中，则具有不同的意义。在话题确定的交际中，词义因为被限制而变得明确。例如：

It rains cats and dogs.

话题是在讨论"下雨"，那么"cats and dogs"，便不是指的"猫和狗"，而是说"雨下得很大"。

（4）场合。场合不同，所使用的词语是不尽相同的。例如，英语中"请坐"的表达，在一般的场合用"Sit down, please."即可，但是在重大的仪式或隆重的场合，应该用"Be seated, please."以表达正式。

（5）交际参与者。在交际过程中，交际参与者的性别、身份、思想、性格、职业、修养、处境、心态等，对于准确理解和恰当表达具有非常重要的作用。交际参与者性别不同，显然影响着言语的交际活动，所以性别是必须考虑的因素之一。身份是指言语交际的参与者在社会或家庭中的地位和人际关系。具有不同身份的人，使用的话语便具有不同特点。言语交际者一般按照符合自己身份的话语来进行交际活动，有时候，交际者为了达到一定的交际意图，会刻意强调或者改变某一个身份，来改变语境以创造有利于自己的交际活动。职业是造成社会方言的一个重要方面，职业不同也会对交际者的身份造成很大影响。交际活动中，交际参与者不自觉会带上本职业的一些言语特点。这些都会使交际语境中的表达效果产生一定的变化。思想、性格、修养相对于身份和职业的可变性而言，具有很强的稳定性，在言语交际的过程中很难操控，所以，这些因素一般以静态的形式出现，但它们对言语交际的影响也是深刻的。处境、心态的变化较大，因而在语境构造的过程中，产生的效果较为明显，处境可以是所处的社会环境，也可以是具体的情景环境，而心态又与处境有莫大的联系，它们都影响着语言的使用。

构成语境的背景语境包括历史文化背景、社会规范和习俗以及自然环境等。

（1）历史文化背景。每个言语社团都有自己特定的历史文化背景。这种背景无疑会植根到该言语社团的语言之中。不同言语社团的不同社会文化背景所构成的反差，往往会成为干扰言语理解的重要因素。例如，中国人见面常见的寒暄语是"你吃了吗？"这在中国是礼貌的问候语，并没有多少人认为"你要请我吃饭"。但在美国很容易被理解成"你要请我吃饭"的意思。在中国，红色意味着进步和革命，但在西方文化中，红色代表着危险。

（2）社会规范和习俗。社会规范和习俗对言语交际的影响同样巨大，不同的社会规范和习俗可能对言语交际产生障碍。比如，中国交通规则规定行人和车辆一律靠右行，机动车辆的驾驶方向盘也设置在车辆的靠左位置，而这和西方一些国家的做法恰恰相反。如果不清楚这些由于社会规范和习俗带来的差异，就可能发生严重的后果。又如，在对待表扬的态度上，中国人会表现出谦虚的态度，一般回答"哪里！过奖了"或"惭愧，我还差得远呢"。而英美等国家的人则会坦然接受，并且应该表示谢意，如"Thank you！"等作为回答。

（3）自然环境。自然环境等因素也发挥着重要的作用。东方封闭的陆地型位置与西方开放的海洋型位置，也决定了东西方文化的差异。也正由于地理位置的不同，汉语中"东风"和春天联系在一起，而英国则是以"西风"代表春天的来临。

应当说，语境的划分随着语境研究的深入，逐渐走向细化。因此，多元化的语境研究成为必然。胡壮麟介绍了语境研究的多元化进程：人们最初把一个词语或一个句子放在语篇中去理解它的意义。后来人们认识到，"对语篇语义的理解，单依靠语言语境有时还不能完全解读一个语篇的意义，因为许多语境提示不存在于语篇内部，而是存在于语篇外部，即交际双方使用语言时的情景"。从而把语境分为语言因素和非语言因素。再后来，"John I. Saeed 把说话人的语境知识分为三个方面：从物理语境中可以估计到的；从已经说的话中可以找到的；从背景或共享知识中可以找到的"。随着语境特征进入系统描写的阶段，人们进入语境描写的多元化时期。虽然多元化会造成语境分类的交互重叠，但这是走向语境本质研究的一个必经阶段。

三、语境的基本特征

语境研究中，人们试图从各个方面来摹写语境的性质和特征。但由于研究的侧重不同，语境特征的描述呈现混乱的状态。比如，陈治安、文旭描述了语境的六个特征：

①确定性，指一旦发生言语交际，语境的内容就已经确定。②相对性，指语境因素随着交际的进行不断发生变化和更替。③层次性，一个话语的语境是无数的，小语境之上有大语境，大语境中有小语境。④传递性。⑤对称性。⑥自返性，指如果有话语 A，则 A 本身就是 A 的语境。

陈进描述了语境的四个区别特征：

①相对封闭性。②外延和内涵具有可调整性。③语境中语码信息的流动具有严格的方向性。④语用主体的特定性。

　　邱凌、彭再新探讨了语境的五个基本特征：

　　①语境是在言语交际的过程中形成的。②语境的整体性。③语境的动态性。④语境的可显映性。⑤语境的可建构性。

　　应该说这些特征的描述对语境特征作出了一些初步的尝试性研究。

　　我们认为语境包括以下五个特征：

　　①整体性。话语只有在一定语境的作用下才能产生交际效果。在话语交际的过程中，语境各要素并不是孤立存在的，它们围绕交际的主题，形成一个相互协调、相依相连的语境整体。事实上，各要素对话语交际影响的重要性是不同的，有些是直接的，而另一些可能是间接的。语境对话语的影响，是这些语境要素共同起作用的结果。语境具有整体性，并不意味这个整体是固定不变的，它会随着话语交际的进行而发生变化，但它总有一个围绕的中心，即话语交际的主题。

　　②关联性。关联性包括传递和互为，即 A 如果是话语 B 的语境因素，B 又是话语 C 的语境因素，那么 A 也是话语 C 的语境因素。如果 A 是话语 B 的语境因素，如果 A 是话语，那么 B 也一定是话语 A 的语境因素。

　　③可分性。语境的可分性包括语境的类型可分和大小可分。类型可分指，从不同的角度考量，可以把语境分为不同的类型。大小可分指，语境具有层次，即语境之中包含着语境，每个语境都具有一个功能，充当更大语境的组成部分。

　　④可造性。语境的可造性也包括两个方面。第一个方面指可以人为地制造语境，即虚拟语境，这是相对于真实语境来说的，小说、科幻作品所依存的语境便是制造语境的结果。第二个方面是和语境的动态性紧密相关的，话语交际的过程就是语境的再造过程。在话语交际的过程中，发话者为了达到自己的交际目的，在遵守言语交际规则的基础上，可以能动地对语境要素进行操控，为以下的言语交际创造一个有利于自己的言语环境。对于受话者，需要敏锐地捕捉相关因素，积极调动自己已有的各种背景因素，构造出相应的言语环境，更高效地理解话语，完成交际。

　　⑤动态性。在《关联性：交际与认知》一书中，Sperber 与 Wilson 从认知心理学的角度提出了产生了很大影响的关联理论。他们认为，语境是一种心理建构体，不仅包括交际时话语的上文、即时的物质环境等具体的语境因素，也包括一个人的知识因素，如已知的全部事实、假设、信念及一个人的认知能力，它们是对世界的假设，以概念表征的形式存在于人们的大脑中，所以语境也称为认知语境。

　　这就意味着，在实际的言语交际中，构成听话人认知语境的一系列假设对话语理解起着主要作用，而不是人们通常认为的情景因素。语境并不是在话语交际之前就已经存在，而是在话语理解的过程中不断地被建构起来的。交际过程中，交际参与者根据自己的目的和意图不断地选择认知语境，语境也在这个过程中不断得到丰富和补充。

当一个话轮开始时，存在于交际双方的各种主观因素和对各种客观因素的认识，围绕一定的交际意图形成一个协调统一的语境，制约着交际双方对言语形式的采用和理解。而当这一交际意图完成以后，开始另一个话轮时，旧的过程也随之结束，代之以新的交际过程——这时构成语境的各种要素也随之发生变化，形成新的语境统一体。

近年来，语境的动态性得到了广泛关注。如陈霞指出语境是不断运动着的、可变的，交际双方在各自的社会心理机制下选择相应的语言表达方式，从而能动地改造或创造语境，语言和语境处于互为构建的动态系统中。许力生也指出，语境并不是预先已经给定的，而是在交际过程中由语言使用者的主动选择所生成的，外在世界的方方面面只具有成为语境因素的潜势，而是否实际成为特定语言交际中的具体语境构成，则最终还要取决于语言使用者。

四、语境在话语交际中的作用及意义

任何词语、任何句子都是在一定的语境中运用的。语言的交际功能也只有在特定的语境里才能实现。人们使用语言的交际活动，正是在特定语境的限制下，选择各种语言要素，来达到一定目的或者取得特殊的表达效果。语境与语义有十分密切的关系，任何语义都必须在一定的语境中才能得到实现；从不在任何语境中出现的"语义"是一种虚构。例如，鲁迅的小说《祝福》中有这样一个自然段：

> 冬至的祭祖时节，她做得更出力，看四婶装好祭品，和阿牛将桌子抬到堂屋中央，她便坦然的去拿酒杯和筷子。

如果要考察"坦然的"这一词语的上下语境，最直接的自然是"她"和"去拿酒杯和筷子"；扩展一下，由"便"连接的前面的"看四婶……到屋中央"也是；再扩展一下，是上面的一整句话。而这句话又有前后相关的话语作为它的上下文语境。从上文读者可知，这里的"她"指死了两个丈夫又来鲁四老爷家里当佣人的祥林嫂，刚刚为赎罪捐了门槛，所以"她做得更出力"，而且"坦然的"去拿杯筷；从下文读者可知，她的女主人仍不准她拿，使她遭到沉重的打击，她越是肯出力，越是"坦然的"，她遭受的打击将越大。

这正如莱昂斯所指出，语境因素对语言活动的参与者所产生的影响系统地决定了话语的形式、话语的合适性或话语的意义。波兰语义哲学家沙夫在他的《语义学引论》中也有过相似的论述：

一个表达式的意义是随着它所在的那个论域而有所不同的。这是由于：语言的表达是极其含混的，它容许人们作出各种不同的解释。……被表达物的内容只有在一定的环境里才能够被理解。

在他看来，无论是关于感情状态的交际还是理智状态的交际，任何表达方式的意义都必须依赖于其所在的"论域"——语境。

近20多年来，随着语境研究的多元化，语境作用的挖掘也逐渐深入，命名也不尽相同。日本学者西积光正指出语境具有八类作用，称为语境的八种功能：绝对功能、制约功能、解释功能、设计功能、转化功能、生成功能、习得功能和滤补功能。而很多学者认为其最基本的功能可以归纳为两类：制约和解释。所谓的制约就是语境对语言的使用所起的限制作用。由于制约功能的存在，人们在言语交际中不得不根据具体的语境选择恰当的语言表达形式来进行交际。语境的解释功能是就言语交际的对象而言的，包括听话人、读者等，它是指语境对言语活动中的某些语言现象具有解释和说明的作用。语境对于语言现象的解释体现在句法、语义、语用和修辞等方面。

我们主要从以下几个方面对语境的作用进行详细分析：

（1）语境对语义的作用。

①语境可以明确词语的含义。语言哲学家希勒尔于1954年发表《指示词语》一文，把指示语界定为"在不知其使用语境时就无法确定其所指语义的指示词或指示句"。指示词语是一些不能用语义学的真假条件来衡量的词语，它们的意义只有依赖语境才能得到准确的理解。英语中，这些指示词语有人称代词、指示代词、定冠词、时间副词、地点副词等。比如"He is a linguist."单凭这句话，我们并不清楚"He"这个指示代词的确切含义，只有依赖语境我们才能准确理解这句话语。

②语境可以使词语获得特殊的意义。我们知道，离开语境而孤立存在的词语，只有抽象、概括的意义，就是我们通常所说的语言意义，但是一个词进入了特定的语境后，便具有语境所赋予它的一种特殊意义。比如：

本店大吐血，时装一律五折出售。

在这样的语境中，"大吐血"并非指病人吐血不止，而指"大减价"。

又如曹禺的《雷雨》第二幕，蘩漪对周萍说：

一个女子，你记着，不能受两代的欺侮，你可以想一想。

这里，不仅"你"有所指，就是"一个女子"也是特指蘩漪自己，"两代"也是特指周朴园和周萍父子。

③语境可以影响词语的感情色彩。有些词语除了具有概念意义之外，还具有感情意义。但这些具有褒贬色彩的词语，并不是固定不变的。在特定的语境中，有时会改

变它的原来的感情色彩。例如，鲁迅《记念刘和珍君》中有一段话：

> 当三个女子从容地辗转于文明人所发明的枪弹的攒射中的时候，这是怎么样的一个惊心动魄的伟大啊！中国军人的屠戮妇婴的伟绩，八国联军的惩创学生的武功，不幸全被这几缕血痕抹杀了。

这些加点词语的感情色彩的变化淋漓尽致地表现了作者极其愤慨的心情。

又如，"英雄""好汉"本指"才能勇武过人的""勇敢坚强的男子"，这两个词都带有夸赞的意义。但是在毛泽东的《国民党反对派由"呼吁和平"变为呼吁战争》这篇文章中有这样一段话：

> 究竟是以拯救人民为前提呢，还是以拯救战争罪犯为前提呢？按照国民党英雄好汉的《特别宣传指示》，是选择了后者。

这里的"英雄好汉"不再具有夸赞的意义，相反，充满了讽刺的意味。

④语境可以丰富词语"言内意外"的表达效果。有时候人们为了更好地表达思想，故意在语言结构上留下语义的空白或使语义含蓄、模糊，让对方通过对特定语境去领会或补充某些词语所含的深刻意义。这种现象可以用"言内意外"来概括。"言内意外"这种语言运用的手法在文学创作中占有重要的地位。一首好诗、一部好的小说、戏剧，常常在有限的话语中寄寓着无尽的意思，为读者咀嚼作品的思想内容留下广阔的空间。

我们来看一首唐代诗人朱庆馀写的《闺意献张水部》：

> 洞房昨夜停红烛，
> 待晓堂前拜舅姑。
> 妆罢低声问夫婿：
> 画眉深浅入时无？

这首诗作为闺意，已经是非常完整、优美动人的了，然而作者的言外之意在于表达自己作为一名应试举子，在面临关系到自己前途的一场考试时所特有的不安和期待。此诗投赠的对象，是官水部郎中的张籍。张籍当时以擅长文学而又乐于提拔后进与韩愈齐名。作者平素向他行卷，已经得到过他的赏识，临考试，还是担心自己的作品不一定符合主考的要求，因此，以新妇自比，以新郎比张籍，以公婆比主考官，写下了这首诗，征求张籍的意见。朱庆馀呈现的这首诗得到了张籍的回音。张籍在

《酬朱庆馀》中写道："越女新装出镜心，自知明艳更沉吟。齐纨未足时人贵，一曲菱歌敌万金。"由于朱的赠诗用"言内意外"的手法写成，所以张的答诗也是如此。在诗中，他将朱比作一位采菱姑娘，相貌既美，歌喉又好，因此，必然受到人们的赞赏，暗示他不必为这次考试担心。

曹禺的话剧《雷雨》第二幕里有这样一段对话：

鲁侍萍：……你是萍……凭——凭什么打我的儿子？

周萍：你是谁？

鲁侍萍：我是你的——你打的这个人的妈。

鲁侍萍30年后再次来到周家，看到自己的亲生儿子周萍居然大打出手，而被打的正是他的亲弟弟。此时的鲁侍萍是满腹心酸，欲说不能，欲罢不忍，于是说出了上面的一番言内意外的话。周萍由于不了解复杂的语境，自然听不出鲁侍萍的言外之意，但我们读者却分明看出了鲁侍萍本来想说的话——"你是萍儿""我是你的妈"。作者不愧为语言艺术大师，通过复杂的语境揭示出了丰富的语义。

再看《水浒传》第24回写潘金莲撩拨武松一节。最初，潘金莲的话，句句都称武松为"叔叔"："奴等一早起，叔叔怎地不归来吃早饭？""叔叔穿这些衣裳，不冷？""天色寒冷叔叔饮个成双杯儿。"……往下"那妇人欲心似火，不看武松焦躁，便放下了火箸，却筛一盏酒来，自呷一口，剩下了大半盏，看着武松道：'你若有心，吃我这半盏儿残酒。'"这里的一个看似寻常的"你"字，实在耐人玩索，它的内涵，自然比字典里标明的"第二人称代词"要丰厚得多。

尽管潘金莲一开始就在挑逗武松，但毕竟不敢一下贸然撕破这一层"叔嫂"的人伦关系，故而只得以"叔叔"相称。后来耐不住"欲心似火"的煎熬，于是什么也顾不上了，因而改称武松为"你"。一个"你"字，有力地反映出了潘金莲急剧而复杂的心理变化。难怪金圣叹读至此处，禁不住击节赞赏："写淫妇便是活淫妇。以上凡叫过三十九个'叔叔'，至此忽然唤作一个'你'妙心妙笔。"

可是在另一作品中如果用上一个"你"，即又是另一种表达效果。在李准改编、谢晋导演的电影《牧马人》中，许灵均与李秀芝成婚之前有这样两句对话：

许灵均：秀芝，我是犯过错误的人。

李秀芝：犯过错误？我们以后不犯就是了。

"我们"两个字，何等传神！表明李秀芝一见面就把许灵均看成是"一家人"。"我们"，语气亲切，感情深厚，表现了"非常时期"这一对共患难的"有情人"之间的一种"相濡以沫"的赤诚，洋溢着劳动人民"人情美""人性美"的芬芳。这里要是把"我们"改成"你"，也许更有针对性，因为犯错误的只是你许灵均自己。但那么一改，则情味迥异，同许灵均对话的，怕就不是"爱人"而是"路人"了。因为"你"压根儿就没带感情，那也绝不是李秀芝"这一个"心声的必然吐露。看来"我们"一词在这儿几乎达到了"捶字坚而难移"（刘勰《文心雕龙》）的境地。正如作家汪曾祺体会的那样：

> 语言的美，不在语言本身，不在字面上表现的意思，而在语言暗示出多少东西，传达了多少信息，即读者感觉、"想见"的情景有多广阔，古人所谓"言下意""弦外之音"是有道理的。

⑤语境可以制约语体的选择。在语言交际中，一定语境中的主客观因素在一定的言语活动中互相关联、互为补充，并协同一致地制约着语言形式的作用，也就是说语境对语体的选择直接影响着表达效果。

比如大家所熟悉的《战国策·触詟说赵太后》就很典型。赵太后宠爱儿子，拒绝送儿子到齐国为人质，这对赵国极为不利。大臣们极力劝谏太后，但未能奏效，并惹怒了太后。而左师公触詟的一番话，却解放了太后的思想，使她心甘情愿地将儿子送往齐国，换来了齐国的支援。触詟的话为什么能打动赵太后呢？这不能不归功于他善于针对赵太后的处境和心情，选用他乐于接受的言语方式——委婉亲昵的语体。触詟先从关心赵太后的健康谈起，使得存有戒心的太后稍减怒气。接着谈及自己当父亲的比当母亲的更疼爱儿子而为其作长远考虑的话，自然地引入送长安君当人质的问题，把国家利益和赵太后爱子紧密地联系在一起来谈，使太后终于从怒气到"色少解"，到"笑曰"，到"诺"，完全乐意采纳触詟的意见。相比之下，那些大臣们由于不善于根据太后的处境和心情去选取适当的言语形式，故惹太后"盛气"，形成僵局；触詟则善用语境，使太后动容，收到了较好的交际效果。

⑥语境可以排除语言中的歧义现象。任何语句，都不可能突然出现或孤立存在，而总是以一定的关系、方式、目的、场合等为其条件的。因此说，语言中的任何歧义（词语歧义、语法歧义、语境歧义）现象一旦进入具体的语境用于口语或书面语，歧义现象会自然排除。词语歧义是指某个词语表达式仅靠其所在语句，并不能消除歧义。例如：

他是背着包袱离开家的。

这句话至少可以有两种理解：一是"他带着思想负担离开了家"，二是"他背着一包东西离开了家"。"包袱"一词在以上这句话中并没有将其歧义完全排除，只有借助特定的语境，才能确定其真正的含义。有些词语歧义句，在书面语中有歧义，然而在口语中却因读音的轻重这一语境因素而避免了歧义。比如"他一天就看了一本书"，写下来是有歧义的，而在口语中，轻读"就"则表示他看的书多，重读"就"则表示看的书少。

语法歧义，指的是由于句子结构不同或结构关系不同而形成的语法歧义。比如，"你的任务是写好书"。"写好书"可做两种分析，一是"好"作"书"的定语，即写好的书，不写内容不健康的书；二是"好"是"写"的补语，即把书写出来或把书写得令人满意。那么，究竟是表达两种意思中的哪一种呢？这只有借助于说话时所依赖的语境才能知道。

语境歧义是指通常语境下没有歧义的句子，在某种特殊语境的作用下产生了歧义。语境歧义不同于上述两种歧义现象。词语、语法歧义在于语句本身，这种歧义应该依靠语境来消除。而语境歧义则产生于说写或听读使用语言时所依赖的某种特殊环境。例如：

> 一位来自美国西部的旅游者，驱车在华盛顿市内行驶，车水马龙般的交通搞的他迷路了，于是向政治家模样的过路人问道："先生，请问国务院在哪边？"这位当地人答道："在我们这一边。"

这里问话者需要的答案本来是地理位置，这句话通常情况下并无歧义。但答话者所处的特殊环境（也许他正在考虑国务院的政治倾向）使他误解了问话，两者的交际活动不算成功。

但是也有这样的少量歧义句，是为了创造某种最佳的交际效果。例如：

> 一对年轻夫妇要外出旅游，行李收拾停当后，妻子忽然指着丈夫的两只脚说："你怎么这么粗心，袜子穿了一白一黑，快去换一下。"丈夫却说："换什么，剩下的那两只也是一白一黑。"

这里故意曲解妻子的话，跟妻子开个玩笑，体现了这对夫妇之间的活泼气氛，这就达到了意想不到的交际效果。

（2）语境中句义之间的关系。语境能使词语的语义发生各种形式的变化，同样，语境也可以使句子在意义上产生各种各样的联系。这种联系主要有三种：蕴含、预设和寓义。先看例句：

他弟弟给汽车撞了。

这句话至少同时还表达了这样一些意义：

①他弟弟出车祸了。

②他家的人给汽车撞伤了。

③有人出事儿了。

④他有个弟弟。

⑤汽车可以撞伤人。

⑥请快通知他。（假定他还不知道，而听话人通知他又比较方便）

⑦你还不快去医院看看。（假定听话人是他或他弟弟的亲友）

蕴含，就话语本身表达的意义说，如果有甲就必然有乙，就说甲蕴含乙，或甲以乙为蕴含。按照这个规定来看以上各例，①至⑤都是例句的蕴含。进一步分析，其中例句与①②③的关系为一类，例句与④⑤的关系为另一类。前一类是下位与上位的关系，后一类即④⑤所代表的，不是上下位关系，也不是整体局部关系（如他不吃鱼→他不吃鲤鱼），然而却是非常重要的一种蕴含关系，人们给它一个专门的名称——预设，以与蕴含中的前一类相区别。通常，人们说到蕴含的时候，指不包括预设在内的蕴含。预设虽也是话语本身表达的意义，却是话语断言意义之外的意义，如例句的断言意义是某人怎么样了。它所表达的④⑤都在这个断言意义之外，是例句的预设。

寓义，指的是话语所表达的超越字面意义的意义。例⑥⑦都是例句的寓义。从"他弟弟给汽车撞了"的字面意义怎么也得不出"请快通知他"或者"还不快去医院看看"的意义。然而它确实可以在一种条件下即语境中表达这样的意义。有些词语有社会习用的固定的寓义，叫规约寓义。如"喝西北风"寓义为"饿肚子"。汉语中典型的规约寓义表现在歇后语中。例如，"狗拿耗子——多管闲事"，"狗咬吕洞宾——不识好人心"。有时候人们只说前一半（引语），其寓义（注语）自明。如"你这孩子才叫他娘的狗拿耗子呢"（《儿女英雄传》），"老嫂子，兄弟不是狗咬吕洞宾"（《蒲柳人家》）。

话语中用得更多的寓义是非规约寓义，称为临时寓义。日常谈话中随处可见。例如：

甲：我的一本书不见了。（寓义：你见到过吗？）

乙：这两天我又不在学校。（寓义：我怎么知道你的书在哪）

（3）语境在翻译中的作用。

由于每个言语社团有自己的文化底蕴和思维方式，所创造的文化中就必然含有本民族或本国家独特的东西，而这些并不能为本社团外部的人们所确切理解，怎样在语境的指导下，使某个言语社团与另一个言语社团进行有效交际，是非常重要的问题。纽马克曾谈到翻译中语境的重要性："Context is the overriding factor in all translation, and has primacy over any rule, theory or primary meaning."（语境在所有翻译中是最重要的因素。其重要性大于任何法规、任何理论和任何基本词义）

语境在翻译中的作用体现在：

①能够准确地选择词义。在翻译中，最终选择哪一个词义，并不是取决于这个词本身，而是取决于这个词所在的语境。

例如：

①Here is a dog chasing a rabbit.

　　有一条狗正在追一只兔子。

②You are a lucky dog.

　　你真是一个幸运的人。

③You must teach an old dog new tricks.

　　你必须使守旧的人接受新事物。

三个句子都使用"dog"，但语境的不同，要求我们选择不同词义。

②能够使译者最大限度地再现原作者的观点、风格与内容。以《傲慢与偏见》为例：

　　Oh! Single, my dear, to be sure! A single man of large fortune, four or five thousand a year. What a fine thing for our girls!

译文："……真是女儿们的福气！""fine"是个非常简单的形容词，如何翻译得恰到好处，需要对作者创作意图和创作背景有所了解。原作者写贝内特（Bennet）这一特殊家庭是为了讥讽时弊。贝内特先生是个中等地主，和太太生有五个女儿，没有儿子。根据当时英国的法律，她们的遗产应由家族中的男性成员继承，贝内特太太是一位世俗、浅薄的女人，一听说有富有的单身男子入住邻里，马上将之与女儿们的终身幸福挂上钩。明白作者的意图后，将此句译成"真是女儿们的福气"，虽离"好"的字面意思有点远，却体现了译者对上述情况了如指掌，尽最大限度再现了原作者的观点。

以上，我们大略地介绍了语境的研究状况。针对传统语境研究存在的一些不足，比如：传统的语境研究从整体上描绘了话语发生场景的特征，却没有认识到这些特征反作用于语言选择的情况，忽略了语境和言语之间的动态关系；泛化的语境概念使得人们对它的认识莫衷一是，研究中出现的交叉和重叠，造成了语境认识的混乱；语境分析在言语交际过程中很难进行操性等，语言学界也作出了很多有益的尝试。

何兆熊指出，传统语境研究把交际双方置于被动位置，即语境先于交际过程而存在，交际受控于语境。这显然忽视了交际者在交际过程中选择和创造语境的主动性。事实上，交际者不是在固定不变的语境中进行交际的，而且交际者也并非只是被动地受控于语境，他同时能够操纵语境。这一观点将为交际能力的研究提供新思路。

关于语境的研究，从 20 世纪 80 年代中期开始，西方语言学界对语境的研究就出现了一种令人瞩目的新趋势，即从不同的方面对语境和语境研究进行反思。主要内容包括：

语境是客观的场景，还是心理产物，还是交际主体相互主观构建的背景；语境是在言语交际之前既定的，还是在交际过程中动态形成的。主体交际除了受语境制约，是否还可以为了自身的交际目的构造语境；语境是相对什么而言的，它是不是单一的和唯一的，它是否具有确定性；语境是否为言语交际主体共享，或者说是否被限制在交际双方的"互有知识"范围内，不同的交际主体是否有不同的语境；应当将语境置于什么层次上进行研究，抽象的、一般意义上的普通语境是否存在。

与之相应，近年来我国学者对语境问题的研究已不仅仅是陈望道先生所开创的修辞学角度这一条道路，而是开始以系统功能语言学等西方当代语言学理论为基础对语境问题进行深入研究，比如，语境概念涉及的关系和平面问题，语言功能的实现途径问题等。

当下，多元化、动态化与认知化是语境研究的几种重要的研究态势。从一元化到二元化再到三元化，这是语境的范围被逐渐拓宽的过程，在研究的每一个阶段，语境特征都被不断细化，因而形成多元化的语境。至于细化到什么程度，各家各派从阐述和完善自己的理论出发各抒己见，以确立自家的语境特征体系。正如胡壮麟先生所总结的，语境研究的多元化经历了一元化、二元化与三元化的过程，说明"许多学者已不满足于限制在语言语境的范围内来理解语义，也不满足于仅仅采用二分的方法或三分的方法，而宁肯把语境特征分得细一些。分得多细则各行其是。再者，对一些语境特征的命名也很不一致，有时交互重叠，但我们不必求其统一"。语境特征的细分有助于系统而细致地描述语境与话语之间的关系，也有助于接近语境的本质特征。

动态化和认知化，是 Sperber 与 Wilson 基于关联理论提出的研究语境的新的方法，由于动态化和认知化方法的语境研究，更贴近言语交际的实际，并能解决很多传统语境研究解决不了的问题，所以其从诞生之初就引起了语言学界广泛的关注。关联理论的框架下的语境研究，实现了由过去注重交际场合具体因素的分析转变为注重交际参与者的认知心理分析。关联理论动态的语境观更科学地揭示语言交际的认知状态，更有助于人们研究交际中的语境动态特征和语境在交际中的作用。虽然以 Sperber 与 Wilson 的关联理论为代表的认知理论为语境研究展现了全新的研究空间，但并不意味着这个理论在解释全部言语交际活动中的语言现象时得心应手。实际上，这个理论也在语言学界引起了强烈的争论，它对一些语言现象确实也无法作出合理解释。比如，有学者也指出，认知语境无疑给我们研究人类言语交际提供了一个新视角，但也有值得商榷的地方，如它没能解释社会文化因素对言语交际的影响，而这恰又是言语交际研究所关注的一个重要方面。房锦霞也指出以语境研究从语言层面到语用层面，再到认知层面，无不显示出人们对语境本质的执着探寻。但是，关联理论陷入语境效果与付出努力互为决定因素的无限循环，解释过于笼统、模糊。

所以，更全面的、系统的、深入的语境研究仍然是现在和未来严肃且任重而道远的任务。

第四节　话语表达的技巧

不论是说话还是写文章，都是话语表达。话语表达的最高原则就是"得体"。这也是传统修辞学的研究对象。话语表达做到"得体"，需要注意许多方面。下面我们重点阐述词语的锤炼、句式的选择和辞格的运用三个方面。

一、词语的锤炼

（一）词语锤炼的基本要求

古人把词语的锤炼叫作"炼"字。这是我国传统的修辞艺术。锤炼的目的在于寻求恰当的词语，既准确生动又新鲜活泼地表现人或事物，也就是说，不仅要求词语用得对，还要求词语用得好。

1. 力求准确

孔子曰："辞（文辞或言辞的表述）达（明白晓畅）而已矣。"准确是用词第一要求。例如：

> 扫开一块雪，露出地面，用一支短棒支起一面大的竹筛来，下面撒些秕谷，棒上系一条长绳，人远远地牵着，看鸟雀下来啄食，走到竹筛底下的时候，将绳子一拉，便罩住了。

> ——鲁迅《从百草园到三味书屋》

这段话连续使用了九个动词，准确地刻画了雪地捕鸟的整个过程，写出了雪后捕鸟的乐趣，表达了作者对百草园的热爱。

2. 力求简洁

简洁要求遣词用字不要烦冗拖沓，做到简约而有分量。选择具有高度概括性的词语，以达到用词简练且富有表现力的效果。例如：

> 我这时很兴奋，但不知道怎么说好，只是说：
> "阿！闰土哥，——你来了……"
> 我接着便有许多话，想要连珠一般涌出：角鸡，跳鱼儿，贝壳，猹，……但又总觉得被什么挡着似的，单在脑里回旋，吐不出口外去。
> 他站住了，脸上现出欢喜和凄凉的神情；动着嘴唇，却没有作声。他的态度终于恭敬起来了，分明的叫道：
> "老爷！……"
>
> ——鲁迅《故乡》

作者久别重逢儿时伙伴闰土时有很多话想说，却又一时无从说起的欣喜、惊异、悲凉、疑虑、感慨等复杂心理，用"阿！闰土哥，——你来了……"简单的几个词表达了出来。一句"老爷！……"表现了闰土见到儿时伙伴时欢喜而凄凉、恭敬而隔膜的矛盾心理。简洁的话语极富有表现力。

3. 新鲜活泼

清代李渔说："人惟求旧，物惟求新；新也者，天下事物之美称也。而文章一道，较之他物，尤加信（确实）。"（《闲情偶记》）

词语要用得巧，用得奇，韵味深厚，情趣盎然。例如：

> 如果你在饭桌上吃出了滋味，却又说不出滋味在哪里，那你不妨在沈宏非的《写食主义》里找找看。看他如何吃得很儒雅，很文化，很乡土，很城市，很广州，很南方，很中国。
>
> ——安然《文字的盛筵》

普通话中，"很"通常修饰形容词，不能修饰名词，但是例中的6个"很＋名"的运用，令人耳目一新，用简洁的词语表达了丰富的内涵。

4. 力求生动

生动形象的词语可以唤起人们的联想和想象，对客观事物获得真切的感受。例如：

红杏枝头春意闹。

——宋·宋祁《玉楼春·春景》

清末文论家王国维赞叹说：著一"闹"字，而境界全出矣。

——《人间词话》

"闹"字把红杏在枝头盛开的情况点染得十分生动，有声有色，让读者仿佛看到了莺歌燕舞、繁花争艳的大好春光。

（二）词语意义的锤炼

锤炼词语，一般从意义和声音两方面着手。我们首先看意义的锤炼。

意义是词语的内容、词语的灵魂，锤炼意义是选好词语的核心问题。意义的锤炼主要是同义词的选用。恰当地选择同义词，是取得最佳修辞效果的基本功。例如：

> 孔乙己便涨红了脸，额上的青筋条条绽出，争辩道："窃书不能算偷，……窃书！……读书人的事，能算偷么？"

——鲁迅《孔乙己》

例中"窃"与"偷"虽然是同义词，色彩却不一样。"窃"字文雅，"偷"字通俗。孔乙己不愿接受别人用低俗的"偷"来描述他这个高雅的读书人。让读者感受孔乙己的"自命清高"，也让人感到了科举制度下这种"读书人"的可怜。

（三）词语声音的锤炼

老舍先生说："我写文章，不仅要考虑每一个字的意义，还要考虑到每个字的声音。"契诃夫说："我通常在校样上最后完成我的小说，而且不妨说，是从音乐的一面来修改它。"讲究词语声音的和谐，不只是为了读着顺口，听着悦耳，更是为了传情达意，增强表达效果。

声音的和谐，主要体现在节奏、声调和韵脚三个方面。

1. 节奏美（匀称）

闻一多先生认为，"诗所以能激发情感，完全在它的节奏；节奏便是格律……越有魄力的作家，越是要戴着脚镣跳舞才跳得痛快，跳得好。……对于一个作家，格律便成了表现的利器……因为世上只有节奏比较简单的散文，决不能有没有节奏的诗。本来诗一向就没有脱离过格律或节奏"，"格律可从两方面讲……属于视觉方面的格律有节的匀称，有句的均齐。属于听觉方面的有格式，有音尺，有平仄，有韵脚"，还认为"整齐的字句是调和的音节必然产生出来的现象，绝对的调和音节，字句必定整齐"。

这一段话说明听觉的节奏美与视觉的形象美密不可分。它虽是对诗歌创作而言，但其原理同样适用于一般的语言。

节奏美的表现形式主要是音节相称、长短相等。

汉语的词，有单音节的，有多音节的。构成短语时，习惯上音节数要相等，才会顺口悦耳。例如："我校"中的"我"和"校"，都是单音节词，"我们学校"中的"我们"和"学校"，都是双音节词。因为音节相称，所以声音和谐。如果说成"我们校"（双音节配单音节）或"我学校"（单音节配双音节），音节不相称，难免会拗口。又如下面两个文章的标题，稍作比较不难发现，前一个标题节奏混乱（2＋1＋3），不符合汉语的习惯，后一个标题采用的是"2＋2＋3"的格式与七言诗的节奏相吻合，读起来就很顺口：

《深情忆周伯伯》——《深情忆念周伯伯》

"2＋2"节奏是汉语最常用的格式，所以中国的成语四字格占绝对优势。有许多原来不属于"2＋2"格式的成语，在口语中也往往被读成2＋2的节奏。例如：

望而生畏（1＋3）　乘人之危（1＋3）
一衣带水（3＋1）　丧家之犬（3＋1）

出于追求整齐的口语习惯，有些原本不是四字格的成语，甚至也被人们压缩成四字格，如"脍炙人口传"成了"脍炙人口"，连"不尽如人意"也常被人们说成"不尽人意"（此说法实际有误）。

下面几组句子，左边的都是在音节配合上不够协调，所以听感上显得不美，最后一个例子甚至可能产生歧义并因此导致误解：

学习跆拳道，做自强人。※——学习跆拳道，做个自强人。

事实胜于雄辩，水落石出。※——事实胜于雄辩，水落终归石出。

如能纠正过来，对己对他人不都有好处吗？※——如能纠正过来，对己对人不都有好处吗？

一米九个头的冯骥才伫立在空荡荡的山谷里。※——个头一米九的冯骥才伫立在空荡荡的山谷里。

2. 抑扬美

抑扬美的表现形式主要是声调协调。汉语是有声调的语言，这也是汉语特别富于音乐性的特质。为了声调的协调，古人特别重视平仄的区分和搭配，并发明了"调平仄"。他们把古代的四声"平声、上声、去声、入声"分成两大类：平（指平声，含今普通话的阴平、阳平）和仄（指上声、去声、入声）。若以今普通话声调来区分，大体上可以说阴平、阳平（得排除混入其中的古代入声字）合称"平声"，上声、去声合称"仄声"。平、仄是汉语声调中最低限度的区别，是语音声调中最概括、最起码的单位，平仄的排列是诗文声律最基本的法则。

平和仄（仄即不平），其实就是扬和抑。声调要协调，就得讲究平仄交错和平仄相重：平仄交错，才能形成声调的高低、升降、长短的变化，才能产生抑扬顿挫的音响，给人以节奏感；平仄相重，才能使声音和谐、圆润，给人以共鸣感。平仄交错，以求变化，平仄相重，以求统一。既有变化又有统一，才能产生语言的音乐美。

下面我们试着将听觉现象化为视觉形象。具体做法是：平声用高点表示，仄声用低点表示，然后用线条把这些点连接起来。这样，我们就可以直观地体会平仄交错所产生的抑扬美和节奏美。

九月九日忆山东兄弟

唐·王维

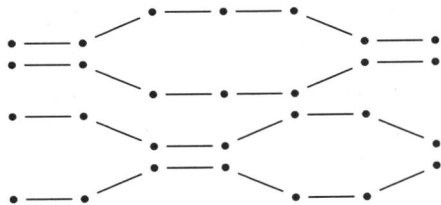

独在异乡为异客，
每逢佳节倍思亲。
遥知兄弟登高处，
遍插茱萸少一人。

杭州西湖中山公园对联

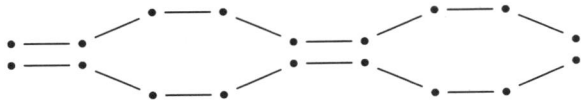

水水山山处处明明秀秀
晴晴雨雨时时好好奇奇

如果我们不注意平仄的调配，不仅听起来不顺，读起来也会觉得拗口。例如：

乌鸦高飞天空当中。※（全是阴平）
林文平从和平门回来。※（全是阳平）
赵静做梦梦见大雾四面下降。※（全是去声）

三天播完七十三亩田。※（八个平声配一个仄声）

老舍说，"……即使是散文，平仄的排列也还应考究"，"上下句的句尾若能平仄相应，上句的末字就能把下句'叫'出来，使人听着舒服、自然、生动"。例如：

与其说他们吃的是美味佳肴，不如说他们嚼的是人生苦果。

"美味佳肴"（仄仄平平）与"人生苦果"（平平仄仄）的搭配就真的有老舍先生所谓的上句的末字把下句"叫"出来的感觉。

3. 回环美

回环美的第一种表现形式是韵脚和谐。押韵就是在句子的同一位置上，用上韵母相同或相近的字，这些字就是韵脚。韵脚通常置于句末。例如：

白日依山尽，黄河入海流。
欲穷千里目，更上一层楼。

——王之涣《登鹳雀楼》

"流""楼"韵母相同，属偶数句的最后一个字押韵。

押韵是诗歌音乐美的基本条件，它使诗歌抑扬顿挫，流畅回环。韵脚，关上联下，就像一根红线，把分散的诗句，跳跃的内容，奔腾的感情，串联起来，形成一个和谐的整体，以加强结构和形象的完整性，达到传情、言志、感人的目的。韵脚和谐使人便于吟唱，便于记忆，便于流传。因此，韵脚的推敲是很重要的。

回环美的第二种表现形式是平仄相重。平仄相重，大致说来就是声音的重复或再现，使得声音回环。韵文的韵脚往往都有平仄相重的要求。例如：

长夜难明赤县天，
百年魔怪舞翩跹，
人民五亿不团圆。
一唱雄鸡天下白，
万方乐奏有于阗，
诗人兴会更无前。

——毛泽东《浣溪沙·和柳亚子先生》

韵脚"天、跹、圆、白、阗、前"全部平声，声律和谐。

修辞手法中有一种同字格，就是把相同的字放在三个以上的语句的开头或结尾，使话语和谐悦耳，重点突出。同字置于结尾，虽不能看作押韵，但与押韵有异曲同工之妙。例如：

鼻孔子，眼珠子，珠子高于孔子？
眉先生，胡后生，后生长过先生！（同字兼用谐音双关）

魏无忌，长孙无忌，彼无忌，此亦无忌。
蔺相如，司马相如，名相如，实不相如。

真酒？假酒？不如以茶代酒！（柠檬茶广告）

早上一肚茶水，中午一肚汤水，晚上一肚酒水。

大吃大喝治不了，非典治了；公款旅游治不了，非典治了；文山会海治不了，非典治了；欺上瞒下治不了，非典治了……

如果你还在坚持上班，你是一名战士；如果你还敢满世界溜达，你是勇士；如果我发的短信你没回，你就是烈士；如果你躲在家里不敢出门，你就是隐士；如果你坚持要请我吃饭——那你就是绅士！

喝中药比喝早茶的多；发热隔离的比发牢骚的多；听见咳嗽喷嚏出冷汗比碰到拦路打劫打哆嗦的多；戴口罩的比戴胸罩的多。

戴口罩憋死，熏醋火灾烧死，喝大量中药毒死，同事染病吓死，公共场合咳嗽被扁死，网上散布流言被骂死，在家无所事事被闷死。（SARS时期流行的手机短信）

回环美的第三种表现形式是叠音自然。

叠音，古时叫作"重言"或"复字"。恰当地运用叠音词语，可以加强对事物的形象描绘，增加音乐美感。如北朝民歌《敕勒歌》的"天苍苍，野茫茫，风吹草低见牛羊"，运用叠音词"苍苍""茫茫"，再现了恢宏阔大的草原面貌。例如：

无边落木萧萧下，不尽长江滚滚来。

——唐·杜甫《登高》

[叨叨令] 见安排着车儿、马儿，不由人熬熬煎煎的气；有甚么心情花儿、靥儿，打扮得娇娇滴滴的媚；准备着被儿、枕儿，只索昏昏沉沉的睡；从今后衫儿、袖儿，都揾做重重叠叠的泪。兀的不闷杀人也么哥？兀的不闷杀人也么哥？久已后书儿、信儿，索与我恓恓惶惶的寄。

——元·王实甫《西厢记·长亭送别》

高天滚滚寒流急，大地微微暖气吹。

——毛泽东《七律·冬云》

在中国现代文学史上，朱自清先生算得上是个擅长运用叠音的高手，在他的著名散文《荷塘月色》中，恰到好处的叠音多达 25 处，写景与抒情结合得非常自然。例如：

荷塘四周，长着许多树，蓊蓊郁郁的。路的一旁，是些杨柳，和一些不知道名字的树。没有月光的晚上，这路上阴森森的，有些怕人。今晚却很好，虽然月光也还是淡淡的。

曲曲折折的荷塘上面，弥望的是田田的叶子。叶子出水很高，像亭亭的舞女的裙。层层的叶子中间，零星地点缀着些白花，有袅娜地开着的，有羞涩地打着朵儿的；正如一粒粒的明珠，又如碧天里的繁星，又如刚出浴的美人。微风过处，送来缕缕清香，仿佛远处高楼上渺茫的歌声似的。……叶子本是肩并肩密密地挨着，这便宛然有了一道凝碧的波痕。叶子底下是脉脉的流水，遮住了，不能见一些颜色；而叶子却更见风致了。

月光如流水一般，静静地泻在这一片叶子和花上。薄薄的青雾浮起在荷塘里。叶子和花仿佛在牛乳中洗过一样；又像笼着轻纱的梦。虽然是满月，天上却有一层淡淡的云，所以不能朗照；但我以为这恰是到了好处——酣眠固不可少，小睡也别有风味的。

——朱自清《荷塘月色》

回环美的第四种表现形式是巧用联绵。联绵词常见的有双声（两个音节的声母一样）或叠韵（两个音节的韵母一样）。双声叠韵是汉语特有的语音形式，明代诗歌评论家李重华在《贞一斋诗话》中说："叠韵如两玉相扣，取其铿锵；双声如贯珠相联，取其婉转。"

例如，"滴哩答啦""叮零当啷"本都是表示嘈杂的声音，可是就词语的语音形式而言，我们却觉得很动听，根本原因就是"滴哩"与"答啦"、"叮零"与"当啷"分别是叠韵关系，而"滴"与"答"、"哩"与"啦"、"叮"与"当"、"零"与"啷"分别又是双声关系，所以音乐感特别强。

双声叠韵词语可以形成声音的回环，在对仗中用得最多：或双声对双声，或叠韵对叠韵，或双声对叠韵。

①双声对双声。

> 行人刁斗风沙暗，
> 公主琵琶幽怨多。
>
> ——唐·李颀《古从军行》

> 间关莺语花底滑，
> 幽咽泉流冰下难。
>
> ——唐·白居易《琵琶行》

（"间关"古代声母相同，都属舌根音，同时又是叠韵词）

②叠韵对叠韵。

> 艰难苦恨繁霜鬓，
> 潦倒新停浊酒杯。
>
> ——唐·杜甫《登高》

> 引袖拂寒星，古意苍茫，看四壁云山，青来剑外；
> 停琴伫凉月，予怀浩渺，送一篙春水，绿到江南。
>
> ——顾复初所撰成都望江楼对联

③双声对叠韵。

> 苍茫古木连穷巷，
> 寥落寒山对虚牖。
>
> ——唐·王维《老将行》

尘海<u>苍茫</u>沉百感，
金风<u>萧瑟</u>走千官。

——鲁迅《亥年残秋偶作》

双声叠韵也常用于散文中。例如：

在那<u>干戈扰攘征战</u>频仍的岁月里，这雄关，巍然屹立于华夏的大地上。

——峻青《雄关赋》

连用三个双声词"干戈""扰攘""征战"，利用声音来表现战火绵延不断，真是恰到好处。

二、句式的选择

句子是由词语构成的、能表达完整意思的语言使用单位。修辞的"句式"比语法的"句型"范围更宽。它既包括功能分类的各种句子（如陈述句、祈使句等），又包括从结构形式划分的各种句子（如单句、复句、"把"字句等）。句式的选择，修辞学上称为炼句。

在具体语言运用过程中，要根据表达目的、表达思想内容和具体的语言环境来选择最佳表达效果的句式。

1. 长句和短句

长句是指形体较长、词语较多、结构复杂的句子。短句则相反，是指形体较短、词语较少、结构简单的句子（包括复句中的分句）。

长句和短句各有修辞效果。长句的修辞效果是表意周密、严谨，能表达深沉、细腻的情感。短句的修辞效果是表意简洁、明快、灵活。例如：

修辞就是言语交际参与者在特定的语言环境下，确切地组建和正确地理解话语，以达到理想交际效果的活动。

——黎运汉、盛永生《汉语修辞学》（2010 年版）

例句使用长句，周密、严谨地界定了"修辞"这个术语。
再如：

匆匆。春、夏、秋、冬像走马灯一样的旋转。开会、动员、表决心、喊口号。铁路、公路、桥梁。匍匐前进。凯旋门和乐队。向天空鸣枪。白色的花圈。白发苍苍的母亲!

——王蒙《如歌的行板》

例句采用了超短句。意识流的表达手法,给读者留下广阔的想象空间,极大地丰富了文本的内容。

2. 整句和散句

所谓整句,是指排列在一起的结构相同或相似的一组句子。所谓散句,是指结构自由,长短不一的一组句子。

整句的表达效果是形式整齐、声音和谐、气势贯通。多用于散文、诗歌、唱词。例如:

真的猛士,敢于直面惨淡的人生,敢于正视淋漓的鲜血。

——鲁迅《记念刘和珍君》

例句用两个谓语字数相等的分句,既写出了鲁迅先生在白色恐怖下的激愤情绪,又表达了他对刘和珍的无比敬佩之情。

散句的表达效果是形式上的灵活多变,表意上的畅达自然。常用于一般记叙文、说明文等。

一般情况下,整句和散句交错配合运用。例如:

在斗争中,在劳动中,在生活中,时常会有些东西触动你的心,使你激昂,使你欢乐,使你忧愁,使你深思,这不是诗又是什么呢?

——杨朔《东风第一枝》小跋

3. 肯定句和否定句

对事物作出肯定判断的句子,叫肯定句。对事物作出否定判断的句子,叫否定句。相对而言,肯定句表达的语意比否定句表达的语意要强一些。例如:

a. 今天天气好。
b. 今天天气不错。

例中的否定句 b 句比肯定句 a 句表意的程度要轻些、委婉些。

双重否定句表达肯定的意思,但比一般肯定句的语气更强,更加肯定。例如:

你不能不让人乐于为你而生，勇于为你而死，为了你而奋发前进！

——魏巍《战士和祖国》

这句话如果改成"你会让人乐于为你而生，勇于为你而死……"，语气会减弱。双重否定句有时还可以表示一种委婉的语气。例如：

我不是不喜欢吃巧克力，是感觉吃多了对身体不好。

这种双重否定句比肯定句"我不喜欢吃巧克力"语气委婉，语势更弱。

4. 主动句和被动句

主动句是指表达时主语是施事的句子（如"他打我"）。被动句是指表达时主语是受事的句子（如"我被打了"）。

一般情况下，多用主动句。但是，在特定的条件下，选用被动句会产生较好的修辞效果。例如：

他也躲在厨房里，哭着不肯出门，但终于被他父亲带走了。

——鲁迅《故乡》

例中用被动句是为了与前面主语"他"保持协调一致。

5. 常式句和变式句

常式句和变式句是从句子成分的语序角度划分的。常式句是指句子成分按常规次序排列的句子。例如：

你们出来吧！（主语—谓语）

变式句是指在交际中为了修辞或语用上的特定需要，故意调换句子成分的常规次序排列的句子。例如：

起来，饥寒交迫的奴隶！
起来，全世界受苦的人！

——《国际歌》

例中主语"饥寒交迫的奴隶""全世界受苦的人"后置，与谓语"起来"构成主谓倒装。

又如：

她一手提着竹篮，内中一个破碗，空的。

——鲁迅《祝福》

例中修饰语"空的"后置，与中心语"破碗"构成倒装。它首先通过"破碗"这个后置了的定语，引起读者的注意，并使之进而联想到祥林嫂的乞讨时间之久；然后又将"空的"这一定语再后置，更引起读者的进一步联想，从而感知到祥林嫂的乞讨生活不仅时间长，而且乞讨不到。

再如：

他的性格，在我的眼里和心里是伟大的，虽然他的姓名并不为许多人所知道。

——鲁迅《藤野先生》

将偏句放在后面，是为了强调"他的姓名并不为许多人所知道"这一偏句的语意。

现代汉语的句式多种多样，在进行话语表达时，要学会把握同义句式之间的差异与不同，选择出最佳的句式，以取得更好的表达效果。

三、辞格的运用

（一）辞格的定义及分类

辞格，也称"修辞格""语格""修辞格式""修辞方式""修辞方法""修辞手段""辞式""格位"等。长期以来，辞格是传统修辞学的主要内容。

最早提出"修辞格"这个名称的是唐钺先生，他在《修辞格》中说："凡语文中因为要增大或者确定词句所要的效力，不用通常语气而用变格的语法，这种地方叫作修辞格（又称语格）。"

辞格的深入人心、广泛流传是从陈望道先生的《修辞学发凡》开始的："在修辞上有这种魅力的有两种：一种是比较同内容贴切的，其魅力比较地深厚的，叫辞格，也叫辞藻；一种是比较同内容疏远的，其魅力也比较地淡浅的，叫做辞趣。两种之中，辞藻尤为讲究修辞手法的所注重。"

到底什么是辞格？关于修辞格的定义，不少专家学者提出自己的看法。张弓在《现代汉语修辞学》中指出："修辞方式（又叫修辞格）是适应社会交际的需要，根据民族语言的内部发展规律创造的具体的、一定的手法（语言艺术化的手段如对偶、对照、回环、反复、比喻、拟人、夸张、同语、幽默、讽刺、双关等式）。"

这里我们采用黄伯荣、廖序东在《现代汉语》中的定义：辞格是在语境里巧妙运用语言而构成特有模式以提高表达效果的方法。

汉语中的修辞格究竟有多少种类？目前尚未有定论。而且随着社会的发展，新的辞格也不断涌现出来。关于汉语辞格的分类，也是各家有不同的标准和不同的分类。

唐钺的《修辞格》把汉语修辞格分为 5 类 27 格。陈望道的《修辞学发凡》把修辞格分为 4 类 38 格。张弓的《现代汉语修辞学》把修辞格分为 3 类 24 式。黄民裕的《辞格汇编》分为 4 大类 78 格。李庚元、李治中编著的《古今辞格及范例》收录辞格 112 种。唐松波等主编的《汉语修辞格大辞典》共收辞格 156 种。

辞格通常可以分为侧重形式类辞格和侧重意义类辞格两大类。

侧重形式类辞格通常侧重话语的语音、文字、句法结构等形式方面，主要包括对偶、排比、反复、顶真、回文等辞格。

侧重意义类辞格侧重深化语义，如比喻、借代、比拟、夸张、双关等辞格。

（二）侧重形式类的辞格

1. 对偶——成对排列

对偶，也叫对仗，就是结构相同、字数相等、意义密切相连、对称地排列的两个短语或句子。从形式上看，对偶整齐匀称、节律感强。从表意上看，凝练集中，表意鲜明。从语音上看，音韵优美，节奏感强。

对偶从结构上可以分为严对和宽对两种。严对就是要求上下句字数相等，结构相同，词性一致，平仄相对，不重复用字。例如：

墙上芦苇，头重脚轻根底浅；
山间竹笋，嘴尖皮厚腹中空。

——明·解缙撰联

宽对就是要求相对宽松，除了要求字数必须相等外，结构基本相同，音韵大体和谐，可以用相同的字，只要基本符合对偶的格式就可以。例如：

惨象，已使我目不忍睹；流言，尤使我耳不忍闻。

从内容上看，对偶可分为正对、反对、串对三种。正对是指两个句子或短语从两个角度、两个侧面说明同一事理，内容是构成相互补充、相互映衬的关系。例如：

风声雨声读书声声声入耳，
家事国事天下事事事关心。

——明·顾宪成

反对是指上下两句在内容上表示相反或矛盾对立关系。例如：

理想，生活的旗帜；
实干，成功的途径。

从相对的方面，说明了"理想"和"实干"的辩证关系，即只有美好的理想还不行，还得努力奋斗，使它变为现实。

串对又叫流水对，上下两句的内容相关，有承接、因果、条件、假设之类关系。例如：

野火烧不尽，
春风吹又生。

——唐·白居易《赋得古原草送别》

上联表原因，下联表结果，上下两联在意思上构成因果关系。

对偶在古代主要用于古典诗词及对联中，现在常用于新闻标题、广告等用语中。例如：

年年鲜橙多，家家欢乐多。

——"统一鲜橙多"广告语

"送温暖 献爱心"

——《新闻联播》

2. 排比——气势磅礴

排比，就是把三个或三个以上结构相同或相似、语气一致、意思密切关联的短语或句子排列起来，以增强语势和感情。与对偶比起来，排比相对要自由些，不管是结构，还是句数。例如：

好梦一场，

笑出你的眼泪，
笑掉你的大牙，
笑破我的肚皮。

——电影《甲方乙方》广告语

排比可以是句子排比，也可以是句子成分排比。句子排比，可以是单句，也可以是复句。例如：

生产多么需要科学！革命多么需要科学！人民多么需要科学！
——秦牧《向科学技术现代化进军的战鼓·上！上！上！》

上例是三个单句的排比。

大理花多，多得园艺家定不出名字来称呼。大理花艳，艳得美术家调不出颜色来点染。大理花娇，娇得文学家想不出词句来描绘。大理花香，香得外来人一到这苍山下，洱海边顿觉飘飘然不酒而醉。

——茅盾《春城飞花》

上例是四个复句的排比。

在旧社会，多少从事科学文化事业的人们，向往着国家昌盛，民族复兴，科学文化繁荣。

——郭沫若《科学的春天》

上例是句子成分排比，其中的"国家昌盛，民族复兴，科学文化繁荣"构成排比，是谓语动词"向往"的宾语。

另外，排比还可以是段落、语篇的排比。例如：

戴镇长喜欢发表演讲，怀宝就暗示镇上的中学校长多请戴镇长去给学生们讲话；

戴镇长喜欢读史书，怀宝就去镇上早先的几个富户家搜罗古书；

戴镇长喜欢让自己的讲话家喻户晓，怀宝就常用粉笔把自己记录下的镇长讲话抄在镇政府门前的黑板上。

——周大新《向上的台阶》

3. 反复——重复再现

为了突出某个意思，强调某种感情，重复某些词语或句子，叫作反复。反复有连续反复和间隔反复。例如：

我们万众一心，冒着敌人的炮火。
前进！冒着敌人的炮火。
前进！前进！前进进！

——《国际歌》

不在沉默中爆发，就在沉默中灭亡。

——鲁迅《记念刘和珍君》

前一例"冒着敌人的炮火前进！冒着敌人的炮火前进！"是连续反复，强调了要"前进"的感情，具有感召力。后一例"沉默"是间隔反复，强调了"沉默"的作用。

反复与重复不同的是，重复是内容空虚、语言累赘，使人感到单调乏味，而反复是为了表达的需要而运用的一种语言技巧。

还需要注意反复和排比的区别。反复是只要两个词语或句子重复出现就可以构成。而排比则要三个或三个以上的短语或句子，结构相同、相似和相关并列地排列在一起才能组成。另外，不出现相同词语或句子也可以构成排比。例如：

关切民生，倡导时尚，贴近生活，服务大众。

——《大河报》

这是一组排比句。

4. 顶真——首尾相连

用前一句结尾的词语做后一句的开头，使前后句子头尾蝉联、上递下接的辞格叫顶真，也叫顶针、联珠、蝉联。顶真是汉语传统的修辞格之一。例如：

窈窕淑女，寤寐求之。
求之不得，寤寐思服。

——《诗经·周南·关雎》

顶真辞格的运用，把小伙子对姑娘的爱慕，以及不能如愿以偿的苦恼这两个画面和谐地组接在一起了。

顶真可以使说理严密、条理清晰、环环相扣。例如：

> 竹叶烧了，还有竹枝；竹枝断了，还有竹鞭；竹鞭砍了，还有深埋在地下的竹根。

> ——袁鹰《井冈翠竹》

> 车到山前必有路，有路必有丰田车。

> ——日本丰田汽车广告语

5. 回环——循环往复

回环，就是把前后语句组织成循环往复的形式，以揭示不同事物间的辩证关系。这种辞格往往是以词、短语或句子为单位。回环辞格也是汉语传统修辞格之一。例如：

> 善者不辩，辩者不善。
> 信言不美，美言不信。

> ——老子《道德经》

回环的修辞作用表现在可以揭示事物的内在联系，及体现语言的回环美。例如：

> 作家谈，谈作家。

> ——《江城》杂志专栏标题

> 你不理财，财不理你。

> ——上海《理财》周刊

> 今古传奇，奇传古今。

> ——湖北《今古传奇》

> 读东财大书，圆大财东梦。

> ——东北财经大学出版社

　　古代的文人墨客还经常使用回文来显示驾驭语言文字的过人的能力。回文与回环的不同之处在于，回环以词、短语或句子为单位循环往复，而回文以字为单位，顺念、倒念皆可成文。回文实际可看成严式的回环，已经带有较强的文字游戏的性质。例如：

　　佛山香敬香山佛
　　翁源乳养乳源翁
　　（佛山、香山都是广东珠江三角洲的县名，翁源、乳源都是广东韶关地区的县名）

　　雾锁山头山锁雾
　　天连水尾水连天

　　上海自来水来自海上
　　中国长生果生长国中

　　径幽通高楼楼高通幽径
　　花香满院庭庭院满香花

——杭州某居民区门联

　　画上荷花和尚画
　　书临汉帖翰林书
　　（该回文联还巧妙地利用了同音关系）

　　当回文合理运用于写景、叙事、说理、抒情时，常令人拍案叫绝。如下面所列三首回文诗，誉为"语言的艺术，艺术的语言"完全是当之无愧。例如：

　　赏花归去马如飞酒力微醒时已暮

　　把这 14 个字排成一个圆，按照一定的规律来读，可以形成下面这样一首七绝：

赏花归去马如飞，
去马如飞酒力微。
酒力微醒时已暮，

> 醒时已暮赏花归。
>
> ——宋·苏轼《赏花》

　　而清代才女吴绛雪的《四季回文诗》更妙，每一行只有 10 个字的诗句，竟然可以通过顺读和倒读各成一首七言绝句，令人叹为观止。如下：

> 莺啼岸柳弄春晴，夜月明，
> 香莲碧水动风凉，夏日长。
> 秋江楚雁宿沙洲，浅水流，
> 红炉透炭炙寒风，御隆冬。
>
> ——清·吴绛雪《四季回文诗》

　　该诗第一句可以读出如下一首七绝：

> 莺啼岸柳弄春晴，柳弄春晴夜月明。
> 明月夜晴春弄柳，晴春弄柳岸啼莺。

　　宋代李禺的《夫妻互忆》，正读为夫忆妻，倒读为妻忆夫，堪称奇绝回文诗。

> 枯眼望遥山隔水，
> 往来曾见几心知？
> 壶空怕酌一杯酒，
> 笔下难成和韵诗。
> 途路隔人离别久，
> 讯音无雁寄回迟。
> 孤灯夜守长寂寥，
> 夫忆妻兮父忆儿。
>
> ——宋·李禺《夫妻互忆》

　　我们还要注意回环与顶真的区别。回环是由"甲—乙，乙—甲"循环往复；顶真是由"甲—乙，乙—丙"一环扣一环，向前推进。例如：

凡事求稳，稳中取胜。

> ——稳压器广告

平安中国，中国平安。

——中国平安保险公司广告

第一例运用顶真辞格，前后句以"稳"为榫接，具有上递下接的情趣。第二例前句的末尾"中国"作后句的开头，后句的末尾"平安"又是上句的开头，如穿梭织布，回环往复，使语言产生回环之美。

6. 仿词——旧瓶装新酒

仿词就是为了表达的需要，根据已有的词语，更换现成词语中的某个语素或词，临时仿造出一个新词语。如由"校花"仿造出"校草"（指男生）。仿词可以增添语言新鲜感、幽默情趣或讽刺色彩。例如：

乙：你不会跳舞？
甲：我会跳六。

——侯宝林《给您道喜》

"跳六"是根据"跳舞"（"舞"谐音"一二三四五"中的"五"）一词临时新创，充满幽默情趣。

时下的流行语常用仿词创造时髦语，如，由"白领"仿造出"粉领"（指从事秘书、打字等工作的职业妇女）。再如：

"……族"式词语。即由血统关系的"家族""种族"，引申为指具有共同属性的一类人群，仿造出"上班族""打工族""工薪族""追星族""飙车族""炒股族""丁克族"。

"……客"式词语。即由网络中长期流行的"黑客"一词，仿造出"闪客""奇客""博客"等。这一类词语多见于各产业、商业界和各学科。

常见的还有：

国脚（仿自"国手"） 国格（仿自"人格"）
展播 展演（仿自"展销"）
科盲 法盲 舞盲（仿自"文盲"）
书吧 氧吧 陶吧 迪吧（仿自"酒吧"）
歌坛 教坛 影坛 舞坛（仿自"文坛"）

仿词手法加以扩展可形成仿语、仿句、仿调（仿整个篇章）。例如：

人靠衣装，美靠亮妆。（"亮妆"化妆品广告）

        ——仿句"人靠衣裳，马靠鞍"

  分不在高，及格就行。学不在深，作弊则灵。斯此教室，唯吾闲情。小说传得快，杂志翻得勤。琢磨下象棋，寻思看电影。可以打瞌睡，写家信。无书声之乱耳，无复习之劳形。虽非跳舞场，堪比游乐厅。心里云：混张文凭。

        ——《某大学生——仿陋室铭》

  山不在高，有仙则名。水不在深，有龙则灵。斯是陋室，惟吾德馨。苔痕上阶绿，草色入帘青。谈笑有鸿儒，往来无白丁。可以调素琴，阅金经。无丝竹之乱耳，无案牍之劳形。南阳诸葛庐，西蜀子云亭。孔子曰：何陋之有？

        ——刘禹锡《陋室铭》

（三）侧重意义类的辞格

1. 比喻——譬喻比方

比喻又叫"打比方"，即用本质不同又有相似点的事物来描绘事物或说明道理。比喻是最重要最常见的一种修辞格。比喻最突出的效果就是生动形象，感染力强。

比喻在我国古代的文学作品中使用非常普遍。有人统计，《诗经》用比喻的地方有二百多处，《孟子》有一百多处。《诗经》中"比"经常和"兴"连用，构成"比兴"。例如：

关关雎鸠，在河之洲。
窈窕淑女，君子好逑。

把相识相恋的青年男女，比作河边啾啾应答的雎鸠鸟。

比喻由本体喻体和比喻词三个要素组成。本体和喻体必须是性质不同的两个事物，并且二者之间有相似点才能构成比喻。要注意区分比喻和非比喻。例如：

  a. 叶子出水很高，像亭亭的舞女的裙。

        ——朱自清《荷塘月色》

  b. 眼睛也像他父亲一样，周围都肿得通红，这我知道，在海边种地的人，终日吹着海风，大抵是这样的。

——鲁迅《故乡》

例 a 是比喻。把荷叶比作舞女的裙，两者是本质不同的两类事物，具有修长、艳丽的相似点。例 b 是比较。把闰土红肿的眼睛和他父亲的眼睛相比，两者是同类的事物。

比喻的常见类型有明喻、暗喻和借喻等。明喻是指本体、喻体都出现，喻词用"像"等。基本的构成方式是：A（本体）像（喻词）B（喻体）。例如：

少女的眉毛就像弯弯的月亮一样。

例中把"少女的眉毛"比作"弯弯的月亮"，生动形象，富有美感。

暗喻是本体、喻体都出现，喻词用"是、变成、成为、等于"等。基本的构成方式是：A（本体）是（喻词）B（喻体）。例如：

生活是一张空虚的网，张开着要把我捕捉。

——艾青《火把》

借喻是只出现喻体，不出现本体和喻词。例如：

鲁迅在一篇文章里，主张打落水狗。他说如果不打落水狗，它一旦跳起来，就要咬你，最低限度也要溅你一身的污泥。

"落水狗"比喻挨了打的敌人。

比喻是创造新词语最常用的一种方法。例如："大锅饭"比喻僵化的分配制度和分配方式，"铁饭碗"比喻固定工作，"下海"比喻人们从事经商活动，"婆婆"比喻单位或部门的主管。诸如此类的还有：

文山　会海　代沟　新潮　水货　封顶　走穴　网虫　菜鸟　爬格子　踢皮球
一刀切　红眼病　喇叭裤　钉子户　鸳鸯楼　面包车　关系网

2. 比拟——生动活泼

比拟就是根据想象把物当作人或把人当作物写，也可以把甲物当作乙物写。比拟能促使读者展开想象的翅膀，丰富诗文的内容和情感。

比拟可分为拟人和拟物两大类。例如：

海睡熟了。大小的岛屿拥抱着，偎依着，也静静地，朦胧地，入了睡乡。

——鲁彦《听潮的故事》

把"海"当作人来写，赋予人的动作"睡熟""拥抱""偎依""入了睡乡"，形象生动，很有感染力。

又如：

她们看见不远的地方，那宽厚肥大的荷叶下面，有一个人的脸，下半截身子长在水里。荷花变成人了？那不是我们的水生吗？

——孙犁《荷花淀》

把人当作荷叶写，使人的"身子长在水里"，跟荷梗一样，给人以壮美的形象。

比拟和比喻的区分。二者都是两事物相比，从而增强语言表达的形象化。二者的不同点是比喻重点在"喻"，甲乙两事物一主一从；比拟的重点在"拟"，甲乙两事物彼此交融，浑然一体。

3. 借代——借此代彼

借代，也叫"换名"，即不用人或某事物的本来名称，借用同它密切相关的名称去代替本名。被代替的事物叫本体，用来代替的事物叫借体。借代能引人联想，使表达生动形象、特点鲜明。

借代在古典文学作品中使用非常广泛。例如：

一日不见，如三秋兮。

——《诗经·采葛》

臣本布衣，躬耕于南阳。

——诸葛亮《出师表》

朱门酒肉臭，路有冻死骨。

——杜甫《自京赴奉先县咏怀五百字》

以"秋"代"季"或"年"。以"布衣"代"百姓"。以"朱门"代豪门贵族。

借代有多种类型：

特征、标志代本体。例如：

你们这一车西瓜，也不必过秤，一百张"大团结"，我们包圆儿了。

——刘绍棠《柴禾妞子》

用"大团结"代替10元一张的人民币。因为在10元一张的人民币上印有表示我国各族人民大团结的图案。

部分代整体。例如：

我们都是来自五湖四海，为了一个共同的革命目标，走到一起来了。

——毛泽东《为人民服务》

用"五湖四海"代替整个中国。

专名代泛称。例如：

方鸿渐从此死心不敢妄想，开始读叔本华。

——钱锺书《围城》

用叔本华代指他的作品。

具体代抽象。例如：

鲁迅的骨头是最硬的，他没有丝毫的奴颜和媚骨，这是殖民地半殖民地人民最可宝贵的性格。

——毛泽东

用具体的骨头代替鲁迅的骨气这种抽象的事物。

结果代原因。例如：

孔乙己一到店，所有喝酒的人便都看着他笑，有的叫道，"孔乙己，你脸上又添上新伤疤了！"

——鲁迅《孔乙己》

"添上新伤疤"是被打的结果。

运用借代法创造的新词语也很多。比如"白领"代指从事脑力劳动的职员（工作时一般穿白色工作服），"蓝领"代指从事体力劳动的工人（劳动时一般穿蓝色工作服）。诸如此类的还有：

美眉（美女）　白大褂（大夫）　绿色（符合环保要求，无污染的）
菜篮子（城镇的蔬菜、副食品的供应）　喝墨水（上过学读过书）

借代与借喻的异同。借喻是喻中有代，借代是代而不喻。借喻侧重"相似性"，借代侧重"相关性"。借喻可以改为明喻，借代则不能。例如：

a. 红领巾唱着歌儿迎面走来。
b. 要克服困难，必须开动机器。

a 是借代，借"红领巾"，代替"少先队员"，不能改说成"少先队员像红领巾一样唱着歌儿迎面走来"。b 是借喻，借"机器"比喻"头脑"，可以改说成"要克服困难，必须开动像机器一样的大脑"。

4. 夸张——虚张声势

夸张又叫夸饰、铺张、饰词、增语、扬厉、形容，就是故意言过其实，既可以夸大，也可以缩小的辞格。夸张的修辞作用是可以引起人们丰富的想象，加深对于所描写事物的深刻印象。

夸张作为一种修辞手段，在古代被广泛使用。据说，宋朝苏小妹额头较为突出，苏东坡因此作诗嘲笑她："脚踪未出香房门，额头已到画堂前。"苏小妹也不甘示弱，见东坡脸长，作诗反讽道："去年一点相思泪，今日方流到腮边。"可见，就是在日常谈吐中夸张也运用得上。又如：

朝辞白帝彩云间，
千里江陵一日还。
两岸猿声啼不住，
轻舟已过万重山。

——唐·李白《早发白帝城》

黄河远上白云间，
一片孤城万仞山。

——王之涣《凉州词》

夸张可分为扩大、缩小、超前三类。例如：

　　a. 隔壁千家醉；开坛十里香。

——某酒家对联

　　b. 一个浑身黑色的人，站在老栓面前，眼光正像两把刀，刺得老栓缩小了一半。

——鲁迅《药》

　　c. 李二汉刚掀酒罐，就觉醉意已有八分了。

——胡裕树主编《现代汉语》用例

　　例 a 是扩大夸张，酒能使千家的人醉倒，极言酒味浓重；"开坛"能使十里的人闻到香气，极言酒气香醇。例 b 是缩小夸张，"老栓缩小了一半"生动刻画出"浑身黑色的人"的凶恶与贪婪。例 c 是超前夸张，"李二汉"还没喝到酒就有醉意了。

5. 双关——表里不一

双关是指利用语音或语义条件，有意使语句同时关顾表面和内里两种意思，言在此而意在彼的修辞格。运用双关可使语言幽默风趣、含蓄曲折，增强话语的表现力。

古代诗歌中常运用双关辞格。例如：

东边日出西边雨，道是无晴却有晴。

——刘禹锡《竹枝词》

春蚕到死丝方尽，蜡炬成灰泪始干。

——李商隐《无题》

例中"晴"暗指"情"，蚕丝之"丝"暗指思念之"思"，双关。

双关一般包括谐音双关和语义双关两种。如：

我失骄杨君失柳，杨柳轻飏直上重霄九。

——毛泽东《蝶恋花·答李淑一》

夜正长，路也正长，我不如忘却，不说的好罢！

——鲁迅《为了忘却的纪念》

例中"杨柳"表面上指的是杨花、柳絮，实际上指的是杨开慧、柳直荀两位烈士。这里使用了谐音双关，赞扬了为无产阶级革命事业英勇献身的杨开慧、柳直荀两位烈士。例中"夜正长，路也正长"，属于语义双关，其中的"夜"，表面指夜晚，内含黑暗社会统治；其中的路，表面指道路，内含走向光明的过程。

6. 移就——移花接木

移就就是把描写甲事物性质状态的词，移来修饰和描写乙事物的修辞格。移就的运用使话语更简洁生动、给人想象的空间、给人无穷诗意。

移就一般是由修饰项和被修饰项构成，二者一般为偏正关系，修饰项一般为描写性的形容词，被修饰项是名词。例如：

> 她们被幽闭在宫闱里，戴个花冠，穿着美丽的服装，可是陪伴着她们的只是七弦琴和寂寞的梧桐树。
>
> ——周而复《上海的早晨》

例中"寂寞"是形容词，本是指人的感受，这里用来修饰名词"梧桐树"，表现了人的孤寂。

移就和拟人的异同。移就是寓情于物，是把人的思想感情移用到其他事物上，并不要求这个事物人格化；拟人是以物拟人，把物当作人写，它要求把事物人格化。另外，在结构上，移就是"形容词＋的＋名词"的偏正关系；而拟人中"事物"和描绘人的行为情态的词语之间构成"陈述和被陈述"的关系。请比较：

> a. 早上，辛楣和李梅亭吃几颗疲乏的花生米，灌半壶冷淡的茶，同出门找本地教育机关去了。
>
> ——钱锺书《围城》

> b. 油蛉在这儿低唱，蟋蟀们在这里弹琴。
>
> ——鲁迅《从百草园到三味书屋》

例 a 是移就，用形容人的词语"疲乏""冷淡"来形容"花生米"和"茶"，表现了人的疲乏和冷淡。例 b 是拟人，把"油蛉""蟋蟀"当作人来写，具有人的动作"低唱""弹琴"，生动形象地写出了油蛉、蟋蟀们给泥墙根一带带来的无限生机与乐趣。

7. 婉曲——意在言外

婉曲，也叫"婉转"，就是有意回避不雅或带有刺激性的事物，而是使用一些与某物相关或相应的同义语句婉转曲折地来表达的辞格。婉曲的使用可以使语言委婉，有"言外之意"，能避免引起不愉快，减轻刺激。例如：

你的个人问题怎么处理呀？

——刘富道《眼镜》

例中用"个人问题"代替婚姻恋爱问题，含蓄得体。

婉曲和双关的异同。婉曲是用委婉曲折的话来表达本义。双关是有意利用语音和语义的条件，使词语或句子具有双重含义，言在此而意在彼。例如：

a. 晚一分钟回家比永远不回家要好得多。

——交通广告

b. 小草青青，足下留情！

——爱护小草宣传语

例 a "永远不回家"用了婉曲，含蓄委婉地劝导人们不能发生交通事故。例 b "足下"巧妙运用了双关，既表达了对广告受众的尊敬，也含有委婉的劝导。

（四）汉语辞格的综合运用

有时在一句或一段话里，同时使用几种辞格，这就是多种辞格综合运用，辞格综合运用可以收到几重修辞效果。辞格的综合运用主要有三种情况：连用、兼用和套用。

1. 辞格的连用

辞格的连用是指同类辞格或异类辞格在一段文字中的接连使用。具有不同修辞效果的辞格前后接连使用，互补互衬，把思想感情表达得更加丰富多彩，更加鲜明有力。

辞格连用的特点是：

第一，形式上是几个辞格的前后接连使用，各辞格有各自的表达形式。

第二，各个辞格之间的关系是平行的并列关系。

例如：

盼望着，盼望着，东风来了，春天的脚步近了。

——朱自清《春》

　　例句接连使用了两种修辞格，第一、二分句"盼望着，盼望着"使用了反复的修辞手法，第三和第四分句使用了拟人的修辞手法，把人们盼望春天到来以及对春天的喜爱之情鲜明地表现了出来。几个辞格之间没有分布上的交叠。

　　2. 辞格的兼用

　　辞格的兼用是指一种语言表达形式同时兼有多种辞格，也叫"兼格"。运用兼格，可以使多种修辞效果相得益彰，相互借助，从多个方面为话语的表达增添效果。

　　辞格兼用的特点是：

　　第一，形式上是一种表达形式，但兼有多种辞格。

　　第二，各个辞格之间是互相融合的关系。

　　辞格的兼用，从不同的角度看是不同的辞格，比如从一个角度看是甲辞格，从另一个角度看是乙辞格。例如：

　　勤奋是点燃智慧的火花，懒惰是埋葬天才的坟墓。

　　例句以整齐对称的形式跟一体两面对比紧密结合，是对比与对偶兼用。

　　又如：

　　这是全连的喝彩声，全党的喝彩声，全世界无产阶级的喝彩声。

　　例句在内容上相关联，层层递进，是层递；"喝彩声"出现三次，是间隔反复。

　　3. 辞格的套用

　　辞格的套用是指一种辞格里又包含着其他辞格，形成大套小的包容关系。

　　在表达效果上，辞格的套用具有几种辞格层层相依、互相配合的表达效果。

　　辞格套用的特点是：

　　第一，形式上是大的辞格内部套小的辞格。

　　第二，几种辞格之间是包容和被包容的关系。

　　例如：

　　桃树、杏树、梨树，你不让我，我不让你，都开满了花赶趟儿。

——朱自清《春》

　　从整体上看是拟人，内部套用的是回环"你不让我，我不让你"。

　　又如：

　　看吧，狂风紧紧抱起一层层巨浪，恶狠狠地将它们甩到悬崖上，把这些大块的翡翠摔成尘雾和碎末。

——高尔基《海燕》

例句是拟人套用了比喻。整个句子是拟人。"翡翠"是比喻"巨浪"的。

对于辞格的连用、兼用和套用的区分，归纳如下：

连用：先甲后乙，可以切分。

兼用：亦甲亦乙，不能切分。

套用：甲中有乙，切分之后，大辞格消失，小辞格依然存在。

参考文献

著作类：

［1］北京大学中文系现代汉语教研室编著：《现代汉语》（增订本），北京大学出版社 2012 年版。

［2］黄伯荣、廖序东：《现代汉语》（增订 6 版），高等教育出版社 2017 年版。

［3］胡裕树：《现代汉语》（重订本），上海教育出版社 2019 年版。

［4］钱乃荣：《现代汉语》（重订本），江苏教育出版社 2008 年版。

［5］邵敬敏：《现代汉语通论》（第 2 版），上海教育出版社 2007 年版。

［6］张斌：《新编现代汉语》（第 2 版），复旦大学出版社 2008 年版。

［7］邢福义、汪国胜：《现代汉语（第 2 版）》，华中师范大学出版社 2011 年版。

［8］贝罗贝、李明：《语义演变理论与语义演变和句法演变》，见沈阳、冯胜利：《当代语言学理论和汉语研究》，商务印书馆 2008 年版。

［9］彼得·赖福吉著，张维佳译：《语音学教程》（第 7 版），北京大学出版社 2018 年版。

［10］蔡践、冯章：《说话的力量》，中国经济出版社 2005 年版。

［11］岑麒祥：《语音学概论》（修订 2 版），商务印书馆 2013 年版。

［12］常敬宇：《汉语词汇文化》（增订本），北京大学出版社 2009 年版。

［13］常敬宇：《语境对语体的选择》，见中国社会科学院语言文字应用研究所社会语言学研究室：《语言·社会·文化》，语文出版社 1991 年版。

［14］陈华文：《文化学概论》，上海文艺出版社 2001 年版。

［15］陈梦家：《中国文字学》，中华书局 2006 年版。

［16］崔梅、周芸：《话语交际导论》北京师范大学出版社 2010 年版。

［17］戴维·克里斯特尔编，沈家煊译：《现代语言学词典》，商务印书馆 2000 年版。

［18］冯胜利、王丽娟：《汉语韵律语法教程》，北京大学出版社 2018 年版。

［19］符淮青：《现代汉语词汇》（增订本），北京大学出版社 2004 年版。

［20］葛本仪：《现代汉语词汇学》（第 3 版），商务印书馆 2014 年版。

［21］郭锦桴：《汉语与中国传统文化》，商务印书馆 2010 年版。

［22］何丹、方柯：《汉语文化学》，浙江大学出版社 2003 年版。

［23］何兆熊：《语用学概要》，上海外语教育出版社 1989 年版。

［24］侯精一：《现代汉语方言概论》，上海教育出版社 2002 年版。

［25］克鲁柯亨：《文化概念》，见《多维视野中的文化理论》，浙江人民出版社 1987 年版。

［26］匡玉梅：《现代交际学》，中国旅游出版社 2003 年版。

［27］黎运汉、盛永生：《汉语修辞学》，广东教育出版社 2010 年版。

［28］李庚元、李治中：《古今辞格及范例》，湖南出版社 1997 年版。

［29］李国英、李运富：《古代汉语教程》，北京大学出版社 2007 年版。

［30］李英：《现代汉语词汇答问》，北京大学出版社 2014 年版。

［31］李悦娥、范宏雅：《话语分析》，上海外语教育出版社 2002 年版。

［32］廖正、张一莉：《语言表达艺术》，华南理工大学出版社 2002 年版。

［33］林焘、王理嘉：《语音学教程》，北京大学出版社 1992 年版。

［34］鲁道夫·F. 维尔德伯、凯瑟琳·S. 维尔德伯，曲思伟等译：《演讲的艺术》，清华大学出版社 2008 年版。

［35］陆丙甫、金立鑫：《语言类型学教程》，北京大学出版社 2015 年版。

［36］陆俭明：《现代汉语语法研究教程》，北京大学出版社 2003 年版。

［37］罗常培、王均：《普通语音学纲要》，商务印书馆 1981 年版。

［38］罗常培：《中国人与中国文语言与文化》，新星出版社 2015 年版。

［39］钱冠连：《语言：人类最后的家园》，商务印书馆 2005 年版。

［40］裘锡圭：《文字学概要》，商务印书馆 1988 年版。

［41］沙夫：《语义学引论》，商务印书馆 1979 年版。

［42］邵敬敏：《汉语语法学史稿》（修订本），商务印书馆 2006 年版。

［43］申小龙：《语言学纲要》，复旦大学出版社 2006 年版。

［44］申小龙：《中国文化语言学》，吉林教育出版社 1990 年版。

［45］沈阳：《语言学常识十五讲》，北京大学出版社 2005 年版。

［46］苏新春：《文化语言学教程》，外语教学与研究出版社 2006 年版。

［47］唐兰：《中国文字学》，上海古籍出版社 2000 年版。

［48］万艺玲：《汉语词汇教程》，北京语言大学出版社 2000 年版。

［49］王凤阳：《汉字学》，吉林文史出版社 1989 年版。

［50］王国安、王小曼：《汉语词语的文化透视》，汉语大词典出版社 2003 年版。

［51］王红旗：《语言学概论》，北京大学出版社 2008 年版。

［52］王建华：《人名文化新论》，中国社会科学出版社 2010 年版。

［53］王立军：《汉字的文化解读》，商务印书馆 2012 年版。

［54］王宁：《汉字构形学导论》，商务印书馆 2007 年版。

［55］王希杰：《汉语词汇学》，商务印书馆 2018 年版。

［56］王渝光、王兴中：《语言学概论》，云南大学出版社 2001 年版。

［57］魏光奇：《天人之际——中西文化观念比较》，首都师范大学出版社 2000 年版。

［58］徐杰：《现代华语概论》，新加坡八方文化创作室 2004 年版。

［59］许国璋：《许国璋论语言》，外语教学与研究出版社 1999 年版。

［60］许力生：《语言研究的跨文化视野》，上海外语教育出版社 2006 年版。

［61］杨德峰：《汉语与文化交际》（修订本），商务印书馆 2012 年版。

［62］于根元等：《语言哲学对话》，语文出版社 1999 年版。

［63］喻遂生：《文字学教程》，北京大学出版社 2014 年版。

［64］袁家骅：《汉语方言学概要》（第 2 版），语文出版社 2001 年版。

［65］张鸿苓：《言语交际指津》，语文出版社 2001 年版。

［66］张先亮：《交际文化学》，上海文艺出版社 2003 年版。

［67］赵爱国、姜雅明：《应用语言文化学概论》，上海外语教育出版社 2003 年版。

［68］周荐：《现代汉语词汇学教程》，北京大学出版社 2016 年版。

［69］周振鹤、游汝杰：《方言与中国文化》，上海人民出版社 1986 年版。

期刊类：

［1］沈家煊：《语用原则、语用推理和语义演变》，《外语教学与研究》2004 年第 4 期。

［2］陈进：《试论语境的四大区别性特征》，《山东外语教学》1999 年第 4 期。

［3］陈治安、文旭：《试论语境的特征与功能》，《外国语》1997 年第 4 期。

［4］程丽：《语境——翻译的基础》，《山东理工大学学报（社会科学版）》2007 年第 3 期。

［5］西积光正：《语境与语言研究》，《中国语文》1991 年第 3 期。

［6］杜小燕：《动态语境与大学英语听力教学》，《中国教育与社会科学》2009 年第 2 期。

［7］范丽群：《合作原则与礼貌原则在委婉语使用中的矛盾和统一》，《黑龙江生态工程职业学院学报》2008 年第 2 期。

［8］郭贵春：《"语境"研究的意义》，《科学技术与辩证法》2005 年第 4 期。

［9］房锦霞：《关联理论的认知语境观》，《中国西部科技》2006 年第 25 期。

［10］冯胜利：《语体俗、正、典三分的历史见证：风、雅、颂》，《语文研究》2014 年第 2 期。

［11］胡壮麟：《语境研究的多元化》，《外语教学与研究》2002 年第 3 期。

［12］李婷、王磊：《从帕尔默文化语言学视角论交际中的沉默现象》，《辽宁工程技术大学学报》2008 年第 2 期。

［13］刘丹青：《汉藏语言的音节显赫及其词汇语法表征》，《民族语文》2018 年第 2 期。

［14］刘晶：《身势语与非语言交际刍议》，《牡丹江师范学院学报》2008 年第 1 期。

［15］邱凌、彭再新：《试论语境的特征》，《南华大学学报（社会科学版）》2004 年第 3 期。

［16］闵毅等：《合作原则与礼貌原则及其在现实中的运用》，《科技信息》2008 年第 23 期。

［17］聂炎：《得体性原则概说》，《固原师专学报》1998 年第 2 期。

［18］齐小红：《试论在语境中理解话语》，《西南民族大学学报（人文社科版）》2004 年第 10 期。

［19］汪维辉：《现代汉语"语体词汇"刍论》，《长江学术》2014 年第 1 期。

［20］王德春：《论话语分类》，《华文教学与研究》1999 年第 3 期。

［21］王福祥：《话语语言学的兴起与发展》，《外语与外语教学》1994 年第 4 期。

［22］王海杰：《关联理论框架下动态语境的构建》，《嘉兴学院学报》2009 年第 2 期。

［23］薛荣：《论交际能力与交际策略》，《江苏工业学院学报》2004 年第 4 期。

［24］杨俊萱：《口语和书面语》，《语言教学与研究》1984 年第 1 期。

［25］余甜甜：《跨文化交际中的礼貌原则》，《湖北经济学院学报（人文社会科学版）》2008 年第 2 期。

［26］吴福祥：《语义演变与词汇演变》，《古汉语研究》2019 年第 4 期。

［27］赵毅：《语境及其作用的再认识》，《锦州师范学院学报（哲学社会科学版）》1996 年第 4 期。

［28］郑远汉：《话语的表达和理解》，《语文教学与研究》1996 年第 9 期。

［29］曾方本《语境研究的几种态势透析》，《惠州学院学报》2004 年第 4 期。

［30］张鹄：《妙笔妙心，语近情遥》，《名作欣赏》1998 年第 1 期。

英文参考文献：

［1］BROWN G，YULE G. Discourse analysis. Cambridge：Cambridge University Press，1983.

［2］COLE P, MORGAN J L.（eds.），Syntax and Semantics 3. New York：Academic Press, 1975：41 – 58.

［3］GRICE H P. "Logic and Conversation". In Speech Acts "Syntax and Semantics 3", Peter Cole and Jerry Morgan（eds）. New York：Academic Press, 1975：41 – 58.

［4］GOATLY A. Register and the redemption of relevance theory：the case of metaphor. Pragmatics, 1994（4）：139 – 181.

［5］Hadumod Bussmann. Routledge dictionary of language and linguistics. 外语教学与研究出版社 2000 年版。

［6］LEECH G N. Principles of pragmatics. London：Longman Group Ltd. , 1983：132.

［7］MADDIESON I. 2013. Syllable structure. In DRYER M S, HASPELMATH M.（eds.）. The world atlas of language structures online. Leipzig：Max Planck Institute for Evolutionary Anthropology.

［8］MEY J. Pragmatics：an introduction. Oxford：Blackwell, 1993.

［9］SAEED J. Semantics. Oxford ：Blackwell, 1997.

［10］WIDDOWSON H G. Rules and procedures in discourse analysis in（ed.）T. Myers. The development of conversation and discourse. Edinburgh：Edinburgh University Press, 1979：138 – 146.

后　记

　　本书为华侨大学研究生精品课程建设项目中的海外研究生通识教材。该教材针对海外研究生的特点和需要，从海外学生接受角度出发，系统介绍汉语的基本理论和基础知识，注重提升学生汉语的综合应用能力，做到既通俗易懂，又具有学术深度。

　　本书从理论框架、大纲、体例、各章节内容到写作原则均经过多次集体讨论，并进行了写作分工。以下是各章节具体执笔者：第一章为胡培安撰写；第二章为郭中撰写；第三章为洪晓婷撰写；第四章为胡建刚撰写；第五章为蒋修若撰写；第六章为智红霞、纪秀生撰写；第七章为孙利萍撰写。

　　为了便于学生学习和教师课堂发挥，全书力求简明扼要，深入浅出。书中参阅并引用了大量的文献资料，鉴于教材的规范性，我们只列出了主要的参考文献，并向这些论著者表示衷心感谢。本书得以顺利出版，感谢华侨大学研究生院和华文学院领导的大力支持，感谢暨南大学出版社杜小陆编辑的辛勤付出和热情帮助！

　　在本书出版之际，我们真诚欢迎学界同仁对本书提出宝贵的建设性意见，以待本书修订时参考和采纳。

编　者

2022 年 6 月